기후변화와 유럽연합

Climate
Change and
European
Union

유럽연합

순환경제체제 및 에너지전환

박상철 저

박영사

머리말

　2019년 12월 초에 시작된 코로나(COVID-19) 바이러스 확산으로 인한 세계적인 코로나 대유행이 2023년 4월에도 지속되고 있다. 3년 이상 지속되고 있는 코로나 대유행을 돌아보면 2020년 말 미국 및 유럽제약회사들의 코로나 백신개발로 2021년 초에는 코로나 감염병이 곧 억제될 수 있을 것이라는 긍정적인 전망이 있었다. 이러한 긍정적인 전망과 함께 글로벌 경제도 2020년 역성장을 멈추고 2021년에는 크게 반등하였다. 그러나 2021년 봄 인도 및 겨울 남아프리카공화국에서 발생한 새로운 코로나 변이의 확산으로 세계는 다시 코로나 재유행과 감소를 반복하고 있다. 이후 2022년 2월에 발생한 러시아와 우크라이나 전쟁은 에너지 및 식량위기를 초래하였고 이는 전 세계에 높은 인플레이션을 발생시켰다. 물론 전 세계적인 물가상승은 코로나 상황을 해결하기 위하여 각국 정부가 천문학적인 과도한 재정투입을 단행한 것이 직접적인 이유이다. 이외에도 중국 코로나 제로정책을 기반으로 하는 장기 도시봉쇄로 인한 글로벌 공급망 충격이 발생하였다. 이후 중국은 2022년 말부터 코로나 제로정책에서 리오픈잉(Re-opening) 정책으로 전환하였으나 세계는 2023년 3월에 발생한 미국 및 스위스 은행사태로 인한 글로벌 금융시장 불안정이란 새로운 도전에 직면해 있다.

　코로나 대 확산으로 인하여 2020년 상당한 경제적 충격을 입은 유럽연합은 2021년 신속한 경제회복을 위한 다양한 정책을 실행 중이다. 그러나 2022년 2월 말 러시아의 우크라이나 침공으로 시작된 전쟁은 에너지 및 식량가격을 상승시켜 유럽연합뿐만이 아니라 글로벌 경제에 높은 물가상승을 야기시키는 변동성이 대두되었다. 2023년 4월 우크라이나 전쟁은 현재진행형이며 미국과 유럽연합을 중심으로 하는 민주주의 진영과 러시아 및 중국을 중심으로 하는 권위주의체제 간 대리전 양상을 띠고 있기 때문에 장기화하고 있다. 이러한 문제에 대응하기 위하여 이미 코로나 확산 이전인 2019년 11월에 유럽연합 집행위원회는 2050년 기후 및 탄소중립을 실현하기 위한 유럽 그린 딜 전략을 발표하였고 이를 현재 로드맵에 의하여 진행 중이다. 이 전략은 유럽연합 기후 및 에너지정책의 장기 로드맵으로 유럽연합을 더욱 환경 친화적 지역으로 발전시키고 유럽연합 산업경쟁력을 강화시키기 위한 전략이다. 이를 위해서 유럽연합은 최소 1조 유로의 예산을 집행할 계획이다.

이 전략의 최종 목표는 유럽연합이 2050년에는 생산활동에서 탄소배출을 전혀 하지 않는 지구상 최초의 지역이 되어 기후 및 에너지전환 부문에서 세계적으로 선도하는 지역이 되는 것이다. 즉, 유럽연합은 2050년 기후 및 탄소중립을 실현하고 동시에 탄소중립 경제체제인 순환경제체제를 구축하여 지속가능한 경제성장을 창출하고 에너지 및 원자재 의존도를 최소화 시켜서 실질적인 에너지안보를 달성하는 것이 최종목표이다. 이를 통해서 일반적으로 적용되는 경제성장과 에너지 소비 간의 동조현상을 탈 동조화시키고 지속가능한 발전모델을 창출하는 것이다. 유럽연합은 이러한 탈동조화 현상을 2006년 이후 지속적으로 유지하고 있다.

유럽연합이 추진하는 기후 및 탄소중립 경제체제 구축과 이를 실현하는 사회를 구성할 수 있는 원동력은 기후 및 에너지정책이다. 이를 위해서 유럽연합은 국제기구 및 세계 다수 국가와 협력하는 다자주의 원칙에 입각하여 국제협약을 체결하고 이를 주도하여 왔다. 지구환경 보호와 기후변화로부터 인류의 미래를 지킬 수 있는 방안을 모색하기 위하여 국제기구협약 체결에 주도적인 역할을 수행하였다. 그 결과 유엔기후변화협약(UN Framework Convention on Climate Change: UNFCCC), 교토의정서(Kyoto Protocol) 및 파리협정(Paris Agreement) 체결에 적극적으로 참여하고 이를 법제화하여 실질적으로 기후변화의 주범인 탄소배출 감축을 실현하는 데 크게 기여하였다.

이처럼 과도한 온실가스 배출로 인한 지구온난화 현상을 발생시키는 기후변화로 인하여 야기되는 홍수, 사막화 현상, 가뭄, 혹서, 혹한 등과 같은 자연재해가 빈번하게 발생하면서 막대한 경제 및 사회적 비용이 빠르게 증가하고 있다. 따라서 세계 각국은 위에서 언급한 국제협정에 의거하여 자체적인 온실가스 배출감축 의무를 지게 된다. 이는 각국이 법률로 지정한 의무사항이기 때문에 반드시 자국의 의무를 수행하여야 한다. 의무수행 위반 시 국제기구는 이에 상응한 조치를 요구할 수 있는 체제를 구축하고 있다.

이러한 기후변화에 대한 국제사회 환경변화에 대응하기 위해서 유럽연합은 1990년대 초부터 적극적으로 대처하고 있으며 기후 및 에너지 부문에서 세계적으로 선도적인 역할을 수행하기 위하여 장기적이며 전략적으로 접근하고 있다. 그 최종 결과가 2050년 기후 및 탄소중립을 실현하여 순환경제체제를 구축하는 것이며 이를 달성하는 장기 로드맵이 유럽 그린 딜 전략이다. 유럽연합의 장기 발전전략에 대응하기 위한 조치로 최근 한국, 미국, 일본, 중국 등 세계 주요 국가들이 2050년 및 2060년 탄소중립 목표를 설정하고 있다. 이들 후발 국가들이 유럽연합이 목표로 설정한 2050년 탄소중립을 실현할 수 있을지는 아직 미지수이다. 그 이유는 유럽연합처럼 장기적 차원에서 기후 및 에너지정책을 장기간 수행하고 있지 않기 때문이다.

유럽연합의 기후 및 탄소중립 실현을 위한 기후 및 에너지정책은 매우 전략적이다. 역내 화석에너지 자원 부족으로 인하여 에너지 수입의존도가 매우 높기 때문에 에너지의 안정적인 수요와 공급에 불안 요소가 상존하고 있다. 이를 해결하기 위하여 재생에너지 개발 및 발전에 유럽연합 차원에서 정책적 역량을 집중하고 있으며 이는 온실가스 배출감축에도 직접적인 연관성을 갖고 있다. 즉, 20세기 화석연료 중심에서 21세기 재생에너지 중심으로 전환하는 에너지전환정책을 통하여 에너지 안보를 확보하려는 전략이다.

동시에 탄소배출을 전혀 하지 않는 원자력발전의 전략적 역할을 충분히 이해하고 활용하여 2050년 기후 및 탄소중립을 실현할 때까지 발전부문에서 그 비율을 약 20%로 유지하는 전략을 구사하고 있다. 이는 기후 및 탄소중립을 2050년에 달성하기 위해서는 재생에너지 자원만으로는 현실적으로 불가능하고 원자력 발전이 보충적인 역할을 수행하여야만 한다는 의미이다. 이를 위해서 유럽 에너지전환정책의 모범국가인 독일, 영국, 스웨덴의 원자력 발전에 대한 상이한 접근방법은 우리나라 에너지정책에 많은 시사점을 제공하고 있다.

유럽연합의 기후 및 에너지정책을 연구하면서 에너지 자원이 부족한 지역임에도 불구하고 지속가능한 경제성장을 달성하기 위해서는 장기적 차원에서 전략적으로 접근하면서 에너지 안보를 확립하고 동시에 기후변화에 적극적으로 대응하여 기술혁신 창출과 산업경쟁력을 강화시키려는 유럽연합의 전략에 매우 공감하게 되었다. 이외에도 지속적인 산업 활동을 위한 자원부족을 해결하기 위하여 재활용(Recycle), 재사용(Reuse), 자원소비 감소(Reduce) 등과 같은 환경 친화적 접근방법을 추진하고 있다. 이를 통하여 자연환경과의 공존과 소비자에게는 제품의 내구성 강화를 통한 제품의 질적 향상을 추구하고 있다. 이는 유럽연합 국민에게 삶의 질 향상을 제공한다. 이러한 과정을 기초로 구축된 순환경제체제는 향후 우리 인류가 나아가야할 하나의 생존 및 발전모델이다.

이처럼 유럽연합이 추구하는 자연환경 및 우리 인류와의 공존방법이 코로나 대유행이 종료 된 이후에 더욱 값진 모델로 정립될 것이라 예상하고 있다. 따라서 기후 및 에너지 부문에서 아직도 많은 것을 배우고 발전시켜야 할 우리나라의 입장에서는 이를 효율적으로 활용할 수 있는 계기가 되기를 바란다. 또한 이를 통해서 우리나라가 지향하는 2050년 기후 및 탄소중립 목표에 근접하는 데 작은 도움이 되기를 기대한다.

2014년 IPCC 제 5차 종합보고서에서 기후변화가 인간의 과도한 생산활동에 의한 온실가스 배출로 발생한 것이라는 과학적 근거가 제시된 이후에도 기후변화는 지속적으로 악화되었다. 우리 인류가 2015년 파리협정을 기반으로 기후변화에 적극적으로 대처하지 않으면 2040년 지구온도 상승이 한계 기온상승 섭씨 1.5도를 초과할 가능성이 매우 높다고 2023년 3월 IPCC 제6차 종합보고서는 경고하고 있다. 이처럼 기후변화가 현재 진행형으로 매우 심각한 상황임에도 불구하고 2019년 12월 말 시작된 세계적인 코로나 대유행으로 기후변화에 대한 세계 각국의 관심은 낮아졌다. 이외에도 2022년 2월 발생한 러시아의 우크라이나 침공으로 시작된 우크라이나 전쟁은 현재도 진행 중이며 전쟁의 직간접적인 피해로 인하여 기후변화를 악화시키고 있다. 동시에 전쟁으로 인하여 발생한 파급효과인 에너지 및 식량위기는 높은 물가상승을 야기하여 각국의 기후변화에 대한 관심을 약화시키고 있다. 이러한 배경이 기후변화, 팬데믹, 우크라이나 전쟁 간의 상관관계를 조사분석하기 위하여 본 저서를 준비하게 된 이유이다.

부족한 저자의 집필능력으로 인하여 내용상 부족한 점은 전적으로 저자의 학문적 능력부족으로 발생한 점이라는 것을 너그럽게 이해해 주시기를 바란다. 3년 이상 장기간 팬데믹을 겪고 있는 인류 모두가 동일하겠지만 저자에게는 개인적으로 연로하신 부모님과 함께 생활한 기간이어서 유난히도 힘들었다. 또한 폭염 및 혹한 등 기후변화를 실생활에서 직접 경험한 2021년과 2022년이었다. 그럼에도 불구하고 2023년 봄에 신규서적으로 개정판을 출판할 수 있는 영광은 전적으로 저자에게 직간접적으로 용기와 실질적인 도움을 주신 가족, 국내외 동료 및 제자, 지인, 이웃 등 모든 분들 덕분이다. 이 모든 분들께 진심으로 감사의 말씀을 전한다.

특히 장기간 지속되는 코로나 팬데믹과 급작스럽게 발생한 러시아와 우크라이나 전쟁, 약 3년간 지속된 중국의 코로나 제로정책으로 시작된 장기 도시봉쇄로 인한 글로벌 공급망 붕괴와 각 국가의 과도한 재정투여로 인한 높은 물가상승 등 세계 정치, 경제, 안보상황이 매우 불안한 가운데도 기후변화 및 탄소중립 정책에 깊은 관심을 갖고 서적을 구매해 주신 독자 모든 분에게도 깊은 감사의 말씀을 전한다. 배움과 지식의 외연확장에 적극적인 다양한 독자들의 성원으로 본 저서를 시작할 수 있게 되었다. 모든 과정을 성심껏 지원해 주신 박영사 전채린 팀장님, 김한유 과장님, 산뜻하고 의미 있는 디자인을 정해준 이영경 디자이너 등 관계자 모든 직원 분께도 감사의 말씀을 전한다.

2023년 4월
한국공학대학교 융합기술에너지대학원 연구실에서
박 상 철

사사의 글: 이 책이 출판된 후 올해 만 94세이신 아버님께 제일 먼저 보여드렸습니다. 어머니를 2021년 10월 말 마지막까지 정성으로 보살피신 후 홀로 되시고 2022년 11월 코로나까지 극복하시면서 외롭게 생존해 계신 강인한 아버지와 지극정성으로 아버지 병간호를 하는 여동생에게 존경심과 고마움을 느낍니다. 또한 사랑하는 아내 그리고 코로나 대유행 속에서 전문의로 의료현장에서 환자를 치료하고 있는 나의 자랑스러운 아들에게 본 저서 출판을 바칩니다. 이외에도 저술작업 중에 어머니의 모습을 닮아서 탄생한 사랑스러운 손녀와 아들과 함께 전문의로 의료현장에 있는 며느리에게도 무한한 사랑과 고마움을 전합니다.

차 례

서론

1 기후변화 추이

지구 온난화 현상을 전 지구적 차원에서 억제하기 위하여 유럽연합(EU)은 기후정책을 다자주의적 원칙하에서 발전시켰다. 따라서 유럽연합의 기후정책은 국제연합(United Nations: UN)에서 의결한 모든 의무사항을 반영하고 있다. 그 결과 유럽연합이 비준한 교토의정서(Kyoto Protocol)가 결정한 이산화탄소 배출 8%를 감축하는 방법을 유럽연합 내에서 논의한 것이 기후정책의 시발점이다. 이후 유럽연합이 탄소배출에 대한 경제적 비용을 부과하는 데 약 10년이 걸렸으며 회원국 정부지도자가 2020년 및 2030년 탄소배출 감축비율을 합의하는 데 성공하였다. 이를 기초로 유럽연합은 유럽연합 차원의 전반적인 기후정책을 추진할 수 있게 되었다.

기후변화는 산업혁명 이후부터 점진적으로 진행되었으며 특히 세계경제가 산업화의 정점에 이르기 시작한 1970년대 이후 급속하게 진행되었다. 그 결과 대기 내 이산화탄소 집중도가 지속적으로 증가하여 산업혁명 이전의 대기 온도보다 섭씨 약 1도가 증가하는 지구 온난화 현상을 발생시켰다. 이러한 지구 온난화 현상에 대한 과학적 증거는 세계적으로 명성이 높은 과학자들의 연구결과를 기초로 작성된 기후변화에 관한 정부 간 협의체(Intergovernmental Panel on Climate Change: IPCC)에 의하여 증명되었다. IPCC는 정기적으로 기후변화에 관한 종합보고서를 출판하고 있으며 이를 기초로 정책결정자 간에 기후변화에 대한 합의를 도출하는 역할을 수행하고 있다(Delbeke, 2019; IPCC, 2014).

2014년에 출판된 IPCC 종합보고서는 글로벌 기후변화에 대한 과학적 인식을 확고하게 된 계기가 되었으며 기후변화의 속도가 최근에 가속화하고 있다는 사실을 깨닫게 해주고 있다. 이로서 인류는 현재 진행되고 있는 글로벌 이산화탄소 배출 집중과 직접적인 관련이 있다는 과학적 사실을 이해하게 되었다. 기후변화로 인한 충격은 전 세계적으로 다양하게 발생하고 있으며 각기 다르게 느끼고 있으나 우리 모두에게 경제적 파급효과를 미치고 동시에 생태계에도 부정적인 영향을 미치게 될 것으로 예측되고 있다. 기후관련 과학자들은 이러한 부정적인 영향을 최소화하기 위하여 기온상승을 산업혁명 이전시기보다 섭씨 2도 혹은 1.5도 이내로 억제할 수 있다고 주장하고 있다(IPCC, 2018).

기후변화로 인한 부정적 충격은 유럽연합 내 경제적 측면뿐만이 아니라 각 개별적 시민과 사회전반에 미치고 있다. 실제로 다발적 홍수, 강우량 변화 및 산불피해 등과 같은 사례가 이전과는 매우 다른 형태로 발생하고 있으며 각 회원국 국민의 인명과 재산 및 사회간접자본에 대한 피해도 증가하고 있다. 이외에도 기후변화로 인한 지구 온난화 현상은 그린란드(Greenland)의 빙하를 빠른 속도로 해빙시키고 있으며 이는 해수면 상승으로 이어지고 있다. 과학자들의 예측에 의하면 그린란드의 빙하가 현재의 속도로 녹게 되면 해수면이 약 7미터 상승할 것으로 예측하고 있다. 이는 유럽대륙 대부분의 해안도시는 수중도시가 된다는 것을 의미한다. 해수면 상승 이외에도 지구 온난화 현상은 사막화 현상도 동시에 발생시켜 지중해 및 북아프리카 지역의 경제성장에 커다란 장애요소로 작용하게 되며 그 결과 다수의 경제적 난민이 발생하여 유럽연합 회원국으로 이주를 단행할 것으로 예상하고 있다. 즉 기후변화가 기후난만을 발생시키는 새로운 현상을 초래하는 것이다. 이는 기후변화로 인한 부정적인 영향은 개발도상국에 더욱 커다란 파급효과를 발생시키지만 그 결과는 유럽연합 전역에 전파될 수 있다는 것을 의미한다.

이러한 부정적인 충격에 대비하기 위하여 IPCC는 지구 온도상승 섭씨 2도 이내로 제한하기 까지 우리 인류에게 얼마나 많은 시간이 남아 있는지 예측하기 위한 탄소예산(Carbon Budget)을 측정하였다. 그 결과는 매우 참담한 실정이다. 인류는 벌써 온도상승 섭씨 2도 이내로 제한할 수 있는 탄소예산의 약 2/3를 소비한 상태이며 향후 수십 년 간 인구수는 2017년 76억 명에서 2030년 86억 명 그리고 2050년에는 98억 명으로 지속적으로 증가할 것으로 국제연합(UN)은 예측하고 있어서 탄소배출 감소에 지속적인 문제점을 제공하고 있다. 따라서 개발도상국의 탄소배출 감축에 동참시키는 것도 중요하지만 선진국들이 더욱 적극적이며 획기적으로 탄소배출 감축에 노력하여 지구온도 상승 제한폭인 섭씨 2도 이내로 제한하는 것이 중요하다. 이를 위해서 1인당 연간 이산화탄소 배출량을 2톤

그림 1-1 세계 이산화탄소 배출 집중도 추이(1000년 ~2000년)

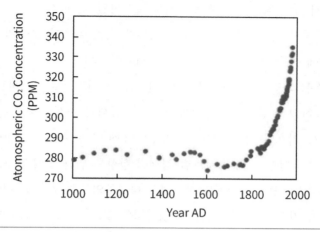

출처: www.warmhearworldwide.org, 2021

이하로 억제하여야 하며 다양한 기술적용 및 생활패턴의 변화가 이루어져야 한다(UN, 2017; Delbeke, 2019)(그림 1-1 참조).

　　물론 기후변화로 인한 지구의 대재앙에 관하여 부정적인 시각을 갖고 있는 환경론자도 존재한다. 미국 환경주의자 쉘렌버거(Shellenberger)는 지구온난화현상으로 발생하는 기후변화는 지구 역사 전체적으로 주기적으로 발생하는 하나의 과정으로 인식하고 있으며 이산화탄소 배출 증가는 식물성장에 도움을 주어서 지구 전체로 볼 때 삼림지역이 증가하고 있다고 주장하고 있다. 따라서 기후변화는 지구상에서 발생하고 있는 하나의 문제이지 이로 인하여 대재앙이 발생하여 우리 인류의 생존에 크게 위협이 되는 것은 아니라는 견해를 피력하였다(Shellenberger, 2020).

　　그러나 그의 주장은 지구의 기후변화가 주기적으로 자연적인 현상으로 발생하는 것이라는 가정은 지구 역사 약 40억 년 장기간 변화하는 것을 의미하는 것이고 [그림 1-1]에서 보는 것처럼 우리 인류가 경제활동을 수행하면서 지난 200여 년 간 배출한 탄소증가율의 급격한 속도는 지구환경을 위협하기에 충분한 것으로 인식할 수 있다. 이러한 관점에서 세계 절대 다수의 국가가 기후변화에 대처하는 국제협정에 참여하는 것으로 이해할 수 있다. 기후변화의 심각성과 관련하여 IPCC는 2021년 7월 말부터 8월 초 까지 진행된 영상회의에서 IPCC 제6차 평가보고서(AR6) 제1실무그룹 보고서를 승인하였다. 이 보고서는 지구 평균온도가 산업화 이전 대비 1.5도 상승하는 시기가 기존 예측인 2050년에서 10년이 빠른 2040년에 이를 것으로 경고하고 있다(IPCC, 2021).

기후변화를 과장하는 것도 문제이지만 이를 실질적으로 무시하는 것은 더욱 큰 문제라는 현실적 접근주의도 존재한다. 20/21세기 화석연료 기반의 경제 및 산업 체제에서 기후변화를 억제하기 위해서 2050년 탄소중립을 실현하기 위한 유럽연합의 정책 방향은 역내 글로벌 경쟁력 향상을 위한 정치적 구호에 불과하다고 비난 받기도 한다. 그럼에도 불구하고 다자주의를 기초로 한 다양한 국제조약을 추진하여 기후변화에 전 인류가 경각심을 갖고 장기적으로 대비하는 것은 필수적이고 현실적인 대응방안이라 주장하는 학자도 있다(Smill, 2022).

이처럼 기후변화 문제를 해결하기 위하여 2015년 채택된 파리협정(Paris Agreement)은 2050년까지 지구온도 상승을 섭씨 2도 이하로 억제하고 가능하다면 온도상승을 섭씨 1.5도로 제한하는 노력을 우리 인류 모두가 경주하여야 한다는 더욱 도전적인 목표치를 제시하였다. 이처럼 구체적인 목표치를 제시할 수 있는 근거는 국제연합 회원국 모두가 1992년 브라질 리오데 자네이로(Rio de Janeiro)에서 개최된 세계정상회의에서 UN기후변화협약(UN Framework Convention on Climate Change: UNFCCC)을 준수할 것을 합의하였다는 점이다. 이후 1997년 교토의정서가 채택되었으며 최근에는 2015년 파리협약이 채택된 것이 국제사회가 준수하여야 할 의무사항으로 발전한 것이다. 이에 근거하여 개발도상국을 포함하는 국제사회의 모든 국가는 파리협약을 준수하여야 하는 의무가 있게 되었다.

파리협약 준수를 위하여 세계 각국은 자신의 의무에 적합한 행동양식을 추진하기 시작했으며 이러한 자발적 실천이 이산화탄소 배출을 지속적으로 감축하여 2050년에는 탄소배출 감축 목표치를 달성할 수 있는 기대를 제공하고 있다. 그러나 불행하게도 세계 최대 경제국이며 이산화탄소 배출을 세계에서 중국 다음으로 많이 하는 세계 제2의 이산화탄소 배출국인 미국이 2017년 트럼프 대통령의 독단적인 결정으로 파리협약을 일방적으로 탈퇴하여 많은 비난을 받게 되었다. 그러나 다행인 것은 트럼프 정부가 파리협약을 탈퇴하였다고 하더라도 2020년 11월까지는 실질적으로 파리협약 의무를 이행하도록 되어 있다. 또한 미국의 여러 주정부 및 산업계도 트럼프 정부와는 반대로 파리협약을 준수할 것을 표방하고 있다. 또한 2021년 1월 민주당 바이든 정부가 집권하면서 행정명령 제1호로 파리협약에 복귀할 것을 결정하였다(Blinken, 2021).

2 유럽연합 탄소배출 감축 추이

유럽연합의 경우 세계에서 기후변화에 가장 적극적으로 대응하는 지역이다. UN기후변화협약(UNFCCC)이 체결된 이후 유럽연합은 1993년에 지구 온난화 현상을 발생시키는 모든 종류의 탄소배출에 관한 데이터를 수집할 것을 결정하고 이를 기초로 유럽환경청(European Environment Agency: EEA)이 매년 보고서를 발간하고 있다. 이 보고서에는 유럽연합 회원국이 각 산업분야에서 배출하는 탄소배출량과 변화추이가 상세히 조사 및 분석되고 있다.

이러한 유럽연합 내 탄소배출 감축을 위한 자발적 노력의 결과 유럽연합은 2017년에 UN기후변화협약이 체결된 기준시점인 1990년과 비교할 때 탄소배출 감축을 22% 달성하였다. 이는 2020년 탄소배출감축 목표치인 20%를 상회하는 양호한 결과이며 시기 또한 목표연도 보다 3년 일찍 초과달성하였다. 이처럼 유럽연합이 탄소배출 감축목표를 초과달성할 수 있었던 이유는 2014년 유럽연합 회원국 정상들이 2015년 파리협약에서 결정되는 내용과 관계없이 유럽연합은 2030년까지 1990년 대비 탄소배출 감축을 40% 달성하겠다는 야심찬 목표를 합의하였기 때문이다. 이는 기존의 목표치 보다 한층 더 높은 수준이며 이를 달성하기 위해서는 다양한 도전이 상존하고 있는 상황이었으나 파리협약이 체결한 2050년 탄소중립 경제체제를 구축하기 위해서는 반드시 거쳐야 할 과정이라고 판단하였다(EEA, 2018)(그림 1-2 참조).

또한 IPCC 최근 보고서도 2050년까지 지구온도 상승을 섭씨 1.5도로 제한하

그림 1-2 유럽연합 이산화탄소배출 감축 추이 및 목표치(1990년~2050년)

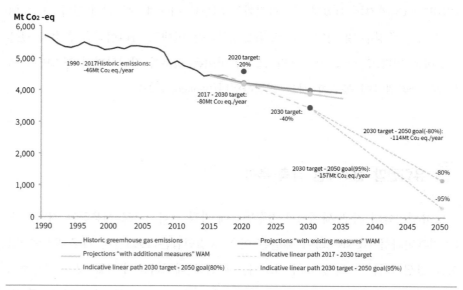

출처: EEA, GHG Dataviewer, 2018; EEA, GHG Projections Dataset, 2018 재인용

기 위해서는 세계 각 국가가 더욱 야심차게 탄소배출 감축 실행을 위한 에너지전환을 추구하여야 한다고 주장하였다. 유럽연합집행위원회(European Commission: EC)도 현존하는 기술능력으로 2050년까지 유럽연합 내 탄소중립 경제체제를 구축하는 대전환이 가능하다고 주장하였다(ECC, 2018).

유럽연합 내 온실가스 배출 중 이산화탄소(CO_2) 배출이 전체의 약 80%에 달하고 있으며 이는 주로 화석연료를 사용하는 발전용, 산업, 운송부문에 집중되어 있어서 온실가스 배출 감축을 위한 정부정책이 이 부문에 집중되어 있다. 이 외의 온실가스로는 매탄(CH_4), 아산화질소(N_2O), 불소화합물($F-gas$)로 구성되어 있다. 이 온실가스는 주로 농업, 화학 및 폐기물 부문에서 배출되고 있으며 그 배출량은 이산화탄소보다 매우 적으나 기후변화에는 더욱 심각한 영향을 미치고 있다(McKinsey & Company, 2020).

유럽연합 탄소배출 감축 추이는 2005년에서 2017년 사이에 매우 뚜렷한 감소세를 나타내고 있다. 1990년부터 2005년까지 탄소배출 감축은 연간 약 0.5%에 불과하였으나 2005년부터 2017년까지 감축비율은 연간 1.5%로 이전 기간보다

표 1-1　유럽연합 부문별 이산화탄소 배출 추이(1990~2030년, 백만 톤)

부문	연도				1990년 대비 비율(%)		
	1990	2005	2017	2030	2005	2017	2030
에너지 공급	1869	1713	1276	1053	92	68	56
제조업	841	636	483	459	76	57	55
산업 공정 및 생산	517	466	379	340	90	73	66
운송	787	976	946	887	124	120	113
기타 에너지소비	854	794	663	555	93	78	66
농업	542	434	432	432	80	80	80
폐기물	236	200	136	99	85	58	42
국제 항공	69	131	150	164	190	217	238
합계	5715	5350	4465	3989	94	78	70

출처: EEA, 2019 재인용

세 배나 높은 감축비율을 나타내고 있다. 이처럼 감축비율이 증가한 가장 중요한 이유는 유럽연합이 2005년부터 유럽연합 차원에서 회원국 간 상호 연계된 기후 및 에너지정책을 수행한 결과이다. 이러한 긍정적인 정책수행의 결과를 기초로 유럽연합은 더욱 야심찬 탄소배출 감축 장기계획을 수립할 수 있었으며 2030년에 1990년 대비 탄소배출 감축량을 40%로 합의하였다. 이는 연간 배출감축이 약 2%에 달하는 감축목표이다. 이를 달성하기 위해서는 현재 유럽연합 회원국이 추진하는 기후 및 에너지정책을 더욱 강화하여야 한다(Delbeke, 2019).

　유럽연합 내 탄소배출 감축 추이는 주로 발전 및 제조업부문에서 기술혁신을 통한 감축노력의 결과로 나타나고 있다. 동시에 에너지 효율성 향상, 재생에너지 개발 및 보급, 탄소세 부과 등과 같은 다양한 정책조합이 효과를 보고 있기 때문이다. 그러나 운송부문 중 특히 항공운송은 탄소배출이 지속적으로 증가하는 경향을 나타내고 있으며 폐기물 부문은 탄소배출 총량은 상대적으로 적으나 감축량은 상대적으로 큰 것으로 나타나고 있다. 따라서 2030년까지 탄소배출 감축부문에 정책적 역량을 집중시켜야 하는 부문은 운송부문이다. 이를 위한 기술부문은 이미 활용이 가능한 상태이며 2021년부터 2030년까지 신규차량은 이산화탄소 배출량을 37.5% 감축하여야 한다(표 1-1 참조).

3 유럽연합 접근방법

　　지구 온난화 현상의 주범인 온실가스 배출 감축을 위한 완벽한 만병통치약은 존재하지 않는다. 따라서 다양한 방법 및 정책조합이 효율적으로 작동하고 상호 시너지효과를 창출하여야 경제활동을 위축시키지 않고 온실가스 배출을 감축할 수 있다. 유럽연합이 추진한 접근방법은 교토의정서의 의무사항을 2002년에 유럽의회에서 비준한 이후 다양한 정책을 추진하였다. 대표적인 정책 중 하나가 2003년 유럽연합 탄소배출거래제도 지침(EU Emissions Trading System Directive)을 제정하여 탄소배출거래제도(EU ETS)를 2005년 시행한 것이다. 이로서 유럽연합은 2005년 이후 탄소시장을 창출하였고 발전 및 제조업 부문에서 배출되는 탄소배출을 시장에서 거래할 수 있는 체제가 정립되었다. 그러나 탄소시장에서 운송, 빌딩, 농업 등에서 배출되는 탄소는 거래가 포함되어 있지 않아서 유럽연합은 이 부문에서 배출되는 탄소량 감축은 각 회원국이 법률적으로 목표치를 설정하여 관리하도록 합의하였다.

　　이처럼 탄소시장을 통한 탄소배출권거래를 운영하면서 유럽연합은 경제성장과 탄소배출 감축을 동시에 달성하는 혁신적인 기후정책 및 에너지정책을 추진하였다. 그 결과 1990년에서 2017년까지 약 27년 간 유럽연합의 국내총생산(GDP)은 약 58% 성장하였으며 같은 기간 탄소배출 감축량은 1990년 대비 22%가 감소하여 유럽연합의 2020년 감축 목표치인 20%를 조기에 달성하였다. 이로서 국내총생산에서 차지하는 탄소배출 집중도를 동 기간에 50% 감소시킬 수 있었으며 경제성장과 탄소배출과의 관계를 일반적인 동조화 관계에서 탈 동조화 관계로 전환시키는 데 성공하였다(Delbeke, 2019; EEA, 2019; Eurostat, 2019; World Bank, 2021)(그림 1-3 참조).

　　유럽연합이 탄소배출 감축을 지속적으로 추진하는 방법은 UNFCCC가 채택

그림 1-3 유럽연합 경제성장과 탄소배출 탈 동조화 추이(1990~2017년, %)

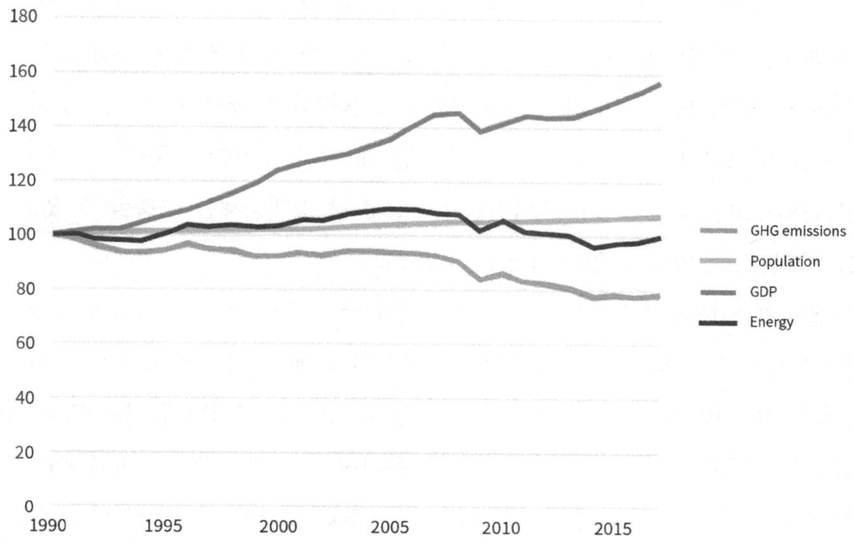

출처: EEA, 2019; Eurostat, 2019; World Bank, 2021

하고 파리협정이 공식화 한 각 국가의 영토 내 직접적인 탄소배출 감축이다. 즉, 세계 각국이 자국 내 탄소배출 감축을 의무화하고 타국에서 유입되는 간접적 탄소배출은 협정위반으로 규정하고 있다. 유럽연합의 경우 개발도상국에서 높은 수준의 탄소배출을 기초로 한 수입품을 사용하여 재가공한 후 세계에 수출하면 탄소배출을 다른 국가에 간접적으로 이전시키는 파리협정 위반에 대한 비판을 받았으나 탄소배출의 지속적인 감축을 통하여 저탄소 제품생산이 가능하게 되었다. 이로서 유럽연합이 외국에서 제품을 직접 생산하는 경우보다 2016년 기준 유럽연합 내 생산 후 외국으로 수출을 하는 경우 글로벌 탄소배출량의 2억 톤 이상을 감축하는 효과를 창출하였다(European Commission, 2018).

유럽연합 탄소배출감축 전략의 핵심은 탄소배출과 경제성장과의 관계를 탈 동조화 시키는 것이며 이는 기후 및 에너지정책이 경제성장을 저해하지 않는 다는 것을 의미한다. 즉, 이를 위해서는 지속적인 기술개발을 통하여 유럽연합 경제체제에서 에너지 집중도를 낮추고 동시에 에너지 생산에 탄소 집중도를 최소화시키는 데 노력하여야 한다. 이러한 두 가지 핵심 요소가 경제성장의 과실인 유럽연합 내 일인당 국민소득 증가와 인구증가로 이어졌다. 즉, 에너지 기술혁신을 통하여 기후 및 에너지정책을 지속적으로 추진한 결과 경제는 성장하고 탄소배출은 감소하였으며 인구가 증가하였음에도 불구하고 에너지 소비는 일시적으로 증가하였으나 1990년 기준년도와 비교할 때 거의 동일한 수준을 유지하는 성과를 나타내고 있다. 이로서 유럽연합은 탄소중립 경제체제를 구축할 수 있는 기반을 마련할 수 있게 되었다(그림 1-3 참조).

온실가스 배출의 3/4은 글로벌 경제 주요국인 G20 국가에 의하여 발생하고 있다. 2012년 통계에 의하면 유럽연합의 온살가스 배출량은 전 세계의 약 10%를 차지하고 있으며 지속적으로 감소하고 있는 추세이다. 그러나 중국의 경우 동년 온실가스 배출량이 26%이고 지속적으로 증가하는 추세에 있다. 이외에도 주요 온실가스 배출국으로 미국이 13.5%, 인도 7%, 러시아 5% 등이다(Janssens-Maenhaut, 2017).

이후 2015년 각 주요국의 1인당 평균 이산화탄소 배출량은 유럽연합이 6.9톤으로 1990년 이후 지속적인 감소세를 나타내고 있다. 그러나 중국의 경우 1인당 이산화탄소 배출량이 2012년 유럽연합의 1인당 평균배출량을 초과하기 시작하여 2015년에는 약 7.7톤에 달하였다. 미국의 경우 1990년 이후 지속적인 감소 추세이나 2015년 1인당 배출량이 유럽연합보다 2배가 높다. 또한 인도의 1인당 이산화탄소 배출량은 아직까지는 낮은 수준이나 2000년대 이후 지속적으로 증가하고 있는 추세이다(EDGAR, 2016)(그림 1-4 참조).

이처럼 유럽연합이 지속적으로 탄소배출 감축을 추진하고 2050년 탄소중립 경제체제를 구축하려는 이유는 지구 온난화 현상으로부터 지구와 우리 인류의 생존을 지키기 위한 것 이외에도 유럽연합의 최대 약점인 에너지 안보를 확립하기 위한 목적을 달성하기 위한 것이다. 유럽연합은 2020년 탄소배출 감축목표를 조기에 달성하고 더욱 야심찬 2030년 감축목표 및 청정에너지 소비를 기초로 하는 에너지 전환을 달성하기 위한 제도정비에 착수하였다. 이를 기초로 파리협약이 채택한 2030년에 1990년 대비 탄소배출 감축목표인 40% 감축을 정책목표로

그림 1-4 글로벌 주요국 1인당 이산화탄소 배출 추이(1990~2015년, 억 톤)

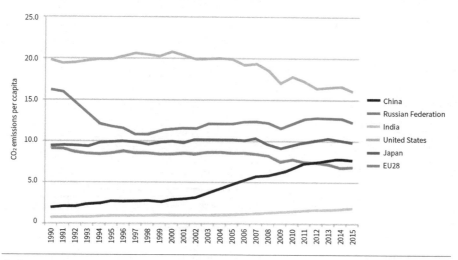

출처: EDGAR, 2016 재인용

설정하였다.

이를 위해서 에너지 효율성 향상 및 재생에너지 개발을 동시에 강화하는 전략을 채택하였다. 유럽연합이 이러한 전략을 실현하면 2030년 탄소배출 감축 목표를 넘어서는 45% 감축도 가능한 것으로 판단하고 있다. 이처럼 지속적인 에너지 효율성 향상과 재생에너지 개발을 통하여 2050년 탄소중립 경제체제를 구축하게 되면 2010년 50%를 상회하는 유럽연합의 에너지 수입의존도가 2050년에는 20% 이하로 감소하게 되어서 높은 수준의 에너지안보를 달성하게 된다(European Commission, 2020a).

지속적인 경제성장을 창출하기 위해서는 안정적인 에너지 공급이 전제조건 중 하나이다. 따라서 세계 주요국은 자국의 지속가능한 경제성장을 위하여 에너지안보를 확립하기 위한 에너지 정책을 추진하고 있다. 유럽연합의 경우 지구 온난화 현상을 억제하기 위하여 기후정책과 에너지 정책을 상호 연동하여 추진하는 대표적인 주요지역이다. 그 이유는 미국 및 중국 등과 같은 경제적 초강대국과 비교할 때 상대적으로 높은 에너지 수입의존도 때문이다. 미국의 경우 2019년 에너지 수출이 에너지 수입을 초과하여 1952년 이후 에너지 자급자족을 이루

그림 1-5 미국 제1차 에너지 수요 및 공급 추이(1950~2019년)

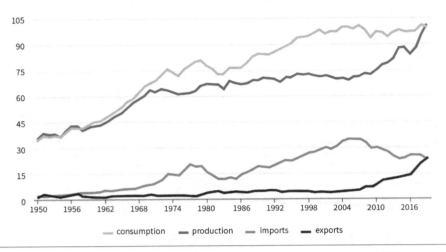

출처: U. S. Energy Information Administration, Monthly Energy Review, 2020 재인용

었을 뿐만이 아니라 에너지 수출국으로 등극하였다. 중국의 경우 지속적인 경제
성장을 창출하기 위하여 에너지 수입이 2000년 이후 급증하고 있으나 국내에 매
장된 에너지 자원을 개발하면 에너지 자급비율이 80%까지 가능한 것으로 추정
하고 있다(EIA, 2020)(그림 1-5 참조).

　　이처럼 주요 초강대국과 비교할 때 지속적인 경제성장을 창출할 수 있는 전
제조건 중 하나인 에너지 자급비율이 상대적으로 낮은 유럽연합은 에너지 자원
측면에서 상대적으로 불리한 조건을 갖고 있다. 따라서 2050년 탄소중립 경제체
제를 구축하기 위해서는 화석연료 자원이 절대적으로 부족하기 때문에 가용 가
능한 에너지 자원은 재생에너지와 원자력 에너지이다. 따라서 기후변화를 억제
하기 위한 평균온도 섭씨 1.5도 상승 목표에 도달하기 위해서는 2050년 유럽연
합 내 총 에너지 소비에서 재생에너지 소비가 전체의 65%에 달하며 제 2의 주요
에너지 자원인 원자력 에너지 소비 비중이 약 20%를 유지할 것으로 예측하고 있
다. 즉, 탄소중립 경제체제를 구축하는 데 가장 중요한 에너지 자원은 재생에너
지와 원자력 에너지인 것이다(European Commission, 2020b; Gates, 2021).

기후변화와 국제협약

1 배경

유럽연합이 탄소중립 경제체제를 구축하려는 가장 커다란 이유는 지구환경 변화가 지구 온난화 현상으로 인하여 인류의 생존과 직접적으로 연관되어 있기 때문이다. 지구환경 변화에 가장 먼저 관심을 갖고 국제사회에 경고를 보내기 시작한 국가는 유럽연합(EU) 회원국인 스웨덴이다. 1967년 국제연합(UN) 총회에서 지구환경 변화에 경각심을 갖고 세계 각국이 대처하지 않으면 심각한 환경파괴로 인하여 인류의 생존에 커다란 문제를 발생시킬 것으로 경고하면서 가능한 빨리 협력 체제를 구축하여 대응하여야 한다고 주장하였다. 스웨덴이 이처럼 국제사회에서 공식적인 경고성 발언을 하게 된 이유는 1960년대 이미 세계적으로 시작된 대규모 산업오염, 원자력 방사능 배출증가, 글로벌 환경위기를 목격하였기 때문이다.

국제사회가 공동으로 대처하기 위한 후속조치로 1972년 유엔인간환경컨퍼런스(United Nations Conference on the Human Environment: UNCHE)가 스웨덴의 주도로 수도인 스톡홀름에서 개최되었다. 이 회의는 제1차 지구정상회의(Earth Summit)로 명명되고 있으며 지구환경 보호 및 지구환경 파괴에 대한 복원을 위한 가이드라인을 제시하고 세계 각 국가가 협력하여 추진하는 다자주의 접근방식을 결의하였다(Grieger, 2012).

유럽연합이 지구 환경문제 해결을 위하여 다자주의 접근방식을 선호하는 이유는 제2차 세계대전 이후 유럽연합이 다수의 회원국을 중심으로 발전하였기 때문에 다자 간 협력 체제를 통한 문제해결이 가장 합리적인 방법으로 인식하고 있기 때문이다. 또한 지구 환경문제는 전 지구적 상황이기 때문에 국제사회 모든 구성원이 협력하지 않으면 문제해결에 한계가 존재하기 때문이다. 이러한 이유로 인하여 유럽연합은 국제사회를 대표하는 국제연합(UN)과 긴밀한 협력관계를 유지하면서 다양한 국제협약을 체결하는 데 주도적인 역할을 수행하고 있다.

2 유엔기후변화협약(UN Framework Convention on Climate Change: UNFCCC)과 교토의정서(Kyoto Protocol)

유엔기후변화협약(UNFCCC)은 급증하는 기후변화 도전에 국제사회가 공동으로 대응하는 제1세대 협약이다. 이는 1992년 브라질 리오데 자네이로에서 개최된 유엔환경 및 개발회의(United Nations Conference on Environment and Development) 직전에 채택되었고 1994년 3월에 발효되었다. 이 협약은 2020년 기준 195개 국가 및 유럽연합(EU)이 가입하고 있다. 이 협약에서 국제사회는 온실가스 집중이 대기 상에 안정적인 수준을 유지할 수 있는 목표를 제시하였고 유엔이 기후변화에 관한 업무를 집중적으로 수행할 수 있는 사무국(UNFCCC Secretariat)을 설립하였고 이의 업무를 지휘 및 감독하는 기구로 당사국총회(Conference of the Parties: COP)를 구성하였다. 당사국총회는 유엔기후협약 최고의 의사결정기구로서 1995년부터 매년 1회 개최되고 있다(외교부, 2015).

유엔기후변화협약이 추진한 가장 중요한 업무는 각 국가가 배출하는 온실가스 목록에 대한 국제시스템을 최초로 구축하고 각 국가가 온실가스 배출을 관리하고 정책조정을 이루어 소통할 수 있는 체제를 만든 것이다. 이를 통해서 온실가스 배출을 관리하고 기후변화에 대한 영향을 개선시킬 수 있는 방안을 제시할 수 있는 계기가 되었다. 이러한 체제와 방식을 준수하기 위하여 유럽연합은 1996년 6월 온실가스 목록을 최초로 작성하여 유엔기후협약체제 사무국에 제출하였으며 이는 각 국가 간 의견 조정에 중요한 부문을 차지하게 되었다(Delbeke et al., 2019).

이외에도 유엔기후변화협약은 기후정책에 관한 국제협력을 강화시키기 위한 목적으로 주요 원칙을 제정하였다. 이 중 하나는 예방원칙(Precautionary Principle)에 대한 표현으로 과학적 근거가 충족되지 않더라도 환경부문에 심각한 문제가 발생할 위험이 존재하면 해당 국가 정부는 적절한 조치를 취할 것을 요구하는 방식을 채택하는 것이다. 협약에서 채택한 주요 원칙은 기후변화와 관련된 모든 정책 및 추진방법은 지속가능한 발전, 각 참여국들에게 적정한 환경구축, 일방적이며 부당한 차별중지, 국제무역상의 위장된 제한 등을 배격하는 사항에 관한 것이다. 이 중 가장 중요한 원칙은 협약을 체결한 각 국가는 기후변화에 대응하는 기본방식이 형평성과 자신의 능력에 맞는 범위 내에서 상식적이며 동시에 상이한 책임을 지는 것이다. 따라서 이 협약에서는 유럽연합과 같은 선진국이 기후변화를 억제하는 노력을 더욱 강화하고 지구 온난화 현상을 해결하는 데 선도적인 역할을 수행하여야 한다고 명시하고 있다.

유엔기후변화협약이 1992년 채택될 당시 국가 간 상이한 경제적 격차를 고려하여 온실가스 배출에 대한 상이한 책임을 인정하면서 국가 간 그룹별 부속문서(Annexes of Convention)를 작성하게 되었다. 따라서 부속문서 I(Annex I)을 채택한 선진국은 1990년 기준 온실가스 배출량을 2000년까지 안정적으로 유지할 것을 규정하고 있다. 특히 세계에서 경제적으로 가장 부유한 선진국경제협력개발기구(OECD)회원국은 부속문서 II(Annex II)를 채택하여 개발도상국을 재정적으로 지원할 의무를 진다. 그러나 당시 냉전체제 와해로 경제적으로 심각한 상황에 직면한 동유럽국가 및 구소련 연방 국가는 경제전환국으로 분류되어 부속문서에 적용되지 않는 유연성을 제공하였다. 이외에도 부속문서에 적용되지 않는 국가(Non-Annex I)는 개발도상국으로 규정하였다. 이처럼 경제력에 따른 국가별 적용범위 및 대상을 통한 접근방법은 기후변화관련 국제협정을 체결하는 데 매우 효율적으로 작용하였다.

유엔기후협약은 197개 국가가 참여한 전 지구적 협약으로서의 가치는 충분히 보유하고 있다. 그러나 이 협약은 기후협약 체제를 구성하고는 있지만 협약의 목표를 달성하는 데 법률적으로 강제할 수 있는 조치는 갖고 있지 않다. 이러한 제도적인 약점이 존재하고 있기 때문에 1997년에 유엔기후협약 당사국 중 192개 국가가 교토의정서(Kyoto Protocol)를 채택하게 된다. 교토의정서는 2005년부터 발효되었고 37개 선진국과 유럽경제공동체(European Community)는 1990년 대비 온실가스 배출을 2008년에서 2012년까지 5% 감축할 것을 법률적으로 제한하고 있다(UNFCCC, 2011).

이 목표치를 달성하기 위하여 개별 선진국과 협의를 통하여 합의에 이르렀으며 유럽연합의 경우 동 기간에 1990년 대비 온실가스 배출 감축을 8% 달성할 것을 채택하였다. 유럽연합은 온실가스 배출 감축목표를 15%로 설정하였으나 신규 동유럽 회원국에는 지나치게 과도한 목표치로 인식되었고 미국의 목표치는 7%로 제안되는 등 각 국가가 협의하여 자국의 산업현황에 적절한 목표치를 설정할 수 있도록 유연성을 발휘하였다. 특히 경제전환기에 있는 동유럽국가 및 구소련 연방 국가는 온실가스 배출 감축 기준연도를 자국의 실정에 적합하게 선택할 수 있는 권한도 부여되었다.

교토의정서는 각 국가 간 동의 및 법률적 구속력뿐만이 아니라 해당 국가가 차후 온실가스 배출 감축을 차질 없이 시행하고 있는지에 관한 보고서 제출, 감축 측정에 대한 규칙, 추적시스템에 관한 사항을 의무화하여 목표치 달성을 준수하는지에 대한 사항도 규정하고 있다. 교토의정서 부속문서 I(Annex I Parties)에 해당되는 선진국 당사국들의 온실가스 배출 감축 목표치는 개별 탄소배출예상(Individual Carbon Budget)으로 전환되어 이산화탄소 배출량으로 측정되는 방식을 도입하였다. 이로서 이산화탄소 배출량을 탄소배출예상량보다 사용하지 않은 당사국은 타 당사국에 탄소배출 잔여 량을 거래할 수 있도록 하였다. 즉, 탄소배출 거래를 활성화하고 탄소시장을 설립하여 시장 친화적 접근방법을 채택한 제도로서 교토체제(Kyoto Mechanism)를 구성하는 가장 중요한 체제 중 하나이다(COP-7, 2011).

이산화탄소 배출량 거래제도는 동유럽 및 구소련 연방국가 등과 같은 경제전환기에 해당하는 국가의 이산화탄소 초과배출 부분을 의무적으로 구매할 수밖에 없는 유럽연합의 불만을 해결하기 위하여 미국이 적극적으로 주장한 결과이다. 이외에도 교토의정서는 청정개발구조(Clean Development Mechanism)와 공동이행(Joint Implementation) 방식을 정착시켰다. 전자는 개발도상국에서 진행하는 탄소배출 감축 프로젝트를 인증하는 최초의 국제적 제도로서 선진국의 탄소배출예상으로 지원하는 체제로 운영되고 있다. 후자는 개발도상국 간 공동으로 탄소배출 감축 프로젝트 수행과정을 인증 및 지원하는 제도이다(UNFCCC, 2011).

교토의정서가 제시한 탄소배출 감축 목표 준수 및 탄소시장에 관한 규칙 등은 준수위원회집행전담부서(Enforcement Branch of Compliance Committee)가 감독하고 있다. 이 부서는 각 당사국이 탄소배출예상의 범위 내에서 탄소배출 감축을 진행하고 있는지에 대한 감독과 이를 기초로 탄소거래를 허락하거나 제한하는 권한을 보유하고 있다. 즉, 교토의정서 탄소배출 감축 의무제도는 제1차 의무기간 내에 탄소배출예상보다 더 많이 배출한 국가는 벌금이 부과된 초과분의 1.3배에 해당하는 탄소배출을 이후 의무기간 내에 감축하여야 한다. 즉 교토의정서는 기후변화에 공동으로 대처하기 위한 국제사회가 합의한 국제협약으로 유연하고 광범위한 국가 간 협력 체제를 구성하였고 효율적인 기후정책을 추진하기 위한 가치 있는 국제사회의 첫걸음으로 평가받고 있다(Böhringer, 2003).

유럽연합 내 모든 회원국은 교토의정서를 2002년 4월에 비준하였다. 그러나 이 시기에 미국은 교토의정서 비준을 거부할 것을 결정하여 새롭게 시작되는 국제협약이 시작되기도 전에 찬물을 끼얹는 부당한 행위를 자행하였다. 예상 밖의 미국 불참으로 국제협약이 정상적으로 작동하기 위해서는 러시아의 적극적인 참여가 매우 중요한 시점에 도달한 것으로 판단한 유럽연합은 새로운 접근방식을 시도한다. 당시 유럽연합 환경집행위원회 위원장인 마그롯 왈스트롬(Magrot Wallström)은 교토의정서 비준을 위하여 이란, 중국, 러시아, 일본 등 각 주요국 방문을 통하여 당사국의 지지를 호소하였다. 동시에 특히 러시아의 참여를 유도하기 위하여 특별한 공을 들였다. 이를 위해서 러시아를 수차례 방문하여 교토의정서 비준을 요청한 결과 러시아는 이에 응하여 2004년 11월 18일 러시아 의회인 두마에서 이를 비준하였다. 이로서 러시아의 비준 이후 90일이 지난 2005년 2월 16일부터 교토의정서는 국제협약으로서 정식으로 발효하게 되었다.

교토의정서가 정식으로 발효된 것은 기후변화를 적극적으로 대처하기 위한 세계 각 국가에 매우 중요한 사실이다. 특히 유럽연합에는 교토의정서 발효로 인하여 이 국제협약이 각 국가에 부여한 탄소배출 감축량을 달성하기 위한 전략수립, 정책 모니터링, 탄소배출량 점검 및 보고, 탄소거래제도(EU Emission Trading System) 도입 등 다양한 접근방법을 시행하는 데 크게 기여하였다. 그 결과 2012년 유럽연합의 탄소배출 감축 목표량인 1990년 대비 8%를 크게 상회하여 11%를 감축하는 데 성공하였다(Delbecke et al., 2019).

3 파리협정(Paris Agreement)

유엔기후협약이 체결된 1992년 이후 2020년까지 세계는 괄목할 만한 변화를 경험하였다. 유엔기후협약 및 교토의정서하에서 세계를 선진국 및 개발도상국으로 2분화하여 접근하였으나 지난 30여 년 간 선진국을 대표하는 미국, 유럽연합, 일본의 경제규모는 세계경제에서 차지하는 비율이 매우 축소되었다. 1992년 세계경제 국내총생산은 25조 5,000억 달러에서 2020년 83조 8,000억 달러로 약 326% 증가하였다. 같은 기간에 주요 선진국이 세계경제에서 차지하는 비율은 70%에서 53%로 17% 이상 감소하였다. 그 반면 신흥경제국가로 한국, 타이완, 싱가포르, 홍콩 및 중국을 포함하는 동북아시아 국가 및 동남아시아 국가경제의 고도성장으로 인하여 신흥국 경제비율이 30%에서 47%로 크게 증가하였다. 즉, 이 기간에 특히 중국을 비롯한 동남아시아 국가들이 고도성장을 달성하여 약 11억 명의 인구가 빈곤층에서 탈출하는 데 성공하였다(World Bank, 2021a).

개발도상국의 높은 경제성장으로 2010년대 후반에 이르면 1992년에 개발도상국으로 분류되었던 20여 개의 국가가 유럽연합 신흥회원국인 동유럽 회원국보다 높은 1인당 국민소득을 보유하게 되었다. 이러한 선진국과 개발도상국의 경제격차 축소로 인하여 탄소배출 추이에 관한 인식도 자연스럽게 변화하게 되었다. 특히 2010년 미국에 이어 제2의 경제대국으로 부상한 중국의 경우 탄소배출이 급격하게 증가하기 시작한 2002년에 연간 이산화탄소 배출량이 40억 톤에서 2015년에는 두 배가 넘는 약 97억 톤에 달하였고 2019년에는 115억 톤에 달하였다(Ritchie & Roser, 2020)(그림 2-1 참조).

이로서 중국은 2004년 이후 미국의 이산화탄소 배출량을 넘어서는 세계 최대 이산화탄소 배출국가로 등장하였다. 1990년대 이후 중국의 지속적인 경제성장으로 인하여 화석연료 중 특히 석탄소비가 급증하였으며 이는 이산화탄소 배출량 증가로 이어졌다. 그러나 중국의 경우와 달리 주요 선진국인 미국의 경우 이산화탄소 배출량이 1990년대 말까지 지속적으로 증가하다가 2000년에는 정체상태를 보인 후 2000년대 이후에는 소폭 감소하는 추이를 보이고 있다. 일본의

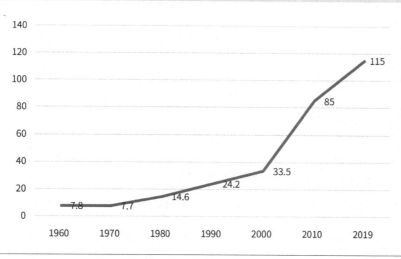

출처: Ritchie & Roser, 2020 재인용

경우는 1990년대 이후 2010년대까지 선진국 중 가장 낮은 수준의 이산화탄소 배출을 유지하고 있다. 유럽연합의 경우는 1990년대 이후 지속적으로 이산화탄소 배출 감축 추세를 보이고 있다. 신흥 개발도상국 중 하나인 인도의 경우에는 2000년대 후반부터 이산화탄소 배출이 지속적으로 증가하고 있으나 중국과 비교할 때 매우 낮은 수준의 증가세를 나타내고 있다(Janssens–Maenhout et al., 2017) (그림 2-2 참조).

　　이처럼 중국을 비롯한 신흥 공업국의 이산화탄소 배출이 매우 빠른 속도로 증가하고 있기 때문에 이 문제에 관하여 진지한 토의가 필요하다는 공감대가 국제사회에서 형성되었다. 특히 교토의정서에서 합의한 탄소배출 감축의무조항 제1기가 2012년에 만료되기 때문에 이후를 대비하기 위한 논의가 필요한 시점이었다. 이러한 상황에서 유럽연합은 교토의정서 감축의무 제1기 이후에도 법적으로 연계된 탄소배출 감축 목표치를 설정한 의무조항을 제2기에도 지속할 것을 선호하였다. 특히 제2기 감축의무 기간에는 개발도상국도 탄소배출 감축목표를 설정하여 추진하고 법적으로 의무사항으로 추진하는 것이 바람직하다고 주장하였다. 그러나 미국은 중국과 함께 세계 최대 탄소배출 국가로서 상호 경쟁하는 관계로

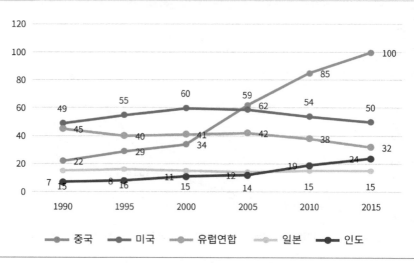

그림 2-2 세계 주요국가 이산화탄소 배출 추이(1990~2015년, 억 톤)

출처: EDGAR database, 2017 재인용

있기 때문에 법적으로 연계된 의무사항에 대해서는 항상 회의적인 반응을 보였다. 따라서 각 국가가 자율적으로 탄소배출 감축을 이행하는 상향식(Bottom Up) 방식을 선호하였으며 타 국가에도 이러한 방식이 적용될 수 있도록 지속적인 영향력을 행사하였다. 세계 주요경제국 간 상이한 의견이 제시되는 상황에서 개발도상국의 의견도 매우 분열된 상황을 나타내고 있다. 77개 개발도상국(G77) 중 중국 및 인도와 같은 주요 개발도상국은 교토의정서 법적 의무조항 대해서 거부감을 갖고 있었다. 동시에 이들 주요 국가는 교토의정서 의무조항 제2기가 설정이 되면 자국의 탄소배출 감축을 선진국 수준에 맞추기 위해서 최선을 다하려는 희망도 갖고 있는 것처럼 보였다(Delbecke et al., 2019).

이처럼 선진국 간의 갈등뿐만이 아니라 선진국 및 개발도상국 간에도 국가의 이해관계를 기초로 한 다양한 의견이 존재하였기 때문에 이를 조정하는 회의인 2005년 COP 11차 회의가 캐나다 몬트리올(Montreal)에서 개최되어 교토의정서 제2기 의무기간이 시작될 것을 결정하였다. 이후 2007년에는 COP 13차 회의가 인도네시아 발리(Bali)에서 개최되어 지속적인 논의를 계속한 결과 두 가지 접근방법을 동시에 수행할 것을 결정하였다.

첫 번째 접근방법은 선진국 중 미국, 호주 등 소수의 국가를 제외한 대부분의 국가가 2009년까지 교토의정서를 준수하는 제2기 의무조항을 포함하는 내용을 합의할 것을 결정하였다. 두 번째 접근방법은 동일한 기간 내에 확정되지 않은 법률적 성격의 결과물을 도출할 것을 협의하였으며 이는 장기적 차원의 협력방안으로 간주되었다. 이러한 형태의 협력방안에는 모든 참여국가에게 자국의 실정에 맞는 탄소배출 감축행동을 명확하게 규정하는 것을 포함하고 있다.

교토의정서 참여당사국 간 불명확하고 균형을 벗어난 권한 및 긴장감이 증폭된 가운데 2009년 덴마크 코펜하겐(Copenhagen)에서 COP 15차 회의가 개최되었다. 당시 상황에서 볼 때 강력한 규칙, 창의적인 탄소시장 및 이를 시행하는 의무조항 등이 존재하고 있었지만 선진국의 탄소배출 감축 목표치를 중심으로 하는 교토의정서가 유엔(UN)의 미래지향적인 기후변화 목표를 달성할 수 있는 장기모델로 적합해 보이지는 않았다. 그럼에도 불구하고 교토의정서를 대체할 수 있는 법적으로 연계된 국제합의를 도출할 수 있는 새로운 방안도 존재하지 않는다는 사실에는 참여 당사국 간 합의에 도달하였다. 따라서 미국이 주장하는 법률적으로 연계되지 않는 국가 간 자율적 감축방식을 선호하는 상향식 접근방법이 개발도상국으로부터 지지를 받게 되었다. 이처럼 변화된 상황하에서 유럽연합의 입지는 매우 축소되었고 고립감마저 들게 되었다. 특히 당사국 회의 마지막 단계는 정상적 회의가 완전히 와해되었으며 특별위원회를 구성한 28개 국가가 코펜하겐합의(Copenhagen Accord)를 급하게 도출하였다.

코펜하겐합의는 약속과 검토체제(System of Pledge and Review)를 채택하고 있다. 이 체제에 의하면 선진국은 각 국가가 설정한 2020년 온실가스 배출감축 목표를 개별적 혹은 공동으로 달성하려는 의무를 수행하여야 한다. 또한 개발도상국은 유엔기후협정에 의한 사항을 충족하기 위하여 탄소배출 감축행동을 수행하여야 한다. 탄소배출 감축에 대한 책임은 선진국 및 개발도상국 모두 유엔기후변화사무국이 주관하는 검토과정을 준수하는 의무사항이다. 이외에도 코펜하겐합의는 선진국이 2020년까지 개발도상국의 탄소배출 감축을 재정적으로 지원할 수 있도록 1,000억 달러의 녹색기후기금(Green Climate Fund)을 확보할 것을 결의하였다. 이처럼 비정상적인 회의결과는 다수의 당사국으로부터 강력한 반대를 초래하였고 COP 15차 회의를 심각한 혼란과 실패작이라는 혹독한 비난을 초래하게 되었다(Spak, 2010).

코펜하겐합의가 실패작이라는 비판에 위기의식을 갖게 된 국제사회는 이를 해결하기 위하여 유럽연합과 주요 경제국이 포함된 90개 이상의 국가가 2010년 1월에 자발적으로 2020년 탄소배출 감축량과 행동계획 등을 제출하였다. 이를 토대로 2010년 멕시코 칸쿤(Cancun)에서 개최된 COP 16차 회의에서 재협의 할 수 있게 되었다. COP 16차 회의에서는 코펜하겐합의에 관한 핵심사항인 약속과 검토체제를 기초로 한 선진국과 개발도상국 간 상이한 탄소배출 감축을 적용할 것을 인정하였다. 즉, 부속문서 I(Annex I)에 해당하는 선진국 당사국은 탄소배출 감축 목표량을 제시해서 실행하고 부속문서 I에 해당하지 않는(Non-Annex I) 개발도상국은 탄소배출 감축을 위한 모든 행동과 노력에 관한 측정, 검토 및 검증하는 작업을 모든 당사국에게 실시하는 상이한 체제를 운영할 것에 대해 합의하였다. 이러한 상이한 체제운영에 대해서 모든 당사국이 합의할 수 있었던 가장 커다란 이유는 선진국이 개발도상국의 탄소배출 감축 행동과 노력을 재정적으로 지원하는 1,000억 달러의 녹색기후기금이 중요한 역할을 하였기 때문이다. 이를 기초로 국제사회는 2013년부터 2020년까지 8년 간 기후변화체제를 구축하기로 합의하였다(UNFCCC, 2010).

유엔기후협정의 실패작이라는 극단적 비판을 받았던 코펜하겐합의를 멕시코 칸쿤에서 개최된 COP 16차 당사국 회의를 통하여 전기를 마련한 국제사회는 2012년에는 카타르 수도 도하(Doha)에서 개최된 COP 18 당사국 회의에서 교토의정서의 의무사항이 적용되는 2013년부터 2020년까지 도하개정안(Doha Amendment)이라 불리는 제2기 교토의정서 개정에 합의하였다. 이처럼 도하개정안이 합의에 이를 수 있었던 배경은 유럽연합 및 회원국가가 2020년까지 지역 및 회원국 별 정책의 핵심적 요소 등을 기후정책에 시행하고 이를 도하개정안에 반영하였기 때문이다. 그러나 불행하게도 도하개정안이 실시되기 전 캐나다, 일본, 러시아 및 몇몇 선진국에서 교토의정서 제2기의 의무사항을 준수할 수 없다고 공식적으로 주장하였다(UNFCCC, 2012a).

이처럼 기후변화에 대처하는 의무사항 준수가 각 국가의 경제 및 산업적 이해관계와 긴밀한 관계를 갖고 있기 때문에 의무사항의 조건이 변경될 때마다 모든 당사국이 합의에 이르는 것이 매우 어려운 것이 현실이다. 캐나다, 일본 등 주요 서방국가 및 러시아까지 반대하는 상황에서 유럽연합은 기후변화 공동대응에 적극적으로 참여하려는 미국의 오바마정부와 협력하여 교토의정서 개정안 및 선진국 및 개발도상국의 자발적인 탄소배출 감축 약속 및 점검 행동으로는 급격하게 악화하고 있는 기후변화 사태를 억제할 수 없다고 판단하였다. 따라서 유럽연합과 미국은 이에 호응하는 개발도상국과 연계하여 2011년 남아프리카 더반(Durban)에서 개최된 COP 17 당사국 회의에서 늦어도 2015년까지는 유엔기후협정을 지속할 수 있는 모든 당사국에 적용할 수 있는 법적 의무조항을 채택할 것을 결의하였다(UNFCCC, 2012b).

이러한 어려운 과정을 거친 후 2015년 프랑스 파리(Paris)에서 개최된 COP 21차 회의에서 150개국 정상이 참여하여 기후변화에 대한 국제적 행동에 대한 지지를 표명하였다. 이후 6개월 후 2016년 4월 미국 뉴욕(New York)에 위치한 유엔본부에서 개최된 합의서 인증에는 174개 국가와 유럽연합이 합의서에 최종적으로 서명하였다. 파리협정이 효력을 발생하기 시작한 것은 2016년 11월 4일 이후이다. 이 시점에 전 세계 탄소배출량의 55%를 차지하는 유럽연합 회원국을 포함한 55개 국가가 파리협정을 자국의 의회에서 비준하여 법적인 효력이 발생하게 되었다. 이 시기에 파리협정을 채택한 국가의 총 수는 184개 국가로 증가하였다(UNFCCC, 2015).

힘들고 어려운 과정을 거치면서 파리협정이 국제사회에서 법적인 효력을 발휘하게 되었으나 또다시 뜻하지 않은 난관은 2017년 6월 미국 트럼프정부가 파리협정을 탈퇴하겠다는 비합리적 결정을 발표하면서 시작되었다. 미국은 2001년 부시정부 하에서도 교토의정서 채택을 거부하면서 국제사회가 공동으로 기후변화에 대응하려는 노력에 두 번이나 공식적인 반대를 표명하였다. 트럼프정부의 급작스러운 파리협정 탈퇴 결정은 국제사회의 강력한 비난을 기초로 하는 기후변화 외교에 미국 스스로가 고립되는 결과를 초래하였다. 이외에도 미국 내 환경 단체 및 특정 주정부 차원에서의 파리협정에 대한 지속적인 준수를 주장하여 중앙정부 및 주정부 간 정책적 혼란도 발생하게 되었다. 국제적으로는 파리협정을 끝까지 채택하지 않았던 시리아(Syria)와 니카라과(Nicaragua) 2개 국가가 파리협정에 참여하는 긍정적인 결과도 초래하였다. 미국의 파리협정 탈퇴는 이르면 2020년 11월 4일에 가능하도록 되어 있다. 그러나 2020년 11월 대선에서 민주당 바이든 후보가 대통령에 당선되면서 불행 중 다행으로 2021년 1월 21일 파리협정에 대한 복귀를 바이든 정부 제1행정명령을 통하여 시행하였다(Delbecke et al., 2019; Blinken, 2021).

(1) 파리협정 주요 합의내용

파리협정은 우리 인류가 지구환경 부문에서 이루어 낸 새로운 세대의 다자간 합의 중 하나이다. 이 파리협정은 수행방식에 있어서 상향식 및 하향식 요소가 결합된 형식이며 이에 참가한 모든 당사국에게 정책수행 방식의 차이점 및 다양성을 허용하고 있다. 또한 파리협정은 국제사회로부터 폭넓게 정치적 지지를 받고 있으며 야심찬 공동의 목표를 달성하는 것을 추구하고 있다. 이러한 목표를 달성하는 데 각 당사국이 자국의 실정에 맞는 탄소배출 감축량 목표치 설정 및 정책추진 계획을 채택할 수 있도록 유연성을 제공하고 있으며 이를 수행하는 데 필요한 투명성 및 책임감을 각 당사국에게 요구하고 있다.

파리협정은 참여 당사국 모두에게 적용되는 최초의 국제기후협약이다. 이전에 채결된 유엔기후변화협약(UNFCCC)과 교토의정서(Kyoto Protocol)는 선진국과 개발도상국 범주를 분리 및 영구화하는 방식으로 접근한 반면에 파리협약은 당사국 간 경제적 능력의 차이를 인정한 상태에서 접근하고 있기 때문에 특히 개발도상국이 자국의 실정에 맞게 탄소배출 감축 계획을 수립하여 수행할 수 있는 유연성을 크게 제공하고 있다.

파리협정은 2020년 이후부터 적용되어 교토의정서에 의한 선진국과 개발도상국 간 쌍둥이 접근방법 및 당사국의 자발적 약속에 의하여 추진된 방식을 대체하게 된다. 이로서 파리협정은 향후 수십 년 간 진행될 탄소배출 감축 활동에 새로운 이정표의 역할을 수행하게 된다. 기본적으로 모든 당사국은 자국이 설정한 탄소배출 감축목표를 달성하기 위하여 동일한 목표를 추구하게 되며 이는 당사국이 설정한 탄소배출 감축 목표는 당사국이 스스로 설정한 국가온실가스감축 목표(Nationally Determined Contributions: NDCs)를 통하여 추진된다. 이처럼 탄소배출 감축목표를 당사국의 실정에 적합하게 설정할 수 있도록 결정한 것은 유엔기후협약의 기본원칙인 당사국의 경제현실과 능력에 적합한 기본 및 상이한 접근방식을 준수하기 위한 것이다. 이러한 상향식(Bottom-Up) 방식을 채택하여 특히 개발도상국에게 탄소배출 감축에 유연성을 제공하고 있다.

파리협정 채택을 위하여 주도적인 역할을 수행한 유럽연합은 개발도상국의 폭넓은 참여를 유도하고 다자주의적 접근방식을 선호하여 상향식 방식을 적극적으로 수용하였다. 이는 개발도상국들이 스스로 자국의 경제적 상황 및 능력에 적합한 탄소배출 감축목표를 설정하여 이를 적극적으로 실행하는 것을 지원할 목적을 갖고 있기 때문이다. 동시에 파리협정은 단순히 선진국 및 개발도상국의 자발적인 탄소배출 감축을 허용하는 것이 아니라 교토의정서 의무조항보다 더욱 향상된 투명성과 정기적인 평가를 통한 검증작업을 강화하였다. 이를 위하여 2018년 폴란드 카토비체(Katowice)에서 개최된 COP 24 당사국 회의에서 파리협정의 투명성, 책임감, 탄소배출 감축 달성 목표가 어떻게 실행되는지에 대한 자세한 가이드라인인 파리협약 추진 규정집(Rulebook)을 채택하였다. 이는 기후변화 억제를 위한 탄소배출 감축 목표 달성을 위한 하향식 접근방법이 강화된 것으로 간주되고 있다. 이로서 파리협약이 상향식 및 하향식 접근방법을 통하여 동시에 시행될 수 있는 균형 있는 접근방법으로 인정받고 있다(IETA, 2018).

(2) 파리협정 목표 및 실행방법

파리협정의 최종적인 목표는 21세기 말까지 기후변화를 최소한으로 억제할 수 있는 온도상승인 섭씨 2도까지 제한하고 가능하면 모든 당사국이 적극적으로 탄소배출 감축을 시행하여 온도상승을 섭씨 1.5도 제한을 달성하는 것이다. 최소한 금세기 말까지 온도상승을 섭씨 2도 이하로 유지하면 이는 산업혁명 이전의 지구온도를 유지할 수 있게 되어서 기후변화로 인한 피해를 우리 인류가 최소화할 수 있다는 과학적 지식을 기반으로 하는 가정이다. 이러한 파리협정의 목표설정은 기후변화에 대한 정부 간 협의체(International Panel on Climate Change: IPCC) 및 유엔기후변화협정(UNFCCC)이 제안한 가이드라인에 의해서 채택된 것이다.

이처럼 파리협정이 설정한 지구온도 상승제한에 대한 구체적인 목표치 제시는 국제사회에 기후변화에 대한 경각심을 높이고 동시에 각 당사국이 자국의 실정에 맞는 야심찬 온실가스 감축 목표를 성실하게 추진하여 이를 달성하여야 우리 인류가 공동으로 기후변화를 막을 수 있다는 개별적이며 집단적인 의식을 고양시키는 데 중요한 역할을 수행하였다. 이외에도 파리협정은 21세기 후반부에 탄소배출 감축과 그 근원 간 균형을 유지할 것으로 목표로 제시하고 있다. 이 의미는 향후 30여 년 간 화석연료 중심의 경제체제에서 탄소배출 중립을 달성하는 탄소중립 경제체제를 구축하는 근본적인 글로벌 경제체제 전환을 추구하는 것이다. 이는 대기에 온실가스 배출 집중도를 완화시켜 궁극적으로 지구 온도상승을 억제하는 역할을 수행하여 기후변화를 막는 우리 인류의 목표를 달성하여 지구생태계의 균형을 유지하게 하는 것이다. 파리협정이 제시하는 탄소배출 감축 목표는 우리 인류가 발생시키는 모든 부문에서 적용되며 이는 기후변화의 주요 원인이 인간의 과도한 경제활동에서 초래된다는 인식에서 출발하는 것이다.

파리협정 제 4장에 의하면 모든 당사국은 5년마다 국가온실가스 감축목표(Nationally Determined Contributions: NDCs)를 준비하고 이와 관련하여 당사국 간 소통하고 이를 유지시켜야 하는 의무를 갖게 된다. 또한 5년 간 각 당사국이 달성한 탄소배출 감축량을 보고하여 파리협정의 장기 목표에 접근하는 공동의 진전을 투명하게 관리하고 있다. 이러한 공동 작업을 촉진하기 위해서 2018년 피지(Fiji)에서 탈라노아대화체제(Talanoa Dialogue Platform)가 구성되었으며 이 체제에서 섭씨 1.5도 기온상승에 관한 기후변화에 대한 정부 간 협의체(International

Panel on Climate Change: IPCC) 특별보고서 결과를 고려하게 되었다. 이외에도 탈라노아대화체제는 당사국의 2025년 탄소배출 감축 목표를 설정하는 2020년 추진사항을 준비하였다. 또한 미국, 브라질, 남아프리카공화국 등은 2025년 이후의 탄소배출 감축목표에 대한 논의를 예상하였다(UNFCCC, 2015; UNFCCC 2018).

5년 단위로 반복적으로 추진되는 탄소배출 감축계획은 공식적으로 2023년 세계탄소 배출량을 기준으로 시작될 예정이다. 이를 기준으로 각 당사국은 2025년에 2030년 이후의 탄소배출 감축량 목표를 설정하게 될 것이다. 이로서 각 5년 단위로 진행되는 기간에 탄소배출 감축량과 감축목표량 간의 차이를 최소화하는 것이 매우 중요하다. 이러한 탄소배출 감축량과 목표량의 차이를 명확하게 검증하는 방식은 매우 중요하다. 이를 통해서 궁극적으로 파리협정이 추구하는 지구온도 상승 억제, 탄소배출 감축 및 저탄소 경제체제 구축 등을 실현할 수 있다. 이를 위해서는 파리협정 목표달성을 위한 정책수단, 구체적인 목표 설정, 이를 달성하는 데 필수적인 재정, 기술 및 능력을 창출할 수 있는 체제를 구축하는 것이 중요하다. 또한 이러한 체제가 지속적으로 작동하기 위해서는 교육, 과학기술 발전, 양성평등, 지역 내 국민 간 긴밀한 협력이 필수적이다(French Government, 2019).

파리협정이 당사국의 경제적 능력을 기초로 자율적인 탄소배출 감축 목표량을 설정할 수 있는 유연한 형태로 추진된다고 하더라도 추진 과정은 규정집(Rulebook)에 의하여 철저하게 시행되고 있다. 즉, 파리협정 추진과정은 규정을 기반으로 당사국 간 탄소배출 감축 목표량을 달성하기 위하여 목표치 설정, 조절, 공통점 발굴 등을 지속적으로 권장하고 있다. 또한 모든 당사국은 지속적인 협의 및 절충작업을 통해서 향후 지속적으로 추진하여야 할 탄소배출 감축목표를 위한 일반적 특성을 찾기 위해서 노력하고 있다. 이를 위해서 특히 유럽연합과 같은 선진국은 경제 전반적인 부문에서 획기적인 탄소배출 감축을 위한 실행이 요구되고 있으며 개발도상국은 자율적으로 제한된 탄소배출 감축 목표치 달성 후 선진국과 동일하게 전반적인 경제부문에서 탄소배출 감축 수행이 이루어지기를 기대하고 있다(UNFCCC, 2015).

(3) 법적 구속력 및 대응능력

파리협정의 특징은 국제협약으로 강력한 법적 구속력을 지닌 투명성과 책임을 강조하는 기본체제이며 이는 모든 당사국에게 동일하게 적용되고 있다. 이 협정은 규정집과 함께 모든 당사국이 추진하는 탄소배출 감축활동 및 목표치 달성과 관련된 정책, 목록 등에 관한 보고서를 점검하고 추진과정을 모니터링하는 작업을 수행한다. 이러한 과정을 통해서 모든 당사국이 자국의 탄소배출 감축목표에 얼마나 근접하는지를 명확하게 파악할 수 있고 동시에 당사국이 파리협정 탄소배출 감축 목표치를 달성할 수 있는지에 대한 이해도를 전반적으로 파악할 수 있다.

이처럼 파리협정이 효율적이며 실용적으로 추진할 수 있는 가장 중요한 배경은 다음과 같다. 이전의 국제협약인 유엔기후협정 및 교토의정서가 추진했던 선진국과 개발도상국 간 분리된 자발적 접근방식으로 인한 개발도상국의 적극적인 참여가 실질적으로 매우 제한적이었다. 법적 구속력도 취약했으며 특히 개발도상국의 경제적 능력을 기초로 하는 자발적 탄소배출 감축행동에 대한 체계적인 조정 및 검증방법 등이 부족하였다. 그러나 파리협정은 개발도상국의 적극적인 참여를 유도하기 위하여 자국의 경제능력에 적합한 탄소배출 감축 활동 및 목표치 설정 등을 유연하게 적용하면서 실시하여 개발도상국의 높은 참여율을 유도하고 있다. 동시에 유엔기후협정 및 교토의정서가 개발도상국에 요구하는 매우 미미한 탄소배출 감축량도 2020년 통계자료를 기준으로 적용되는 보고서 제출로 더 이상 적용되지 않는 상황이다.

파리협정은 당사국의 탄소배출 감축 행위에 대한 투명성을 강화하기 위하여 2년 단위로 모든 당사국이 합의한 방식으로 온실가스 목록 및 탄소배출 감축과정에 대한 필요한 모든 정보를 보고서에 명확하게 기술하여 제출할 것을 요구하고 있다. 다만 최저 극빈국가(Least Developed Countries: LDCs)와 소규모 개발도상국 도서국가(Small Island Developing States: SIDS)는 정기적으로 보고서를 제출하는 사항에 대해서 아직까지 유연성을 제공받고 있다. 이외에도 법적 구속력을 강화하기 위한 의무사항으로 탄소배출 감축의무를 모든 당사국이 분담하여 실행하여 당사국이 설정한 감축 목표량을 달성하도록 의무화하고 있다. 이로서 지구환경 보호를 위한 완결성, 투명성, 정확성, 비교성, 지속성 등을 증진시켜서 탄소시장에서 사용되는 탄소배출량과 중복되지 않도록 안전성을 강화하고 있다.

이러한 모든 사항은 파리협정의 최종목표를 달성하는 데 매우 중요한 공동규칙이며 이는 규정집에 자세하게 설명되어 있다. 이러한 과정을 통하여 국제협정이 제대로 이행되는지 검증할 수 있고 이를 통해서 국제적 신뢰를 구축할 수 있다. 이를 위해서 당사국이 추진하는 모든 탄소배출 감축에 관한 정기보고서는 기술전문가의 철저한 검증을 받게 되며 각 당사국은 자국의 탄소배출 감축행위에 대해서 다자 간 협의를 통하여 탄소배출 감축을 촉진시킬 수 있는 고려 및 배려사항 등에 관한 제안이 제시되는 과정에 적극적으로 참여할 수 있다(French Government, 2019; Huang, 2019).

파리협정 규정집에는 특히 개발도상국이 탄소배출 감축목표를 달성하는 과정에 과도한 부담을 경감하기 위하여 다양한 유연성을 제공하고 있다. 이러한 유연성 제공은 개발도상국의 경우에 각 사안별로 대화와 협상을 통하여 상이하게 취급되고 있다. 실례로 탄소배출 감축에 어려움을 겪고 있는 개발도상국에게는 탄소배출 목록작성에 관한 정기 보고서 제출의 의무를 완화하거나 온실가스 배출 총량을 재조정하는 등의 방식을 제공하고 있다. 이러한 유연성을 제공받은 개발도상국은 탄소배출 감축목표를 계획대로 달성할 수 없는 이유와 원인은 무엇인지에 대하여 설명할 의무가 있으며 이러한 상황을 극복할 수 있는 합리적이며 적정한 신규계획을 보고하여야 한다.

이처럼 당사국에 탄소배출 감축목표 달성을 위한 유연성을 제공하는 파리협정 규정집의 투명성은 실행 및 의무위원회(Committee on Implementation and Compliance)의 지지를 받고 있으며 개발도상국이 탄소배출 감축목표를 달성하는데 어려움을 겪을 시 이를 지원하는 데 커다란 도움이 되고 있다. 실행 및 의무위원회는 모든 당사국에게 탄소배출 감축을 촉진시키는 위원회이지 징벌을 위한 처벌을 단행하는 위원회는 아니다. 따라서 위원회가 수행하는 업무는 탄소배출 감축에 어려움을 겪고 있는 개발도상국의 추진상황에 관한 조언 및 정책 추천 등을 파리협정 관련 재정기관에게 연결시키고 있다. 이는 개발도상국이 당면하고 있는 실질적인 도전에 관하여 공공부문 및 정치적 관심을 높이게 될 것으로 예상하고 있다(Delbecke et al., 2019).

파리협정은 우리 인류의 기후변화 억제능력을 강화하고 기후회복 및 불안정 감소 등과 같은 글로벌 목표를 최초로 채택하였다. 이를 위해서는 국제적으로 이러한 목표를 채택하기 위해서는 과학적 지식을 공유하고 탄소배출 감축에 관한 실행 및 정책에 관한 정보를 당사국 간 확산시키는 노력을 증진하여야 한다. 이러한 국제협력의 일환으로 선진국은 기후재정지원에 관한 의무사항으로 개발도상국이 탄소배출 감축을 실행할 수 있도록 재정, 기술, 지식 등 다양한 자원을 지속적으로 제공하여야 한다.

이외에도 파리협정은 탄소배출 감축을 시행하는 과정에서 피해와 손실이 발생할 수 있으며 이는 기후변화를 억제하는 데 발생하는 부작용이며 이에 대한 회복 및 대응능력도 증가할 것으로 판단하고 있다. 특히 개발도상국 중에서도 가장 취약한 국가로 지적되는 남태평양의 저지대 소규모 도서국가인 투발루(Tuvalu) 등이 직접적이며 가장 커다란 피해를 볼 것으로 예상하고 있다. 이들 소규모 도서 국가는 기후변화로 인한 극심한 기후환경에 무방비로 노출되어 있으며 이로 인한 피해와 손실을 극복하기 위한 다양한 방법을 강구하고 있으나 스스로 이를 해결하기에는 현실적으로 역부족이다. 그럼에도 불구하고 파리협정 규정에는 이러한 취약국가의 피해와 손실에 대한 직접적인 책임과 보상에 대해서 언급하지 않고 있다.

기후변화 대응으로 인하여 발생하는 피해와 손실에 관해서는 폴란드 바르샤바에서 2013년 개최된 COP 19 당사국 회의에서 바르샤바국제구조(Warsaw International Mechanism: WIM)를 구성하여 개발도상국의 사회경제적 피해와 손실을 최소화하기 위한 해결방안을 강구하도록 하였다. 이는 법적으로 효력을 갖고 있는 의무사항이기도 하다. 이를 위해서 2019년 남미 칠레 산티아고(Santiago)에서 개최 예정이었던 COP 25 당사국 회의에서 최종 결정될 것으로 예상하였다. 이에 관한 사항을 파리협정이 인정하고 있으며 피해와 손실 최소화를 위한 보호 장치는 파리협정 규정집의 투명성체제(Transparency Framework)에 담겨있다. 따라서 개발도상국 피해 및 손실에 관한 규정은 글로벌 탄소배출 감축을 위한 세 가지 주요 방식인 완화(Mitigation), 채택(Adaptation) 및 실행방법(Means of Implementation)을 고려하여 적용될 것으로 규정하고 있다(French Government, 2019).

그러나 2019년 칠레 산티아고에서 개최될 COP 25 당사국회의가 국내정치 사정으로 인하여 스페인 마드리드(Madrid)로 갑작스럽게 변경되어 개최되면서 기후변화 억제를 위한 다양한 정책 및 대응방안을 실행과정에서 발생할 수 있는 개발도상국의 피해와 손실에 대한 구체적인 논의는 교착상태에 빠지게 되었다. 이 회의에 참석한 몇몇 선진국은 개발도상국에게 기후변화 관련 피해 및 손실을 보상하게 되면 그 비용이 2020년 매년 1,000억 달러에서 2025년에는 매년 1,500억 달러로 증가할 것이라는 우려를 표명하였다. 즉 선진국은 파리협정에서 약속한 개발도상국의 피해 및 손실에 대한 경제적 책임을 회피한다는 비난을 받게 되었다. 따라서 COP 25 당사국 회의에서는 이외에도 다양한 중요한 이슈에 관한 결정을 2020년 영국 글라스고우(Glasgow)에서 개최되는 COP 26 당사국 회의에서 더욱 심도 있는 논의를 진행한 후 결정하도록 하였다. 그러나 2019년 12월 말부터 시작된 세계적인 코로나 19(COVID-19) 대유행으로 인하여 이 회의는 2021년 11월로 연기되었다(UNEP, 2014; UNFCCC, 2019; BBC, 2020b).

2022년 11월 이집트 샤름엘셰익크(Sharm El-Sheikh)에서 개최된 COP27 당사국 회의는 기후변화의 위기 상황을 강조하면서 탄소배출 감축을 더욱 획기적으로 증가시키지 않으면 지구환경에 커다란 위기가 발생할 것이라는데 공감대를 형성하였다. 동시에 이 회의는 지금 즉시 획기적인 탄소배출 감축에 모든 UN 회원국이 적극적으로 동참하지 않으면 지구온난화 현상의 가속화로 지구환경을 보전할 수 있는 희망이 사라질 것이라고 경고하였다.

2021년 11월 영국 글라스고우에서 개최된 COP26 당사국 회의와 2022년 COP27 당사국 회의는 인류애를 바탕으로 한 박애주의자 및 UN 회원국 정부가 기후변화로 직접적인 피해를 입은 개발 도상국에게 손실 및 피해기금(Loss and

Damgae Fund)을 조성할 것을 약속하였다. 이처럼 기후변화로 인한 실질적인 피해를 지원하기 위한 손실 및 피해기금과 같은 특정 기금을 창출하고 이를 당사국 회의에서 채택한 것은 COP27이 최초이다. 지난 장시간 당사국 회의에서 커다란 관심을 끌지 못했던 손실과 피해를 주요 의제로 다룬 것은 COP27 당사국 회의가 최초이다. 따라서 기후위기 대응에 취약한 개발도상국을 경제 및 기술적으로 지원하기 위한 별도의 기금을 국제사회가 조성하기로 한 것은 큰 진전으로 평가할 수 있다. 그럼에도 불구하고 이 기금의 성격이 지원 혹은 보상이냐는 측면에서 선진국과 개발도상국 간의 기후변화 책임론에 대한 갈등은 현실적으로 존재한다(UN Environment Programme, 2022a).

이 기금의 원활한 운용을 위하여 각 회원국은 전환위원회(Transitional Committee)를 설립하여 신규 기금 배정 및 COP28 회의에서 새롭게 제안되는 기금을 배정하는 다양한 활용 방식에 대한 추천을 활성화 시키는 데 동의하였다. 이 외에도 IPCC는 COP27 당사국 회의에서 2030년까지 지구온난화 상한선인 섭씨 1,5도 상승을 달성하기 위해서는 온실가스 배출을 45% 감축하여야 한다고 주장하였다. UN은 COP28 당사국 회의 이전에 기후행동정상회의(Climate Action Summit)를 개최하여 각 회원국이 신뢰할 수 있는 새로운 기후행동 및 자연기반 해법이 담긴 내용을 제출하도록 하였다(UN Environment Programme, 2022b).

이처럼 현실적으로 파리협정의 목표를 달성하는데 다양한 문제점 및 장애물이 존재하지만 국제탄소시장 구축 및 운영, 개발도상국 탄소배출 감축 참여 지원 등 당사국 간 협력 체제를 강화시키고 있다. 실질적으로 모든 당사국의 탄소배출 감축 목표량 설정과 이를 달성하려는 노력을 수행하는 과정에서 청정기술 산업 부문에 다수의 당사국에서 투자가 증가하고 있으며 다양하고 혁신적인 정책이 추진되고 있다. 이외에도 파리협정은 온실가스 배출 최소화 및 기후변화에 탄력적인 발전을 가능하게 하는 발전경로와 함께 지속적인 재정지원을 목표로 하고 있다. 이를 위해서는 높은 수준의 탄소배출을 발생시키는 사회간접자본 개발을 원천적으로 차단하고 저탄소 경제체제로 이전하기 위한 민간부문의 투자를 크게 확대하여야 한다.

이를 위해서 유럽연합 및 주요 선진국은 파리협정에서 2009년 코펜하겐협정에서 결의한 개발도상국 탄소배출 감축 지원을 위한 1,000억 달러 규모의 기후기금을 조성할 것에 대한 의무를 2020년에서 2025년까지 갖고 있다. 또한 선진국 당사국은 2025년 이전에 공동으로 연간 최소 1,000억 달러 기후기금을 결정하여야 한다. 이 기금은 2020년에서 2025년까지 시행되는 기존의 개발도상국 지원금 형태에서 기부금 형태로 전환되어 개발도상국에게 다양한 분야에서 탄소배출 감축의 기회를 제공할 것으로 예상하고 있다(Delbecke et al., 2019).

(4) 파리협약 이후 현황

파리협약은 기후변화에 대응하는 우리 인류의 매우 중요한 결정이었고 그 목표는 상당히 높게 설정되었다. 이 협약이 체결된 직후 COP 21 당사국 회의는 모든 당사국이 가능한 빠른 시기에 탄소배출 정점을 이루고 이를 감축하기 시작하여야 한다고 요청하였다. 이는 2015년 파리협약이 체결될 당시에도 지구에서 배출되는 온실가스는 지속적으로 증가하는 추세를 나타내고 있다는 것을 의미한다. 파리협정 이후 2016년 한 해 동안 온실가스 배출이 잠시 안정적이었다가 2017년 이후 다시 증가하기 시작한 것이 이를 반증하고 있다. 그나마 다행인 것은 유럽연합을 비롯한 몇몇 선진국에서 탄소배출 총량이 감소하기 시작하였고 동시에 경제성장도 달성하여 탄소배출량과 경제성장 간의 비례적 관계를 반비례적 관계로 분리시키는 데 성공하였다.

파리협정은 개발도상국과 특히 신흥공업국의 탄소배출 증가를 일정기간 한시적으로 허용하고 있다. 이들 국가가 경제성장을 달성하기 위해서 탄소배출이 증가하는 것은 명백하다. 동시에 이들 국가도 기후변화를 억제하기 위한 파리협정에 적극적으로 동참하고 일정 수준의 경제성장을 달성한 이후에는 자국의 능력과 실정에 적합한 탄소배출 억제 및 감축을 위하여 저탄소 기술에 투자를 단행하여야 한다는 것을 이해하고 있다. 이를 위한 실례로 세계 최대 탄소배출국이면서 개발도상국인 중국은 국가온실가스 감축목표(Nationally Determined Contributions:

그림 2-3 OECD 회원국과 중국의 온실가스 배출량 추이(1990~2019년, 기가 톤)

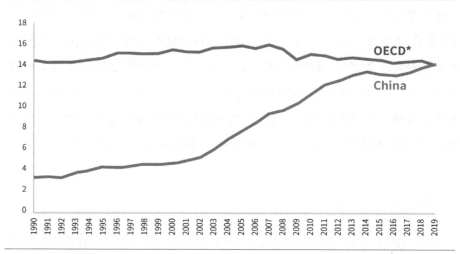

출처: Rhodium Group, 2021

그림 2-4 세계주요국 탄소배출 비율 추이(2014-2019년, %)

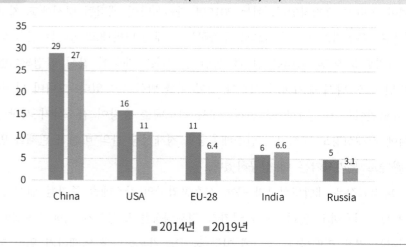

출처: European Commission, 2014, Rhodium Group, 2021
비고: 2019년 유럽연합 통계는 영국을 제외한 27개국 회원국 배출량임.

NDCs)를 발표하면서 온실가스 배출 정점이 2030년 이전에 달성될 것이라고 공표
하였다. 그러나 2015년 분석에 의하면 중국의 온실가스배출 정점이 2030년보다
이른 2025년 이전에 도달할 수 있을 것으로 예측되고 있다(Green & Stern, 2015).

중국은 파리협정 이전인 2014년 전 세계의 온실가스 배출량의 약 29% 차지하여 미국과 유럽연합의 탄소배출량보다 많은 양을 배출하였다. 따라서 2025년 이전에 중국의 온실가스 배출량이 정점에 이른다고 하더라도 온실가스 배출량이 지속적으로 증가하여 축적되는 것을 의미한다. 파리협정의 발효 이후인 2019년 세계 주요국가의 온실가스 배출추이를 보면 중국의 온실가스배출 비율은 2014년과 비교할 때 27%로 감소하였으나 미국과 유럽연합의 온실가스 배출량 합계를 크게 상회하고 있으며 OECD 전 회원국의 온실가스 배출량을 최초로 상회하였다. 중국의 온실가스 배출량은 1990년의 34억 톤과 비교할 때 2019년 최초로 140억 톤을 넘어서 약 4배 이상 증가하였다(그림 2-3, 그림 2-4 참조).

이 기간에 유럽연합은 영국의 유럽연합 탈퇴를 감안하더라도 온실가스 배출량을 크게 감소시킨 결과 세계 제3위의 배출지역에서 인도에게 그 자리를 물려주고 제4위로 물러서는 성과를 얻게 되었다. 인도의 경우 중국 이후에 빠르게 경제가 성장하는 개발도상국으로 약 14억에 육박하는 인구대국으로 과도한 화석연료 사용으로 인한 온실가스 배출량이 지속적으로 증가하고 있다. 이외에도 러시아의 온실가스 배출량 감소는 2014년 우크라이나 크림반도 병합으로 인한 지역의 정치적 긴장 증대 및 유럽연합, 미국, 일본 등 서방의 경제제제로 인하여 경제가 장기간 위축되고 있는 상황으로 인하여 온실가스 배출량이 감소한 것으로 추정되고 있다(European Commission, 2014; Larsen et al., 2021)(그림 2-4 참조).

이처럼 중국의 온실가스 배출 정점이 예상보다 이른 시기에 도달할 수 있을 것이라는 분석이 대두될 수 있는 배경은 파리협약 체결 전에 모든 당사국은 국가온실가스 감축목표(Nationally Determined Contributions: NDCs)를 제출할 것을 요청받았으며 이는 당사국이 자국의 능력 및 실정에 적합한 최소한의 탄소배출 감축 의지 및 실천약속을 점검하기 위한 것이었다. 이를 기초로 당사국의 탄소배출 감축을 위한 약속 및 정책추진에 대한 다양한 분석이 진행되었고 그 결과가 보고서로 제출되었다.

당사국이 제출한 국가온실가스 감축목표(NDCs)가 적절하게 시행되고 있는지를 점검하기 위하여 파리협정은 기후행동추적(the Climate Action Tracker) 활동을 정기적으로 실시하고 있다. 파리협정이 이러한 계획 없이 탄소배출감축을 시작했다면 21세기 말 지구온도는 약 섭씨 4.1도에서 4.8도로 증가하는 것으로 조사 및 보고되었으며 당사국이 제출한 국가온실가스 감축목표(NDCs)를 충실하게 이행한다고 해도 지구온도는 약 섭씨 2.7도에서 3도 증가하는 것으로 모의실험에서 판명이 되었다. 따라서 이는 파리협정이 목표로 하는 섭씨 2도 이내 상승 목표와는 매우 커다란 차이를 보이고 있다. 이러한 심각한 문제를 공동으로 해결하기 위하여 파리협정은 2020년에서 2025년 사이에 당사국의 국가온실가스 감축목표(NDCs)를 더욱 엄격하게 조정하여 결정하여야 한다.

파리협정 이후 최초로 실시된 국가온실가스 감축목표(NDCs)의 제1기인 2016년에서 2020년까지는 그 결과가 현실적으로 미흡한 부분도 많이 발견되었으나 나름대로 의미 있는 과정으로 평가받고 있다. 특히 이 계획은 각 당사국이 탄소배출 감축 활동을 추진하면서 자국의 경제에 미치는 영향을 체계적으로 점검할 수 있는 기회를 갖게 되었다. 이를 기초로 유럽연합의 경우 탄소배출이 가장 많이 발생하는 산업과 발전부문에 감축활동을 집중하여야 한다는 확신을 갖게 되었다. 이외에도 뉴질랜드(New Zealand)의 경우에는 농업, 브라질(Brazil)과 콩고공화국(Republic of Congo)은 삼림황폐화로 인한 탄소배출 증가가 가장 심각한 것으로 조사되었다.

국가온실가스 감축목표(NDCs)는 당사국의 총 탄소배출량을 감축하기 위한 목적으로 국민 1인당 소비 및 생산 활동으로 인하여 발생하는 탄소배출량을 감소시키기 위하여 정책적인 관심을 갖고 있다. 이러한 정책추진의 결과 유럽연합의 경우 회원국 전체 평균으로 보면 1인당 탄소배출량이 지속적으로 감소하여 2015년에는 6.9톤에 달하였고 이는 선진국 중 가장 낮은 수치이다. 중국의 경우 고도경제성장으로 인하여 1인당 탄소배출량이 2012년에는 유럽연합 수준에 이르렀고 이후에도 지속적으로 증가하여 2015년에는 7.7톤에 달하여 유럽연합 수준을 상회하였다. 선진국 중 1인당 가장 많은 탄소배출을 하는 국가는 미국으로 동년 16톤에 달하여 유럽연합의 1인당 탄소배출보다 두 배 이상을 차지하였다 (Delbecke et al., 2019).

그림 2-5 주요국 1인당 탄소배출량(2020년, 톤)

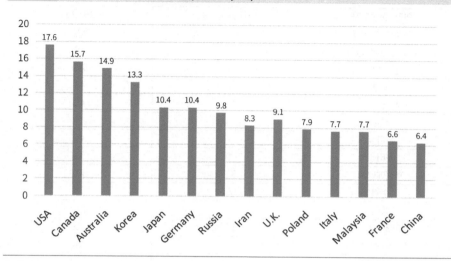

출처: www.statista.com, 2021

　　이후 2020년의 주요국 1인당 탄소배출량을 살펴보면 유럽연합 회원국 중 독일(10.4톤), 폴란드(7.9톤), 이탈리아(7.7톤) 등은 유럽연합 평균을 상회하고 있으며 프랑스(6.6톤)는 주요 회원국으로는 평균 이하를 나타내고 있다. 미국은 세계에서 1인당 가장 많은 탄소배출을 하는 국가로 2015년 통계보다 증가한 17.6톤을 나타내고 있으며 중국의 경우 6.4톤을 기록하여 감소세를 나타내고 있다. 세계에서 1인당 가장 많은 탄소배출을 행하는 국가는 다수가 개발도상국이 아닌 선진국이다(www.statista.com, 2021)(그림 2-5 참조).

　　이외에도 국가온실가스 감축목표(NDCs)는 정책연구에 매우 중요한 정보를 제공한다. 파리협정 참여 당사국이 투명하고 전반적인 탄소배출감축 정책을 추진하면서 가장 모범적인 사례에 관하여 상호 정보를 공유하면서 탄소배출 감축에 미진한 국가에게 정책적 시사점을 제공할 수 있다. 파리협정 목표를 달성하는 것이 모든 당사국의 의무사항으로 자국의 경제적 능력 및 상황에 적합한 탄소배출 감축을 달성하여야 한다. 이를 기초로 국제에너지기구(International Energy Agency: IEA)는 2017년 세계 각국 정부가 2018년부터 2040년까지 에너지부문에 투자하기로 한 예상액을 조사 및 분석하였다.

| 표 2-1 | 에너지관련 연간 글로벌 장기 투자예상 추이(2018년~2040년, 10억 달러) | |

연간 평균투자	2018~2025	2026~2040
화석연료 공급	852	992
바이오연료 공급	9	18
발전부문	810	899
석탄	56	43
천연가스	55	46
석유	4	2
원자력	51	45
배터리	9	15
재생에너지	322	361
수력	70	75
풍력	98	119
태양열/태양광	127	116
송전 및 전력배분	313	387
총 최종소비	545	912
효율성 향상	397	666
재생에너지	116	127
기타	32	119

출처: IEA, World Energy Investment 2018, 2018 재인용

　　이 조사 및 분석에 의하면 2018년부터 2025년까지 글로벌 에너지부문 투자 예상액은 2조 2,160달러이며 이 중 약 60%를 차지하는 1조 3,270달러가 재생에너지, 전송, 전력배분, 에너지 효율성 향상 및 바이오연료 등에 투자될 것으로 파악되었다. 이후 두 번째 단계인 2026년부터 2040년까지 글로벌 에너지부문 투자예상액과 재생에너지, 전송, 전력배분, 에너지 효율성, 바이오 연료 등에 각각 2조 8,210억 달러와 1조 7,420억 달러가 투자될 예정이다. 이러한 투자액으로 후자의 비율은 60%에서 62%로 증가할 것으로 예상하고 있다. 이처럼 국제에너지 기구가 미래의 에너지부문 투자를 예측할 수 있는 근본적인 이유는 파리협정 참여 당사국이 국가온실가스 감축목표(NDCs)를 투명하고 책임감을 갖고 시행하고 있기 때문이다. 이 과정에서 발생하는 탄소배출 감축과 관련된 모든 정보와 자료는 당사국 정부의 공식정보로서 신뢰성을 갖춘 것으로 정책적 활용에 높은 가치를 부여할 수 있기 때문이다. 따라서 당사국의 정부 및 공공부문은 산업발전을

위하여 활용될 뿐만이 아니라 민간부문에서도 에너지부문 투자와 관련된 부문을 사업발전의 기회로 활용할 수 있다(IEA, 2018)(표 2-1 참조).

전반적으로 국가온실가스 감축목표(NDCs)는 탄소배출감축을 정책적으로 추진하는 정책담당자에게 매우 유용한 정책수단으로 작용하고 있다. 물론 이 계획은 파리협정이 추구하는 기후온도 섭씨 2도 이내의 상승으로 억제하는 데는 아직 한계가 있다. 따라서 이 계획을 기초로 당사국은 파리협정이 설정하고 있는 최종 목표를 달성하기 위해서 2018년 기후변화 억제 촉진대화(Facilitative Dialogue)를 시작하였다. 이러한 변화는 2023년에 시작되는 모든 당사국의 탄소배출감축 목표량 설정조사로 이어져야 한다.

Chapter

03

기후변화와 탄소중립 경제체제

1 배경

　　18세기 산업혁명 이후 우리 인류는 물질적 풍요를 위한 과도한 경제생활 영위로 지속적으로 그리고 과도하게 온실가스를 배출하여 왔으며 이는 200여 년간 급속하게 증가하였다. 그 결과 지구온난화현상을 유발한 기후변화를 발생시켰다. 2000년대 이후 진행되고 있는 급속한 기후변화는 북극 빙하를 빠른 속도로 해빙시켜 지구 전체에 해수면 상승을 발생시키고 있으며 이로 인한 막대한 경제적 피해가 예상되고 있다.

　　즉, 우리 인류가 기후변화 문제를 공동으로 대처하지 않고 방치하게 되면 지구 생태계의 급격한 변화로 인하여 우리의 생존에 커다란 위협이 될 수 있다는 사실을 국제사회가 자각한 것은 최근의 일이다. 이에 관한 다양한 조사 및 분석활동이 진행되었으며 그 중 대표적인 것이 스턴보고서(Stern Report)이다. 이 보고서에 의하면 불행하게도 전 인류적인 관심에도 불구하고 기후변화를 억제하기 위하여 일정기간 내에 이산화탄소 배출감축 대책을 강구할 수 있는 가능성은 낮다고 주장하고 있다. 동시에 에너지 부문의 획기적인 전환을 의미하는 화석연료 중심에서 재생에너지 부문으로의 이전에 필요한 경제적 비용은 증가하게 되었다. 즉, 지구기온 상승을 섭씨 2도로 제한하는 이산화탄소 배출량으로 이행하는 조치가 1년 지연될 때마다 전 세계가 필요한 투자액은 매년 약 5,000억 달러가 증가하여 2010~2030년의 누적된 합계로 10조 5,000억 달러에 달하게 된다. 이는 세계경제 성장률을 약 20% 감소시키는 결과를 초래하게 될 것으로 예측하고 있다(Stern, 2006; 박상철, 2015).

　　이처럼 기후변화 억제에 대응하는 시기가 지연되면 될수록 국제사회의 경제적 비용이 동시에 증가하고 이는 세계경제성장에 부정적인 영향을 미치는 것으로 나타나고 있다. 이러한 이유로 인해서 국제사회는 파리협정을 의결하여 2050년까지 경제활동으로 발생하는 탄소배출을 제로로 동결하는 탄소중립 경제체제를 구축하여 기후변화를 예정대로 억제하여 지구의 기온상승을 섭씨 1.5도에서 2도 이내로 제한하려 하는 것이다. 이러한 범위 내에서 발생하는 기후변화가 우리 인류의 일상적인 삶을 크게 위협하지 않는 마지노선이며 다음 세대에게 지구 환경을 안전한 유산으로 보전할 수 있는 유일한 방법이기도 하다.

2 기후변화 현황

　기후변화를 현실에서 체감하고 문제점을 심각하게 받아들이는 정도는 국가 및 지역별로 커다란 차이를 나타내고 있다. 지구 전체로 볼 때 지표면의 온도는 19세기 말부터 21세기 초까지 섭씨 1.2도 상승하였다. 이러한 기온상승은 인간의 과도한 경제활동으로 발생한 탄소배출량 증가로 인하여 발생한 것으로 과학적으로 증명이 되었다. 그 결과 지난 40년 간 발생한 가장 온도가 높았던 일곱 번의 시기가 최근에 발생하였고 2016년과 2020년에 지구온도가 가장 높은 기록적인 기온상승을 유발하였다. 이는 동시에 해수온도 상승과 급속한 만년설 면적축소, 해수면 상승, 북극해 빙하면적 축소, 극심한 자연재해, 해양산성화 등으로 나타나 지구온난화현상을 명확하게 증명하고 있다(NASA, 2021).

　기후변화 억제를 위하여 탄소배출 감축활동을 주도하고 파리협약 체결을 위하여 국제협력에 최선을 다하고 있는 유럽연합의 경우 우리 인류가 당면하고 있는 기후변화를 빈곤, 기아 및 식수문제와 함께 가장 심각한 도전이라고 간주하고 있다. 유럽연합 회원국 국민의 92%가 이러한 시각에 동의하고 있는 것으로 2017년 유럽연합의 공식조사에 나타났다. 이 설문조사에 의하면 유럽연합 회원국 국민 중 74%는 기후변화가 매우 심각한 문제로 인식하고 있으며 심각한 문제로 인식하고 있는 국민은 18%로 전체 조사인원 중 10명 9명 이상이 기후변화를 심각한 문제로 인식하고 있는 것으로 조사되었다.

　이는 2015년에 조사된 보고서보다 매우 심각한 문제로 인식하는 회원국 국민의 비중이 5% 증가한 것이다. 기후변화의 심각성을 민감하게 느끼고 있는 회원국은 그 영향을 직접적으로 받고 있는 네덜란드(the Netherlands), 스페인(Spain), 에스토니아(Estonia) 등이다. 이처럼 심각한 기후변화를 인식하고 있는 회원국 국민의 90%는 기후변화 억제를 위한 행동에 동참할 준비가 되었다고 답변하였다. 이러한 인식을 기반으로 유럽연합 회원국 국민의 71%는 일상생활에서 쓰레기 감소 및 분리수거, 재활용 등을 통하여 기후변화 억제활동에 동참하고 있으며 회원국 중앙정부가 주도적으로 기후변화 억제정책을 수행하여야 한다고 믿고 있다. 회원국 중앙정부 이외에도 유럽연합 차원의 유럽연합 집행위원회가 주도적으로 참여하고 산업계가 참여하여야 한다는 의견도 동시에 존재한다(European Commission, 2017a).

이외에도 유럽연합 회원국 국민의 다수는 기후변화에 대처하기 위한 정책으로 에너지 효율성을 증가시키기 위한 청정기술개발, 재생에너지 확대, 화석연료 소비 감소, 에너지안보 증대, 개발도상국 기술 및 재정지원 등이 매우 중요한 사안이라고 인식하고 있다. 이를 위해서 회원국 중앙정부는 2030년까지 탄소배출 감축 목표를 설정하여 기후정책 및 에너지정책을 수행하는 것이 바람직하다고 90%에 육박하는 절대다수가 지지하고 있다. 이 정책수행을 위해서 가장 핵심적인 사항으로는 재생에너지 확대와 에너지 효율성 증대가 탄소배출 감축목표를 달성하는 데 가장 중요하다고 믿고 있다.

이처럼 유럽연합 회원국 국민의 절대다수가 기후변화 억제를 위한 탄소배출 감축 노력을 강력하게 지지하는 이유는 유럽연합 회원국 내 지난 20년 간 18번의 기록적인 기온상승이 발생했고 이로 인한 극심한 자연재해를 직접 경험했기 때문이다. 따라서 이로 인하여 발생한 결과로 유럽연합 회원국은 최근 5년 중 4년 동안 극심한 혹서가 발생하였고 2018년에는 북극권 지역에 평균기온보다 섭씨 5도가 상승하여 북극해 빙하가 빠르게 녹으면서 북극해의 생태계 다양성을 위협하고 있다. 이와 극단적인 대비현상으로 유럽대륙의 넓은 지역에 극심한 가뭄이 발생하고 동시에 중앙유럽 및 동유럽 국가에서는 홍수가 빈번하게 발생하는 복합적인 기후변화를 발생시켰다. 이로서 유럽연합 회원국 대다수의 국민은 기후변화가 유럽연합 지역에 일상적으로 발생하고 있는 현실적인 중대한 문제이며 이에 적절하게 대비하지 않으면 기후변화의 피해가 더욱 빠른 속도로 확산될 것으로 인식하고 있다(European Commission, 2020a).

극심한 기후변화와 직접적인 관련을 갖고 있는 예상치 않은 삼림 속 화재, 돌발적인 홍수, 태풍 및 허리케인 등은 막대한 인명 및 자연 파괴와 경제적 피해를 발생시키고 있다. 전 세계에서 2017년 기후변화로 발생한 경제적 손실액은 약 2,830억 유로 (약 368조 원)에 달한다. 유럽연합의 경우에도 2018년 발생한 극심한 가뭄으로 인하여 동물사육에 필요한 경작지에 막대한 피해를 발생시켰다. 현재의 지구 기온상승은 10년 간 약 섭씨 0.2도로 진행되고 있으며 우리 인류가 현재 기후변화에 적극적으로 대처하지 않으면 2060년경에 파리협정의 기온상승 제한 목표인 섭씨 2도 상승에 도달할 것으로 예상하고 있다(IPCC, 2018).

3 유럽연합 기후변화 전략과 비전

2018년 11월 유럽연합 집행위원회(EC)는 기후변화를 야기하는 온실가스 배출 감축을 위한 장기 전략과 비전을 제시하였다. 이 전략과 비전의 핵심은 유럽연합이 경제활동을 수행하면서 발생하는 온실가스 배출이 전혀 없는 탄소중립 경제체제를 구축하여 기후변화가 더 이상 진행되지 않는 기후중립(Climate Neutrality)을 달성하는 데 어떠한 방식으로 세계를 선도할 수 있는지에 관한 것이다(European Commission Communication, 2018).

이 전략을 추진하기 위해서 유럽연합 집행위원회는 에너지, 운송, 산업, 농업 등 모든 주요 경제주체들이 집행위원회가 제시한 비전을 충족시킬 수 있는지에 관하여 면밀한 조사를 시행하였다. 즉, 2050년에 탄소중립 경제체제를 구축하는 데 현재 존재하는 기술능력, 시민의식 및 참여 가능성 등이 산업정책, 재정 및 연구개발 부문에 적합한지 등에 관한 문제와 동시에 이러한 거대한 변화 및 시대적 전환을 추진하면서 공정사회를 지속 및 강화시킬 수 있는지에 대한 조사를 단행하였다.

이를 기초로 유럽연합 집행위원회가 제시한 장기비전은 다음과 같은 일곱 가지의 주요 구성요소를 제시하고 있다.

첫째: 에너지 효율성

에너지 효율성 향상을 위하여 탄소중립 건축물을 포함한 모든 장점을 극대화 한다.

둘째: 재생에너지 기반 전력생산

재생에너지 확산을 극대화시켜 유럽연합 회원국 내 전력생산 및 공급을 완전하게 탈 탄소화 시킨다.

셋째: 친환경 이동성 장려

청정하고 안전하며 상호 연계된 이동성을 적극적으로 수용한다.

넷째: 유럽연합 산업경쟁력 강화 및 순환경제(Circular Economy)체제 확립

유럽연합 내 전반적인 온실가스 감축을 위해서는 청정기술을 바탕으로 하는 산업경쟁력 강화와 환경 친화적인 순환경제체제를 구축하는 것이 핵심이다.

다섯째: 스마트 네트워크 간접자본 구축

스마트 네트워크 인프라(Smart Network Infrastructure) 구축과 이를 상호 연결하는 연계망(Interconnection)을 적정수준으로 개발한다.

여섯째: 바이오연료 기반의 경제체제 구축

바이오연료 생산 및 소비를 확대하여 바이오 중심의 경제체제의 장점을 활용하고 이를 통한 탄소배출 감축을 증진한다.

일곱째: 탄소포집기술(Carbon Capture Storage: CCS) 개발

잔존하는 이산화탄소 배출을 포집하여 저장할 수 있는 탄소포집기술을 개발하여 탄소배출 감축을 극대화한다(European Commission, 2020b).

이처럼 유럽연합이 위의 일곱 가지 구성요소를 선정하여 강력하게 추진하려고 하는 이유는 지속적인 탄소배출 감축 및 환경 친화적인 청정에너지로의 전환이라는 목표를 설정한 2030 기후 및 에너지체제 구축을 실행하기 위한 것이다. 2030년까지 친환경 중심의 기후 및 에너지체제의 목표를 달성하면 2050년 목표인 탄소중립 경제체제를 구축하는 데 중요한 전환점이 될 것으로 예상하고 있다.

이러한 장기목표를 달성하기 위한 유럽연합 집행위원회의 전략적 비전은 파리협정이 요구하는 산업화 이전의 지구온도에서 기온상승을 섭씨 1.5도로 제한하는 노력에 최선을 다하는 것이다. 이는 국제연합이 추구하는 유엔지속발전목표(United Nations' Sustainable Development Goal)에도 부합하는 것이다. 이처럼 유럽연합은 장기목표와 비전을 갖고 기후변화 억제를 위한 전반적인 활동에 집중하고 있다. 유럽연합은 이미 탄소배출 감축을 세계에서 가장 효율적으로 추진하는 기후변화 억제에 선도적인 역할을 수행하고 있다. 유럽연합 회원국 국민 및 산업계도 이에 동참하여 큰 성과를 내고 있으며 그 결과는 1990년 대비 2017년에 온실가스 배출을 22% 감축하여 2020년 목표치인 20% 감축목표를 초과 달성하였다. 동시에 같은 기간 내 경제는 58% 성장하여 탄소배출 감축과 경제성장이 탈동조화할 수 있다는 실증적인 사례를 제시하고 있다. 이를 통해서 유럽연합이 기후변화 억제활동에 동참하는 세계 모든 국가에 시사점을 제공하는 것은 온실가스 배출 감축을 위하여 신산업 및 기술 개발, 기술혁신을 창출하여 그 결과 신규 고용을 증가시킬 수 있으며 이를 통해서 경제성장도 동시에 달성할 수 있다는 윈-윈 접근법이 가능하다는 것이다.

이로서 유럽연합은 첫 번째 장기목표인 2020년 기후정책 및 에너지정책의 목표를 이미 2017년에 전반적으로 달성하였다. 이후 제2차 장기목표인 2030년 목표인 지속적인 탄소배출 감축 및 청정에너지로의 전환을 위한 유럽연합 차원에서의 최종 규정을 완결하였다. 유럽연합은 2030년까지 파리협정이 요구하는 1990년 대비 탄소배출 감축을 최소한 40% 달성목표를 설정하였다. 그러나 현재의 추세를 기준으로 보면 유럽연합에 확대되는 재생에너지 확산 및 에너지 효율성 증가로 목표치인 40%를 초과하여 45%까지 감축이 가능한 것으로 예상하고

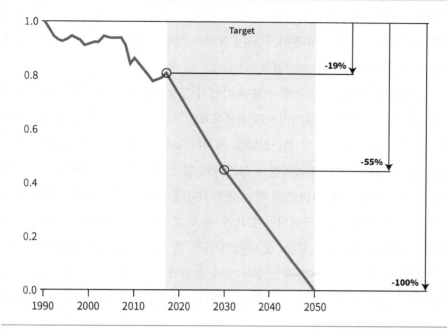

그림 3-1 유럽연합 탄소배출 감축 추이 예상(1990년~2050년, 1990년 =1)

출처: McKinsey & Company, 2020

있다(European Commission, 2020c).

유럽연합보다 탄소배출 감축 목표를 더 긍정적으로 예상하는 글로벌 컨설팅 기업의 전망도 있다. 글로벌 컨설팅 기업인 미국의 맥킨지社(McKinsey & Company)는 유럽연합이 탄소배출 감축 목표를 달성하기 위한 다양한 사회적 비용 최소화 경로가 존재한다고 분석하였다. 이러한 경로는 수 없이 존재하며 이를 통하여 광범위한 경제적 비용절감과 충격을 최소화 시킬 수 있다고 분석하였다. 이처럼 경제적 비용 최적화 경로를 실천하여 탄소배출 중립화를 추진하면 유럽 연합은 2030년까지 1990년 대비 탄소배출 감축을 55%까지 달성할 수 있으며 2050년에는 탄소중립을 달성할 수 있다. 이처럼 유럽연합이 계획대로 2050년 탄소배출 중립을 달성하면 탄소중립 경제체제를 구축하여 경제성장, 삶의 질 향상 및 경제적 비용절감, 신규고용창출 등 광범위한 경제적 이익을 실현할 수 있을 것으로 예상하고 있다. 유럽연합이 2050년 탄소배출 중립을 달성하면 그 여파는 매우 클 것으로 예상된다. 즉, 유럽연합의 탄소배출 중립 실현은 타 지역에 분명한 청사진으로 작용되어 타 지역의 탄소배출 감축 활동을 독려하고 이들 국가가 강력한 탄소배출 감축을 추진하게 되는 동력을 부여하게 될 가능성이 매우 높다 (McKinsey & Company, 2020)(그림 3-1 참조).

그러나 유럽연합은 글로벌 컨설팅 기업의 긍정적인 전망에도 불구하고 이에 만족하지 않고 기후변화 장기비전의 최종목표인 2050년 탄소중립 경제체제 구축 및 전환을 위하여 실질적인 접근방법을 제시하려고 노력하고 있다. 이를 위하여 유럽연합 집행위원회는 파리협정의 장기목표 및 탄소중립 경제제체로의 전환을 위하여 철저한 분석을 기반으로 하는 전략적이며 세부적인 경로를 설정하였다. 이 경로는 총 여덟 개로 구성되어 있으며 첫 단계 다섯 개 경로와 두 번째 단계 세 개의 경로로 구분되어 있다. 첫 단계인 다섯 개 경로는 2050년 탄소배출 감축을 1990년 대비 최소한 80%를 달성하는 데 초점이 맞추어져 있다. 두 번째 단계인 세 가지 경로는 탄소중립 경제제체로 전환하여 순환경제(Circular Economy) 체제를 구축하는 것이 주요 목표이다.

우선 첫 번째 단계인 다섯 가지 경로는 다음과 같다.

첫째: 2050년 온실가스 배출 감축을 1990년 대비 80%에서 100% 달성

둘째: 강력한 에너지 효율성 증대 및 재생에너지 확대를 위한 후회 없는 정책 추진

셋째: 수력, 전기연료 등 전력화 적용에 대한 집중도의 다양성 및 에너지 최종소비자에 대한 효율성 향상

넷째: 순환경제 역할의 다양성 확보

다섯째: 현존 기술능력을 기초로 야심찬 기후변화 목표와 강력한 유럽연합 경제의 공존

이 다섯 가지 경로는 미래에 확정된 상황을 예측한 것이 아니라 유럽연합이 야심찬 기후정책 추진의 타당성을 기초로 하여 임의적으로 설정한 것이다. 동시에 설명한 것처럼 다섯 가지의 경로 설정의 최종 목표는 2050년까지 온실가스

배출 감축을 1990년 대비 최소 80% 이상 달성하는 것이다. 이러한 최종 목표를 설정한 이유는 온실가스 배출 감축을 달성하기 위해서 다양하고 사용 가능한 조건들을 발견하는 것에 대한 이해도를 높이고 이러한 선택들이 유럽연합 경제체제를 전환시키는 데 어떻게 작용하는지를 이해하기 위한 것이다.

이외에도 두 번째 단계인 세 가지 경로는 다음과 같다.

여섯째: 첫 번째 단계인 다섯 가지 경로로부터 온실가스 배출 감축에 대한 가격 효율성의 기회결합

일곱째: 2050년 탄소중립 달성을 위한 무 탄소 배출 측정

여덟째: 무 탄소 배출 달성 후 발생할 수 있는 역할 조명

여섯째 경로를 통하여 유럽연합은 온실가스 배출 감축을 1990년 대비 최소 90%까지 달성할 수 있을 것으로 예상하고 있다. 또한 일곱째 경로를 이행하면서 유럽연합은 탄소중립 배출 운송수단 개발 및 탄소제거 기술개발을 강력하게 추진할 예정이다. 이를 위해서 바이오 에너지와 이산화탄소포집저장(CCS) 기술을 접목하여 탄소배출의 균형을 이루려는 목표를 설정하였다. 마지막으로 여덟째 경로에서는 순환경제의 영향에 집중적으로 초점을 맞추어 소비자가 탄소 집중도가 낮은 소비활동을 할 수 있도록 유도하는 것이다. 이는 잔존하는 탄소배출과 균형을 이루기 위해서 토지이용에 대한 감소를 발생시키고 탄소제거 기술에 대한 의존도를 낮추게 하려는 목적을 갖고 있다(European Commission, 2020d).

유럽연합은 2050년 기후중립 및 탄소중립 경제체제 구축이라는 기후정책 및 에너지정책의 최종 목표를 달성하기 위해서는 위에서 설명한 일곱 가지의 구성요소와 여덟 가지 경로에서 모든 조건과 선택들을 발전시키고 이를 조화롭게 구성하여 추진하여야 한다. 즉 이를 통해서 유럽연합은 전략적 장기비전을 구체화 시키고 최종목표를 달성할 수 있다.

동시에 이러한 목표를 달성하기 위해서 유럽연합 집행위원회는 유럽연합 기관, 회원국 의회, 산업계, 비정부조직(NGO), 회원국 내 각 도시, 지방자치단체 및 특히 청소년층이 유럽연합 차원의 토론에 적극적으로 참여할 수 있도록 권유하

고 있다. 이는 유럽연합의 미래를 결정하는 중요한 일이며 이를 통해서 유럽연합이 기후중립을 위해서 세계에서 선도적인 역할을 지속적으로 수행하는 데 필수적인 사항이다.

4 유럽연합 탄소중립 경제체제

유럽연합 집행위원회가 2018년 11월 우리 인류 모두를 위한 깨끗한 지구(A Clean Planet for All)라는 주제로 발표한 장기 탄소배출 감축을 위한 전략적 비전은 2050년 탄소중립을 실현하여 탄소중립 경제체제를 구축하는 것이다. 즉, 탄소중립 경제체제는 2050년에는 경제활동을 영위하는 모든 영역에서 탄소배출을 더이상 하지 않는다는 의미이다.

우리 인류가 경제활동을 수행하면서 온실가스를 배출하는 주요 부문은 전력생산, 운송, 주택 및 상업용 건물, 산업, 농업 등이다. 이 모든 주요부문에서 탄소배출 중립을 실현하고 지속적인 경제성장을 창출하여 인류의 삶의 질을 지속적으로 향상시키는 것이 탄소중립 경제체제의 핵심이다. 그러나 탄소배출 주요부문이 모두 동일한 시점에 탄소배출 중립을 실현할 수 있는 것은 아니다. 주요 부문 중 탄소배출 중립을 가장 먼저 실현하는 부문은 전력생산을 위한 발전부문이고 그 다음이 운송, 주택 및 상업용 건물 부문 등이다. 전력생산을 위한 발전부문은 탄소배출이 가장 많은 부문 중 하나이고 이는 기존의 화석연료 중심의 전력생산에서 태양열/광, 풍력, 수력, 바이오 연료 등 여덟 가지로 구성된 재생에너지 발전으로 전환하면 탄소배출 중립이 가능하다. 따라서 유럽연합 주요국인 독일, 스웨덴, 영국 등이 기후정책과 연동하여 에너지전환정책을 추진하고 있으며이는 유럽연합 차원에서도 실행 중에 있다.[1] 유럽연합은 2050년 탄소중립 경제

---

1) 영국은 2016년 국민투표를 통해서 유럽연합 탈퇴를 결정하였다. 이후 유럽연합과 지속적인 협의를 통하여 2020년 12월 31일 정식으로 유럽연합 회원국을 자진 탈퇴하였다. 그럼에도 불구하고 2007년부터 시작된 유럽연합 에너지정책에 적극적으로 동참할 것을 표명하였다. 영국은 유

체제를 구축하는 데 에너지전환정책의 핵심인 에너지체제의 전력화가 가장 중요한 전략이라는 것을 분명하게 인식하고 있다(McKinsey & Company, 2020; Brower & Bergkamp, 2021).

산업부문은 전 생산과정에서 발생하는 탄소배출로 인하여 제시된 기한 내 탄소배출 중립을 이루는 것은 사실상 불가능하다. 따라서 탄소배출 중립 목표설정 연도인 2050년에도 1990년 이후 지속적으로 탄소배출이 감소하겠지만 탄소배출을 완전하게 중립화 시키지는 못하고 농업부문 다음으로 많은 잔존 탄소배출량이 존재할 것으로 예상하고 있다. 이외에도 농업부문은 인류의 기본적 생존을 위한 식량생산에 주력하고 있기 때문에 1990년부터 2050년까지 탄소배출 감축이 가장 낮은 부문이다. 따라서 2050년에도 탄소배출 중립을 달성하는 것은 구조적으로 불가능하다. 농업부문에서 탄소배출 감축을 실현할 수 있는 방법은 탄소배출이 가장 높은 과도한 육류생산에 대한 소비를 감소시키는 것이다. 이를 위해서는 우리 인류의 식생활 개선을 위한 교육과 소비자의 적극적인 동참이 필수적이다(McKinsey & Company, 2020).

2050년에도 산업 및 농업부문에서 발생되는 탄소배출을 상쇄시키는 방법으로는 토지활용(Land Use), 토지이용변화(Land Use Change), 삼림확보 및 증대(Forest Entail), 탄소포집저장(CCS) 기술개발 등이 있다. 이를 통하여 잔존 탄소배출량을 상쇄시켜서 탄소배출 중립을 실질적으로 달성하는 것이 중요한 대안이다. 이 방법들은 특히 1990년부터 2010년대 중반까지 지속적으로 증가하다가 이후 2020년대 중반까지 감소하는 패턴을 보일 것으로 예상하고 있다. 감소패턴 이후 2050년까지 다시 증가하는 추세를 보이면서 탄소배출 중립에 도달하게 되는 것이 현재의 시나리오다(McKinsey & Company, 2020)(그림 3-2 참조).

위 다섯 가지 주요부문의 탄소배출 중립을 실현한 경제체제를 구축하기 위해서는 모든 경제주체 및 당사자 간 긴밀한 협력체제가 가동되어야 한다. 특히

럽 내 에너지전환정책을 독일 및 스웨덴과 비교할 때 상대적으로 늦게 시작하였으나 풍력발전 확대를 통하여 재생에너지 확산이 빠르게 진행되고 있어서 2050년까지 에너지전환에 성공할 수 있을 것으로 예상하고 있다.

그림 3-2 비용 최적화를 기초로 한 유럽연합 부문별 탄소배출 중립 경로 (1990년~2050년, 메가톤)

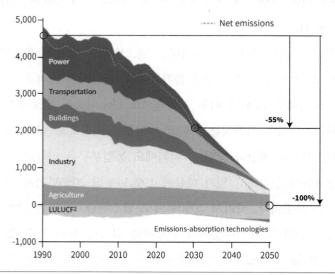

출처: McKinsey & Company, 2020

이 협력체제는 다음과 같은 일곱 가지 전략적 구성요소를 기반으로 추진하여야 한다.

첫째: 에너지 효율성 증대

에너지 효율성 향상은 에너지 소비감소와 직접적으로 연관된다. 지속적인 에너지 효율성 향상으로 2050년에는 2005년 에너지 소비의 절반에 불과할 것으로 예상하고 있다. 유럽연합의 총 에너지 소비 정점은 2006년에 도달하였으며 이후 지속적으로 에너지 소비가 감소추세에 있다. 이를 기초로 유럽연합은 2050년 탄소배출 중립을 달성하기 위하여 2030년까지 에너지 효율성 향상을 32.5%까지 증가시키기로 결정하였다.

이를 위해서 생태디자인(Eco–Design), 에너지표지부착(Energy Labelling) 등과 같은 정책이 실시중이며 이는 실질적으로 에너지 효율성을 향상시키기 위한 표준화 설정에 커다란 도움이 되고 있다. 에너지 효율성 향상이 산업생산 공정에서 탄소배출 감축에 매우 중요한 역할을 수행하는 것은 명백하다. 특히 에너지 소비의 전반적인 감축은 주택 및 상업용 건물부문이 될 가능성이 매우 높다. 이 부문은 유럽연합 내 에너지 소비의 약 40%를 차지하고 있으며 이 중 약 75%의 주택 및 상업용 건물은 에너지소비 표준화 작업이 설정되기 이전에 완공된 것이다.

둘째: 재생에너지 확대

유럽연합이 추진하고 있는 청정 에너지전환정책은 주요 에너지 공급에서 재생에너지 자원의 비중을 지속적으로 증가시키는 결과를 초래하고 있다. 이는 동시에 재생에너지 공급확대는 지역의 신규 고용창출을 강화하고 탄소배출 감축을 가능하게 한다. 이러한 재생에너지의 긍정적인 역할을 더욱 확대하기 위하여 유럽연합은 총 전력생산에서 2030년 재생에너지 비율을 32%로 목표치를 상향 조정하였다.

유럽연합의 재생에너지 공급 확대는 에너지 의존도를 낮추어 에너지 자립도를 향상시킨다. 2019년 유럽연합의 에너지 수입 의존도는 약 55%에 달하고 있으며 재생에너지 공급 확대로 탄소배출 중립이 실현되는 2050년에는 에너지 수입 의존도를 20%로 감소시킬 수 있을 것으로 예상하고 있다. 이를 통해서 화석연료 수입이 2019년 약 2,660억 유로에 달하고 있으나 이를 지속적으로 감소시켜 유럽연합의 취약한 지정학적 위치 보완 및 무역흑자 증대로 전환시킬 수 있다. 이를 실현하면 에너지 수입액의 약 70%가 절감되어 2031년부터 2050년까지 약 2조~3조 유로를 절약하여 수입대체효과를 창출할 수 있다.

이처럼 지속적인 재생에너지 확대는 전력생산의 증가뿐만이 아니라 전력생산의 분산화를 가능하게 된다. 이를 통해서 2050년에는 재생에너지의 전력생산 비율이 총 전력생산의 80%를 차지하게 되고 이는 유럽연합 에너지 소비의 약 50%를 공급하게 된다. 이처럼 급증하는 재생에너지 소비를 충족시키기 위해서 2050년에는 2019년보다 생산이 약 2.5배 증가하여 탄소배출 중립이라는 목표를 달성하게 된다(European Commission, 2020a).

재생에너지 중심의 에너지전환은 청정에너지 기업에게 새로운 기회로 작용할 것으로 예상된다. 유럽연합은 전 세계 재생에너지 25개 대기업 중 6개가 사업

그림 3-3 유럽연합 총 에너지소비 추이 에너지자원 비중예상(1990년~2050년)

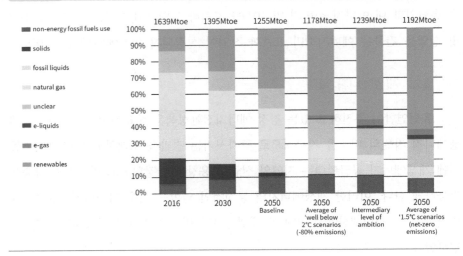

출처: European Commission, 2020a

활동을 영위하고 있으며 고용 인력이 150만 명에 달한다. 따라서 이들 기업의 장기성장 전망이 매우 희망적이며 신규고용 창출도 지속적으로 증가할 것으로 예상하고 있다. 재생에너지 확대는 발전부문 이외에도 난방, 운송, 산업 등과 같은 타 부문에도 탄소배출 감축 가능성을 높이기 위한 재생에너지 자원을 기반으로 하는 전력소비를 제공할 수 있다. 이외에도 탄소중립연료인 E-Fuels라고 불리는 수소 및 바이오매스 등과 같은 생산과 소비를 촉진시킬 수 있다.

재생에너지의 특성상 발전체제가 분산화를 초래하여 소비자의 참여, 대규모 전력저장장치 건설, 전산화를 통한 급변하는 소비패턴에 대한 능동적인 대치와 같은 유연하고 스마트한 전력생산 및 소비체제를 구축하여야 한다. 동시에 전산화 구축으로 인하여 증가하는 가상공간에 대한 위험도가 증가하고 있기 때문에 이에 대한 전문적인 대비책 마련도 필수적이다.

유럽연합은 재생에너지 발전비율이 2050년까지 80% 이상에 달하고 총 에너지 소비는 1990년 16억 3,900만 톤에서 2050년 11억 9,200만 톤으로 27.5% 감소하면서 탄소배출 중립을 달성할 것을 목표로 하고 있다. 동시에 명백한 점은 재생에너지 확산에도 불구하고 총 에너지 소비에서 차지하는 원자력 에너지의 비중이 1990년에서 2050년까지 감소하는 것이 아니라 약간 증가하는 추세를 보이고 있다는 것이다. 이 기간에 주요 화석연료의 비중은 빠르게 감소하는 반면 재생에너지의 비중을 지속적으로 증가하고 원자력 에너지의 비중은 약간 증가하는 패턴을 보이고 있다. 이는 2050년 탄소중립 경제체제를 구축하기 위해서는 재생에너지가 가장 중요한 에너지 자원임에는 분명하고 두 번째로 원자력 에너지 자원의 중요한 역할이 존재함을 이해할 수 있다(European Commission, 2020a)(그림 3-3 참조).

셋째: 청정, 안전, 및 연계된 이동성

유럽연합 내 운송부문에서 발생하는 탄소배출은 총 배출량의 약 25%를 차지한다, 따라서 운송부문은 이동시스템과 관련된 모든 부문에서 탄소배출 감축을 통한 청정한 대기, 소음축소, 안전사고 방지 등을 위한 조치에 적극적인 동참이 필요하다. 이를 위해서는 효율적이며 선택적인 동력을 사용하여 탄소배출 중립을 실현하는 신 개념의 운송수단이 필요하다. 즉, 이를 위해서 자동차산업은 전기차를 생산하기 위한 투자를 지속적으로 증가하고 있으며 2030년 이후에는 내연기관 자동차를 대체할 것으로 예상하고 있다.

그러나 대규모 장거리 수송에 필요한 상용차는 전기자동차의 배터리 용량의 한계로 인하여 탄소배출 중립을 위한 기술로 수소 전기차량을 개발하고 있다. 이는 항공부문에도 적용되어 수소, 바이오연료, 바이오가스 등을 사용하는 E-Fuels를 활용하여 탄소배출 중립을 실현하려고 하고 있다. 이처럼 다양한 기술개발을 통한 접근방법이 실시되고 있으며 동시에 이동수단의 청정화를 달성하기 위해서는 전산화, 데이터 공유, 공동운영체계 표준화 등을 기반으로 하는 이동체제 조직의 효율화 향상이 필수적이다. 이를 통해서 모든 종류의 스마트 이동체제(Smart Mobility System)를 구축하여 교통체증을 최소화하고 이동 수용비율을 극대화할 수 있다.

스마트 이동체제를 구축하기 위해서는 운송부문과 연관된 다양한 기술부문에 대한 투자가 전제조건이다. 이를 위해서 유럽연합은 2030년까지 유럽횡단교

통네트워크(Trans Europe Transport Network: TEN-T)를 건설할 예정이다. 이를 위한 투자는 탄소배출 감축, 운송, 디지털, 전력네트워크 간 파급효과 증대, 유럽철도교통 관리체계(European Railway Traffic Management System: ERTM) 등과의 연계 등에 초점을 맞추게 될 것이다.

넷째: 산업경쟁력 향상 및 순환경제체제 구축

21세기에도 세계에서 가장 효율적이며 글로벌 경쟁력을 확보하고 있는 유럽연합의 산업경쟁력을 지속하기 위하여 자원의 효율성을 향상시키고 환경 친화적인 순환경제(Circular Economy)체제를 발전시켜야 한다. 이를 위해서는 자원의 재활용 비율을 증가시키고 주요 산업재인 철강, 유리 및 플라스틱 생산과정에서 자원 효율성을 향상시키고 탄소배출 집중도를 감소시켜야 한다. 이는 산업경쟁력을 강화시키고 새로운 사업기회를 제공할 뿐만이 아니라 신규 고용창출에도 기여할 것이다.

이외에도 유럽 내에서 생산이 불가능하고 특정국가에 집중적으로 매장되어 있는 자원인 코발트(Cobalt), 희토류(Rare Earth), 흑연(Graphite) 등과 직접적으로 연관이 있는 산업부문 및 기술에 의존도를 최소화하기 위한 자원 효율화 및 재활용 비율을 향상시켜야 한다. 동시에 유럽연합 무역정책을 강화하여 이러한 희귀 자원의 지속적이며 안정적인 공급을 위한 노력을 지속하여야 한다.

산업경쟁력 향상을 위하여 기업은 지속적인 투자를 단행하여야 한다. 이를 통해서 탄소배출 중립목표에 근접할 수 있으며 생산 활동에 필수적인 기반시설 및 설비를 현대화할 수 있다. 이처럼 지속적인 투자를 통해서 유럽연합 산업의 글로벌 경쟁력을 유지하고 탄소배출 감축을 지속하여야 한다. 이를 위해서 단기적으로는 전산화(Digitalization)와 자동화(Automation)가 산업경쟁력 향상에 가장 효과적이나 장기적으로는 수소, 바이오매스, 재생합성가스(Renewable Synthetic Gas) 사용을 증가시킨 전력화 조합이 산업 생산과정에서 탄소배출 감축을 획기적으로 실현하여 경쟁력 향상에 기여하게 될 것이다.

산업계 예측으로는 현재의 기술개발 속도를 지속하면 10년에서 15년 내에 기술적 돌파구를 만들어 현재의 산업소재보다 생산비용을 낮으나 훨씬 가볍고 강력한 물질인 탄소섬유(Carbon Fiber) 초강력 시멘트 등이 기존 산업제품을 대체할 것으로 믿고 있다. 이외에도 전산화 및 정보화를 기반으로 제품 및 서비스에 대한 탄소배출 정보가 투명하게 공개되는 환경 친화적 소비형태가 일반화되어서 생산수요는 소비자 선택에 의해서 결정되는 구조로 진화될 것으로 예상하고 있다. 즉, 소비자는 소비제품 및 서비스에 대한 탄소 및 환경발자국(Carbon and Environmental Footprint)에 의하여 소비를 결정하게 될 것이다.

다섯째: 기반시설 건설 및 상호연계

유럽연합이 목표로 하는 2050년 탄소중립 경제체제를 달성하기 위해서는 적합하고 스마트한 기반시설을 확충하여야 하며 이는 유럽 내 부문별 통합 및 상호연계가 완벽하게 구축되어야 한다. 유럽연합은 회원국 간 자유로운 이동이 지속적으로 증가하였고 지역 간 협력도 강화되어 전산화 및 정보화된 기반시설 구축으로 발생할 수 있는 다양한 경제적 효과 및 장점을 크게 누릴 수 있다.

유럽연합이 가장 심혈을 기울여 추진하고 있는 부문은 전 유럽운송 및 에너지네트워크(Trans European Transport and Energy Networks)이다. 이 부문에 관심을 갖고 추진하고 있는 이유는 충분한 기반시설 건설이 현대적인 운송 및 에너지네트워크 체제를 효과적으로 지원할 수 있기 때문이다. 이를 위해서 전산화뿐만이 아니라 스마트전력, 데이터 및 정보그리드, 수소 파이프라인 등을 포함한 필요한 지역에 중요 부문이 상호 연계되어 작동되어야 한다.

유럽연합의 운송부문을 재편하기 위해서는 기반시설 건설뿐만이 아니라 운송 및 에너지체제 간 시너지효과를 극대화 시킬 수 있도록 회원국 내 국경을 초월하여 스마트 충전 및 주유소 서비스를 확대하여야 한다. 이외에도 기존의 기반시설이 지속적으로 사용될 수 있도록 적정수준의 설비가 장착되어야 하고 낡은 기반시설은 탄소배출 감축을 위하여 대체되어야 한다.

여섯째: 바이오 경제체제 구축과 자연탄소 감축

유엔의 장기 인구변동 전망에 의하면 2050년에 전 세계 인구는 약 99억 명에 달할 것으로 예상하고 있다. 이는 2020년 78억 명보다 약 25% 증가한 수치이다. 이처럼 향후 30년 간 빠른 속도의 인구증가와 기후변화로 인한 생태계에 대한 충격을 감안하면 유럽연합이 보유하고 있는 농업과 삼림이 지속가능하고 안정적인 식량생산 및 공급을 제공하는 것이 커다란 도전으로 작용할 것이다. 동시에 토지사용을 기반으로 하는 농업과 삼림은 생태계의 다양성 유지와 온실가스 배출 중립 경제체제를 구축하는 데 매우 중요한 역할을 하고 있다(Population Reference Bureau, 2021; European Commission, 2020e).

유럽연합 내 생물량을 나타내는 바이오매스는 탄소 집중도가 높은 물질을 대체할 수 있으며 직접 난방으로 사용될 수 있다. 이외에도 바이오매스는 바이오 연료 및 바이오가스로 전환될 수 있으며 이는 가스그리드를 통하여 천연가스를 대체할 수 있다. 또한 바이오매스가 발전부문에 사용이 되면 이 기술이 탄소배출 포집 및 저장을 가능하게 하여 소극적 탄소배출을 유도할 수 있다.

이러한 이유로 인하여 탄소중립 경제체제를 실현하기 위해서는 바이오매스 사용의 증가가 필수적이다. 이처럼 바이오매스 제품소비 증가는 유럽연합 내 삼림 침하물질과 기타 생태계가 제공하는 다양한 서비스 제공능력이 감소하지 않는 상태에서 지속적인 바이오매스 원료를 제공하는 범위 내에서 허용되어야 한다. 자연 생태계와 환경이 공존하는 한 바이오매스 제품소비 증가는 순환적 바이오경제체제를 구축할 수 있으며 이는 농부와 임업에 종사하는 사람들에게 새로운 사업기회를 제공해 줄 수 있다. 동시에 바이오매스에 대한 신규 소비증가는 농업부문을 다양화 시킬 수 있는 장점이 있다.

그러나 동시에 바이오매스를 기반으로 하는 경제체제로의 전환은 토지사용의 절대적인 규제로 인하여 재한적일 수밖에 없다. 따라서 유럽연합은 제한적인 토지사용의 희소성을 극복하고 이를 최대한 효율적으로 사용할 수 있도록 정책의 초점을 맞추어야 한다. 또한 바이오매스 사용을 효율적이며 지속가능하게 하기 위해서 타 자연자원 활용도 최적화시킬 수 있도록 노력하여야 한다.

일곱째: 탄소포집 및 저장기술을 활용한 잔존 탄소배출에 대한 대응

탄소포집 및 저장(CCS) 기술은 원래 전력생산에서 발생하는 탄소배출을 감축시키기 위한 대안으로 개발되었다. 그러나 현재는 재생에너지 발전효율이 증가하면서 생산비용이 지속적으로 감소하고 있고 이는 전 산업부문에 탄소배출 감축에 커다란 기여를 하였다. 따라서 과거처럼 탄소포집 및 저장기술에 대한 필요성이 상대적으로 감소하였다. 또한 탄소포집 및 저장에 대한 낮은 사회적 인식을 고려하면 이 기술이 탄소배출 감축에 중점적으로 사용되기에는 현실적으로 무리이다.

그럼에도 불구하고 탄소포집 및 저장기술은 수소생산, 산업계에 잔존하는 탄소배출 감축, 바이오매스와 결합하여 탄소배출 제거기술 개발 등의 부문에서 활용될 수 있다. 이를 위해서 연구개발 활동 강화, 기술혁신 창출, 기술능력 및 활용도 향상노력 등이 이루어져야 한다. 또한 탄소포집 및 저장에 대한 위험도 인식을 불식시킬 수 있도록 기반시설에 대한 투자와 안전도 향상을 위한 유럽연합 회원국 간 공동 노력이 필수적이다.

위에서 설명한 일곱 가지 전략적 구성요소는 유럽연합이 추구하는 2050년 탄소중립 경제체제를 실현하는 데 필수적이다. 그러나 전략적 구성요소 이외에도 유럽연합은 최종목표를 달성하는데 다양한 정책적 노력을 한층 더 강화하여야 한다. 특히 연구개발 및 기술혁신, 일반기업 투자유도, 시장에 적합한 신호제공, 사회적 연대강화 부문에 정책추진을 집중하여야 유럽연합이 최종목표를 수월하게 달성할 수 있을 것으로 예상하고 있다(European Commission, 2020e).

탄소중립 경제체제 지원체계 및
유럽 그린 딜(the European Green Deal) 전략

1 배경

지구는 태양계에서 우리 인류가 생존하는 유일한 행성이다. 이는 2050년에도 우리 인류가 태양계를 벗어나 은하계에서 동일한 환경과 조건을 갖춘 행성을 발견하지 못한다면 변화하지 않을 것이다. 그러나 우리 인류는 불행하게도 태양계에 지구가 다수 존재하는 것처럼 소비생활을 지속하고 있다. 즉 과도한 소비로 인하여 기후변화를 야기하는 온실가스 배출을 과도하게 하고 있다는 의미이다. 그 결과 향후 40년 간 인류는 바이오매스, 화석연료, 철강, 광물 소비가 두 배로 증가할 것으로 예측하고 있다. 이러한 자원의 과도한 소비증가로 인하여 발생하는 쓰레기양은 2050년까지 약 70%가 증가할 것으로 국제기구는 예상하고 있다 (OECD, 2018; World Bank, 2018).

이러한 기존의 소비행태가 지속하게 되면 우리 인류는 기후변화에 심각하게 노출되고 21세기에 지속되는 온난화현상으로 인하여 막대한 경제, 사회 및 환경적 피해가 예상된다는 점을 과학적 근거를 통하여 이미 알고 있다. 따라서 이를 사전에 억제하고 지구가 보유하고 있는 생태계의 피해를 최소화 하고 우리 인류와 미래에도 공존할 수 있는 지속가능한 환경 구축을 위한 첫 단계가 2050년까지 탄소중립체제를 구축하는 것이다. 이를 기한 내 달성하기 위해서는 전반적인 지원체제가 구성되어야 하며 이를 위한 구체적인 방법은 법적 근거 마련, 투자계획 완성, 관련 산업부문 경쟁력 증진방안 마련 등이 선행되어야 한다. 유럽연합은 탄소중립 경제체제 구축을 위하여 전 세계에서 선두에 서서 타 국가 및 지역에 적극적인 동참을 요구하고 있다. 이를 위해서 인류가 할 수 있는 최선의 선택은 모든 회원국이 탄소중립 경제체제 구축에 적극적으로 참여하여 파리협정을 준수하는 것이다.

유럽연합은 2050년 탄소중립 경제체제를 실현하기 위한 구체적인 행동계획이며 실행방법인 유럽 그린 딜(the European Green Deal) 전략을 2019년 11월 공식적으로 발표하면서 유럽연합이 지구상에서 최초의 탄소중립대륙이 될 것이라고 선언하였다. 이처럼 유럽연합이 유럽 그린 딜 전략을 공식화한 이유는 총 온실가스 배출의 50% 이상과 90% 이상의 생물다양성(Biodivirsity) 및 수자원 부족(Water Stress)이 지하자원 추출 및 가공과정에서 발생하고 있으며 이러한 피해를 실질적으로 최소화하고 기후중립, 자원효율성 향상 및 지속적인 산업경쟁력 확보를 위한 것이기 때문이다. 즉, 유럽 그린 딜 전략은 유럽연합 회원국 모두가 공동으로 협력하여 참여하고 공동의 목표를 달성하는 방향에 초점을 맞추고 있다(COM, 2019; COM, 2020; European Commission, 2021a).

탄소중립 경제체제인 순환경제 체제가 글로벌 경제구조에서 선두적인 위치에서 핵심경제 체제로 한 단계 더욱 진일보하기 위해서는 2050년 목표로 추진되는 탄소중립을 통한 기후중립 달성과 글로벌 경제의 성장이 더 이상 자원소비와 동조화 되지 않는 구조를 정착시켜야 한다. 이외에도 장기적 차원에서 유럽연합 전 산업의 글로벌 경쟁력을 지속적으로 강화할 수 있어야 하고 특정 기업의 도태를 허락하지 않아야 한다(European Union, 2020).

2 탄소중립 경제체제 및 지원체계

(1) 법적 근거

2019년 실시된 기후변화에 대한 유럽연합 회원국 시민들의 인식조사에 의하면 전 시민의 93%가 매우 심각한 문제로 인식하고 있으며 이 중 절대다수가 기후중립을 달성하기 위해서 유럽연합이 더욱 많은 일을 수행하여야 한다고 답변하고 있다. 이처럼 절대다수의 유럽연합 시민이 기후변화를 심각하게 인식하고 있기 때문에 유럽의회(European Parliament)와 유럽연합 정상회의(European Council)는 유럽연합 장기 기후중립 목표를 승인하였다.

유럽의회는 2019년 3월 14일 기후변화에 대한 결의안을 채택하였으며 이는 늦어도 2050년까지 온실가스 배출 중립을 달성하는 유럽연합의 목표를 승인하였다. 이 결의안은 파리협정에 의거하여 지속적으로 번영하고 현대적이며 경쟁력을 증진한 탄소중립 경제체제 구축을 위한 유럽연합의 전략적 장기 비전이다. 이후 동년 11월 28일에 채택된 결의안은 스페인 마드리드에서 개최된 유엔기후변화회의인 COP 25를 기반으로 유럽연합은 타 주요 경제국과 함께 2050년 이전에 온실가스배출 제로에 도달할 수 있도록 최선을 다할 것을 강조하였다. 이외에도 유럽연합은 기후 및 환경비상사태 선포에 대한 결의안을 채택하였다.

유럽의회는 채택한 결의안이 효율적으로 작동하기 위하여 유럽연합 집행위원회가 작성하는 모든 주요 법률 및 예산관련 제안서가 기후 및 환경에 주는 영향을 평가하여 제출할 것을 요구하였다. 또한 이러한 기후 및 환경에 대한 평가가 지구온도 상승 섭씨 1.5도 이내로 제한할 수 있는 목표에 부합하고 생태계 다양성에 대한 피해를 최소화시키고 농업, 무역, 운송, 에너지, 간접자본 투자정책에 대한 개혁을 가능하게 하는지 등에 대한 평가를 요구하였다. 이를 기초로 유럽의회는 2020년 1월 15일 유럽 그린 딜 결의안을 체결하면서 늦어도 2050년까지 기후중립사회(Climate Neutral Society)로의 전환을 위하여 유럽의 성공적인 사례를 창출하기 위한 필요성을 주장하였다(COM, 2020a).

유럽연합 정상회의는 2019년에서 2024년까지의 전략적 의제에서 기후중립, 환경보호를 위한 녹색실현, 공정, 사회적 유럽 건설 등 네 가지를 가장 중요한 목표로 채택하였다. 이 전략적 의제의 결론에서 유럽연합 정상회의는 2019년 12월 최근의 과학적 근거 및 글로벌 기후행동 강화에 대한 필요성을 기초로 2050년까지 유럽연합의 기후중립을 달성하는 목표를 지지하였다. 유럽연합이 설정한 목표는 파리협정에서 합의한 내용을 근거로 설정되었다. 이를 가능하게하기 위한 체제구성의 필요성을 유럽연합 정상회의는 인정하였으며 동시에 이러한 대전환은 대규모의 공공 및 민간투자를 발생시킬 것으로 예상하였다. 이외에도 유럽연합 정상회의는 유럽연합이 추진하는 모든 주요 법률 및 정책이 유럽연합 집행위원회가 기존의 규정을 변경하여야 하는지에 대한 점검을 기초로 기후중립 목표를 달성할 수 있도록 지속성을 갖추어야 한다고 결론짓고 있다.

유럽의회의 결의안 채택과 유럽연합 정상회의 탄소중립 목표 지지를 기반으로 유럽연합은 온실가스배출 감축을 위한 전반적인 정책의 틀을 구성하였다. 이를 통해서 유럽연합은 기후중립이라는 목표를 달성하기 위하여 경제구조의 현대화 및 전환을 시작하였다. 그 결과 1990년부터 2018년까지 온실가스 배출은 23% 감축하였고 동시에 경제성장은 61%를 달성하였다. 이는 2020년 탄소배출 감축 목표치인 20%를 상회한 것이나 유럽연합은 이 성과에 만족하지 않고 더욱 다양한 정책을 구상하여 실행할 예정이다. 이처럼 유럽연합이 단기적 성과에 만족하지 않고 부가적 정책을 추진하려는 이유는 현존하는 정책만을 추진할 경우 2050년 탄소배출 감축이 1990년 대비 60%에 불과하리라는 전망 때문이다. 따라서 기존의 정책추진으로는 2050년 탄소중립 목표 달성에 성공할 수 없기 때문에 더욱 과감하고 혁신적인 정책을 추진하여 탄소배출을 획기적으로 감축할 필요가 있다고 유럽연합은 판단하고 있다(COM, 2019b).

유럽연합이 탄소배출 감축을 위하여 다양한 정책을 추진하고 있으나 기후변화는 세계적으로 이미 빠르게 진행되고 있다. 그 영향은 유럽연합 내 환경 및 경제에 전반적으로 영향을 미치고 있으며 모든 회원국 국민에게도 직접적인 영향을 미치고 있다. 따라서 유럽연합은 현재까지의 온실가스 배출감축 성과에 만족할 수 없는 것이 현실이다. 유럽연합은 2050년 탄소중립 경제체제 달성이라는 최종 목표를 위하여 기후변화 점검, 탄소배출 최소화 주택 및 상업용 건축물 건설, 에너지 전환 등과 같은 기후중립을 달성할 수 있는 과감한 정책을 시행하려고 계획하고 있다.

이를 위해서 유럽연합 집행위원회는 2020년 초 유럽의회 및 유럽연합 정상회의에 장기목표 달성을 위한 기존 정책체계를 보완할 것을 제안하였다. 이 제안서에는 유럽연합 법률에 2050년 기후중립 목표를 명백하게 제시하여 목표연도까지 정책변화 노력을 강화하고 추진경로를 점검하며 그 과정을 체계적으로 정착시킬 것을 주장하고 있다. 이외에도 정책추진 과정이 성과를 창출하지 못하거나 정책의 일관성을 유지하지 못할 경우를 대비해서 정기적인 평가와 진행과정을 모니터링 하는 것을 제도화하여야 한다고 제안한다. 이 외에도 유럽연합 집행위원회는 기후중립 목표를 달성하기 위하여 추진 중인 모든 정책 및 유럽연합 법률, 추진경로 등을 일관성 있게 추진하고 있는지에 대한 모니터링 업무를 담당하게 된다(COM, 2020b).

그 결과 에너지동맹 거버넌스 및 기후행동에 관한 규정(Regulation on the Governance of the Energy Union and Climate Action: EU 2018/1999)은 필요부문에 대한 개정을 통하여 규정의 일관성이 한층 더 강화되었다. 이를 통해서 유럽 그린 딜 투자계획(European Green Deal Investment Plan), 공정전환기금(Just Transition Fund) 설립을 위한 규정제안 등과 같은 다수의 유럽 그린 딜 계획이 채택되었다. 이 외에도 이 규정의 최종 목표 달성을 지원하기 위하여 다양한 계획들이 준비 중에 있다. 현재 준비 중에 있는 신규 규정은 기후변화 적응을 위한 유럽연합전략(EU Strategy for Adaptation to Climate Change), 유럽기후제안(European Climate Pact) 실시, 환경 친화적이며 디지털 전환을 위한 유럽연합 산업전략(EU Industrial Strategy), 신규 순환경제 구축을 위한 행동계획, 지속가능한 재정전략(Sustainable Finance Strategy) 등이다(COM, 2020b; COM, 2020c).

유럽연합 집행위원회는 2030년 탄소배출 감축목표를 달성하기 위한 정책을 평가하고 2050년 기후중립 최종목표를 달성하기 위하여 정책 일관성을 강화한 새로운 정책제안을 하여야 할 상황이다. 따라서 2020년 9월 2030년 탄소배출 감축목표량을 1990년 대비 40%에서 최소 50%에서 최대 55%까지 의무적으로 상향시킬 것을 제안하였다. 이를 위해서 유럽연합 집행위원회는 탄소배출 감축 목표량 변동에 대한 규정을 개정하고 이를 추진하는 관련 주요정책 변화에 대한 필요성을 재점검 하고 있다. 이를 기초로 유럽연합 집행위원회는 2030년부터 2050년까지 기간에 기후중립이라는 최종목표를 달성하기 위하여 유럽연합 차원의 정책 추진경로를 이 규정안에 부과시킬 수 있는 대표적 권한을 부여받기를 요구하고 있다(COM, 2020a).

이처럼 유럽연합이 2050년 기후중립을 달성하기 위해서 과감한 정책을 추진하려는 근본적인 이유는 기후변화는 전 세계적인 현상으로 우리 인류가 당면하고 있는 21세기 최대 이슈이다. 따라서 이를 해결하기 위해서는 유럽연합 단독으로 성과를 낼 수 없으며 세계 주요 경제국과 긴밀한 협력을 통해서 가능하다. 유럽연합은 세계 최대 경제지역 중 하나로서 온실가스 배출량이 세계 총 온실가스 배출량의 10%보다 낮은 환경 및 기후부문의 모범지역이다. 따라서 유럽연합은 글로벌 이슈인 기후변화를 억제하는 정책을 전반적으로 추진하고 있는 세계적인 선도국가이다. 세계는 유럽연합의 리더십을 필요로 하고 있고 유럽연합은 이를 명확하게 인식하고 있다. 따라서 유럽연합은 기후중립 최종목표를 달성하기 위하여 과감한 기후정책을 지속화하고 이를 세계적인 모범사례로 만들려는 강한 의지를 표명하고 있다. 이를 위해서 각 주요 경제국과 협력을 강화하기 위한 노력과 다양한 기후정책과 관련된 기후외교도 다방면으로 추진하고 있다.

유럽연합이 추진하는 2050년 기후중립 실현이라는 장기목표는 에너지동맹 거버넌스 및 기후행동에 관한 규정 등과 같은 다양한 법과 제도를 기반으로 추진되고 있다. 유럽연합이 기후변화와 관련된 정책과 유럽연합의 기능에 관한 전반적인 사항은 유럽연합기능조약(Treaty of the Functioning the European Union: TFEU) 191조에서 193조까지에 설명되어 있다. 특히 기후변화에 적극적으로 관여할 수 있고 유럽연합 집행위원회가 신규 규정을 제안할 수 있는 법적 근거는 유럽연합기능조약 192조 제1항이다. 이 조항에 의하면 "유럽연합은 기후변화와 관련된 그 어떠한 사항 중에서도 환경의 질적 수준 유지, 보호 및 향상, 지역 및 글로벌 환경문제 해결을 위한 국제수준의 방법론 향상, 기후변화 억제를 위한 행동 등에 기여하여야 한다"라고 정의하고 있다.

이러한 법적 근거를 기반으로 유럽연합 집행위원회는 기후중립을 달성하기 위한 신규규정을 제안할 수 있다. 이를 제안할 시에는 다음과 같은 특성을 충족시키면서 추진된다.

첫째: 보완성(Subsidiarity)

기후변화는 그 특성상 한 지역에서만 발생하는 것이 아니라 국경을 초월하여 발생한다. 따라서 개별 회원국 및 회원국 내 지역의 힘으로는 해결하는 것이 불가능하다. 따라서 유럽연합 차원에서 회원국 간 긴밀한 협력을 통해서 접근하여야 한다. 또한 기후변화는 세계적인 문제이기 때문에 유럽연합은 세계 각국과 협력관계를 긴밀하게 유지하면서 이를 해결하기 위해서 노력하여야 한다. 기후변화의 특성상 이러한 상호의존적이며 상호협력적인 관계 설정이 필수적이기 때문에 보완성의 특성이 정당화될 수 있다.

둘째: 비례의 원칙(Proportionality)

유럽연합 집행위원회가 기후중립을 달성하기 위한 신규 규정을 제안할 시에는 비례의 원칙을 준수하여야 한다. 그 이유는 기후중립 목표 달성을 위한 체제를 정착시키기 위해서는 필수적 사항 이외의 것을 요구할 수 없기 때문이다. 따라서 신규 규정 제안은 유럽연합의 기후중립 목표달성을 위한 경로를 설정하고 평가 및 보고과정을 통하여 투명성과 책임성을 향상시켜 유럽연합에 확실한 의무를 제공하는 것이 주요 목적이다.

이를 위해서 유럽연합은 각 회원국에게 기후중립이라는 공동의 목표를 달성하기 위하여 각 회원국이 필요한 조치를 실행할 것을 요구하고 있다. 그러나 각 회원국이 추진하여야 할 세부적인 정책 및 조치를 규정하는 것이 아니라 각 회원국이 설정한 2030년 탄소배출 감축 목표를 자발적으로 달성할 수 있도록 법률적 규정체제에 유연성을 제공하고 있다. 이처럼 각 회원국의 자발적이며 적극적인 참여를 유도하기 위해서 유럽연합은 각 회원국이 추진하는 탄소배출 감축과 관련된 기존의 정책과 유럽연합 법률, 이외 부차적인 해결방법 등을 검토하는 구조를 정착시켰다. 동시에 신규규정 제안은 유럽연합이 기후변화 영향에 대한 적응능력을 향상시키기 위하여 규정적용의 유연성을 보장하였다.

셋째: 기구선택

규정제안의 목표는 현재의 규정을 기반으로 추구되는 것이 최선이다. 이를 통해서 법령의 직접적인 적용 가능성을 강화시킬 수 있다. 이를 실현하기 위하여 각 회원국이 기후중립이라는 장기목표 달성을 위하여 적극적으로 기여할 수 있기를 요구하고 있다. 이외에도 평가, 보고, 추천, 부가적 해결방안, 검토 등과 같은 규정안 다수의 법령은 유럽연합 집행위원회와 유럽연합환경청(European Environment Agency: EEA)이 직접적으로 관여하도록 되어 있다. 이러한 접근방식은 법적 근거 없이 기후중립이라는 장기목표를 달성하기 위하여 유럽연합이 관련정책과 방안을 추진하는 것보다는 법적 근거를 기반으로 유럽연합 법률을 통해서 공동의 목표를 추진하는 것이 더욱 효과적이라는 인식에서 시작하고 있다.(COM, 2020a).

이러한 원칙을 기반으로 유럽연합 집행위원회가 제안한 신규 규정을 유럽의회와 유럽연합 정상회의는 유럽연합기능조약(Treaty of the Functioning the European Union: TFEU)에 의거하여 채택하였다. 신규 규정은 총 11조로 구성되어 있으며 기후중립 목표 달성을 위한 세부적인 사항을 제안하고 있다. 유럽연합 집행위원회는 유럽연합 규정(EU Regulation 2018/1999) 제2조 1항에 명시된 기후중립 목표를 설정한 것과 관련하여 2030년 탄소배출 감축목표를 제시한 제2조 11항을 2020년 9월까지 재검토하도록 규정하고 있다. 특히 2030년 온실가스 배출 감축목표를 1990년 대비 기존의 40%에서 최소 50%에서 최대 55%까지 상향 조정을 연구하여 2050년 기후중립을 예정대로 달성한다는 강력한 의지를 표명하였다 (Brondizio, et al., 2019; COM, 2020a).

(2) 투자계획

유럽연합이 2050년까지 탄소중립 경제체제를 구축하기 위해서는 전략적 장기로드맵을 추진하여야 한다. 이를 추진하기 위해서는 천문학적인 비용이 수반된다. 현재 유럽연합이 구상하고 있는 2050년 기후중립을 달성하기 위한 다양한 시나리오를 추진하여 탄소배출을 감축하는 로드맵의 기본방향은 에너지소비 및 생산을 화석연료 중심에서 재생에너지 및 원자력 중심으로 전환하는 것이다. 이 과정에서 화석연료 수입비용은 유럽연합 경제전반을 운영하는 운영비용(Operating Cost)에 해당하고 재생에너지 및 원자력으로 전환하는 비용은 자본투자비용(Capital Investment Cost)에 해당된다.

이러한 전환과정은 막대한 경제적 비용이 수반되기 때문에 유럽연합 경제에 커다란 영향을 미치게 된다. 즉, 자본투자는 에너지산업 부문에만 직접적인 영향을 미치는 것이 아니라 제조업 전반에 영향을 미치게 된다. 실제로 에너지전환을 위한 자본투자는 자동차산업, 전력생산, 발전설비, 전력그리드 건설, 에너지 효율이 향상된 건설 및 자재 부문에 생산증가 및 부가가치 창출 등에 직접적으로 크게 기여할 수 있다. 그 반면에 화석연료 수입에 기반을 둔 유럽연합 산업의 운영구조는 에너지 수입금액이 유럽연합 이외로 이전되는 관계로 국내생산 및 부가가치 창출에 기여하지 못하는 구조이다.

탄소중립 경제체제로 이전뿐만이 아니라 기후변화에 능동적으로 대응하고 환경적으로 지속발전이 가능한 경제체제를 구축하기 위한 2050년 기후중립을 달성하기 위해서 유럽연합은 2010년부터 2050년까지 유럽연합 총생산액(GDP)의 약 1.5%에 해당하는 연간 평균 2,600~2,700억 유로를 더 투자하여야 하는 것으로 예상하고 있다. 이 투자금액은 대부분이 에너지관련 부문, 주택 및 상업용 건축물, 운송부문에 집중될 것이다. 즉, 구체적으로 자본재에 대한 투자로 저탄소 발전기술부문인 태양열/광 발전, 지상 및 해상 풍력발전, 원자력발전, 탄소포집 및 저장(CCS), 스마트 그리드 건설, 그리드 확대 및 연결, 운송기술 자동화, 에너지소비 절감형 주택 및 건물 건설 등에 투자될 것으로 예상하고 있다(Lerland & Vergote, 2019; COM, 2020b).

이외에도 탄소배출 감축을 위해서 자본투자가 절실하게 필요한 부문은 농업부문이다. 농업부문은 산업부문과 함께 필수적인 식량생산을 위한 특성 때문에 2050년까지 탄소배출 중립을 달성할 수 없는 부문으로 예상하고 있다. 따라서 농업부문에 대한 자본투자를 단행하여 생태계 다양성 손실 및 환경오염 발생을 최소화하고 자연자본(Natural Capital) 보호 등을 포함한 광범위한 환경에 대한 도전에 대응하여야 한다. 이는 곧 기후중립 목표를 달성하는 순환경제 체제를 구축하고 인적자원 및 사회적 투자를 지원하는 것이다(COM, 2020b).

이처럼 탄소배출 감축을 위하여 40여 년에 이르는 장기간 대규모 자본투자가 필수적인 상황에서 필요부문에 재정지원을 어떠한 방식으로 제공하여야 하는지에 대한 다양한 의문이 발생하게 된다. 특히 재정지원에 대한 의문점이 크게 대두되는 부문은 운송, 주택 및 건축물 건설에 최종소비자에 지원되는 부문이다.

이를 해결하기 위한 방법으로 혁신적인 재정 및 세제방식이 요구되고 있다. 이러한 방식으로는 대출우선권(Preferential Loans), 보조금 및 세액공제(Grant and Tax Rebates) 등이 적용되고 있으며 이는 일반투자자가 저탄소 배출 기술개발부문에 투자할 수 있는 기회를 제공하고 있다. 이외에도 유럽연합 예산의 범위 내에서 지역기금의 더 많은 부분이 탄소배출 감축을 위한 정책부문에 사용되어 일반부문의 자원을 최대한 활용할 수 있도록 하는 것도 중요하다.

2050년 탄소중립체제를 달성하기 위한 자본투자의 중요성을 인식한 유럽연합 집행위원회는 공공부문 자본투자 활성화를 통하여 민간부문의 자본투자를 유인하는 선순환 구조를 대세로 정착시키기 위하여 노력하고 있다. 그 결과 유럽연합 예산에서 기후변화와 관련된 프로그램에 예산사용 비중이 증가하게 되었다. 이러한 프로그램으로는 호라이즌 2020(Horizon 2020), 유럽구조투자기금(European Structural and Investments Funds: ESIF), 유럽시설연계(Connecting Europe Facility) 등이 있다. 이러한 노력의 결과 유럽연합 집행위원회는 유럽연합 회기연도인 2014년에서 2020년까지의 총 예산에서 20%는 기후변화와 연관된 부문에 사용하도록 규정하였다. 이는 유럽연합이 예산사용에서 기후변화 관련부문을 가장 중요한 부문 중 하나로 설정하여 자본투자를 단행하는 정치적 결단이었다. 이로서 기후변화는 유럽연합의 정책방향 및 예산 집행에서 하나의 대세로 자리 잡게 되었다 (Lerland & Vergote, 2019).

(3) 탄소중립 경제체제와 산업전환

유럽연합이 유엔기후협약 및 교토의정서를 채택한 이후 유럽연합 내 중공업부문에 새로운 정책적 접근법에 대한 관심이 지속적으로 증가하였고 중대한 전기를 만드는 계기가 되었다. 탄소중립을 실현하려는 유럽연합의 산업전환에 대한 새로운 의미를 파악하려는 시도가 유럽연합 차원뿐만이 아니라 회원국 차원에서도 정책결정자 및 산업에 종사하는 주요 관련자 간 심각한 논의가 진행되어 왔다. 이와 관련하여 유럽연합 집행위원회는 2018년 11월 장기 탄소배출 감축을 위한 전략적 비전인 "모두를 위한 청정 지구"(A Clean Planet for All)를 출판하였다. 이 전략적 비전에서 유럽연합 집행위원회는 2050년 탄소중립 실현이라는 비전을 제시하였고 이를 위해서 에너지와 산업의 전환이 밀접하게 연계되어 있다고 주장하였다. 따라서 유럽연합 회원국은 2019년 말까지 유럽연합 집행위원회에게 장기비전을 달성할 수 있는 명확한 추진방법이 명시된 유럽연합 산업의 미래를 위한 장기비전을 제출할 것을 요구하였다(Wyns et al., 2019).

이에 부응하기 위하여 유럽연합 집행위원회는 유럽연합 전략산업보고서를 작성하여 기후중립 달성을 위한 산업 전략을 위한 계기를 만들려고 노력하고 있다. 특히 산업부문은 2050년 기후중립 목표를 달성하는 시점까지 농업부문과 함께 그 특성상 탄소배출 중립을 완전하게 달성할 수 없는 부문이다. 따라서 특히 중공업 부문에서 발생하는 탄소배출을 최소화하여 2050년 전반적인 기후중립을 달성할 수 있도록 경쟁력을 향상시켜야 하고 동시에 경제적 영향도 최소화시킬 수 있어야 한다.

따라서 전 산업에 필수적인 기초소재산업 생산이 현재 직면하고 있는 도전을 고도로 전문화 된 정책구조를 통해서 명확하게 이해시킬 필요가 있다. 특히 기초소재산업이 파리협정 목표를 달성하여야 할 경우에는 그 필요성이 더욱 크다. 이러한 접근방법은 유럽연합이 추구하는 산업 전략과 어떻게 긴밀하게 연계되고 이를 성공적으로 실현하기 위해서는 필수적인 거버넌스 도구가 무엇인지에 대해서도 나타나고 있다(Material Economics, 2019).

유럽연합 전략적 산업전환은 기초소재산업과 관련된 중공업부문에 가장 정책적 초점을 맞추고 있다. 그 이유는 기초소재산업 관련 중공업은 그 특성상 현실적으로 탄소배출 중립을 실현하기 불가능한 분야이기 때문에 이 부문의 탄소배출 최소화가 2050년 기후중립을 달성하는 데 매우 중요한 사안이기 때문이다. 따라서 기초소재산업과 이와 긴밀하게 관련된 가치사슬을 창출하는 철강, 시멘트, 화학산업 부문에 집중하여 중공업 부문에서 발생하는 탄소배출 감축을 최소화하여 2050년 탄소중립을 달성하는 유럽연합 중공업의 근본적인 변화를 전략적으로 추진하고 있다. 이를 달성하는 과정에 여섯 가지의 커다란 도전이 존재하고 있다. 이는 기술혁신, 소재순환 및 소재 효율성 증가, 경쟁력이 향상된 저탄소 문제해결 구현, 필수적 사회간접자본 제공, 다양한 산업부문과 동조화 구축, 합리적이며 효율적인 거버넌스 구축 등이다(Material Economics, 2019; Wyns et al., 2019).

향후 약 30년 안에 기후중립을 달성하기 위한 기초소재산업의 획기적인 변화는 산업의 특성상 장기투자 사이클을 기반으로 형성된 산업이라는 측면에서 매우 중요하다. 또한 유럽연합 기초소재산업의 저탄소 배출을 위한 전환 과정은 글로벌 시장과 직접적으로 연계된 특성 상 매우 역동적이며 경쟁적으로 발생할 가능성이 높다. 이런 과정에서 위에서 언급한 여섯 가지의 도전이 기초소재산업과 가치사슬에 중요한 영향을 미칠 것으로 예상된다(Wyns et al., 2018).

첫째 도전인 기술혁신 필요성은 실로 매우 어려우며 중요하다. 기술혁신은 신규 저탄소 생산과정을 창출하고 가속화시켜 새로운 생산방식을 만드는 것이다. 이외에도 기술혁신은 기초소재산업의 가치사슬에만 적용되는 것이 아니라 에너지 시스템 전반적으로 적용될 수 있다. 이외에도 저탄소 기술은 늦어도 2030년까지 기초소재산업에 전반적으로 적용될 수 있는 능력을 확보하여 이를 검증할 수 있어야 한다. 이러한 도전을 극복하기 위해서는 신속한 정책 지원이 필수적이며 기초소재를 사용하여 신규 저탄소 생산방법을 대규모로 확대할 수 있어야 한다. 기술혁신만이 유럽연합의 지속적인 경제성장을 가능하게 하고 신규 고용을 창출할 수 있다(Lerland & Vergote, 2019).

두 번째 도전인 소재순환 및 소재 효율성 증가도 매우 필수적이다. 자원효율성 증가와 순환경제체제를 활용하면 2050년까지 기초소재산업 부문에서 배출하는 탄소량인 연간 5억 3,000만 톤을 반으로 감축시킬 수 있다. 기초소재산업부문 중 철강산업은 탄소배출 감축에서 가장 선두주자이다. 그러나 이외의 기초소재산업과 가치사슬 부문은 재활용 생산부문에서 기초소재의 질적 수준을 유지하기 위하여 도전이 상존하고 있는 것이 현실이다. 소재순환의 질적 수준을 강화하고 최고수준의 가치를 창출하는 것이 가능하지만 이를 위해서는 표준화조합, 규제, 재정조치, 소재낭비 감소 등이 선행되어야 한다. 이외에도 이를 실현하려는 강력한 정치적 의지가 필수적이다(Material Economics, 2018).

세 번째 도전인 저탄소 문제해결은 기존의 생산품 및 생산과정과 경쟁을 통해서 극복할 수 있을 것으로 예상한다. 이 과정에서 기초소재산업 부문에서 발생한 탄소배출은 유럽연합 탄소배출권시장(EU Emission Trading System: ETS)에서 탄소가격이 결정되는 체제로 경쟁이 발생하게 되며 단기적으로 이를 통해서 문제를 해결하기에는 충분하지 않을 것으로 예상한다. 가격경쟁력 이외에도 기술혁신을 기반으로 생산된 신제품이 기존시장에 진입하는 데 기존제품의 진입장벽이 존재하기 때문에 이를 극복하여야 한다.

네 번째 도전은 산업전환과 관련된 것으로 신규 및 강화된 사회간접자본 확대를 요구하고 있다. 따라서 이를 위해서는 에너지전환과 스마트하게 동조체제를 구축하여야 한다. 이를 위해서 신뢰할 수 있고 가격경쟁력을 확보한 저탄소 전력, 탄소포집 및 저장(CCS), 수소 네트워크(H2 Network), 바이오매스, 폐기물에 대한 원활한 접근 등을 위한 인프라가 구축되어야 한다. 그러나 유럽연합 내 신규 생산과정 및 신상품을 공개할 수 있는 인프라가 아직 구축되지 않고 있다.

다섯째 도전은 다양한 산업부문과 동조화를 구축하는 것이다. 이를 위해서는 기초소재산업의 탄소배출 중립으로 전환하기 위한 대규모 투자가 필수적이다. 투자규모는 기초소재산업 부문 기업투자 중 최소 25%에서 최대 60%까지 증가 되어야 할 것으로 예상하고 있다. 기업이 탄소배출 중립을 위해서 투자를 단행하기 위해서는 시장과 규제환경이 기업의 투자 위험을 감수할 수 있는 수준으로 형성되어야 한다. 동시에 기업의 신규투자가 전 기간에 걸쳐 탄소배출 증가요소로 작용하지 않도록 하여야 한다. 이외에도 기초소재산업의 탄소중립전환은 대규모 생산 공장의 개조를 요구하며 이는 위험과 자본투자를 필요로 한다.

마지막 도전은 합리적이며 효율적인 거버넌스를 구축하는 것이며 이는 이미 언급한 다섯 개의 도전을 사려 깊고 스마트하게 관리해 나가는 것이다. 따라서 산업전환을 위한 신규 거버넌스 체제를 구축하는 것이 중요하다. 미래의 산업 전략은 기술혁신, 재정, 에너지, 폐기물, 경쟁, 정부지원 등과 같은 다양한 부문을 동시에 효율적으로 관리할 수 있어야 한다. 또한 유럽연합 내 상이한 수준의 경쟁력도 감안하여야 하며 이미 언급한 산업 전략에 필요한 다양한 부문을 동시에 시행하여야 한다. 이를 통해서 지속적인 경쟁력을 확보하고 있는 산업기지를 운영하기 위해서는 모든 정책부문이 조화롭게 조절되어야 한다(Wyns et al., 2019).

그러나 현실적으로 유럽연합과 각 회원국 간 몇몇 부문에서 산업의 숙련도가 상이하기 때문에 이에 대한 권한도 다양해서 모든 정책부문에서 일괄적으로 동일하게 특정 정책을 추진하는 것은 한계가 있다. 따라서 온실가스 배출을 야기하는 외부적 요인을 개선시키는 것에만 집중하는 것은 바람직하지 못하다. 현재 유럽연합에서 산업부문의 온실가스 배출 감축을 위해서 주로 사용하는 정책은 유럽연합 탄소배출거래시장(EU ETS) 운영이다. 그러나 이 제도도 현실적으로 한계를 나타내고 있다. 그 이유는 탄소배출거래시장에서 결정되는 탄소가격이 기술혁신을 창출하는 데 기업에게 충분한 인센티브를 제공하지 못하고 있다는 것이다. 이외에도 다양한 순환경제 체제의 해결방안을 저지하는 시장실패에 대해서도 탄소배출거래시장은 확실한 의사표명을 하지 못하고 있다.

기초소재산업 및 관련 가치사슬 산업의 탄소중립화를 위한 전환은 기존시장뿐만이 아니라 관련 가치사슬 및 공급사슬 산업의 재조직 및 재구성에도 밀접하게 관여하게 된다. 따라서 유럽연합의 관련 정책은 전반적인 차원에서 전략적으로 추진되어야 한다. 이러한 목적을 달성하기 위해서는 상호 통합적인 거버넌스와 리더십이 필수적이며 산업전환을 가능하게 하는 부과적인 장치들이 필요하다.

기초소재산업과 관련 가치사슬 및 공급사슬 산업부문이 기술혁신을 기반으로 하는 탄소중립을 실현하기 위한 방향으로 전환이 되면 유럽연합은 주요 화석연료 에너지 자원인 석유와 천연가스 수입을 획기적으로 감소시킬 수 있다. 그 결과 연간 1,750~3,200억 유로를 40여 년 간 절감할 수 있으며 이는 저탄소 기술개발에 투자될 수 있다. 이외에도 청정기술 개발과 전기차를 기반으로 하는 운송부문의 전환은 유럽연합 내 대기의 질적 향상에 기여하여 유럽연합 내 국민이 얻게 되는 혜택은 2050년까지 연간 880억 유로에 이를 것으로 예상되고 있다. 이처럼 기초소재산업의 친환경 전환은 관련 가치사슬 및 공급사슬 산업에도 긍정적인 파급효과를 미치게 된다(Lerland & Vergote, 2019).

이러한 방법을 사용하여 위에서 언급한 여섯 가지의 도전을 현명하게 극복하여야 기초소재산업 및 관련된 산업의 가치사슬 부문에서 2050년 탄소중립을 기반으로 하는 순환경제체제를 달성할 수 있다. 이는 산업과 농업부문이 2050년 에도 탄소배출 중립을 현실적으로 실현하는 것이 불가능한 부문이기 때문에 기후중립을 달성하는 목표연도인 2050년까지 최선을 다해서 다양한 도전을 극복하여 탄소배출을 최소화 시켜야 한다.

3 유럽 그린 딜(European Green Deal: EGD) 전략

(1) 배경

2019년 12월 10일 유럽연합 집행위원회는 유럽연합의 장기발전 로드맵인 유럽 그린 딜 전략을 발표하였다. 유럽 그린 딜 전략은 유럽대륙이 세계에서 최초로 2050년 탄소중립을 달성하고 이러한 장기목표를 추진하면서 유럽연합의 단결을 더욱 강화시키기 위해서 제안되었다. 즉, 유럽 그린 딜 전략은 현재 세대가 세계에서 가장 중요한 인류의 과제라고 생각하는 의제인 기후변화를 억제하기 위한 기후중립을 달성하는 데 발생하는 다양한 도전들을 해결하기 위하여 유럽연합이 채택한 방안이다(von der Leyen, 2019).

따라서 유럽 그린 딜 전략은 본질적으로 유럽연합의 새로운 성장전략이며 유럽연합이 현대적, 자원 효율적이며 경쟁력이 강화된 경제체제를 기반으로 공정하고 지속적으로 번영할 수 있는 체제전환을 목적으로 하고 있다. 이러한 체제전환을 통하여 2050년 유럽연합의 장기목표인 온실가스 배출 제로를 달성하고 유럽연합 내 환경과 회원국 국민의 건강을 보호하며 경제성장이 자원소비로부터 탈 동조화하는 탄소중립 경제체제를 실현하는 것이다(COM, 2020b).

유럽 그린 딜 전략을 추진하는 과정에 다양하고 광범위한 분야에서 도전이 예상되지만 이는 동시에 환경, 사회 및 경제적인 측면에서 다양한 기회도 제공하게 된다. 이처럼 다양한 형태의 도전을 극복하고 이를 새로운 기회로 활용하기 위해서 유럽연합 집행위원회는 2030년 온실가스 배출 감축목표를 1990년 대비 40~45%에서 50~55%로 상향조정하여 발표하였다. 유럽연합의 탄소중립 로드맵에서 중기적 목표를 상향조정하는 조치는 세계 주요국가에도 많은 영향을 미쳤다. 우선 중국은 2030년 자국의 온실가스 배출 최대치 연도를 2025년으로 앞당겼으며 2060년 탄소중립을 달성하겠다는 장기목표를 제시하였다. 이외에도 2020년 11월 대선에서 승리한 미국 바이든 정부도 2050년 탄소중립을 달성하여 기후변화에 적극적으로 대처하겠다고 공식발표하였다. 중국과 더불어 동아시아 주요 경제국인 일본 및 한국도 아시아에서는 유럽연합과 미국과 동일한 시기인 2050년 탄소중립을 달성하겠다고 선언하였다(von der Leyen, 2019, UN, 2020; Blinken, 2021: Koizumi, 2021; The Government of the Republic of Korea, 2020).

(2) 유럽 탄소중립 경로

유럽연합이 유럽 그린 딜 전략을 2019년 12월에 공식적으로 발표하고 이를 실행하려고 하는 근본적인 이유는 기후변화로 인한 지구환경 악화가 가속화되고 있다는 사실을 인식하였기 때문이다. 즉, 지구온난화현상은 해가 갈수록 가속화되고 있으며 이로 인한 기후변화는 전 세계에 이상기온 현상, 빙하의 급속한 해빙으로 인한 해수면 상승, 생태계 변화 등이 우리 육안 및 실제생활의 경험을 통해서 직접적으로 느낄 수 있을 정도로 실생활에 커다란 위협이 되기 시작하였다. 특히 지구상 생존하는 약 800만 종의 생물 중 100만 종이 멸종위기에 처해 있으며 삼림파괴와 해양오염의 수준도 빠르게 증가하고 있는 사실을 인식하게 되었다(IPCC, 2018; The International Resource Panel, 2019; EEA: 2020).

이러한 도전을 극복하기 위하여 유럽연합은 유럽 그린 딜 전략을 추진하기로 결정하였다. 이는 유럽연합이 지속발전이 가능한 경로로 이전하기 위한 경제 및 사회체제의 전환을 공동으로 추구하기 위한 전략이다. 이러한 시대적 전환을 통해서 유럽연합은 기후 및 환경, 소비자 보호, 노동자 권리 부문에서 글로벌 선두 국가의 지위를 더욱 강화시키려 하고 있다. 그러나 탄소배출 감축을 더욱 강력하게 시행하는 조치는 유럽연합에게도 커다란 도전이다.

이러한 도전을 극복하기 위해서는 공공부문의 막대한 자본투자가 필수적이며 동시에 기후 및 환경관련 행동에 대한 민간자금을 증가시켜야 한다. 이외에도 유럽연합은 지속가능한 문제해결을 지원하기 위한 강화된 금융제도를 정착시키기 위한 국제적 협력에서도 주도적인 역할을 하여야 한다. 이러한 선제적 투자와 행동은 유럽연합에게 지속가능하며 포괄적인 성장을 더욱 강력하게 하는 새로운 기회를 제공하게 될 것이다. 따라서 유럽 그린 딜 전략은 필요한 모든 부문에서 대전환을 더욱 촉진하고 보강하는 역할을 수행하게 될 것이다(COM, 2019a).

유럽 그린 딜 전략을 성공적으로 수행하기 위하여 유럽연합 집행위원회는 주요 정책 및 방법에 관한 초기 로드맵을 작성하였다. 이 로드맵은 진행상황에 따라서 변화하는 대내외 환경에 대응하고 향후 지속적으로 업데이트 하게 된다. 또한 유럽연합의 모든 행동과 정책은 유럽 그린 딜 전략 목표 달성에 기여되어야 한다. 그러나 이를 실현하려는 과정에서 발생하는 다양한 도전은 매우 복잡하고 상호 연계되어 있다. 따라서 이러한 도전을 신속하고 효율적으로 해결하기 위해서는 모든 행동방식과 정책추진이 과감하고 전반적으로 수행되어야 한다. 또한 다양한 도전을 극복하는 방법은 건강, 삶의 질 향상, 회복력, 경쟁력 등을 극대화시키는 방향으로 진행되어야 한다. 이를 위해서는 추진되는 모든 정책분야에서 시너지 효과를 극대화시키고 긴밀한 상호협력 체제가 필수적이다(EEA, 2020).

유럽 그린 딜 전략은 유럽연합 집행위원회가 유엔 2030 어젠다(United Nations' 2030 Agenda)와 지속가능발전 목표를 달성하는 전략 중 부분적으로 연계되어 있다. 또한 유럽연합 집행위원회 위원장인 폰 데어 라이엔(von der Leyen)이 추진하는 정책방향의 핵심을 이루고 있다. 즉, 유럽 그린 딜 전략은 유럽연합의 과감한 기후목표 달성, 청정에너지 공급, 순환경제체제 구축을 위한 산업전환, 에너지 및 자원효율성 증대, 위해물질 배출 중립, 생태계 및 생물다양성 확보 및 보전, 환경 친화적 음식생산, 지속가능한 스마트 이동성 강화 등 여덟 가지의 정책방향을 제시하였다(von der Leyden, 2019b).

2019년 8월 새로운 유럽연합 집행부를 구성한 유럽연합 집행위원회는 모든 정책을 재조정하고 있다. 즉, 지속가능발전 목표를 거시경제정책의 핵심으로 설정한 것이 주요 정책 재조정 중 하나이다. 이를 통해서 유럽연합은 모든 회원국 국민의 복지증진을 추구하고 유럽연합 내 모든 정책과 행동의 출발점을 지속가능발전을 달성하는 것으로 설정하였고 이를 유럽 그린 딜 전략의 최종 목표 중 하나로 채택하였다(COM, 2019a).

2050년 탄소중립을 실현하려는 최종 목표를 추진하는 유럽연합 기후전략인 유럽 그린 딜 전략은 광범위한 사회 및 정치적 지지를 창출하는 새로운 발전경로를 설정하는 경제체제로 전환할 수 있을 때 가능하다. 이는 유럽연합 각 회원국내 지역 및 사회적 계층에 속하는 국민에게 실질적인 삶의 질 향상을 제공할 수 있는 경제 및 사회적 질적 향상을 달성하여야 한다는 의미이다(Schütze et al., 2017).

2050년 탄소중립이라는 장기목표를 설정한 유럽 그린 딜 전략과 같은 장기 프로젝트는 모든 부문에서 세부적인 계획을 준비하고 장기목표를 명확하게 선택하여 공식적으로 발표하는 것은 현실적으로 불가능하다. 그럼에도 불구하고 장기 프로젝트에서 기간별 세분화된 중간목표를 설정하여 접근하는 것은 효율적이다. 이런 측면에서 중기계획인 2021~2030년 유럽 그린 딜 투자계획을 기초로 탄소배출 감축, 신규 고용창출, 경제성장, 물가상승 등을 조사 및 분석하는 것은 가능하다. 이를 기초로 분석하면 유럽연합은 유럽의회가 제안한 2030년까지 1990년 대비 온실가스 감축을 최대 60%까지 달성하는 것이 기술적으로 경제적 및 사회적으로 가능하다고 판단하고 있다. 그러나 유럽연합 집행위원회는 설정한 동일한 기간 내 온실가스 배출 감축목표를 55%로 정책을 추진할 것으로 예상하고 있다. 이처럼 중기목표를 설정하여 2030년 이 목표가 달성되는 과정에서 발생한 주요 발전 부문에 대한 자세한 조사 및 분석이 이루어져야 그 다음 단계인 2040년까지의 제2차 중기목표를 설정할 수 있게 된다.

유럽 그린 딜 전략 목표를 달성하기 위해서는 온실가스 배출감축이 역동적으로 추진되어야 한다. 유럽의회가 제시한 2030년 온실가스 배출 감축을 1990년 대비 최대 60%까지 달성하기 위해서는 온실가스 배출이 1990년 48억 5,800만 톤에서 2030년 19억 4,300만 톤으로 감소하여야 한다. 2020년 온실가스 배출 감

그림 4-1 유럽연합 온실가스 배출 감축 장기전망 패턴(1990년~2050년)

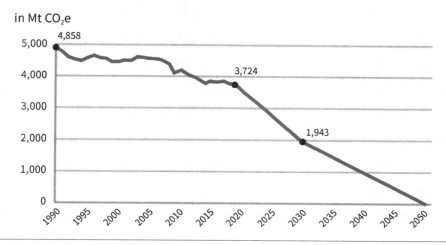

in Mt CO₂e

출처: European Commission, 2020a 재인용

축목표는 37억 2,400만 톤이다. 다행이 유럽연합 27개 회원국이 배출한 2018년 온실가스 총 배출량은 37억 6,400만 톤으로 목표치를 무난하게 달성할 것으로 예상하고 있다. 1990년부터 2020년까지 연간 평균 온실가스 배출 감축량은 3,900만 톤이다. 그러나 2030년 목표치를 달성하기 위해서는 연간 1억 6,200만 톤을 감축하여야 한다. 즉, 2021년부터 2030년까지 온실가스 배출 감축을 획기적으로 달성하여야 하며 2030년부터 2050년까지는 연 평균 9,700만 톤을 감축하여야 탄소중립이라는 최종 목표를 달성할 수 있다(Eurostat, 2020a).

　　1990년부터 2050년까지 온실가스 배출 감축 패턴은 세 가지 형태로 구성되어 있다. 첫째는 1990년부터 2020년까지 상대적으로 완만한 감축패턴과 둘째는 2021년부터 2030년까지 급격한 감축패턴을 형성하고 마지막으로 셋째는 2031년부터 2050년까지 중간형태의 패턴이다. 따라서 온실가스 배출감축 시간도 가장 짧으며 연간 평균 감축 목표량도 가장 많은 2021년부터 2030년까지 10년의 기간이 유럽연합 기후전략인 유럽 그린 딜 전략의 성패를 좌우하는 기간이 될 것이다. 따라서 2020년 유럽연합의 온실가스 배출 감축목표는 무리 없이 달성되었다. 특히 2020년은 세계적으로 코로나 19 대유행으로 인하여 경제활동이 크게 위축되어 온실가스 배출이 크게 감소하였다(그림 4-1 참조).

그러나 2021년부터는 세계적인 코로나 감염병인 팬데믹의 영향이 감소하기 시작하고 2020년 전 세계적인 경제침체에서 세계경제가 회복으로 전환되는 시점에 있다. 따라서 각 주요 경제국가의 경제재개로 인하여 온실가스 배출이 다시 증가할 것으로 예상되고 있어서 2030년까지 온실가스 배출 감축 목표를 달성하는 데 하나의 도전으로 작용하고 있다. 유럽연합도 2020년 경제가 −6.3%로 역성장을 기록하였으나 2021년 예상 경제성장률은 3.7%로 예측되어 경제성장을 달성하면서 온실가스 배출 감축이 실현될 수 있을지 주목되고 있다(European Commission, 2020b).

경제성장을 달성하면서 동시에 탄소배출 감축을 달성하는 경제와 탄소배출 간 탈동조화 현상을 지속하기 위해서는 기존의 자산과 내구재에 신속하게 영향을 미치는 탄소가격의 중요성이 자주 사용되고 있다. 그러나 최근에 탄소가격이 탄소중립을 위한 기존 자산의 필수적인 부문을 대체할 수 있는 기능이 상대적으로 매우 낮아지게 되었다. 따라서 탄소가격과 더불어 직접규제의 중요성이 대두되었으며 그 연장선에서 2020년 유럽연합의 자동차 부문 배기가스 규제가 강화된 것이다. 그 결과 자동차부문 배기가스 규제강화 부문은 신속하고 직접적인 탄소배출 감축에 영향을 미쳤다(Patt & Lilliestam, 2018; Financial Times, 2020).

(3) 유럽 그린 딜 전략 투자계획

지속가능한 유럽투자계획(Sustainable Europe Investment Plan)은 유럽 그린 딜 전략 투자를 위한 중요한 축이다. 지속가능한 유럽을 유지 및 발전시키기 위해서는 유엽연합 경제의 모든 부문에서 과감한 투자가 단행되어야 한다. 유럽연합 집행위원회가 설정한 2030년 기후 및 에너지 목표를 달성하기 위해서는 2030년까지 연간 2,600억 유로를 더 투자하여야 하며 이는 2018년 기준 유럽연합 총생산의 약 1.5%를 차지하는 금액이다. 이는 보수적으로 평가한 추가 투자 예상액이다. 이와 같은 추가 투자는 향후 지속적으로 필요할 것으로 예상하고 있으며 상당한 수준의 추가 투자에 대한 도전이 발생할 것이다. 이를 극복하기 위해서는 공공 및 민간부문의 투자증대를 위한 다양한 조치가 필요하다. 따라서 유럽연합 집행위원회는 유럽연합의 2030년 기후목표를 상향조정하고 투자영향평가를 제시할 것을 선언하였다. 기후중립을 달성하기 위한 추가 투자는 유럽연합이 제시한 광범위한 환경 및 사회적 목표를 달성하기 위해서 반드시 필요하다(COM, 2019a).

이처럼 연간 2,600억 유로의 추가 투자를 설정한 이유는 광범위한 환경부문에 약 1,000~1,500억 유로의 추가 투자가 필요하고 사회간접자본 부문에 약 1,420억 유로의 추가 투자가 필요한 것으로 파악하고 있기 때문이다. 지속가능한 유럽투자계획은 2030년까지 향후 10년 간 유럽연합 예산확보 및 다양한 방법을 통하여 최소 1조 유로의 기금을 확보할 계획이다. 이 기금을 활용하여 유럽연합의 모든 부문에서 지속가능한 전환을 추진하는 전반적인 체제를 구축하려고 한다. 이 체제는 기후, 환경 및 사회부문의 투자를 목표로 설정하고 있으며 궁극적으로 지속가능한 전환과 연계되어 있다(COM, 2020b).

설명한 대로 공공부문 투자로는 기후중립을 실현하고 지속가능한 경제체제를 구축하는데 충분하지 않다. 따라서 민간부문의 투자를 증대시키기 위한 조치가 필수적이며 이를 실현하기 위해서는 시장의 규모를 최대한 확대하여야 한다. 따라서 유럽연합 집행위원회 기존 정책체제를 한층 더 강화시키고 다양한 신규 정책 추진계획을 포함하여 유럽연합 내 지속가능한 투자체제를 강화시키려 하고 있다. 이를 위해 유럽연합 집행위원회는 유럽 그린 딜 전략 목표를 달성하기 위한 필요 자원을 동원할 수 있는 다양한 방안을 탐색 중에 있다.

지속가능한 유럽투자계획은 다음과 같은 세 가지 방법을 통해서 기후중립 및 환경 친화적 경제체제로의 전환을 가능하게 할 것이다.

첫째: 지속가능 투자를 위한 최소 1조 유로 기금 확보

우선 지속가능한 유럽투자계획은 2021년부터 2030년까지 유럽연합 예산을 통하여 최소한 1조 유로를 확보하게 될 것이다. 이로서 유럽연합 예산 사용 중 기후 및 환경부문에 투자된 과거 어느 때보다도 크게 기여를 하게 될 것이다. 유

그림 4-2 지속가능한 유럽투자계획 구성개요

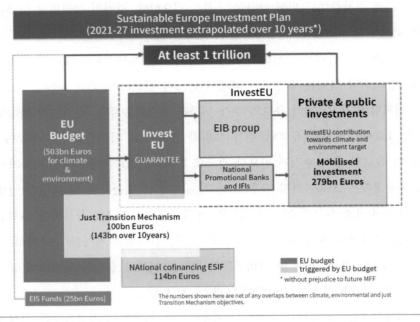

출처: COM, 2020b 재인용

럽연합 예산투자는 확실한 보증역할을 수행하여 민간부문 기금형성을 독려할 수 있으며 지역에 공공부문 투자 촉진에 의한 전환을 추진하는데 도움이 된다(그림 4-2 참조).

둘째: 민간투자자 및 공공부문을 위한 체제구축

지속가능한 유럽투자계획은 비용효과, 사회적 균형과 공정한 전환을 강화하는 것을 목적으로 하고 있다. 이러한 목적을 달성하기 위해서 금융기관 및 민간투자자는 지속가능한 투자를 올바르게 확인하기 위하여 다양한 판단수단을 보유할 필요가 있다. 민간투자자에게 대표적인 판단수단으로서는 유럽연합이 발행하는 분류체계와 에너지 효율성이 기본적으로 지속가능성을 심사하는 데 가장 중요한 기준이 될 것이다. 공공부문에는 경제 및 재정정책 조정의 주기를 나타내는 유럽학기(European Semester), 환경실행검토(Environmental Implementing Review),

에너지동맹 내에서 추진하는 국가에너지기후계획(National Energy and Climate Plans)과 산업부문별 환경관련법이 요구하는 계획 등이 투자 필요성을 명확하게 확인할 수 있을 것이다.

셋째: 행정기관 및 프로젝트 진행자에 대한 맞춤형 지원제공

공공기관이 재정지원의 필요성 및 차후 투자에 대한 평가를 지원하고 공공 및 민간 투자기획자를 직접적으로 지원하는 일을 강화한다.

위의 세 가지 방법을 활용하여 지속가능한 유럽투자계획은 유엔에서 합의한 지속가능발전 목표를 추진하는 데 기여할 수 있다. 이 투자계획은 유럽 그린 딜 의사소통(Europe Green Deal Communication)에 의무적으로 지속되도록 규정하고 있으며 유럽연합의 정책추진 및 행동양식의 핵심에 지속가능발전 목표를 설정하도록 하고 있다(COM, 2020b).

유럽연합 집행위원회는 유럽 그린 딜 전략에서 발표한 지속가능한 유럽투자계획을 통해서 2030년 온실가스 배출 감축목표를 1990년 대비 최대 55%로 상향하였다. 이로서 지속가능한 유럽투자계획은 더 많은 투자를 확보하여야 할 필요성이 대두되었다. 따라서 유럽연합 기후중립 경제체제를 구축하기 위한 유럽연합 집행위원회 장기전략 비전을 지원하기 위한 심층 분석에 의하면 저탄소 경제체제로 전환을 위해서는 2040년에 유럽연합 국내 총생산의 2%까지 추가적 투자가 필요하다고 주장하고 있다. 이는 2030년까지 유럽연합 국내총생산의 1.5% 투자에서 0.5%가 증가한 수치이다. 이처럼 상향된 투자계획은 유럽연합 집행위원회가 더욱 야심찬 온실가스배출 감축 목표를 제시하고 이를 달성하기 위해서는 2030년에 이미 시작될 가능성도 배제할 수 없다.

유럽연합 집행위원회가 설정한 2030년 온실가스 배출 감축 목표를 달성하기 위해서는 다양한 부문의 인프라에 투자를 단행하여야 한다. 따라서 공공부문의 투자는 필수적인 사항이다. 동시에 공공부문의 투자는 유럽연합 경제에서 광범위하게 과소평가된 부진한 부분을 극복하는 데 반드시 필요하다. 공공부문이 이러한 부진한 부분에 투자를 단행하면서 온실가스 배출 감축에 참여하고 있는 산업계에 추가적인 비용부담을 감소시킬 수 있다. 산업계는 추가적인 비용이 발생하지 않기 때문에 생산성 향상으로 인한 신규고용창출에 집중할 수 있고 이는 사회적으로 복지증진의 결과로 나타날 수 있다(Brooks & Fortun, 2020).

이처럼 유럽 그린 딜 전략이 추진하는 인프라 투자의 결과가 확실하게 사회경제적 이익을 창출할 수 있으면 탄소중립을 위한 변화는 과거보다 더 나은 변화로 유럽연합 전체에 강하게 인식될 수 있을 것이다. 이러한 미래지향적이며 긍정적인 인식이 확산되기 위해서는 탄소배출 감축이 획기적으로 달성되어야 하며 동시에 다음과 같은 부분이 개선되어야 한다.

첫째: 적정 실업률 유지

유럽연합은 유럽 그린 딜 전략 인프라 투자를 단행하면서 2030년경에 실업률을 7% 이하 그리고 청년층 실업률을 15% 이하로 유지할 것을 목표로 하고 있다. 2019년 말 유럽연합 평균 실업률은 6.3% 기록하였으나 이는 향후에도 실업률을 7% 이하로 유지하는 데 충분하지 않다. 그 이유는 각 회원국별 실업률 편차가 매우 심하기 때문이다. COVID-19 이전의 2019년 각 회원국 실업률을 비교해 보면 체코공화국은 2%, 독일 3.1%, 폴란드 3.3%로 매우 낮은 수준을 기록하고 있으나 남유럽 회원국인 이탈리아 10%, 스페인 14.1%, 그리스 17.3%로 매우 높은 수준의 실업률을 나타내고 있다(Eurostat, 2021).

이와 유사하게 청년층 실업률은 이탈리아 29.2%, 스페인 32.5%, 그리스 35.2%를 기록하고 있으며 이처럼 높은 청년층 실업률은 2019년 말 발생한 코로나 바이러스 대유행으로 인하여 향후 더욱 악화될 전망이 높을 것으로 유럽연합은 예상하고 있다. 따라서 유럽 그린 딜 전략 인프라 투자계획이 이처럼 높은 실업률 및 청년 실업률을 신속하게 일정부분 해소하고 2030년까지 온실가스 배출 감축목표를 달성하는 데 크게 기여한다면 각 회원국 국민으로부터 많은 지지를 얻게 될 것이다(Bacher & Tamesberger, 2020).

둘째: 집중성 및 통합성 강화

유럽연합 내 기후중립과 함께 대두된 주요 이슈는 각 회원국 간 및 회원국 내 소득 및 자산격차를 감소시키는 것이다. 특히 소득격차는 최근에 더욱 증가하였다. 유럽의회는 이러한 문제를 해결하기 위하여 유럽 그린 딜 전략 추진이 역내 불평등을 해소시킬 수 있는 바람직한 기회 중 하나라고 간주하고 있으며 이를 해결하기 위하여 특정 목적을 달성하기 위한 신속한 연구를 시행하여야 한다고 주장하고 있다(European Parliament, 2020).

셋째: 2030년까지 유럽연합 연 평균 성장률 2% 유지

유럽 그린 딜 전략 추진으로 COVID-19 세계적 대유행으로 인한 경제성장 하락으로부터 신속하게 회복하고 경제성장을 코로나 대유행 이전으로 유지하고 글로벌 경제위기 이후에 발생한 것과 같은 새로운 경제침체를 방지하도록 노력하여야 한다. 유럽연합 경제성장률은 2008년 금융위기 및 2010년/2011년 유럽연합 재정위기 기간에 약 2%를 달성하였으나 2020년에서 2030년 사이의 평균 경제성장률은 1.5%에서 2% 구간에 머무를 것으로 예상하고 있다. 따라서 향후 10년 간 확실한 경제성장을 창출할 수 있는 신규 성장경로를 창출하여야 하며 동시에 공공위생, 자연과의 조화, 공정, 신규 고용창출 등과 같은 복지지수를 향상시켜야 한다. 이러한 복지부문의 지수향상이 향후에 경제성장을 창출하는 데 매우 중요한 역할을 수행하게 된다(Trading Economics, 2019; Stiglitz et al., 2018; Jakob et al., 2020).

넷째: 물가안정과 물가상승

유럽중앙은행(ECB)이 추정하는 물가안정을 기반으로 하는 건전한 경제에서 발생하는 물가상승률을 중기적 관점에서 약 2%로 가정하고 있다. 유럽연합 내에서 발생한 최고 물가상승률은 10% 이상이 된 적도 있었다. 물론 높은 물가상승률로 인하여 화폐정책이 물가안정에 정책적 초점을 맞추어야 한다는 명백한 증거는 없고 4% 이상의 물가상승률은 경제적 문제를 야기한다는 주장에도 확실한 근거는 없다(ECB, 2020).

그러나 유럽 그린 딜 전략을 추진하면서 물가상승률이 유럽중앙은행에서 정책적으로 책정한 2%보다 높게 발생하게 된다면 유럽중앙은행은 정책금리를 인상하려고 할 것이다. 이럴 경우 유럽 그린 딜 전략 추진이 계획한 대로 원활하지 못할 가능성도 존재한다. 유럽연합의 물가상승률은 2008년 글로벌 금융위기 이후부터 2019년까지 평균 1.55%에 불과하여 27개 회원국은 물가상승률이 매우 낮은 수준으로 인식하고 있다. 특히 2019년 말부터 시작된 코로나 바이러스 대유행으로 인하여 2020년 유럽연합의 심각한 경제침체를 경험하여 물가상승률은 더 낮아져 0.7%에 불과하고 2021년에도 1.5%에 불과할 것으로 예상하고 있다. 따라서 연간 물가상승률이 2% 이하일 경우 경제가 위축된 상태로 인식하여 경기침체로 간주하고 있다. 유럽 그린 딜 전략 추진은 단기적으로 이러한 경기침체를 극복할 수 있는 방안으로 활용될 수 있으며 장기적으로 높은 물가상승률을 방어할 수 있는 기능도 수행할 수 있다. 그러나 2022년 초부터 미국에서 시작된 높은 물가상승률은 유럽연합에도 전이되었다. 미국은 2022년 6월 9.1%, 유럽연합은 2022년 10월 10.6%의 물가상승률 정점을 찍고 이후 하강하는 추세이다. 이처럼 높은 물가상승률은 유럽 그린 딜 전략을 적극적으로 추진하는 데 가장 어려운 난관 중 하나이다(Eurostat, 2020b; European Commission, 2020c; ECB, 2023).

유럽 그린 딜 전략 추진이 유럽연합 경제성장을 견인하고 2030년 중기전략 및 2050년 장기전략 목표를 달성하기 위해서는 공공 인프라 부문에 적절한 투자가 단행되어야 한다. 특히 2021년부터 2030년까지 첫 10년간의 투자가 매우 중요하다. 특히 이 기간에 온실가스 배출 감축을 획기적으로 실현하여야 2050년 기후중립이라는 장기목표를 달성할 수 있다.

이를 위해서는 다음과 같은 아홉 가지 공공 인프라 부문에 적정수준의 투자를 단행하여 온실가스 배출 감축을 획기적으로 실현하여 다양한 부문의 사회적 편익을 창출하여야 한다.

첫째: 100% 재생에너지 그리드 구축

2020년 유럽연합 내 전력산업에서 배출되는 탄소배출량은 10억 1,500만 톤으로 유럽연합 총 탄소배출량의 약 27%를 차지하고 있다. 따라서 전력산업부문에서 획기적으로 탄소배출량을 감축하기 위해서는 유럽 내 전력 그리드의 100%를 2050년까지 재생에너지 그리드로 구축할 필요가 있다. 이를 위해서 선제적인 투자를 통하여 재생에너지 그리드 비율을 신속하게 증가시켜야 한다고 유럽전력송신네트워크(European Network of Transmission System Operators for Electricity: ENTSO-E)는 주장한다(EEA, 2020; ENTSO-E, 2015).

둘째: 자동차 중심의 이동성 전환

2018년 말 유럽연합 27개 회원국 내 승용차 수는 약 2억 3,300만대이다. 승용차부문에서 배출되는 탄소량은 연간 4억 6,900만 톤으로 유럽연한 총 탄소배출량의 약 15%를 차지하고 승용차 한 대당 약 2톤의 탄소를 배출하고 있다. 동년 승객의 이동수단을 보면 약 83%가 승용차, 9%가 버스, 8%가 기차를 이용하여 이동하고 있다. 이동수단에서 탄소배출 감축을 실현할 수 있는 방법은 승용차 중심의 이동에서 대중교통인 버스 및 기차로 이동수단을 전환하는 것이다. 이는 이동수단의 효율성을 향상시킬 뿐만이 아니라 탄소배출 감축을 약 4배 증가시키는 효과를 나타낸다. 이외에도 대중교통 이용을 확대하면 소음, 대기의 질 향상, 도로안전 증가 및 건강증진 등과 같은 부수적인 사회적 편익효과도 창출할 수 있다(Eurostat, 2020; Wolf et al., 2021).

대중교통, 자전거 사용 및 도보중심의 지속가능한 이동성 전환을 위해서는 연간 약 200억 유로의 공공부문 투자가 필요한 것으로 분석되었다. 이 분석에 의하면 투자비용은 공공부문 인프라 투자를 위한 예상액이며 구체적으로 전기차 충전소 건설에 50억 유로, 자전거 전용도로 건설에 50억 유로, 지역의 공공 운송부문에 100억 유로 등으로 세분화하여 제안되었다(Wolf et al., 2020).

셋째: 유럽 실크로드 건설

유럽연합 내 대형트럭 및 버스가 연간 배출하는 온실가스 배출량은 약 2억 800만 톤에 달한다. 이는 온실가스 총 배출량의 약 5.5%에 달하며 중국이 추진하는 일대일로 계획(Belt and Road Initiative)과 연계하여 유럽연합도 자동차 중심의 운송방식을 주로 사용하기보다는 열차운송을 확대하여 운송방식의 균형을 이룰 시기가 되었다. 열차운송으로의 전환은 공공부문 인프라 건설 등을 동반하고 온실가스 감축에 매우 효율적이기 때문에 이는 유럽연합에 새로운 기회로 작용하게 될 것이다.

열차운송 중심으로의 전환에 필요한 재정지원이 유럽연합 회원국 내 정착된 특수목적운송수단(Special Purpose Vehicle: SPV)을 통해서 이행된다면 실질이자율이 거의 0%에 달하는 장기 채권으로 조달될 수 있다. 따라서 열차수송부문 총 투자액은 전체 투자액과 비교할 때 상대적으로 적은 투자액으로 추진이 가능하다. 실질적으로 특별목적운송수단 방식을 채택하고 유럽운송네트워크에 긍정적인 파급효과를 창출하면 연간 투자액이 200억 유로로 충분할 것으로 분석되고 있다.

유럽연합은 공공부문 인프라 투자에 장기간 저금리로 대출하여 인프라 구축에 효율성을 높인 경험을 갖고 있다. 실례로 유럽전략투자기금(European Fund for Strategic Investments: EFSI)은 약 5,000억 유로의 기금을 보유하고 있다. 이 기금은 공공부문 투자를 위하여 5년 간 투자를 보증하고 있으며 이 부문에 약 335억 유로를 사용하고 있다. 유럽전략투자기금의 공공부문 인프라 투자는 최근 공항 및 고속도로 건설 지원에서 철도지원으로 방향을 전환하고 있다(European Investment Bank, 2020; Schütze et al., 2020).

넷째: 건축부문의 에너지개조 향상

주택 및 상업용 건물이 배출하는 온실가스는 2018년 11억 톤으로 유럽연합 총 온실가스 배출의 약 36%를 차지한다. 따라서 건축부문이 배출하는 온실가스가 총 배출량에서 가장 많은 부분을 차지하고 있는 것이 현실이다. 건축부문에서도 상업용 건물보다는 일반 주택이 배출하는 온실가스가 약 7억 5,000만 톤에 달해서 전체 건축부문이 배출하는 온실가스의 약 68.2%를 차지하고 있다.

2010년대 중반이후 현재까지 연간 건축물의 0.4%에서 1.2%가 에너지 효율을 향상시키기 위하여 수리중이며 현재의 속도로 진행될 경우 유럽연합 내 모든 건축물의 75%를 수리하는 데 약 60년이 걸릴 것으로 예상하고 있다. 따라서 건축부문 에너지 효율을 향상시키고 온실가스 배출감축을 위하여 공공부문 투자가 지원되어야 하며 이 투자비용은 연간 약 700억 유로로 예상하고 있다. 투자의 효율성을 극대화시키기 위하여 각 가정에 에너지 개조를 순서별 신청방식을 통하여 보조금 지원을 시행하여 주택 및 건물소유자가 자신의 주택 및 건물이 엄격한 에너지 표준에 적합하도록 유도하여야 한다. 동시에 일방적인 보조금 지급방식보다는 주택 및 건물 소유주도 1제곱미터당 200유로를 직접 투자하도록 하여야 한다.

다섯째: 에너지 절약을 위한 디지털화 연구개발

정보통신산업(ICT)도 자체적인 에너지 소비를 통하여 대규모 온실가스를 배출하고 있다. 따라서 정보통신산업을 기반으로 디지털화를 추진하면 건물, 운송, 산업, 일반가정, 농업 부문 등 다양한 분야에서 에너지 소비감소를 통한 온실가스 배출을 크게 감소시킬 수 있다.

정보통신산업에서 특정 틈새부문을 제외하고 유럽연합의 정보통신산업은 미국 및 동아시아 글로벌 경쟁국과 비교할 때 상대적으로 열세이다. 특히 정보통신산업의 연구개발(R&D) 투자부문을 보면 2019년 유럽연합 국내총생산(GDP)의 0.2%에 불과하고 공공부문에 지원되는 비율은 국내총생산의 0.05%에 불과하다. 따라서 유럽 그린 딜 공공부문 투자 활성화 방향을 활용하여 국내총생산의 0.2%에 해당하는 연간 300억 유로를 추가적으로 투자할 필요가 있다.

이러한 추가투자는 정보통신산업에 종사하는 기업에게 에너지소비 감소를 실현하는 응용설비 및 장치를 개발하는 데 인센티브로 활용될 수 있다. 또한 기업의 연구개발 활동이 건설회사 및 규제당국과 협력하여 추진될 수 있도록 하는 것이 중요하다. 연구개발 활동은 온실가스 배출을 직접적으로 실행하는 것은 아니지만 연구개발의 결과가 타 산업의 온실가스 배출 감축에 직접적인 영향을 미치기 때문에 공공부문 투자로 지원되어야 한다.

여섯째: 고도로 발전된 환경 친화적 직업교육 강화

유럽 그린 딜 투자가 실행되면 이익을 공유하지 못하는 산업부문이 발생하게 되고 또한 이익을 공유한다고 하더라도 탄소배출 감축을 위한 산업 내 구조조정이 발생하게 된다. 그 결과 인력부문에서 탄소배출 감축을 실현하지 못하는 경우 인력 구조조정이 발생할 수 있다. 따라서 이러한 인력을 온실가스 배출을 감축시킬 수 있는 환경 친화적인 부문에 재배치하기 위해서는 높은 수준의 직업교육을 광범위한 부문에서 실시하여야 한다.

이를 실현하기 위해서는 연간 약 300억 유로를 투자하여 인력자원 재교육 및 직업교육을 실시하여야 한다. 특히 이 부문에는 건설부문의 노동인력 중 약 10%에 해당하는 인력을 1년 간 직업교육을 시켜 주택 및 상업용 건축부문에서 획기적으로 온실가스 배출을 감축하는 계획도 포함되어 있다(Wolf et al., 2020).

일곱째: 유럽혁신체제 돌파구 마련

유럽연합은 제2차 세계대전 이후 현재까지도 기존기술을 지속적으로 개선하여 발전시키는 방법에 의존하였다. 그 결과 미국처럼 혁신적인 기술개발에 성공하지 못하였고 글로벌 기술경쟁력을 강화시키지 못했다. 물론 운송부문에서 고속열차 개발은 유럽연합이 기술혁신을 기반으로 상업화에 성공시킨 부문 중 하나이나 이후 일본, 한국, 중국 등 다양한 국가에서 더욱 보급 및 확산되고 있는 실정이다.

따라서 기후 및 환경부문에서 선도적인 역할을 수행하는 유럽연합이 탄소중립을 위한 온실가스 배출 감축을 위한 기술부문에서 획기적인 기술혁신을 창출하여 돌파구를 마련하는 것은 매우 중요하다. 이 기술혁신의 결과 환경 친화적 수소생산, 농업, 정보통신 기술부문 등에서 획기적인 전환을 이루어 도시구조의 비용절감을 실현할 수 있다. 유럽 그린 딜 측면에서 보자면 전 산업계는 유럽연합 내 규제로부터의 도전과 유럽혁신체제의 전반적인 점검을 동시에 진행하는 것이 필요하다(Mazzucato, 2018).

유럽연합의 기술혁신 역량이 미국보다 크게 뒤지는 이유는 공공부문 연구개발(R&D) 투자가 미국보다 절대적으로 낮기 때문이다. 미국의 경우 공공부문 연구개발에 투자되는 총액은 2019년 국내총생산의 0.8%에 이른다. 이는 유럽연합의 국내총생산 대비 공공부문 연구개발 투자비율인 0.075%보다 열 배 이상 높은 실정이다. 유럽연합의 경우 공공부문 연구개발을 주도하고 있는 다양한 유럽연합 연구개발 프로그램과 호라이즌 2020(Horizon 2020)의 2019년 예산은 120억 유로로서 이는 유럽연합 국내총생산의 0.075%에 불과하다. 따라서 기술혁신의 돌파구를 마련하기 위해서는 유럽 그린 딜과 관련된 부문에 국내총생산의 0.2%에 해당하는 300억 유로를 추가로 투자할 필요가 있다(Wolf et al., 2021).

여덟째: 하도급계약 관리체제 구축

유럽 그린 딜 추진 및 목표달성을 위해서는 유럽연합 및 각 회원국의 사업 관리 능력이 획기적으로 향상되어야 한다. 특히 공공 및 민간부문의 파트너십 구축이 매우 중요하며 이를 위한 인력양성과 지역, 회원국, 유럽연합 차원의 공공 행정 및 민간기업 간 상이한 접근방식을 이해하기 위하여 연간 100억 유로의 투자가 필요할 것으로 예상하고 있다.

아홉째: 유럽연합 표준 보건정책

2019년 말에 발생한 코로나 바이러스의 세계적 대유행은 유럽연합을 심각한 경제위기로 고통 받게 하고 있으며 이로 인한 다양한 도전들에 대한 재정지원을 근본적으로 변화시키고 있다. 이러한 상황을 전반적으로 통합시키기 위하여 기후중립의 목표를 더욱 확장하여 접근할 필요가 있으며 이는 인류세와 생태계 전반에서 발생하는 위험에 공동으로 대처하여 새로운 기회로 전환시킬 수 있

	표 4-1	유럽 그린딜 투자부문, 투자비중, 투자액, 탄소배출 감축량 및 사회적 편익 (2021년~2030년)		
투자비중	투자액 (십억 유로)	투자부문	탄소배출 감축량 (백만 톤)	사회적 편익
		유럽 그린 딜 추진으로 인한 탄소배출 감축량	39	
10%	25	100% 재생 에너지 그리드 구축	30	
8%	20	자동차 중심의 이동성 전환	18	건강증진
8%	20	유럽 실크로드 건설	20	경제성장 및 사회통합 강화
27%	70	건축부문의 에너지개조 향상	24	고용창출
12%	30	에너지 절약을 위한 디지털화 연구개발	30	
12%	30	고도로 발전된 환경 친화적 직업교육 강화	촉매제 역할	사회통합, 고용창출
12%	30	유럽혁신체제 돌파구 마련	촉매제 역할	고용창출
4%	10	하도급계약 관리체제 구축	촉매제 역할	고용창출
8%	20	유럽연합 표준 보건정책	촉매제 역할	건강증진, 고용창출
100%	255	연간 공공부분 총투자		
		연간 탄소배출 감축량	161	

출처: Wolf et al., 2021 재인용

어야 한다. 따라서 COVID-19 대유행과 같은 인류 전체의 비극을 극복하고 이를 사전에 예방하기 위해서 유럽연합은 유럽연합 차원의 표준 보건정책을 발전시켜야 한다(Whitmee & Heines, 2015; European Commission, 2020d).

이를 위해서 공동보건정책을 추진하기 위한 기본 인프라 및 보건능력을 구축하여야 한다. 구체적으로 유럽연합은 역내 실시간 건강상태 모니터링, 대규모 접촉 추적 및 테스트, 국경 간 의료장비의 자유로운 수송, 백신 및 치료약 확보, 건강중심 사회생태학 체제 구축을 위한 단계별 발전, 각국 정부 간 채널을 넘어선 글로벌 차원의 전문적 정보교환을 위한 체제 구축이 필요하다.

이러한 체제구축을 위한 기본 인프라 및 보건능력 향상을 위한 투자는 연간 약 200억 유로에서 700억 유로가 필요할 것으로 유럽연합 집행위원회는 추정하고 있다. 유럽연합 공동보건정책 추진은 장기적 차원에서 단계별로 진행되어야할 사안이며 각 회원국이 초기에 투자하여야 할 예산은 연간 200억 유로로 가능할 것으로 예상하고 있다(European Commission, 2020d).

위의 아홉 가지 부문의 공공투자의 총액은 연간 2,550억 유로에 달한다. 이는 2019년 유럽연합 27개 회원국의 국내총생산의 1.8%를 차지하는 투자액이다. 따라서 유럽 그린 딜 전략 연간 투자액인 2,600억 유로를 충족시킬 수 있는 범위이며 국내총생산 0.2% 범위 이내에 있다. 따라서 유럽 그린 딜 전략의 성공적인 추진과 2050년 장기목표인 기후중립을 달성하기 위한 공공부문 투자는 탄소배출 감축을 실현할 뿐만이 아니라 다양한 사회적 편익도 창출하게 된다(European Commission, 2020e)(표 4-1 참조).

(4) 유럽연합 탄소중립 목표 향상과 유럽 그린 딜 전략

유럽연합 집행위원회는 2050년 탄소중립이라는 장기목표를 달성하기 위한 명확한 비전을 갖고 있으며 이는 유럽연합이 2020년 초 유엔기후변화협약(UNFCCC)에 제출한 장기 전략을 기초로 하고 있다. 또한 이러한 전략을 효과적이며 공정하게 추진하고 투자자에게 우호적인 투자환경을 만들고 탄소중립이라는 장기전환을 돌이킬 수 없는 대세로 자리매김하기 위해서 유럽연합 집행위원회는 2020년 3월 유럽의회에 최초로 유럽기후법(European Climate Law)을 제안하였다. 이 법은 2050년 기후중립 목표를 법제화하여 실시하려는 목적을 갖고 있다. 동시에 유럽기후법은 유럽연합이 추진하는 모든 정책이 기후중립 목표를 달성하는 데 기여할 수 있도록 법적으로 지원하는 목적도 갖고 있으며 이에 의하여 각 부문이 동일한 목표를 향해서 각자의 역할을 충실하게 수행할 수 있도록 기여하게 된다(European Commission, 2021a).

유럽연합 집행위원회는 2020년 여름에 2030년 온실가스 배출감축 목표를 1990년 대비 최소 50%에서 최고 55%로 상향조정에 대한 영향분석을 유럽의회와 유럽연합 정상회의에 제출하였다. 동시에 2021년 6월에는 추가적인 온실가스 배출 감축을 점검하고 이를 달성하는 데 필요한 모든 기후관련 중요정책 수단을 수정할 예정이다. 이러한 정책수단 중 하나가 유럽탄소배출거래제도(EU ETS)이다. 특히 탄소배출거래제도에서 포함되지 않은 새로운 산업부문을 포함하여 탄소배출 감축을 유도하는 것이 커다란 과제이다. 따라서 각 회원국은 탄소배출거래제도에 포함되지 않는 산업부문에서도 탄소배출 감축을 위한 목표치를 설정하여야 한다. 이외에도 각 회원국은 토지사용 및 토지사용 변경 및 삼림과 관련된 규제도 강화하여야 한다. 따라서 유럽연합 집행위원회는 기후관련 상황변화에 따라서 지속적으로 유럽기후법을 개정하여 제안하여야 한다(COM, 2019a).

유럽연합 집행위원회는 이러한 기후관련 정책개혁을 통하여 경제 전반적으로 탄소가격의 효율성을 증대시킬 수 있을 것으로 예상하고 있다. 이외에도 이러한 정책변화는 소비자 및 사업행동양식 등의 변화를 장려하도록 하고 지속가능한 공공 및 민간부문의 투자를 촉진시킬 것으로 기대하고 있다. 이러한 기대가 현실화되기 위해서는 각기 상이한 가격결정 도구들이 상호 보완적이어야 하며 일관성이 있는 정책 틀을 제공하여야 한다. 이외에도 탄소가격 관련 세금제도가 기후중립 달성 목표와 상호 조정되어 시행되는 것이 매우 중요하다. 이를 위해서 유럽연합 집행위원회는 2003년에 제정된 에너지생산 및 전력관련 세제를 위한 유럽연합 구조조정에 관한 지침(Council Directive 2003/96/EC)의 개정을 제안할 예정이다. 유럽연합 집행위원회가 추진하는 개정안은 환경관련 이슈에 집중하고 있으며 유럽의회와 유럽연합 정상회의가 이와 관련된 제안을 만장일치가 아닌 다수결로 결정되는 일반적인 법률제정 과정을 통한 제안이 승인될 수 있도록 노력하고 있다.

유럽연합이 2050년까지 장기적으로 매우 야심찬 온실가스배출 감축 목표를 설정하였다고 해도 타 지역 및 국가들이 유럽연합의 장기목표 달성에 협조하지 않는다면 탄소누출(Carbon Leakage) 현상으로 인하여 세계적으로 기후중립을 달성하는 것은 불가능하다. 즉 탄소누출 현상은 강력한 탄소배출 감축활동으로 유럽연합의 저탄소 제품이 수출을 통해서 타 지역 및 국가로 이동하거나 개발도상국의 고 탄소 제품이 유럽연합으로 수입되는 경우에도 동시에 발생하게 된다. 따라서 이러한 현상을 시정하지 못하면 지구 전체적으로 온실가스 배출 감축은 실질적으로 불가능하여 파리협정이 설정한 온실가스 배출감축 목표를 달성하려는 유럽연합과 유럽연합 산업계의 노력은 무산될 가능성이 매우 높다.

탄소누출의 심각성에도 불구하고 타 지역 및 국가가 경제발전 단계의 격차로 인하여 온실가스 배출 감축량에 대한 노력을 적극적으로 실천하지 않는다면 유럽연합 집행위원회는 이에 상응하는 새로운 조치를 준비하여야 한다. 현재 유럽연합 집행위원회가 준비하고 있는 탄소누출 현상을 방지하기 위한 대응정책으로는 이를 최소화하기 위하여 선택된 특정 산업부문에 탄소국경세(Carbon Border Tax) 배출 비중을 더욱 명확하게 부여할 수 있는 장점이 있다. 즉, 탄소국경세는 탄소배출 규제가 상대적으로 약한 국가가 이 규제가 강한 국가에 상품 및 서비스를 수출할 때 적용받는 일종의 무역관세인 것이다.

이 제도를 시행하기 위해서 유럽연합 집행위원회는 세계무역기구(WTO) 규정과 유럽연합의 국제의무를 고려하여 준비하고 있다. 즉, 새로운 개념인 탄소국경세는 유럽연합 탄소거래제도(EU ETS)에서 발생할 수 있는 탄소누출 현상의 위험성을 제도적으로 방지하는 역할을 수행할 것으로 기대하고 있다. 유럽연합은 탄소국경세를 제도적으로 정립하여 실시하려는 국가 중 세계에서 가장 앞서 있는 지역이다. 유럽연합은 2021년 6월 탄소국경조정제도(Carbon Border Adjustment Mechanism: CBAM) 관련 법안을 제정하고 2023년부터 시행하려는 목표를 설정하였다. 이를 위해서 유럽의회는 2021년 3월 탄소국경조정제도 도입결의문을 채택하였다. 이 결의문에서 유럽의회는 유럽연합으로 수입되는 상품 및 서비스에서 배출되는 온실가스의 총량이 유럽연합 온실가스 배출의 약 20%를 차지하고 있기 때문에 탄소국경세를 도입하지 않으면 유럽연합 온실가스 배출 감축노력이 손상될 우려가 매우 높다고 설명하고 있다(COM, 2019a; EU Parliament, 2021).

유럽연합 집행위원회는 2021년 7월 2030년 탄소배출 감축비중을 1990년 대비 55%로 상향조정하는 "EU Fit for 55"라고 명명된 유럽연합 기후 및 에너지제안(EU Climate and Energy Package)을 발표하였다. 유럽연합은 이 제안에서 탄소국경조정제도를 2023년 1월 1일부터 철강, 시멘트, 비료, 알루미늄, 전기 등 5개 분야에서 우선적으로 실시하기로 결정하였다. 따라서 유럽연합에 상품과 서비스를 수출하는 역외기업은 2023년에서 2025년까지는 수출품을 신고만 하면 되지만 2026년 1월 1일부터는 탄소국경세를 지불하여야 한다(BBC, 2021a; Wettengel, 2021).

실제로 각 국가의 온실가스 배출량은 국내 가정 및 산업생산에서 발생하는 것을 기준으로 계산하고 있으며 수입제품이 발생시킨 온실가스 배출량은 포함하지 않고 있다. 그러나 2000년 이후 자유무역을 통한 국제무역의 획기적인 증가로 인하여 총 세계무역이 2020년에는 2000년 대비 두 배로 증가하여 다수 제품의 부품 및 완제품이 타 국가에서 생산되고 있다. 그 결과 유럽연합과 같은 선진국은 수입제품으로 인한 온실가스 배출 수입국이 되고 개발도상국은 온실가스 배출 수출국이 되었다(Yamano & Guilhoto, 2020).

미래예측 모델인 엑스안테(Ex Ante) 모델을 사용하여 유럽연합의 탄소누출 규모를 측정해 보면 그 규모가 최소 5%에서 최대 30%에 이른다. 이는 유럽연합이 2050년 탄소중립을 달성하기 위하여 과감한 기후 및 에너지정책을 추진하여 10톤의 온실가스 배출을 감축하면 유럽연합과 동일한 정책을 시행하지 않는 지역 및 국가에서는 온실가스 배출이 0.5톤에서 3톤 증가하게 되는 것을 의미한다. 이전에 탄소가격이 낮은 수준이었을 때는 유럽연합 차원에서 탄소누출 규모를 발견하는데 기술적인 어려움이 존재하였으나 최근의 발전된 데이터를 기초로 분석하면 무역을 통한 탄소누출이 유럽연합에서 광범위하게 발생하고 있다는 것이 증명되었다. 따라서 각 국가의 탄소가격 격차가 매우 크다는 것은 유럽연합에 대한 탄소누출 현상이 증가될 위험성이 존재한다는 것을 의미한다. 이를 제도적으로 방지하기 위한 것이 탄소국경조정제도(CBAM)이다(L' Heude, et al., 2021)(그림 4-3 참조).

그러나 탄소국경세 도입은 지구환경 보호와 기후중립을 달성하기 위한 조치인 것은 인정하지만 다른 한편으로는 자유무역을 제한하는 새로운 무역장벽인

그림 4-3 | 세계 각 국가별 탄소가격 수준 및 국내 탄소배출 비중 비교
(2020년 기준, 달러/톤)

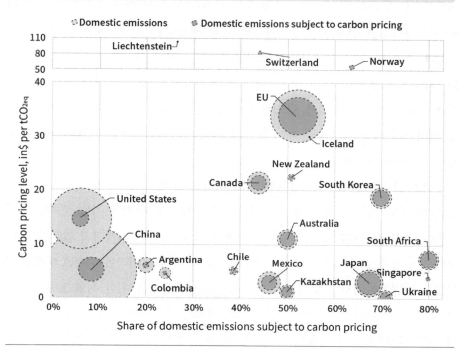

출처: World Bank Data, 2020, Carbon Pricing Dashboard

녹색보호주의(Green Protectionism)로 작용하여 글로벌 경제성장을 제한하는 요소로 작용할 수 있는 위험도 존재한다. 특히 중국 및 인도 등 탄소배출 규제가 취약하고 경제발전 단계가 상대적으로 낮은 신흥 개발도상국의 반대가 매우 강하다. 또한 러시아의 경우 유럽연합이 탄소국경세를 도입하면 보복관세로 대응하겠다는 강력한 입장도 표명하고 있다. 이처럼 러시아가 강력하게 반대하는 이유는 탄소국경세가 도입되면 러시아는 유럽연합에 에너지 수출로 인한 탄소국경세를 연간 약 60억 유로를 지불하여야 하기 때문이다(Watson, 2021; L'Heude, et al., 2021).

이외에도 탄소국경세 도입은 법적, 기술적, 경제적 및 정치적 부문에서 다양한 도전으로 작용할 가능성이 매우 높다. 우선 기술적으로 통일된 탄소세 부과기준이 존재하지 않는다. 물론 유럽연합이 최초로 이를 합리적으로 설정하여 미국,

영국, 캐나다, 호주 등 서구 경제선진국과 공동으로 추진하는 방법이 존재하지만 세계적으로 통용되기에는 시간이 필요한 문제이다. 또한 실제 정확한 탄소량 측정에서 기술적인 한계가 존재하여 탄소가격 책정방법과 탄소국경세 대상 업종 선정과 관련해서도 국가 간 의견충돌이 발생할 것으로 예상되고 있다. 그럼에도 불구하고 유럽연합은 역내 모든 상품 및 서비스 수입업자는 탄소국경조정제도 전담부서(CBAM Authority)에 탄소관련 신청서를 접수하고 동 기관에 수입 상품 및 서비스에 대한 탄소관련 데이터를 보고하는 제도를 운영할 계획이다(Watson, 2021; L'Heude, 2021).

2050년 탄소중립을 실현하려면 유럽연합 단독의 노력으로는 불가능하기 때문에 타 지역 및 국가의 적극적인 협력도 필수적이다. 동시에 이들 국가도 유럽연합이 추진하는 과감하고 야심찬 탄소배출 감축 노력을 실행하지 않는다면 탄소누출 현상은 불가피하게 발생할 수밖에 없다. 따라서 이러한 외부효과에도 적극적으로 대처하면서 유럽연합은 지속적으로 탄소중립을 위한 목표를 향상시키고 있다. 이를 위해서 유럽연합 내 에너지 체제를 지속적으로 탈탄소화시키는 것이 매우 중요하다. 그 이유는 유럽연합 내 온실가스 배출의 75% 이상이 경제활동을 위한 산업 및 상업부문에 공급하기 위한 에너지 생산 및 소비에서 발생하고 있기 때문이다. 따라서 2050년까지 유럽연합 내 에너지 생산과 소비를 재생에너지 중심으로 재편하고 화석연료 에너지 생산을 완전히 중단하여야 한다. 동시에 에너지 소비를 감소시키면서 지속적인 경제성장을 달성하기 위해서는 에너지 효율성도 증대 시켜야 한다.

이처럼 재생에너지 중심 및 에너지 효율성 향상이라는 장기 에너지전환을 시행하는 과정에서 중요한 것은 유럽연합 내 소비자 및 산업이 필요로 하는 에너지 공급이 원활하게 진행되어야 한다. 이를 위해서 유럽연합 에너지 시장이 완전하게 통합되어야 하고 상호 연계 및 디지털화 되어야 한다. 이외에도 에너지 시장에서 유럽연합 전체에 사용될 수 있는 표준기술이 적용되어야 한다. 이를 위해서 유럽연합 각 회원국은 2019년 말에 자국의 에너지 및 기후계획 수정안을 제출하였다. 이 수정안은 각 회원국이 2018년 유럽연합 차원에서 채택된 에너지

동맹과 기후행동에 관한 거버넌스 규정안(EU Regulation 2018/1999)을 기초로 유럽연합이 설정한 2050년 탄소중립 목표를 각 회원국 차원에서 추진하는 정책이다.

유럽연합 탄소중립 달성을 위한 지속적인 목표 향상을 지원하기 위하여 유럽연합 집행위원회는 유럽연합차기다년재정체계(EU Multi-annual Financial Framework)에 기후관련 목표치를 25% 상향할 것을 제안하였다. 또한 유럽연합 집행위원회는 유럽의회 및 유럽연합 정상회의에 향후 기후관련 협의에서 이러한 목표치를 지속할 것을 요청하였다.

그 결과 기후관련 모든 정책부문에서 탄소중립 실현을 위하여 유럽연합 예산지출이 강화되었다. 또한 유럽통합기금(Cohesion Fund)과 유럽지역개발기금(European Regional Development Fund)도 기후 및 환경관련 부문에 추가적으로 30% 투자증가를 결정하였고 미래농업정책 부문도 투자증대를 실시할 예정이다. 이외에도 호라이전 유럽(Horizon Europe) 프로그램, 라이프 프로그램(Life Programme), 유럽시설물연계(Connecting Europe Facility), 유럽사회기금(European Social Fund) 등도 최소 30%에서 최대 72%까지 추가적인 투자증가를 계획하고 있다(COM 2020b).

탄소중립을 위한 유럽연합 예산지출 확대로 온실가스 배출 감축을 더욱 신속하고 과감하게 추진하는 데 실질적으로 커다란 기여를 하게 될 것으로 예상하고 있다. 이외에도 유럽연합 집행위원회는 기후중립 목표를 달성하기 위하여 유럽연합이 창출하는 정부수입도 온실가스 배출 감축부문에 투자하기 위한 방안으로 2018년 3월 신규 자체자원 활용을 포함한 자체 자원결정(Own Resource Decision)을 위한 제안을 제출하였다. 이 제안이 적용되는 중요부문 중 하나는 재활용이 불가능한 플라스틱 폐기물 자체자원이다. 플라스틱 폐기물은 폐기물 전략(Waste Strategy)이라고 규정한 유럽연합 차원의 목표를 달성하는 데 기여할 것으로 기대하고 있다. 이외에도 유럽연합 집행위원회는 유럽연합 탄소배출거래제도(EU ETS) 경매시장에서 발생하는 수익의 20%를 자체 자원결정 예산으로 활용할 수 있도록 제안하고 있다.

이외에도 유럽연합 외부 장기예산으로 재정 지원되는 유럽연합 탄소배출거래제도 현대화기금(EU ETS Modernization Fund)과 혁신기금(Innovation Fund)이 기후중립 전환을 위한 추가 자본투자로 활용될 수 있도록 하고 있다. 특히 혁신기금은 탄소포집, 저장, 그리고 에너지저장 등을 포함한 에너지 비중도가 높은 산업 및 재생에너지 부문에서 저탄소 기술 및 공정과정에서 획기적인 기술혁신이 대규모로 창출될 수 있도록 추가 투자를 시행하고 있다. 유럽연합 집행위원회가 이러한 특정 목적을 수행하는 기금을 동원하여 추가 투자를 단행하는 중요 목적은 유럽연합 산업이 청정기술부문에서 글로벌 시장을 선도하는 경쟁력을 확보하기 위한 것이다.

유럽연합 탄소배출거래제도 현대화기금은 유럽연합 내 국민소득 수준이 가장 낮은 10개 중앙유럽 및 동유럽 회원국의 전력부문 및 전반적인 전력체제의 에너지 효율성을 증가시키기 위한 지원을 한다. 이외에도 10개 회원국에서 관련 부문의 인력에게 기술교육 향상을 위한 지원도 수행한다. 이를 위해서 유럽연합 집행위원회는 유럽연합 탄소배출거래제도 현대화기금을 위한 실행규정을 협의할 예정이다. 또한 유럽연합 집행위원회는 유럽연합 탄소배출거래제도 현대화기금의 수정사항의 일부분으로 위에서 언급한 두 가지 지원방식을 점검할 예정이다. 이는 유럽연합 집행위원회가 탄소중립으로의 전환을 위한 재정지원을 강화하기 위하여 유럽연합 예산에 추가적 자금을 배치할 것을 고려하고 있다는 의미이다 (COM 2020b).

이처럼 유럽연합 집행위원회는 유럽연합 예산, 수익금, 다양한 공식기금 등을 동원하여 탄소중립을 위한 추가적 투자를 단행하기 위하여 최선을 다하고 있다. 유럽 그린 딜은 이러한 유럽연합 집행위원회의 정책방향을 지원하고 유럽연합 산업이 포용적 성장을 통한 지속가능한 모델로 정착되기 위한 전환을 가속화시킬 것으로 예상하고 있다. 이를 위해서 유럽연합 집행위원회는 2020년 3월 유럽연합 산업 전략을 채택하였다. 이 산업 전략은 유럽산업의 환경 친화적 전환(Green Transition)과 디지털전환(Digital Transition)을 쌍둥이 도전으로 규정하고 있으며 디지털 전환이 유럽 그린 딜이 설정한 목표를 달성하는 데 필수적이라고 간주하고 있다(COM, 2019a).

따라서 유럽 그린 딜 전략은 2050년 장기목표인 기후중립만을 달성하는 것에 그치는 것이 아니다. 즉, 유럽 그린 딜 전략의 역할은 연간 유럽연합 국내총생산의 약 2%를 추가적으로 투자하여 기후중립을 달성하는 것은 물론 유럽연합의 혁신체제를 재구성하고 교육 및 보건 분야에 보완적 방법을 강구하여 유럽연합 산업의 글로벌 경쟁력을 강화시키는 것이다. 이로서 유럽 그린 딜 전략은 기후중립 이상의 유럽연합 재편을 위한 것이다. 따라서 유럽 그린 딜 전략은 유럽연합 경제에 새로운 발전경로를 설정하여 2050년 기후중립이라는 장기목표를 실현할 뿐만이 아니라 유럽연합의 통합을 강화시키는 복합적인 목적을 달성하는 것이 주요 목표이다(Wolf et al., 2021).

(5) 유럽 그린 딜 신규 법령

설명한 것처럼 유럽 그린 딜 전략의 주요 목표는 2050년 기후중립을 달성하는 것 이외에도 혁신체제 재구성, 글로벌 경쟁력 강화, 산업구조 재편, 역내 통합 강화 등 복합적인 목적을 달성하는 것이다. 즉 이를 위해서는 유럽연합이 글로벌 정치 및 경제환경 변화에도 능동적으로 대처할 수 있을 때 가능하다. 글로벌 경제환경은 현재 급격하게 변화하고 있다. 1945년 제2차 세계대전 이후 국제사회는 자유무역을 발전시키며 지속적인 경제성장을 창출하여 왔다, 그 결과 자유무역과 외국인 직접투자(FDI)를 통해 경제의 세계화라는 글로벌 경제체제를 구축하면서 세계 경제성장을 달성하였다. 이는 아시아, 아프리카, 남아메리카 등 개발도상국의 기아 및 빈곤문제를 해결하는 데 크게 기여하였다. 동시에 특히 동아시아 국가의 경제발전에 중요한 역할을 수행하여 이들 국가가 신흥공업국으로 성장할 수 있었다(Georgieva et al., 2022; Park, 2021).

2010년 중국이 세계 제2위의 경제국으로 등장하면서 중국의 정치 및 경제적 영향력 확산을 우려하는 구미 선진국은 2008년 글로벌 금융위기 이후 보호무역주의로 선회하였다. 특히 자유무역을 선도적으로 주장하였던 미국과 영국의 보호무역주의 회귀는 글로벌 경제체제에 커다란 충격을 주었다. 특히 1945년 이후 미국과 서유럽 국가가 주도적으로 창출한 자유무역체제인 관세와 무역에 관한 일반협정(General Agreements on Tariffs and Trade: GATT)이 1995년 다자주의 무역체제인 세계무역기구(World Trade Organization: WTO)로 전환되면서 자유무역을 더욱 강화하려고 노력하였다. 특히 중국은 2001년 세계무역기구 회원국이 되면서 가장 큰 수혜국이 되었다. 그러나 중국은 폐쇄적인 국내시장 운영과 기술선진국의 지적재산권(Intellectual Property Right: IPR)을 존중하지 않으면서 선진국과의 무역분쟁을 자초하였다. 결과적으로 미국과 중국 간 무역수지의 불균형은 더욱 확대되었고 동시에 중국 내 시장개방에 관한 서방의 압력은 더욱 증가하였다 (Steinberg & Tan, 2023; Unted Nations, 2018).

이러한 글로벌 경제환경 하에서 2012년 새롭게 등장한 중국의 시진핑 정부는 2013년 중국몽을 실현시키는 수단으로 일대일로전략(One Belt and One Road Strategy)과 2025년에는 미국 및 독일과 동등한 수준의 제조업을 육성하기 위한 중국제조업 2025(Made in China 2025) 전략을 추진하기로 결정한다. 미국은 이를 미국이 1945년 이후 보유하고 있는 세계패권에 대한 도전으로 간주하고 오바마 정부 하에서 추진하였던 아시아회귀정책(Pivot to Asia)으로 전환하였고 경제적으로는 미국산 제품 구매우선정책(Buy American Product Policy)을 추진하였다. 2016년 대통령 선거에서 승리한 공화당의 트럼프 대통령은 한걸음 더 나가 미국우선주의정책(Amrica First Policy)을 실시하여 보호주의(Protectionism)를 더욱 강화하였다(Park, 2022).

이후 2021년 대통령 선거에서 승리한 민주당의 바이든 대통령은 중국의 도전을 근본적으로 봉쇄하기 위해서 무역에 국한된 보호주의를 기술부문으로 확대하여 중국이 제4차 산업혁명에 필수적인 5대 첨단산업인 반도체, 대용량 리튬배터리, 희귀광물, 희토류, 의료 및 보건 부문에 선진 기술을 제도적으로 접근할 수 없도록 하는 인플레이션감축법(Inflation Reduction Act: IRA)과 반도체과학법(Chips and Science Act: CSA)을 제정하였다. 미국이 제정한 두 개의 신규 법령은 중국의 정치, 경제, 군사적 팽창을 억제하기 위하여 제정된 것이다. 동시에 제조업을 기반으로 하는 중국 중심으로 형성된 글로벌 공급망을 재편하여 미국 동맹 중심의 글로벌 공급망을 재편하기 위한 것이다(The White House, 2021; The White House, 2022).

즉 군사적 안보가 경제적 안보로 확대 재편하는 과정인 것이다. 그러나 그 내용은 미국의 경제적 이익을 우선시 하고 정치 및 군사 동맹국의 경제적 이해 관계를 우선적으로 배려한 것은 아니다. 특히 인플레이션 감축법은 전기차 보조 금제도에서 미국 내에서 생산된 대용량 리튬베터리를 장착한 차량에만 보조급을 지급하기로 결정한 것이 대표적인 예로 유럽연합, 한국, 일본 등에서 생산된 전기차는 보조금 지급에서 제외되어 미국 내 자동차 시장에서 불이익을 감수하여야 한다. 이는 외국기업이 미국 내 직접생산을 유도하여 제조업을 부활하고 신규 고용을 창출하여 지속적인 경제성장을 달성하려는 미국의 제조업 재육성정책 방향이다(The White House, 2022).

이러한 미국의 정책방향에 대응하기 위하여 유럽연합은 유럽국부펀드 (European Wealth Fund: EWF) 창설, 그린 딜 산업계획을 통한 청정에너지산업 지원 및 육성과 높은 수준의 신규 고용창출, 미국과 유럽연합이 공동으로 사용할 수 있는 공급망 확보를 위한 투자 추진 등을 계획하고 있다. 이를 구체적으로 실행하기 위하여 유럽연합 집행위원회는 2023년 3월 16일 제4차 산업혁명 달성에 필수적인 전략적 첨단산업 부문에 과도한 중국산 의존도를 낮추고 미국의 인플레이션감축법에 적극적으로 대응하며 그린 딜 산업계획(Green Deal Industrial Plan)의 주요 정책 수행을 위하여 핵심원자제법(Critical Row Materials Act: CRMA) 및 탄소중립산업(Net–Zero Industry Act: NZIA) 초안을 제정하였다(European Commission, 2023a; European Commission, 2023b; European Commission, 2023c).

핵심원자제법 초안에 의하면 특정국 수입에 의존중인 니켈 등 16개 전략원자제인 핵심원자제의 유럽연합 내 가공 비율을 크게 증가시키고 폐배터리 소재의 재활용 보고 의무화 등을 통해서 원자재 공급망 안정 및 다각화를 추진하는 데 초점을 맞추고 있다.[2] 이를 통해서 유럽연합은 제 3국 원자재 의존도를 2023

---

2) 16가지 전략적 원자재는 배터리용 니켈, 리튬, 마그네슘, 천연흑연, 망간, 구리, 갈륨, 영구자석용 희토류 등으로 구성되어 있다.

년 90% 이상에서 2030년 65% 이하로 낮출 것을 목표로 하고 있다. 이를 위해 배터리, 탄소포집 등 청정기술 신규산업에 대해서는 역내 투자유치 확대를 위해 수년 간 장기로 진행되던 인허가 기간을 단기간 내에 실행할 수 있도록 제도적 개선도 함께 추진하기로 결정하였다.

이는 사실상 유럽연합이 주요 원자재의 90% 이상을 수입하고 있는 중국을 겨냥한 것으로 16개 전략 원자재는 전기차, 반도체, 히트펌프(Heat Pump), 태양광 패널 등을 제조하는 데 필수적인 핵심소재이다. 이외에도 유럽연합은 핵심 원자재 수입선 다변화도 추구하고 있다. 신흥 및 개발도상국 등 제3국과 원자재 관련 파트너십을 구축해 광물 채굴을 통한 새로운 원자재 공급망을 확보할 계획이다. 이외에도 원자재 소비 및 생산국을 포함하여 유럽연합과 유사한 입장을 갖는 국가들만 참여하는 핵심원자재클럽을 조직하여 공급망 안정에도 기여할 수 있는 정책을 수립할 예정이다. 이외에도 제3국의 핵심소재 원자재 의존도를 원천적으로 낮추기 위하여 유럽연합 내 원자재 발굴 및 생산 확대도 동시에 추진한다. 이를 위해서 전략적 원자재의 경우 2030년까지 역내 연간 소비량 대비 역내 채굴량을 최소 10%, 가공량 40%, 재활용 비율 15% 이상을 달성하는 것을 목표로 설정하였다(European Commission, 2023c).

특히 유럽연합 집행위원회는 2030년 이후 수명이 다하게 되는 전기차 및 풍력터빈 등의 재활용 역량 인프라를 확립하기 위해서 전기차 모토에서 필수부품인 영구자석에 대한 재활용 비율 및 재활용 가능 역량에 관한 정보공개를 의무화 하였다. 이는 향후 재활용 비율을 의무화 하려는 것이다. 이외에도 공급망 리스크를 제도적으로 방지하기 위해서 500명 이상 고용인 및 연간 매출 약 1억 5,000만 유로 이상인 역내 대기업에 대해서는 공급망 감사를 정기적으로 실시하는 것을 제도화 하였다. 이로서 유럽연합 내 진출한 외국기업도 회원국 기업과 동일한 의무를 갖게 되었다.

탄소중립산업법 초안에 의하면 미국 인플레이션감축법에 대응하여 역내 친환경산업 투자를 촉진하기 위한 대책으로 구성되었다. 이를 위해서 유럽연합 집행위원회는 태양광, 배터리, 탄소포집 및 저장 등 8가지 기술부문을 전략적 탄소

표 4-2 유럽연합 핵시원자재법 및 탄소중립법 초안 주요 내용

	핵심원자재법(CRMA)	탄소중립산업법(NZIA)
주요 내용	1. 2030년 특정 제3국산 원자재 수입비율 65% 미만 2. 2030년 전략적 원자재 역내 채굴량 최소 10%, 가공량 40%, 재활용 비율 15% 이상 3. 신흥 및 개발도상국 제3국과 원자재 파트너십을 구축하여 신규 원자재 공급망 확보 4. 전략적 원자재 신규 채굴, 가공시설 인허가 및 재활용 사업에 대한 신속한 허가 및 재정지원 가능 5. 핵심원자재클럽 구성을 통한 공급망 안정 구축 6. 영구자석 재활용 비율 및 재활용 가능역량 정보공개 의무화 7. 역내 대기업 공급망 감사 주기적 실시	1. 태양광, 배터리, 탄소포집 및 저장 등 8가지 전략적 탄소중립기술 지정 2. 2030년 8가지 산업 역내 제조역량 40% 달성 3. 8가지 산업관련 역내 신규사업 허가기간 최대 18개월로 단축 4. 신규 사업투자 시 보조금 지급절차 간소화

출처: European Commission, 2023b, 2023c

중립기술로 규정하였다. 또한 8가지 기술부문이 속한 산업의 역내 제조역량을 2030년까지 40%까지 증가시키고 이를 달성하기 위하여 이와 관련된 역내 신규 사업에 대해서는 허가 기간을 최대 18개월을 초과하지 못하도록 규정하고 있다. 이러한 방침에 따라서 신규 사업을 위한 투자 시 보조금 지급절차도 간소화 시키기 위하여 보조금 지급규정을 완화하였다. 이를 위하여 유럽연합 집행위원회는 보조금 지급요건을 단순화하고 유럽연합 기금의 유연한 활용을 약속하였다. 이는 역내 친환경 산업을 육성하여 글로벌 경쟁력을 강화하여 지속성장을 가능하게 하기 위한 전략이다(European Commission, 2023b)(표 4-2 참고).

　　이처럼 유럽연합은 핵심원자재법과 탄소중립산업법을 제정하여 친환경 산업에 필요한 핵심원자재 공급망 확보 및 다변화를 추구하고 친환경 산업을 육성하는 데 초점을 맞추고 있다. 이 두 개의 법안 초안은 유럽연합 집행위원회, 유럽의회, 유럽연합 정상회의 간 3자 협의를 거쳐서 확정될 예정이다. 그러나 유럽연합이 미국의 인플레이션감축법에 대항하여 보조금 경쟁을 추진하는 것에 대한 비판적인 시각도 유럽연합 내 동시에 존재한다. 유럽연합의 싱크탱크인 브뤼겔 연구소(Bruegel)는 유럽연합이 녹색전환을 위한 청정산업의 글로벌 경쟁력을 확

보하기 위한 기회로 해당 기술부문에 보조금 지급경쟁을 활용하고 있지만 이는 지나치게 유럽연합 산업을 위한 보호주의를 확산시킬 수 있는 위험도 존재한다고 주장하고 있다(Poitiers et al., 2023).

현실적으로 유럽연합 핵심원자재법과 탄소중립산업법은 미국의 인플레이션 감축법과 비교할 때 자국 내에서 직접 생산되지 않는 전기차에 대해서는 보조금을 지급하지 않는 미국과 달리 청정산업기술 개발 및 전략적 핵심원자재 공급망 확보를 위한 역내외 기업투자를 유인하는 데 보조금을 지급하는 전략을 추진하고 있다. 그럼에도 불구하고 역내외 대기업의 경우 안정적인 공급망 확보라는 전제하에 정기적인 감사실시 및 영구자석 재활용 비율과 재활용 가능역량 정보 공개를 의무화 하는 것은 외국기업 특히 한국, 중국, 일본 등 동아시아 기업의 생산 및 영업활동을 역내에서 견제하는 보호주의 성격이 강하다.

4 유럽 글린 딜 전략과 수소경제

(1) 배경

유럽 그린 딜 전략의 목표인 2030년까지 1990년 대비 탄소배출 55% 감축 및 2050년까지 기후중립 달성을 성공적으로 추진하기 위해서 유럽연합은 유럽 통합에너지체제를 구축하려고 노력하고 있다. 동시에 유럽연합은 새롭게 구성되는 통합에너지체제에 수소 에너지 전략을 첨부하여 청정수소 생산을 환경친화적인 에너지 자원인 재생에너지 자원과 함께 기후중립을 달성할 수 있는 중요한 에너지자원으로 인식하고 있다. 유럽연합이 구축하려는 통합에너지체제는 에너지 체제의 계획 및 운영 단계부터 전반적으로 에너지 운송, 인프라 구축, 소비 과정에서 저탄소, 에너지 공급 서비스의 효율성 향상을 소비자에게 제공하는 강력한 연계를 구축하여 사회적 비용을 최소화 시키는 것을 의미한다.

이를 구축하기 위해서는 에너지 효율성을 최우선으로 하는 순환적 에너지체제 구축, 최종 에너지 소비부문에 직접적인 전기화 강화, 전기화 및 직접 난방이 불가능한 부문에 최종 에너지 소비 지원을 위하여 수소 에너지를 포함한 재생 에너지 및 저탄소 연료 사용 등과 같은 세 가지의 조건을 충족시켜야 한다. 이렇게 구축된 더욱 통합된 에너지 체제는 에너지 소비자가 에너지 공급에 적극적으로 참여하는 다방향 체제(Multi-Directinal System)를 구축하게 된다(European Commission, 2020f).

(2) 통합에너지체제 구축

통합에너지체제 구축은 다양한 형태의 장점을 제공한다. 이 체제는 탈탄소화에 매우 어려운 부문에 온실가스 배출 감축에 기여할 수 있다. 특히 재생 에너지 전기를 사용하는 건물 및 운송, 재생 및 저탄소 연료를 소비하는 해양 선박 및 특정 산업 생산공정에서 온실가스 배출을 감축하는 데 기여할 수 있다. 이외에도 통합에너지체제는 다음과 같은 실질적인 장점을 제공해 줄 수 있다.

첫째: 에너지 자원 효율적 소비 강화

에너지 자원의 효율적 소비 증대를 통하여 총 에너지 소비량을 감소시키고 이는 연관된 기후 및 환경 영향에 긍정적인 선순환의 기능을 수행한다. 에너지 소비 과정에서 특정 최종 소비 부문에서는 수소 및 합성연료 등과 같은 에너지 생산을 요구할 수 있다. 동시에 에너지 최종 소비 부문에서는 전기화를 통하여 최종 에너지 소비 기술이 효율성을 증가시켜 제1차 에너지 소비를 약 1/3 감소시킬 수 있다. 따라서 통합에너지체제는 2050년까지 에너지 소비를 1/3로 감축하고 이는 경제 성장의 2/3를 기여하게 될 것으로 예측하고 있다. 에너지 소비 감소 및 온실가스 배출 감축은 기후변화 억제에 필수적인 공기 및 수자원의 질적 향상에 기여하고 이는 건강 증진 및 자연자원 보전에 중요한 역할을 수행한다.

둘째: 유럽경제 경쟁력 강화

통합에너지체제 구축은 에너지 기술 효율성을 증대하고 해결 방안을 지속적으로 발전시키는 역할을 한다. 즉 이를 통해 에너지 전환, 표준화, 시장 활용 등과 관련이 있는 전 산업의 생태계에 선순환의 영향을 미치게 되며 이는 유럽연합 산업의 글로벌 경쟁력을 강화시키는 데 기여한다. 또한 이 부문에 특화된 기업은 지역에 관련 서비스를 제공하고 지역경제 이익을 창출하는 역할을 수행하고 스마트 기술 그리드 및 지역난방 체제 등과 같은 청정에너지 기술부문에서 글로벌 리더십을 발휘할 수 있는 가능성을 획득할 수 있다. 이를 통해서 신기술 부문인 더욱 복합적이고 효율적인 에너지 공정부문에 진입하여 배터리 및 수소 에너지 등과 같은 글로벌 에너지 체제에 적극적인 역할을 수행할 수 있다.

셋째: 유연성 향상 제공

통합에너지체제의 강화는 에너지 체제의 전반적인 관리부문에 더욱 향상된 유연성을 제공하고 이는 가변적인 재생 에너지 생산비율을 증가시키고 통합시키는 데 우호적이다. 이처럼 향상된 통합에너지체제는 전기저장 기술을 발전시키는데 중요한 역할을 할 것으로 예상하고 있다. 즉, 수소전력, 그리드 수준의 배터리, 전기분해장치 등은 전력부문에 더욱 향상된 유연성을 제공하여 전력의 그리드 배분을 효율적으로 관리할 수 있다.

넷째: 소비자 권한 강화 및 에너지 공급 안보 확보

지역화된 에너지 생산, 자체적 에너지 생산, 에너지 배분의 스마트화된 소비 등을 통한 다양한 에너지 수송의 연결에 의해 통합에너지체제는 에너지 소비자 권한을 더욱 강화시키고 에너지 관련 회복 능력을 향상시키며 에너지 공급안보를 확립하는 데 중요한 역할을 한다. 즉, 통합에너지체제는 천연가스 및 원유 수입을 지역에서 생산되는 재생 에너지로 대체하는 과정에서 에너지 순환모델을 구축하여 에너지 수입을 지속적으로 감소시킨다. 또한 외부로부터 수입하는 화석연료 수입의존도를 낮추고 이는 유럽연합 경제체제의 회복력을 증가시키는 역할을 하게 된다(European Commission, 2020f).

(3) 수소경제와 수소 에너지 역할

통합에너지체제를 구축하고 에너지 믹스를 다변화하기 위하여 수소 에너지의 중요성이 증가하고 있다. 우선 수소 에너지는 최근 유럽연합뿐만이 아니라 세계에서 지속적으로 관심이 증가하고 있다. 그 이유는 수소 에너지가 공급원료뿐만이 아니라 연료, 에너지 수송 및 저장으로 사용될 수 있고 동시에 다양한 산업부문, 운송, 전력 및 건축물 부분에도 활용될 수 있기 때문이다. 이보다 더 중요한 사실은 수소 에너지는 소비과정에서 탄소배출이 제로이고 대기오염을 전혀 발생시키지 않는 청정에너지 자원이라는 것이다. 따라서 수소 에너지는 산업 공정과정 및 경제부문에서 탄소배출 감축이 긴급하고 어려운 부문에 활용될 수 있다. 이러한 수소 에너지의 장점으로 유럽연합이 미래 에너지 자원 중 하나로 개발에 정책적 관심을 집중하고 있으며 이를 통해서 2050년 목표인 기후중립을 달성할 수 있는 청정에너지 자원으로 평가하고 있다.

그러나 현실적으로 수소 에너지는 유럽연합 및 글로벌 에너지 믹스에서 차지하는 비중이 매우 일부분이며 수소 생산의 대부분이 천연가스, 석탄 등 화석연료를 사용하여 생산되는 부생(By−Product Hydrogen), 브라운(Brown Hydfrogen), 그레이 수소(Gray Hydrogen)로서 생산 과정에서 이산화탄소를 대기로 배출하고 있다. 유럽연합 내에서만 연간 7,000만 톤에서 1억 톤의 탄소를 배출하고 있다. 따라서 수소 에너지가 기후중립 달성에 직접적으로 기여하기 위해서는 탄소배출을 전혀 하지 않는 상태에서 대량 생산을 가능하게 하는 생산 능력을 보유하는 것이 급선무이다. 실제로 2020년 유럽연합은 역내 가동 중인 300개 전기분해장치를 가동하여 수전해 과정을 통해서 생산하는 청정수소인 그린수소(Green Hydorgen) 생산 비중이 총 수소생산의 4% 미만이다(European Commmission, 2020g)(표 4−3 참조).

표 4-3 수소분류 및 생산방법

수소분류	원료	생산방법
부생수소	석유	석유화학 공정에서 부수적으로 생산
브라운 수소	갈석탄	갈석탄으로 가스화 공정을 통해 수소 추출
그레이 수소	천연가스	천연가스에 스팀을 가해 메탄으로부터 수소 추출
블루수소	석탄 및 천연가스	브라운 및 그레이수소와 동일하나 생산과정에서 발생하는 CO_2를 포집 및 지하저장
그린수소	물	재생에너지로 생산한 전력을 사용하여 물을 전기분해하여 수소 생산

출처: 양수영, 최지영, 2022년

수소 에너지에 대한 관심은 선진국을 중심으로 이전에 존재하였으나 현실적으로 높은 비용문제로 실행되지 못했다. 그러나 현재는 재생에너지 생산가격이 지속적으로 하락하고 관련 기술부문도 지속적으로 발전하였으며 온실가스 배출 감축이 절실하게 증가하고 있는 상황이기 때문에 수소 에너지 개발 가능성이 높아지고 있다. 또한 유럽연합의 경우 타 국가 및 지역보다 재생에너지 발전비율이 상대적으로 높고 재생에너지로 생산된 잉여전력을 활용할 수 있는 가장 환경친화적인 방법 중 하나가 그린수소를 생산하는 것이다(이승은, 2019).

2015년 지구상 대부분의 국가가 파리협정 체결에도 불구하고 지구온난화 현상은 가속화되고 있으며 이에 대응하기 위하여 유럽연합은 2050년 기후중립 달성을 위하여 2030년까지 온실가스 배출 감축 목표치를 1990년 대비 40%에서 55%로 증가시켰다. 이를 위해서 전 세계적으로 온실가스를 배출하지 않는 전력 생산에 대한 투자가 증가하고 있으며 전기분해장치를 사용하여 전력을 생산하는 수전해 방식 발전소 건설 용량 목표를 2030년까지 3.2기가와트에서 8.2기가와트로 증가시켰다. 이중 특히 유럽연합의 증가분이 총 증가분 중 57%에 달하여 유럽연합이 수소에너지 개발에 타 지역이나 국가보다 더욱 적극적이다. 이는 각 선진국이 처한 에너지 상황과 밀접하게 연계되어 있고 자국의 에너지 정책에서 수소가 차지하는 전략적 중요도에 따라 상이하다. 그럼에도 불구하고 수소에너지가 청정에너지로서 기후중립 목표를 달성하는 데 중요한 역할을 할 수 있다는 공통된 판단을 하고 있다. 그 결과 국제수소위원회(International Hydrogen Council)

표 4-4 주요 선진국 수소 에너지 개발

구분	미국	유럽연합		일본
		독일	프랑스	
추진 배경	• 천연가스 하락 • 풍력 잉여전력 발생	재생에너지 잉여전력 활용방안 모색		• 에너지 자급률 하락 • 연료전지 기술선도
주요 특징	• 천연가스 및 풍력 사용	• 천연가스 그리드 활용 • 열병합발전소 연계		• 외국수소 대량 수입

추진
정책
	• Hydrogen
	  Program(1992)
	• 수소경제 이행을
	  위한 국가비전(2002)
	• 국가수소에너지
	  로드맵(2002)
	• Hydrogen Route
	  Plan(2006)
	• Transpormation
	  Energy
	  Future(2013)
		• Clean Energy
		  Partnership(2002)
		• 국가수소 및
		  연료전지 기술혁신
		  프로그램(2008)
		• H2 Mobility(2009)
			• 국가재산업화계획
			  (2006)
			• H2 Mobility
			  France(2013)
			• Maxity Fuel Cell
			  Plan(2016)
				• Hydrogen
				  Society(2008)
				• 4차 에너지기본계획
				  (2014)
				• 수소연료전지전략
				  로드맵(2014)
				• 수소충전소 보급확대
				  (2014)
				• 수소기본
				  전략 시나리오 (2017)

출처: 이승은, 2019

에 참여하는 유럽연합 기업의 수도 2017년 13개에서 2020년 81개로 급격하게 증가하였다(이승은, 2019; European Commmission, 2020g)(표 4-4 참조).

수소 에너지가 유럽 그린 딜 전략과 청정 에너지전환의 목적을 달성하기 위한 중요한 선택지 중 하나로 선정된 것은 다양한 이유가 존재하기 때문이다. 유럽연합 내 재생에너지로 생산된 전력생산이 기후중립 달성의 목표연도인 2050년까지 에너지 소비의 상당부문에서 탄소배출 감축을 달성할 것으로 예상하고 있으나 완전한 제로 탄소배출 감축은 불가능할 것으로 전망하고 있다. 따라서 수소 에너지가 이러한 탄소배출 감축 부족분을 대체할 수 있는 무탄소 에너지 자원으로 부상하고 있는 것이다. 즉, 수소 에너지는 배터리, 운송, 장거리 에너지 소비센터 등에 계절별 변동성 및 생산거점 등을 연결하는 재생 에너지 저장을 위한 매개체의 역할을 수행할 수 있는 대체제로 인정받고 있다. 또한 수소 에너지는 생산, 유통, 활용 등 모든 부문에서 수소 에너지 산업의 가치사슬(Value Chain)을 구축하여 발전할 수 있다. 따라서 수소 에너지의 다양한 활용 방안으로 인하여 전 산업에 미치는 파급효과가 매우 클 것으로 관측되고 있다. 이러한 이유로 인

그림 4-4 수소 에너지 산업 가치사슬 구성

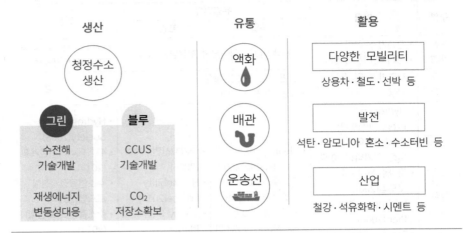

출처: 산업통상자원부, 2021

해서 유럽연합 기후중립 전략 비전에 유럽연합 에너지 믹스에서 수소 에너지가 차지하는 비중이 2020년 2% 이하에서 2050년에는 약 13~14%로 상승할 것으로 예상되고 있다. 일부 학자는 2050년 에너지 믹스에서 수소 에너지 비중을 23%까지도 예상하고 있다(European Commmission, 2020g; Moja et al. 2019; 산업통산자원부, 2021)(그림 4-4 참조).

탄소중립 경제체제와 에너지안보

1 배경

2019년 말 유럽연합이 발표한 2050년 기후중립을 달성하기 위한 탄소중립 경제체제 구축은 미국 및 중국 등 경제대국과 비교할 때 유럽연합의 최대 약점인 에너지안보를 실현할 수 있는 매우 특이하고 새로운 기회로 작용할 수 있을 것으로 평가받고 있다. 이를 실행하기 위하여 유럽연합은 성장전략인 유럽 그린 딜 전략을 추진하고 있다. 이미 설명한 것처럼 유럽 그린 딜 전략은 유럽연합의 산업경쟁력을 강화하고 지속적인 탄소배출 감축을 실현하면서 동시에 경제성장을 달성하는 성장정책의 일환이다.

따라서 기후 및 환경정책 부문에서 세계에서 선도적인 역할을 수행하는 유럽연합이 유럽 그린 딜 전략을 성공적으로 수행하고 지속적인 경제성장을 달성하기 위해서는 2050년 탄소중립 경제체제를 구축할 때가지 안정적이고 지속적인 에너지 생산과 공급이 매우 중요하다. 2017년 기준 유럽연합은 에너지 자급률이 약 45%에 불과하여 글로벌 주요 경제국인 미국 및 중국과 비교할 때 에너지 의존도가 매우 높은 편이다. 또한 아직까지 주요 산업의 생산 활동을 위해서 필수적인 화석연료 중 석유와 천연가스 수입은 중동과 러시아로부터 수입에 의존하고 있기 때문에 이 지역의 정치 및 경제적 변화에도 매우 민감하다(Eurostat, 2019b).

구체적으로 분석하면 화석연료 중 석탄은 자체적인 생산량이 상대적으로 높아서 의존도가 약 40%에 불과하나 석유 의존도는 약 83%, 천연가스 의존도는 약 77%에 달하여 화석연료 의존도가 약 55% 이상이다. 유럽연합의 에너지 의존도는 1990년 44%에서 지난 30여 년 간 지속적으로 증가하는 패턴을 보이고 있다. 따라서 에너지 불안정이 유럽연합 2016 글로벌 전략(EU's 2016 Global Strategy)에서 공식적으로 언급되었고 유럽의회 노르망디 지역(Normandy Region)에서 발간하는 노르망디 지수(Normandy Index)는 이를 유럽연합의 주요 대외적 취약성 중 하나로 인식하였다. 이후 2018년 북대서양조약기구(NATO) 정상회의에서도 동일한 우려를 공식적으로 발표하였다(Russel, 2020; EU, 2016; NATO, 2018)(그림 5-1 참조).

그림 5-1 유럽연합 화석연료 수입의존도(2017년)

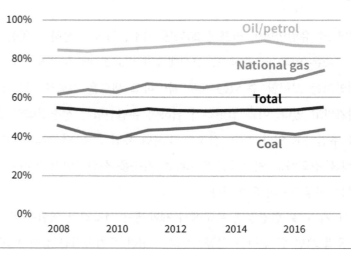

출처: Eurostat, 2019b

2 유럽연합 에너지안보 및 전략

유럽연합의 지속적인 경제적 풍요를 유지하기 위해서는 안정적인 에너지 공급이 절대적인 역할을 수행한다. 그 이유는 유럽연합의 에너지 수입의존도가 타 주요 경제국가보다 매우 높기 때문이다. 그러나 유럽연합은 1970년대 세계석유 파동 이후 2000년대 초까지 에너지관련 문제를 심각하게 경험하지 않았기 때문에 모든 회원국이 에너지안보에 대한 인식이 매우 희박해 졌다. 즉, 역내 회원국의 국민들은 에너지 자원이 공기 및 물처럼 당연히 존재하고 있는 자연자원처럼 필요시 항상 소비할 수 있는 자원으로 생각하고 일상생활을 영위하고 있다.

그러나 2006년 및 2009년에 발생한 러시아의 천연가스 공급차단으로 인하여 역내 회원국 중 특히 폴란드, 헝가리, 체코, 슬로바키아, 불가리아 등 동유럽 국가가 커다란 피해를 보았고 서유럽 회원국 국민에게도 에너지 안보에 대한 경각심을 고취시키는 계기가 되었다. 러시아와 우크라이나 간 천연가스 대금지불 문제로 인하여 발생한 러시아의 천연가스 공급차단은 유럽연합이 공동으로 에너지 안보에 대응하여야 한다는 당위성을 제공하였다. 이에 따라서 2007년 이후 유럽연합 차원의 에너지정책을 추진하게 되었다. 이로서 유럽연합의 에너지 안보를 강화하고 에너지 수입 의존도가 상대적으로 높은 회원국은 에너지 수입을 다변화하는 접근방법을 취하였다.

그러나 에너지 수입 관련 인프라를 강화하고 에너지 수입원을 다변화하였음에도 불구하고 유럽연합은 에너지관련 외부환경 변화에 취약하다. 그 근본적인 이유는 역내 에너지자원의 절대적인 부족으로 인하여 에너지 수입의존도가 타 글로벌 주요 경제국과 비교할 때 상대적으로 높기 때문이다. 이러한 문제를 근본적으로 해결하기 위해서 유럽연합은 단기적으로는 에너지 외부환경 충격에도 충분히 견딜 수 있고 에너지 공급이 원활하지 않더라도 이를 극복할 수 있는 에너지 전략을 수립하여야 한다. 동시에 장기적으로는 특정 에너지 자원, 공급처 및 수입경로 등에 대한 의존도를 낮추고 대체 에너지자원인 재생에너지 개발을 강화하여야 한다. 이를 위해서 유럽연합 정책결정자들은 역내 회원국 국민에게 유럽연합 차원의 에너지 의존도를 감소시키는 다양한 방안을 주지시켜야 한다. 이처럼 유럽연합이 에너지 안보 및 전략에 전력을 추구하는 이유는 안정적이고 지속적인 에너지 공급이 유럽연합의 경제적 번영과 안보를 보장하기 때문이다 (COM, 2014; Wilson & Dobreva, 2019).

유럽연합이 에너지 안보문제에 정책적으로 공동으로 대응하기 시작한 것은 2007년 이후이다. 설명한 것처럼 2006년 1월 한 겨울에 러시아의 천연가스 공급 중단으로 인한 피해가 경제, 사회 및 심리적으로 매우 큰 파급효과를 발생시켰기 때문이다. 이후 2009년 1월에도 동일한 에너지공급에 심각한 문제를 발생시켰기 때문에 유럽연합과 각 국 회원국은 에너지 안보를 매우 심각한 유럽연합의 공동 문제로 인식하였다.

이처럼 유럽연합이 에너지 안보문제에 심각성을 인식하기 시작한 것은 1990년 이후 역내 에너지 자원인 석탄, 석유, 천연가스 생산량이 지속적으로 감소함에도 불구하고 화석연료 에너지 자원을 수입을 통하여 안정적인 에너지 공급에 주력하였기 때문이다. 동시에 주요 에너지 자원인 석유와 천연가스 수입을

그림 5-2 유럽연합 화석연료 생산 추이(1990년~2017년; 1990년=100)

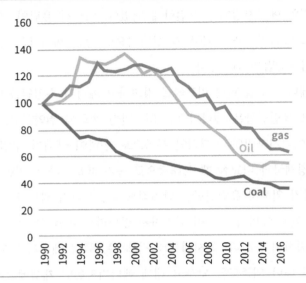

출처: Eurostat, 2019b

중동과 러시아라는 주요 생산국에 의존하여 에너지 수입원을 다변화 시키지 못했기 때문이다. 유럽연합의 석탄생산은 역내 생산비용 상승과 환경문제로 인하여 1990년 이후 지속적으로 감소추세에 있으며 석유와 천연가스 생산은 1990년 이후 2000년대 초까지는 지속적으로 증가추세를 보이다가 에너지자원의 고갈로 인하여 2000년대 중반 이후 급격하게 감소하는 추세를 보이고 있다(Eurostat, 2019b)(그림 5-2 참조).

화석연료 중 특히 천연가스 소비량은 지속적으로 증가할 것으로 전망되고 있다. 그 이유는 화석연료 중 천연가스는 탄소배출 비율이 가장 낮아서 기후변화에 미치는 부정적인 영향이 상대적으로 낮기 때문이다. 따라서 유럽연합 집행위원회는 2016년 유럽연합의 천연가스 수입비중이 총 소비량의 70%를 차지하였으나 2050년에는 이 비중이 87%까지 증가할 것으로 예상하고 있다(European Commission, 2016).

이처럼 지속적인 소비증가가 예상되는 천연가스의 안정적인 공급을 해결하고 에너지 안보를 확립하기 위해서는 역내 새로운 천연가스 생산을 개발하여야

그림 5-3 유럽연합 석유 및 천연가스 수입국가 비중(2019년, %)

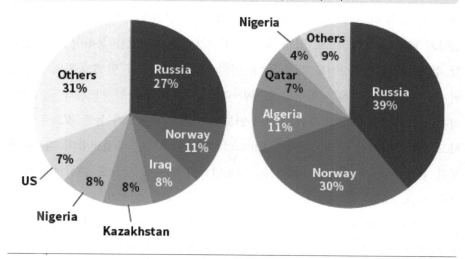

출처: Eurostat, 2020b

한다. 현재 유럽연합 내 천연가스 개발이 가능한 지역은 루마니아(Romania)와 사이프러스(Cyprus)이며 대량생산이 가능한 것으로 추정되고 있다. 이외에도 프랑스, 영국, 폴란드, 네덜란드 등에서 셰일가스(Shale Gas) 생산이 가능한 것으로 조사 및 보고되었으나 셰일가스 개발 시 사용되는 수압파쇄공법(Hydraulic Fracking Engineering)은 환경오염을 유발할 수 있는 위험성이 있기 때문에 생산가능성이 제한적이다(Russel, 2020).

이러한 유럽연합 내 에너지 수요 및 공급 상황으로 인하여 유럽연합의 에너지 수입 의존도는 1990년대 이후 지속적으로 증가하였으며 에너지 수입원도 주요국가인 러시아에 크게 의존하는 형태를 갖게 되었다. 러시아는 단일국가로는 유럽연합에 석유와 천연가스를 가장 많이 공급하는 최대 공급 국가이다. 2019년 러시아는 유럽연합에 석유는 27%, 천연가스는 39%를 공급하여 타 국가보다 매우 우월적인 위치를 차지하고 있다(Eurostat, 2020c)(그림 5-3 참조).

이처럼 유럽연합은 러시아로부터 과도한 에너지 수입에 노출되어 있고 이를 유럽연합도 명확하게 인식하고 있다. 그럼에도 불구하고 유럽연합이 석유 및 천연가스 수입 다변화를 달성하는 것은 현실적으로 쉽지 않다. 그 이유는 러시아에서 수입하는 특히 천연가스의 가격경쟁력이 매우 높기 때문이다. 또한 유럽연합은 러시아로부터 수입하는 천연가스의 약 80%를 천연가스 배관망을 통해서 수입하기 때문에 지리적으로 역내 국가에 천연가스를 배관망을 통하여 직접 공급할 수 있는 커다란 장점을 갖고 있다. 이외에도 북아프리카 및 중동지역에서 천연가스 수입을 증가하는 방법도 있지만 리비아 및 이라크 등 이 지역 국가들의 정치적 불안정 등을 고려하면 에너지 안보에 미치는 위험도가 높은 것으로 판단하고 있다. 따라서 국제에너지기구(IEA)의 예측에 의하면 유럽연합의 러시아에 대한 높은 천연가스 수입 의존도는 2040년까지 지속될 것으로 예상하고 있다 (Zeniewski, 2019).

2007년 이후 유럽연합 차원의 에너지정책이 추진되고 있으나 에너지 안보와 관련된 이슈가 대두될 때 역내 회원국 간 매우 높은 상호의존도가 간과되고 개별 회원국의 사안으로 취급되는 경우가 자주 발생하였다. 따라서 유럽연합 내 에너지 안보를 확보하기 위해서는 역내 지역별 혹은 전 유럽연합 차원의 협력체제 구축과 역내 에너지시장의 기능을 기초로 역내 시장개방 확대와 에너지 네트워크 개발 조정을 위한 공동의 접근방법이 필수적이다. 이외에도 에너지 안보를 확립하기 위한 대외행동을 취할 때도 유럽연합 차원의 보다 통합된 방식을 추진하여야 한다.

2001년 이후 국제에너지기구(IEA)는 에너지 안보 개념을 단기 및 장기 간 에너지 자원을 적정가격에 지속적으로 구입할 수 있는 능력이라고 규정하고 있다. 단기차원의 에너지 안보는 에너지 공급과 수요균형의 변화에 대응할 수 있는 능력을 의미하고 장기차원의 에너지 안보는 경제 및 환경부문의 발전에 대한 요구를 충족시키기 위한 에너지부문에 지속적인 투자에 초점을 맞추고 있다. 즉, 에너지 안보 개념은 글로벌 경제발전을 충족시키기 위한 에너지 수요를 적정가격에 지속적으로 공급할 수 있는 상태를 의미한다(Kocaslan, 2014; Tufail et al., 2018).

이러한 에너지 안보 개념을 기초로 유럽연합은 2016년 에너지 불안정이 유럽연합이 당면하고 있는 11개의 위험 요소 중 하나로 인식하였다. 따라서 유럽연

그림 5-4 유럽연합이 직면한 11개 위험 요소(2019년)

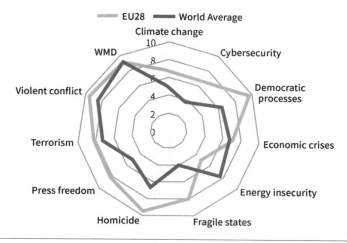

출처: Lazarou & Perchoc, 2019 재인용

합 글로벌 전략 2016은 노르망디 지수(Normandy Index)를 활용하여 에너지 불안 정이 유럽연합이 당면한 대량상상무기(WMD), 기후변화, 테러리즘(Terrorism), 사 이버안보(Cyber Security) 등과 함께 대외적으로 매우 취약한 요소 중 하나로 규정 하였다. 따라서 2006년 및 2009년에 발생한 러시아의 천연가스 수송금지 조치로 인한 에너지 공급차질이 막대한 사회경제적 손실을 발생시킨 것을 경험하면서 에너지 안보의 중요성을 다시 인식 하기 시작했다. 그 결과 유럽연합은 미래의 에너지 불안정을 해결하는 에너지 안보전략을 수립할 필요가 있다고 판단하였다 (Lazarou & Perchoc, 2019)(그림 5-4 참조).

이처럼 유럽연합이 에너지 안보에 취약한 근본적인 이유는 에너지 수입 의 존도가 2019년 약 55%로 상대적으로 높기 때문이다. 따라서 에너지 수입 의존도 를 낮추기 위하여 재생에너지 개발, 에너지 효율향상 및 에너지 소비감소에 집중 하고 있다. 그 결과 화석 에너지 수입을 감소시켜 에너지 수입의존도를 낮추려는 에너지 정책을 추진하고 있다. 그러나 재생에너지 개발은 초기 투자자본이 매우 높고 에너지의 지역생산, 날씨 변화에 따른 생산성 저하 등이 단기적으로 커다란 도전이다. 그러나 장기적으로는 지속적인 기술개발 및 생산단가 감소로 이러한

그림 5-5 유럽연합 에너지믹스 변화 추이(2017년~2019년)

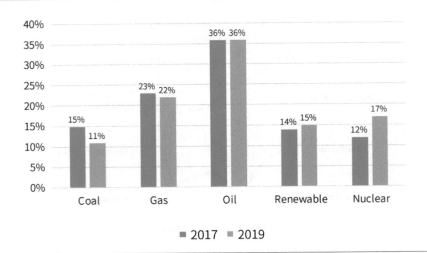

출처: Eurostat, 2020b

문제점을 극복할 것으로 예상하고 있다.

재생에너지 소비는 총 에너지 소비에서 2017년 14%에서 2019년 15%로 소폭 증가하였고 원자력 발전은 12%에서 17%로 크게 증가하였다. 그 반면에 석탄은 15%에서 11%로 크게 감소하였고 석유 및 천연가스 소비비중은 커다란 변동이 없었다. 따라서 2019년 유럽연합 총 에너지 소비도 화석연료 비중이 70%로 매우 높은 수준이다(Russel, 2020; Eurostat, 2021b)(그림 5-5 참조).

이처럼 유럽연합의 총 에너지 소비에서 화석연료 소비비중이 상당히 높은 수준임에도 불구하고 이러한 현상이 단시간 내 변화시킬 가능성은 상대적으로 매우 낮다. 따라서 유럽연합이 에너지 안보를 확보하기 위해서는 화석에너지 수입원을 다변화하는 것이 매우 시급한 문제이다. 주요 화석연료 중 석유는 그 특성상 글로벌 시장에서 수요와 공급이 원활하게 이루어지고 있으며 예비 비축량도 상상한 수준을 유지하고 있기 때문에 필요시에는 언제든지 수입원을 변경할 수 있다. 물론 중동지역(사우디아라비아, 이라크, 쿠웨이트, 이란)과 남아메리카(베네수엘라) 등에 상대적으로 치우친 석유생산량으로 인하여 이들 국가의 내부 정치적인 문제로 안정적이고 지속적인 석유 수입에 차질을 나타낸 경험이 존재하지만 대부분의 경우 석유가격 및 구입 가능성에는 단기적인 영향만을 미쳤다.

원자력발전의 주원료인 우라늄 공급도 상대적으로 다변화되어 있다. 따라서 유럽연합의 원자력 발전을 감독하는 유라톰공급청(Euratom Supply Agency)은 중기적 차원에서 판단할 때 글로벌 시장에서 원자력발전을 위한 우라늄 공급은 원활하게 진행될 것으로 예상하고 있다(Euratom Supply Agency, 2018).

그러나 천연가스 수입은 석유와 우라늄 수입과는 시장의 성격이 매우 커다란 차이를 나타내고 있다. 우선 천연가스를 수입하기 위해서는 장거리 수송을 위한 배관설치 및 액화천연가스 수송을 위한 천연가스 터미널 건설 등과 같은 대규모 인프라를 건설하여야 하며 막대한 투자자본이 필수적이다. 동시에 평균 4,000킬로미터 이상의 장거리 파이프라인을 통한 수송으로 다수의 국가 간 경계를 통과하여야하기 때문에 당사국 간 합의도 필수적이다. 따라서 천연가스 수입국과 수출국 간 장기계약을 기본으로 천연가스 무역이 진행되고 있는 특성을 갖고 있다. 일반적으로 천연가스 무역 계약은 20년을 기본으로 운영되고 있지만 2015년에서 2018년에 체결된 계약기간은 평균 14년으로 약간 단축되는 경향을 보이고 있다(박상철, 2018; Russel, 2020; Chyong, 2019).

이러한 천연가스 무역의 특수성으로 인하여 천연가스 수입원을 단기간에 다변화하는 것은 현실적으로 불가능하다. 따라서 천연가스 수입원이 특정 국가에 과도하게 의존돼 있으면 에너지 안보에 심각한 위협이 된다는 사실을 인식함에도 불구하고 유럽연합도 러시아와 장기계약을 맺어서 천연가스를 수입하고 있는 실정이다. 이를 해결하기 위하여 유럽연합은 2014년 유럽 에너지안보전략(2014 European Energy Security Strategy)의 주요 이슈로 에너지 수입원 다변화를 채택하였다. 그러나 현실은 이러한 목표를 달성하기에는 장기간 노력이 필요할 것으로 판단된다. [그림 5-3]에서 보듯이 2019년 유럽연합은 러시아로부터 수입하는 천연가스 수입비중이 39%에 달하고 있으며 러시아는 유럽연합의 천연가스 최대 수입국이다.

러시아로부터 천연가스 수입비중은 1990년에는 총 58%에 달하여 절대적 지위를 차지하였다. 이후 러시아 천연가스 수입비중은 이후 지속적으로 감소추세

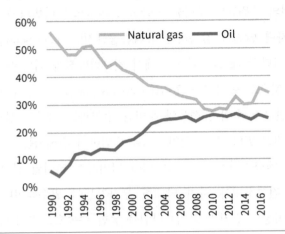

출처: Eurostat, 2020b

를 나타내어 2010년에는 그 비중이 30% 이하로 감소하였다. 이처럼 러시아 천연
가스 수입이 감소한 이유는 2006년 및 2009년 발생한 러시아의 사전통지 없이
진행한 갑작스러운 천연가스 배관망 차단으로 인하여 유럽연합이 수입대체 국가
를 적극적으로 찾아 나섰기 때문이다. 특히 중동지역의 카다르 및 이란으로부터
천연가스 수입을 적극적으로 추진하였으나 러시아의 천연가스 가격보다 높은 비
용을 지불하여야만 했다. 따라서 러시아와 관계개선을 추구한 결과 2010년 이후
부터는 러시아 천연가스 수입이 다시 증가하기 시작하였다. 이와 비교할 때 러시
아 석유수입은 1990년 이후 지속적으로 증가하다가 2010년에 정점을 도달한 후
이후에는 증가추세를 보이고는 있지만 안정적인 수입비율을 유지하고 있다(박상
철, 2018; Russel, 2020)(그림 5-6 참조).

　　이처럼 2010년 이후 유럽연합에 러시아 천연가스 수입이 다시 증가하고 있
는 상황에서 2014년 러시아의 크리미아(Crimea) 병합으로 유럽연합, 미국, 일본
등 서방세계가 동년부터 러시아에 경제제재를 실시하고 있다. 따라서 러시아와
우크라이나 사이에 정치 및 군사적 분쟁이 지속되고 있는 상황에서 유럽연합은
러시아로부터 과도하게 의존하고 있는 천연가스 수입이 에너지 안보 확립에 부
정적으로 작용할 것에 대해서 매우 우려하고 있다. 2021년 5월 말에 발생한 백러

시아의 유럽연합 회원국인 리투아니아 행 여객기 납치사건으로 인하여 유럽연합은 러시아와 백러시아에 대한 재제를 강화시킬 것을 계획하고 있기 때문에 유럽연합과 러시아 간 관계는 악화될 가능성이 매우 높은 것이 현실이다(BBC, 2021b).

그럼에도 불구하고 러시아와 유럽연합의 핵심국가인 독일은 러시아와 독일을 연결하는 제2차 파이프라인 연결사업인 북유럽 가스 파이프라인 프로젝트(North European Gas Pipeline Project)인 노르드 스트림 2(Nord Stream 2)의 완공을 2021년에도 지속적으로 추진하고 있다. 천연가스 해양 파이프라인인 노르드 스트림은 제1차 파이프라인이 2011년 11월 완공되어 운영되고 있다. 그러나 유럽연합의 증가하는 천연가스 수요를 충족시키기 위하여 제2차 파이프라인이 러시아의 뷰보르그(Vyborg)에서 독일의 루브민(Lubmin) 사이의 1,222Km를 연결하는 해양 파이프라인 공사를 2018년 시작하여 2020년 말에 완공될 예정이었다. 그러나 미국 트럼프 정부의 반대로 2020년 이 계획에 참여하는 모든 서방기업에 대한 경제제제 실시로 인하여 건설에 참여하였던 스위스를 포함한 서방기업은 모두 철수한 상태이다. 그러나 러시아는 단독으로 마지막 구간의 완공을 목표로 2021년 건설 중에 있으며 2021년 7월 미국 바이든 정부는 독일 및 유럽연합과 동맹의 가치를 인정하여 트럼프 정부의 경제제제 결정을 뒤집고 이를 승인하였다(박상철, 2018; Kuzmin, 2019; Gardner, 2019; Argus, 2020; Forrest, 2021)(그림 5-7 참조).

이처럼 유럽연합이 최대 경제국인 독일을 중심으로 러시아와 파이프라인을 통해서 대규모로 천연가스를 수입하려는 이유는 정치경제적인 측면이 매우 크다. 유럽연합이 러시아로부터 과도한 천연가스 수입에 의존하지 않기 위해서는 중동의 주요 천연가스 생산국인 카타르(Qatar), 미국 및 호주로부터 액화천연가스(Liquified Natural Gas: LNG)를 수입할 수 있다. 그러나 액화천연가스를 수입하기 위해서는 유럽연합 내 액화천연가스 터미널 건설과 액화천연가스 수송선박이 필수적이다. 또한 이 터미널을 건설하기 위해서는 평균 약 20억 유로의 건설비용이 필요하며 액화천연가스 수송선은 원유 수송선보다 매우 고가의 특수 제작된 선박이다. 따라서 액화천연가스의 가격은 파이프라인 천연가스보다 시장가격이 평균 20% 이상 높다. 이외에도 액화천연가스를 생산, 저장, 수송 등에서 발생하는

그림 5-7 노르드 스트림 2 건설노선

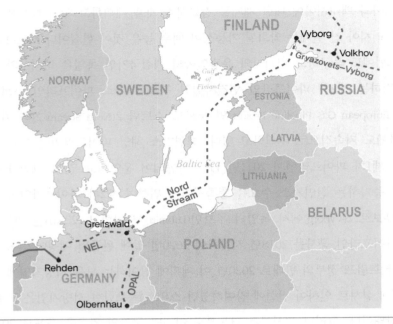

출처: www.en.wikipedia.org, 2021 재인용

온실가스 배출량이 증가하여 환경적인 측면에서도 부정적인 영향을 미친다. 이러한 복합적인 이유로 인하여 유럽연합은 러시아로부터 대규모 파이프라인 천연가스 수입을 선호하고 있다(Shaton et al., 2019; Russel, 2020).

러시아와 유럽연합 사이에 정치 및 군사적인 측면에서는 경제제재를 통한 대립관계를 나타내고 있으나 경제 및 에너지 부문에서는 협력관계를 추구하고 있다. 그 이유는 유럽연합은 러시아로부터 천연가스를 대량으로 파이프라인을 통해서 수입할 수 있는 장점이 있고 중동, 북미 등 타 지역에서 액화천연가스를 수입하는 것보다 경제적이기 때문이다. 또한 파이프라인 수송을 통하여 유럽연합 회원국에 직접적으로 천연가스 배분을 가능하게 하는 천연가스 수송 및 배분의 편리성 때문이다. 또한 러시아도 유럽연합과 에너지 무역을 통해서 자국의 에너지 생산량의 30% 이상을 수출하고 있는 최대 에너지 시장이며 특히 천연가스 수출 비중은 약 50%에 달한다. 러시아는 전채 수출에서 에너지 자원 수출 비중이 약 68%를 차지하고 이를 통한 정부 예산의 50%를 충당하는 주요 수입원이기 때문에 유럽연합과 경제적으로 밀착하고 있는 것이다(박상철, 2018; Russel, 2020).

유럽연합의 에너지 안보를 확립하기 위하여 유럽연합 집행위원회는 2000년 세계 주요 경제국과 유럽연합의 에너지 수입의존도를 비교 및 조사하였다. 그 결과 유럽연합은 주요 경제대국과 비교할 때 안정적이며 지속적인 에너지 공급을 받을 수 있는 주요 에너지 자원국과 상호 가치와 이익을 공유할 수 있는 잠재적인 능력이 매우 제한적이라는 사실을 발견하게 되었다. 비정부기구인 프리덤 하우스(Freedom House)의 조사에 의하면 유럽연합에 석유 및 천연가스를 수출하는 주요 에너지 수출국의 8개 국가 중 유럽연합의 주요가치인 국제민주주의 표준(International Democracy Standard)을 충족시킬 수 있는 나라는 노르웨이뿐이다. 이외의 국가 중 나이지리아(Nigeria)는 국제민주주의 표준을 비교적 충족시키는 국가이며 나머지 6개 국가인 러시아, 이라크, 카자흐스탄(Kazakhstan), 사우디아라비아(Saudi Arabia), 알제리(Algeria), 카타르는 민주주의 체제라기보다는 전체주의 국가로 분류되고 있다(European Commission, 2000; Freedom House, 2019).

유럽연합협정(Treaty of European Union)은 외교안보정책을 추진할 때 유럽연합의 기본가치인 민주주의, 법치, 인권 등을 지원하고 강조할 것을 요구하고 있다. 그러나 유럽연합은 현실적으로 에너지 수입의존도가 높기 때문에 주요 에너지 수입국의 민주주의, 법치, 인권이라는 가치를 지원하기보다는 에너지 수입의 필요성을 더욱 우선시 한다는 비난도 동시에 존재한다.

유럽연합이 세계 주요 경제국과 비교할 때 에너지 수입의존도가 매우 높은 것은 객관적인 사실이나 유럽연합에 에너지를 수출하는 주요 에너지 수출국의 유럽연합에 대한 경제적 의존도도 동시에 매우 높다. 세계경제의 글로벌화가 1980년대 이후 지속적으로 진행되면서 에너지 수입국과 수출국 간 상호 의존도가 증가하는 것은 자연적인 현상이다. 따라서 유럽연합에 에너지자원을 수출하는 8개 주요 에너지 자원국가 중 사우디아라비아를 제외한 7개 국가의 에너지 수출의존도는 카타르의 8%에서 노르웨이의 58%까지 상이한 편차를 나타내고 있다.

러시아의 경우 유럽연합에 수출하는 에너지의 비율이 전체의 30%를 차지하

그림 5-8 주요 에너지 수출국의 유럽연합에 대한 경제의존도 비교(2019년)

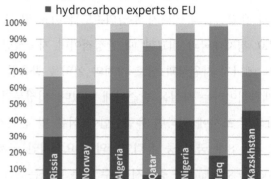

출처: Russel, 2020 재인용

고 있으며 국가경제에서 총 수출에서 에너지 수출이 약 68%로 매우 중요하다. 따라서 에너지 수출시장 중 유럽연합이 차지하는 비중은 단일시장으로 가장 커다란 비중을 차지하기 때문에 유럽연합과 경제적으로 긴밀하게 연계되어 있다. 러시아 이외의 국가 중 노르웨이, 나이지리아, 알제리, 카자흐스탄은 에너지 수출비중이 더욱 높기 때문에 이들 국가에게는 유럽연합과 긴밀한 경제협력 관계가 자국의 경제발전을 위해서 더욱 중요하다(Russel, 2020)(그림 5-8 참조).

이외에도 유럽연합은 세계에서 최대 에너지 수입시장이다. 따라서 에너지 수출국은 유럽연합 시장을 가장 중요한 시장으로 간주하고 있으며 유럽연합은 이를 외교안보정책의 지렛대로 활용하고 있다. 그 예로 이란경제가 2012년에서 2015년 사이 유럽연합의 경제제재로 인하여 매우 위축된 상황에서 유럽연합의 외교안보적 압력으로 원자력 프로그램 동결에 대한 합의를 달성하였다. 물론 유엔 5개 상임이사국과 이란 및 독일과의 원자력 프로그램 합의가 2018년 트럼프 정부의 합의 파기로 인하여 국제적 문제로 재차 제기되었지만 2021년 바이든 정부의 노력으로 이 합의를 복원하려고 노력 중에 있다.

유럽연합은 에너지안보를 확립하기 위하여 에너지 수입원을 다변화하려고 노력하고 있다. 주요 에너지 자원인 석유와 천연가스 개발은 천문학적인 자금투자와 고도의 탐사 및 채굴기술이 필수적이나 대부분의 에너지 자원보유국은 개발도상국으로 이러한 조건을 충족시킬 수 있는 경제 및 기술적 능력이 없다. 따라서 유럽연합의 자금투자 및 기술지원이 절대적으로 필요하다. 중앙아시아 에너지 자원부국인 카자흐스탄의 경우도 유럽연합의 에너지 기업인 프랑스의 토탈(Total), 이탈리아의 에니(ENI), 네덜란드와 영국의 합작기업인 쉘(Shell)의 자본투자와 기술투자가 없었다면 에너지 산업을 발전시킬 수 없었다. 따라서 유럽연합의 에너지 자원개발을 위한 자금투자 및 기술제공을 통하여 에너지 수출국으로 성장하였고 특히 유럽연합에 에너지 수출비중이 약 47%에 달하는 높은 비중을 나타내고 있다. 그 결과 카자흐스탄의 유럽연합에 대한 경제의존도도 높아지게 됐다(The Telegraph, 2012; Russel, 2020).

이처럼 유럽연합이 안정적이며 지속적인 에너지 수입을 보장받기 위하여 주요 에너지 수출국과 경제적으로 상호 의존도를 높이려고 하는 것은 에너지 안보를 확립하기 위한 전략의 일환이다. 그 이유는 설명한 것처럼 타 주요 경제국과 비교할 때 유럽연합의 에너지 수입의존도가 상대적으로 높기 때문이다. 이는 1990년 이후에 유럽연합 내 에너지 생산이 에너지 자원의 부족, 환경문제, 상업성에 관한 문제 등으로 인한 역내 생산량이 지속적으로 감소추세에 있기 때문에 역외에서 에너지 자원을 수입하는 비중이 지속적으로 증가하고 있는 것으로 분석되고 있다. 2019년 유럽연합은 화석연료 수입 중 원유 90%, 천연가스 69%, 석탄 42%, 우라늄 40%를 수입하고 있다. 따라서 유럽연합은 에너지 수입비용이 연간 약 3,650억 유로에 달하는 세계 최대 에너지 수입지역이다.

화석연료 중 석유와 석탄은 세계에서 광범위하게 생산되고 있으며 유럽연합으로 수입하는 운송수단도 매우 다양하여 안정적인 에너지 공급을 유지하는 데 커다란 도전이 되지 않는다. 그러나 천연가스는 그 특성상 유럽연합 내 회원국 간 국경을 통과하는 과정에서 다양한 법률 및 제도적인 차이점으로 인한 다양한 도전이 존재하고 있다. 이외에도 화석연료를 사용하여 생산된 전력자원의 회원국 간 이동에도 동일한 문제점이 존재한다. 이를 극복하기 위하여 유럽연합은 천연가스 및 전력시장에 중점을 둔 안정적인 공급안보를 위한 법령(EU Legislation on Security of Supply)을 제정하였다.

이러한 입법 활동의 연장선에서 2014년에서 2019년까지 유럽의회는 에너지 공급 안보와 관련된 다수의 선제적 조치를 단행하였다. 그 결과 유럽연합 내 모든 기관은 천연가스 공급안보, 전력공급 안보, 에너지부문 정부 간 합의에 대한 결정, 제 3국과 주요 파이프라인 공급 적용을 위한 천연가스 지침, 2030년 재생에너지 및 에너지 효율 향상을 위한 신규목표 등 에 관한 새로운 규제에 동의하였다. 이외에도 유럽의회는 에너지 부문과 관련하여 자체적인 규제혁신도 다수 채택하였다. 이중 유럽연합 천연가스 및 천연가스 저장에 관한 새로운 전략이 천연가스 공급안보를 위한 핵심이다. 이외에도 공동이익을 위한 유럽연합 프로젝트(EU Projects of Common Interests: PCIs)는 회원국 간 실질적인 에너지 연계를 향상시키고 에너지 공급안보를 지원하는 인프라 구축에 재정지원을 하고 있다(European Parliament, 2019).

유럽연합 에너지 안보에 관한 회원국 국민들의 관심도 지속적으로 증가하고 있다. 2016년 조사에 의하면 유럽연합 회원국 국민 52%가 에너지 공급 안보를 위해서 유럽연합이 적극적으로 개입하여야 한다고 주장하였다. 이후 2018년 조사에 의하면 이 비율이 65%로 상승하여 전체 국민 중 약 2/3는 에너지 공급 안보를 주요 관심사로 인식하였다. 이러한 회원국 국민의 관심을 반영하기 위하여 유럽연합은 국내시장의 화석연료 중심의 중앙 집중화된 전력생산체제를 재생에너지 사용 중심을 기반으로 하는 지역 중심의 전력생산체제로 전환하려고 추진하고 있다. 이로서 유럽연합은 역내 에너지 시장에 자유롭게 공급될 수 있는 에너지 전환을 통하여 에너지 공급 안보를 지속적으로 관찰하고 있다. 그러나 유럽연합이 회원국 간 에너지 공급 결정에 직접적으로 관여하기 위해서는 유럽연합 정상회의에서 만장일치로 합의하여 특별법률 제정을 찬성하는 과정이 필수적이다. 유럽의회는 이를 위한 법률제정을 건의할 수 있는 역할에 불과하다(European Parliament, 2018, 2019)(그림 5-9 참조).

2010년 1월 리스본협약 (Lisbon Treaty)이 발효된 이후 유럽연합은 에너지 안

그림 5-9 유럽연합 회원국내 에너지안보 주요 정책 관심사항 선택 비율(2018년)

출처: European Parliament, 2018

보를 실현할 수 있는 법적 근거를 갖게 되었다. 리스본협약 제194조는 유럽연합의 기능으로서 에너지 안보를 유럽연합 에너지정책 네 개의 정책부문인 에너지 시장 기능, 에너지 효율성 및 재생에너지, 에너지 네트워크 상호연계 등과 함께 중요 정책부문으로 공식적으로 지정하였다. 이 협약에 근거하여 유럽연합 회원국은 에너지 자원관리 및 에너지 믹스의 자체적인 선택에 독자적인 책임을 지게 된다. 이외에도 유럽연합 에너지 안보법(EU Energy Security Law)이 유럽연합 집행위원회의 제안을 유럽의회와 유럽연합 정상회의가 승인하는 일반적인 법률제정 과정을 통해서 채택되었다.

이러한 법률적 기반으로 유럽연합은 에너지 안보체제를 강화시켜 나가고 있으며 역내 에너지 시장자유화 및 상호연계를 추구하고 있다. 또한 2017년에는 천연가스공급안보규정(2017 Security of Gas Supply Regulation)을 제정하여 에너지 위기가 발생할 시 회원국 간 천연가스 공급을 공동으로 배분할 수 있는 체제를 확립해 나가고 있다. 석유의 경우에는 이미 2009년 석유자원지침(2009 Oil Stocks

Directive)을 통해서 역내 회원국 석유수입량의 최소 3개월 및 석유소비의 최소 2개월 비축을 의무화하여 석유공급에 대한 에너지 안보는 확립되어 있는 상태이다(European Commission, 2017b; European Parliament, 2017).

유럽연합은 구조적으로 에너지 수입의존도가 상대적으로 높고 이는 단기간에 해결할 수 있는 상황이 아니다. 따라서 유럽연합은 에너지 안보를 확립하기 위한 에너지안보 전략으로 장기적으로 화석연료 수입비중을 낮추고 저탄소경제체제를 구축하고 최종적으로 2050년에 탄소중립을 달성하는 장기 전략에 집중하고 있다. 따라서 이를 실현하기 위해서는 유럽연합 정상회의에서 장기전략 방향을 설정하고 유럽의회는 이를 법제화하고 유럽연합 집행위원회는 장기 세부전략을 구축하고 목표를 제시하면 각 회원국이 이를 자국의 실정에 적합하게 실행하는 구조로 운영된다.

따라서 유럽연합은 단기, 중기, 장기적 차원에서 실행이 가능한 여덟 가지 에너지안보 전략을 설정하여 추진하고 있다. 이 전략은 상호 각 회원국 간 긴밀한 협력 체제를 구축하여 궁극적으로 모든 회원국에게 혜택이 배분될 수 있도록 조정하고 있다. 동시에 각 회원국이 자국의 실정에 적합한 전략선택을 존중하고 상호연대원칙(Principle of Solidarity)을 기반으로 추진하고 있다(COM, 2014).

여덟 가지 에너지안보 전략은 다음과 같다.

첫째: 2014년~2015년 겨울에 발생한 주요 에너지 문제를 해결할 수 있는 행동 즉각 개시

둘째: 에너지 관련 위험측정협력, 비상계획 수립, 전략적 인프라 보호 등을 포함한 비상 시 연대체제 강화

셋째: 에너지 소비 감소

넷째: 완전히 통합되고 정상적으로 작동되는 역내 에너지시장 구축

다섯째; 역내 에너지생산 증대

여섯째: 지속적인 에너지 기술개발

일곱째: 대외 에너지 수입원 및 관련 인프라 다변화

여덟째: 회원국 간 에너지정책 협력개선 및 대외 에너지정책에 대한 공통된

의견 제시

　　이상의 여덟 가지 에너지안보 전략은 대외 상황 변화에 유연하게 대처할 수 있도록 진화적으로 발전하여야 하며 능동적으로 작동할 수 있어야 한다(COM, 2014).

　　이러한 유럽연합 에너지안보 전략을 추진하기 위해서 2014년 5월 유럽에너지안보전략(European Energy Security Strategy)은 유럽연합의 대내외 에너지정책을 수행하는 데 에너지안보의 위험을 최소화 시키는 장기적 방법과 단기적 목표를 달성하기 위한 가이드라인을 제시하고 있다. 이를 위하여 유럽연합 정상회의는 2030년까지 에너지 효율성을 향상시키고 재생에너지 소비를 증가시켜 온실가스 배출감축 목표를 상향 조정하는 2030년 유럽연합기후에너지체제(EU Climate and Energy Framework for 2030)를 승인하였다. 이 체제를 추진하면서 유럽연합은 파리협정이 제시하고 있는 기후변화 억제를 위한 2030년 온실가스 감축 목표를 달성하는 데 기여할 수 있고 저탄소 에너지체제로 전환하는 데 성공하게 될 것이다.(European Parliament, 2019).

　　이를 위해서 유럽연합은 에너지관련 정책을 융커위원회(Junker Commission)에서 2015년 에너지동맹전략(Energy Union Strategy)을 채택하였다. 에너지동맹은 역내 단일시장의 원활한 작동, 전력 및 천연가스 공급안보 강화, 2030년 유럽연합기후에너지체제 목표달성을 위한 법제화 등을 목표로 하고 있다. 또한 에너지동맹전략은 다섯 가지의 상호 연계된 관점을 공유하고 있다. 이는 첫째, 에너지안보, 연대 및 신뢰, 둘째, 완전하게 통합된 역내 에너지시장, 셋째, 에너지 소비를 감소시킬 수 있는 에너지 효율성 향상, 넷째, 경제구조의 탄소중립 구축, 다섯째, 연구, 기술혁신 및 경쟁력 향상 등이다. 이러한 목표를 달성하기 위하여 융커위원회는 각 부문별 세부 행동계획이 제시된 로드맵을 작성하여 운영하고 있다(European Parliamentary Research Service Blog, 2021).

3 유럽연합 에너지안보 딜레마

에너지안보와 안정적인 에너지 공급에 위협을 받는 것만큼 전 세계 정치지도자가 민감하게 반응하는 사항은 드물다. 그 이유는 에너지안보와 에너지 공급이 각 국가의 경제발전에 직접적인 영향을 미치기 때문이다. 유럽연합도 예외가 아니고 이미 유럽연합 전체에 정치, 경제, 사회, 문화 등 심각한 문제를 발생시킨 2006년 및 2009년 러시아의 천연가스 공급 배관망 차단을 경험하였다. 따라서 유럽연합은 에너지 안보를 확립하는 데 사활을 걸고 정책적인 노력을 경주하고 있으며 현재 유럽대륙에서 증가하고 있는 지정학적 위험요소에 주의를 기울이고 있다. 이러한 지정학적 환경변화는 주요 에너지자원 생산, 가격변화, 주요 생산자 변화, 환경파괴 등 다양한 변화를 야기 시키고 지속가능한 에너지 공급에 커다란 지장을 초래하기 때문이다.

유럽연합의 지속가능한 에너지안보를 확립하는 데 가장 위협적인 요소는 역내 에너지 생산량은 지속적으로 감소하고 있는 반면에 역외로부터 수입하는 에너지 수입량은 지속적으로 증가하여 에너지 수입의존도가 증가하고 있는 점이다. 따라서 지속적으로 증가하는 에너지 수입의존도가 유럽연합의 에너지안보 확립에 가장 커다란 도전 중의 하나이다. 이를 구조적으로 해결하는 전략으로 유럽연합은 역내 화석연료 소비비중을 줄이고 온실가스 배출을 하지 않는 재생에너지 개발을 강화하는 지속가능한 에너지정책을 추진하는 것이다(Campos, 2017).

즉, 재생에너지 개발은 유럽연합이 에너지 수입원 여덟 개의 특정국가 특히 러시아로부터 수입하는 에너지 수입량이 최대인 구조적인 취약성을 극복할 수 있는 유일한 방안이다. 따라서 재생에너지 개발이 유럽연합의 에너지수입 의존도를 지속적으로 감소시킬 수 있다면 이는 에너지안보만을 확립하는 것이 아니라 유럽연합의 외교정책에도 커다란 환경반경을 제공할 수 있다. 그 이유는 유럽연합의 상대적으로 높은 에너지수입 의존도로 인하여 외교정책의 중요 관심사도 에너지 안보를 확립하는 데 노력하고 있기 때문이다. 이러한 경향은 특히 과도하게 에너지 의존도를 갖고 있는 대 러시아 외교정책에 분명하게 나타나고 있다

그림 5-10 유럽연합 화석연료 및 비 화석연료 소비 비중(2017년, %)

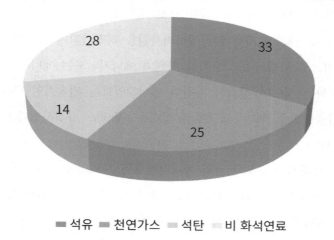

■ 석유 ■ 천연가스 ■ 석탄 ▨ 비 화석연료

출처: IEA, 2020

(Elbassoussy, 2019).

이처럼 유럽연합 에너지안보를 확립하기 위해서 재생에너지 개발과 에너지 효율성 향상을 통하여 화석에너지 수입 및 에너지 소비를 감소시켜 에너지 자립도를 향상시키는 것이 핵심이다. 그러나 유럽연합의 2017년 부문별 에너지 소비를 살펴보면 화석연료 비중이 전체 에너지소비의 72%를 차지한다. 이 중 석유비중이 33%, 천연가스가 25%, 석탄이 14%를 차지한다. 물론 유럽연합의 화석연료 소비비중이 세계 평균 화석연료 소비 비중인 80%보다는 낮은 수준인 것은 분명하다. 그러나 문제는 화석연료의 대부분을 특히 석유와 천연가스의 경우 국내생산량이 절대적으로 부족하여 역외국가로부터 수입하여야하기 때문에 높은 에너지수입 의존도가 에너지안보를 확립하는 데 커다란 도전으로 작용하는 구조적인 문제를 갖고 있다(IEA, 2020)(그림 5-10 참조).

에너지안보라는 개념은 21세기가 시작되면서 에너지 관련 연구자뿐만이 아니라 국제기구인 유엔(UN), 국제에너지기구(IEA), 세계은행(World Bank) 등에서도 주요 관심을 보이기 시작하였다. 그 결과 유엔개발프로그램(UNDP)은 2000년 에너지안보에 단순히 에너지 자원을 적정가격에 지속적으로 구입할 수 있는 개념에서 에너지소비 증가로 인한 건강문제 및 온실가스 배출로 인한 환경에 미치는 부정적인 영향까지를 포함하는 개념으로 발전시켰다. 국제에너지기구(IEA)도 2001년 장기 및 단기적 차원에서 에너지자원을 적정가격에 지속적으로 공급할 수 있는 상황으로 규정하였고 단기적 차원의 에너지안보는 에너지 수요와 공급 균형을 유지하는 것이며 장기적 차원의 에너지안보는 지속적인 투자를 통하여 경제 및 환경발전을 위한 요구에 부합하는 것으로 규정하였다(UNDP, 2000; Kocaslan, 2014).

　　이러한 21세기 새로운 개념의 에너지안보를 기초로 유럽연합의 에너지안보를 분석하면 2000년대 이후 지속적으로 증가하는 에너지 수입의존도로 인하여 유럽연합의 에너지안보가 심각하게 위협을 받고 있는 것으로 복수의 국제연구기관은 추정하고 있다. 2017년 유럽연합의 에너지 수입의존도는 약 54%에 달하며 석유 약 90%, 천연가스 약 66%, 원자력발전을 위한 우라늄 약 40%를 소수의 역외 국가로부터 수입에 의존하고 있다. 현재의 추세가 지속된다면 2030년 유럽연합의 에너지수입 의존도는 약 70%까지 증가할 수도 있을 것으로 2000년대 초반에는 예상하였다.

　　유럽연합이 당면하고 있는 에너지안보 확립에 다양한 도전이 존재하고 있다. 이는 에너지 생산능력, 에너지자원 보유 규모, 에너지 체제가 발생시키는 환경문제 등 다양하게 존재하고 있다. 우선 화석연료 에너지자원 보유 규모 및 생산능력에서 유럽연합은 주요 에너지 생산국가와 커다란 격차를 보이고 있다. 주요 화석연료 중 하나인 2017년 천연가스 매장량을 비교하면 유럽연합은 전 세계의 약 1.5%를 보유하고 있는 반면에 러시아 18.1%, 카타르 12.9%, 미국 4.5%로 커다란 격차를 보이고 있다. 석유의 경우 천연가스 매장량 비율보다 더 열악하여 세계 매장량의 0.8%에 불과한 반면, 베네수엘라 17.9%, 사우디아라비아 15.7%, 캐나다 10%, 이란 9.3%, 이라크 8.8%, 러시아 6.3%, 미국 2.9% 등으로 매우 열악한 상황이다(British Petroleum, 2018).

　　에너지안보 위협에 대한 두 번째 도전은 유럽연합 역내 에너지생산과 소비 간 매우 커다란 차이를 보이고 있다는 점이다. 2017년 유럽연합 석유생산량은 1억 6,200만 톤이었으나 소비량은 7억 3,200만 톤으로 총 소비량 중 역내 생산비중이 약 22%에 불과하다. 천연가스의 경우 생산량인 241.9 BCM이나 소비량은 531.7 BCM으로 역내 자급률은 약 46%에 달하여 석유자원보다는 더 나은 상황을 보이고 있으나 역외국가로부터 수입하는 비중은 증가하고 있다 (Eurostat, 2017).

세 번째 도전은 석유 및 천연가스 주요 화석연료 수입원이 매우 소수의 국가에 집중되어 있다. 유럽연합 공식통계에 의하면 2019년 유럽연합의 석유 및 천연가스 수입 중 약 87%가 네 개의 국가에서 수입되어 소수국가에 매우 편중된 수입의존도를 갖고 있다. 이는 러시아 39%, 노르웨이 30%, 알제리 11%, 카타르 7%이며 나머지 13%만이 이외의 국가에서 수입하고 있는 실정이다. 유럽연합 회원국 중 특히 핀란드, 발틱(Baltic) 3개 국가, 슬로바키아(Slovakia), 불가리아 (Bulgaria)는 화석연료 수입국이 러시아 1개 국가에 불과하고 체코공화국과 오스트리아(Austria)는 에너지 수입국이 2개 국가에 불과하여 타 회원국보다 에너지안보 문제가 더욱 취약한 것이 현실이다. 석유수입의 경우도 상황은 유사하여 러시아 27%, 노르웨이 11%, 이라크 8%, 나이제리아 8%, 카자흐스탄 8% 등 5개 국가로부터 약 총 수입의 2/3를 수입하였다. 석탄의 경우 석유 및 천연가스 수입국가 편중보다 더욱 제한적이어서 러시아 30%, 콜롬비아 23%, 오스트레일리아 15% 등으로 3개 국가로부터 총수입량의 68%를 수입하고 있는 실정이다(Eurostat, 2017; Eurostat, 2020c; Burns, 2017).

따라서 특정국가로부터 과도하게 에너지자원을 수입하는 에너지 수입의존도는 특정국가의 정치 및 경제상황 변화에 에너지안보 위협에 노출될 가능성이 높다. 또한 유럽연합의 외교정책을 에너지안보 확립과 연계하여 추진하는 유럽연합의 외교 전략과 역량도 제한될 가능성이 현실적으로 매우 높다. 특히 석유, 천연가스, 석탄 등 모든 주요 화석연료 수입비중이 가장 높은 러시아의 경우 유럽연합 에너지안보에 가장 커다란 위협요인 중 하나이다.

네 번째 도전은 과도한 화석연료 수입으로 인한 환경오염문제가 존재한다. 유럽연합이 수입에 대부분을 의존하는 주요 화석연료인 석유, 천연가스, 석탄 등은 개발, 생산 및 수송 과정에서 대규모의 온실가스를 배출하여 기후변화에 부정적인 영향을 미친다. 2009년 국제에너지기구(IEA)의 추정에 의하면 에너지부문이 글로벌 이산화탄소의 84% 그리고 기타 온실가스의 64%를 배출한 것으로 보고하였다. 유엔환경계획(UNDP)의 조사에 의하면 이러한 추세는 지속적으로 증가하여 2020년에는 에너지부문이 배출하는 이산화탄소는 글로벌 이산화탄소의 약 91% 그리고 기타 온실가스의 71%를 배출할 것으로 예측하였다(UNDP, 2012).

유럽연합은 2017년 석유 7억 3,100만 톤, 천연가스 4억 5,700만 톤, 석탄 2억 9,600만 톤을 소비하였다. 이는 유럽연합 전체 에너지 소비량의 75.4%를 차지하는 양으로 아직도 화석연료 소비가 총 에너지 소비량의 최대 부문을 차지하고 있다. 이는 환경부문에 부정적인 영향을 미치고 있다는 것을 의미한다. 특히 화석연료 중 온실가스 배출 비중이 가장 높은 석탄의 경우 유럽연합은 아시아, 북미에 이어서 석탄소비가 가장 많은 대륙이다. 유럽연합의 석탄소비량은 세계 소비량의 8%로 아시아의 74% 및 북미 10%보다는 낮고 석탄발전 비중도 이들 지역보다 매우 낮은 수준이지만 온실가스 배출에 부정적인 역할을 하는 것은 분명하다. 따라서 유럽연합 내 석탄소비 및 석탄발전이 완전히 종식되고 석유 및 천연가스 소비가 지속적으로 감소되지 않는 한에는 화석연료 소비로 인한 환경에 대한 부정적인 영향 및 온실가스 배출로 인한 기후중립을 실현하는 데 커다란 도전으로 작용한다(British Petroleum, 2018; Elbassoussy, 2019).

유럽연합은 당면하고 있는 다양한 도전들을 극복하기 위해서 다양한 에너지 전략과 정책을 추진 중에 있다. 유럽연합 정책결정자들은 이러한 도전 중에서도 특히 유럽연합에 대한 에너지 공급이 러시아에 과도하게 집중되어 있다는 점을 공개적으로 언급하고 있으며 이러한 상황을 극복하는 것이 에너지 안보를 강화하는데 가장 중요한 요소라고 공감하고 있다. 이처럼 러시아의 과도한 에너지 공급 집중이 유럽연합의 에너지 안보뿐만이 아니라 정치 및 경제적인 면을 위협하는 이유는 높은 에너지 의존도로 인하여 유럽연합의 정치적 자유를 제한할 수 있기 때문이다. 이러한 사례가 2006년 및 2009년 러시아의 갑작스런 천연가스 공급제한으로 발생하였다. 이후 2014년 러시아의 크리미아 사태로 유럽연합의 러시아 경제제제로 인한 정치 및 군사적 갈등이 발생하였고 2021년 밸라루스의 아이랜드 민간항공기 납치를 러시아가 지원한 것으로 판단되어 양 진영의 정치적 갈등이 증폭되고 있는 실정이다.

높은 에너지수입 의존도를 감소시키기 위한 유럽연합의 첫 번째 정책적 시도는 재생에너지 자원개발을 더욱 강화하는 것이다. 재생에너지 개발확대는 역외 에너지 수입을 감소시킬 수 있으며 이를 통해서 특히 러시아로부터 에너지 수입의존도를 낮추게 하여 그 결과 유럽연합의 에너지 안보를 강화하는 데 기여할 수 있다. 이러한 목적을 달성하기 위해서는 여러 단계를 거쳐야 한다. 이를 위해서 유럽연합 의회와 유럽연합 정상회의는 2009년 재생에너지지침(Renewable Energy Directive: RED)을 발표하였다. 이 지침은 2020년까지 유럽연합 내 총 에너지 소비에서 재생에너지 비중을 20%까지 증가시키는 목표를 설정하였다(European Commission, 2009).

유럽연합은 재생에너지 소비비중 목표치를 2019년 12월에 이미 19.7%를 달성하였다. 이는 2013년 신규회원국이 된 크로아티아(Croatia)를 제외한 27개 회원국의 재생에너지 소비 비중이며 크로아티아를 포함한 28개 회원국의 재생에너지 소비 비중은 18.9%이다. 이로서 유럽연합은 27개 회원국을 기준으로 했을 때 목표치를 1년 일찍 달성한 성과를 보이고 있다. 그러나 이는 재생에너지 소비 평균이며 회원국 간 매우 커다란 편차를 보이고 있다. 총 에너지 소비에서 가장 높은 재생에너지 소비 비중을 차지하는 스웨덴은 56.4%로 타 회원국과 비교할 때 추종을 불허할 정도로 높다. 그 다음으로 핀란드 43.1%, 라트비아(Latvia) 41%, 덴마크 37.2%, 오스트리아 33.6%로 상대적으로 높은 수준을 나타내고 있다. 그러나 룩셈부르크 7%, 말타 8.5%, 네덜란드 8.8%, 벨기에 9.9% 등은 평균보다 매우 낮은 수준을 나타내고 있다(Eurostat, 2021c)(그림 5-11 참조).

유럽연합 내 각 회원국이 매우 상이한 재생에너지 소비 비중을 갖고 있다고 하더라도 유럽연합은 2020년 재생에너지 소비 비중 목표치를 기한 내에 달성하였다. 따라서 유럽연합은 재생에너지 소비 비중을 더욱 높게 설정한 목표치를 설정하였다. 즉, 유럽연합 집행위원회는 2018년 6월 제2차 재생에너지지침

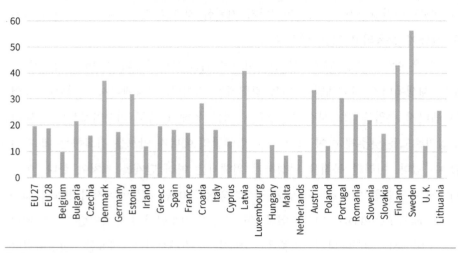

그림 5-11 유럽연합 총에너지 소비 중 재생에너지 소비 비율(2019년, %)

출처: Eurostat, 2021c

(Renewable Energy Directive 2)을 승인하여 2030년까지 재생에너지 소비 비중을 32%로 상향 조정하였으며 2023년 유럽연합의 상향조정된 목표치를 점검하는 조항을 검토할 것을 결정하였다(European Commission, 2018a).

재생에너지 소비 비중 확대로 역외 에너지수입 의존도를 낮추고 특히 러시아에 과도하게 의존하는 화석연료 수입의존도를 낮추기 위한 전략은 제1차 재생에너지지침을 통하여 성공적으로 목표치를 달성하였다. 유럽연합은 제2차 재생에너지지침을 통하여 재생에너지 소비 비중을 매우 증가시키는 목표치를 제시하고 있지만 재생에너지 투자는 주요 경쟁국인 중국과 미국과 비교할 때 낮은 상태이다. 2019년 중국의 재생에너지 투자액은 834억 달러에 달하여 세계 제1위를 기록하고 있으며 미국이 그 뒤를 이어서 555억 달러를 투자하였다. 유럽연합은 세계 3위로 546억 달러를 투자하였다.

유럽연합의 경우 2017년 409억 달러 투자에서 2019년 546억 달러 투자로 약 25% 증가하였으나 경쟁국인 중국과 미국의 투자비율이 더 빠른 속도로 증가하고 있다. 2017년 유럽연합의 재생에너지 투자액은 미국을 앞서고 있었으나 2019년에는 미국의 투자액이 유럽연합의 투자액을 넘어서 세계 2위의 재생에너

그림 5-12 지역별 재생에너지 투자액(2019년 10억 달러)

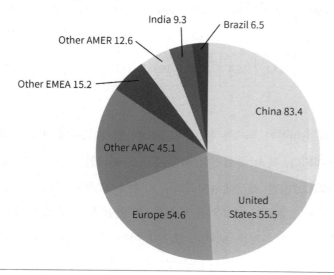

India 9.3

Other AMER 12.6

Brazil 6.5

Other EMEA 15.2

China 83.4

Other APAC 45.1

Europe 54.6

United
States 55.5

출처: Frankfurt School of Finance and Management gGmbH, 2020 재인용

지 투자국이 된 것이 그 반증이다. 이외에도 중국과 인도를 제외한 아시아태평양 연안국가가 451억 달러를 투자하여 유럽연합의 뒤를 잇고 있다(Frankfurt School of Finance and Management gGmbH, 2018, 2020)(그림 5-11 참조).

이처럼 재생에너지 확대를 위해서는 지속적인 연구개발(R&D) 및 투자가 확대되어야 한다. 그러나 2017년 이후 유럽연합의 재생에너지 부문 투자가 주요 경쟁국인 중국과 미국보다 낮아지는 것은 바람직하지 않다. 물론 유럽연합의 재생에너지 투자 시점이 이들 경쟁국보다 더 일찍 시작하였기 때문에 총 투자액이 낮은 것은 자연적인 현상이나 투자증가율이 낮아지는 것은 우려할 사항이다.

이외에도 유럽연합이 설정한 2030년 재생에너지 소비비중 목표치인 32%는 2020년 목표치보다 12%가 증가된 것이다. 2010년대 재생에너지 소비 비중은 2010 14.4%, 2012년 16%, 2014년 17.5%, 2016년 18%, 2018년 18.9%, 2019년 19.7%로 연간 0.2%에서 1.6% 증가하였다. 증가속도는 2010년대 중반 이후부터는 증가속도가 낮아지는 경향을 보이고 있다. 따라서 2030년 목표치를 향후 10년 간 달성하기 위해서는 연간 평균 1.2% 재생에너지 소비증가를 보여야 하지만

표 5-1	유럽연합 총 에너지소비 중 재생에너지 소비 비중 증가추이(2010~2019년, %)									
Members	2010	2011	2012	2013	2014	2015	2016	2017	2018	2019
EU 27 (2020)	14.4	14.6	16.0	16.7	17.5	17.8	18.0	18.5	18.9	19.7
EU 28 (2013-2020)	13.2	13.4	14.7	15.4	16.2	16.7	17.0	17.5	18.0	18.9

출처: Eurostat, 2021c

2010년대 재생에너지 소비증가 추세를 볼 때 목표치를 달성하는 데 매우 커다란 도전이 되리라고 추정된다. 특히 유럽연합 5대 주요 경제국인 독일, 프랑스, 영국, 이태리, 스페인의 2019년 재생에너지 소비 비중이 17,4%, 17.2%, 12.3%, 18.2%, 18.4%로서 2020년 20%의 목표치를 달성할 수 없었다. 특히 영국의 경우는 목표치와는 매우 커다란 격차를 보이고 있으며 이들 주요 회원국이 2030년 목표치를 달성하는 것은 더욱 커다란 도전일 것으로 판단된다(Eurostat, 2021c)(그림 5-12, 표 5-1 참조).

유럽연합 에너지안보에 대한 도전을 극복하려는 두 번째 전략은 기존의 에너지 수입노선을 유지하면서 새로운 에너지 공급처를 확보하는 것이다. 이로서 러시아에 대한 과도한 에너지 수입 의존도를 감소시키려 하는 것이다. 이를 위해서 역내 에너지 생산에 대한 개념을 유럽연합 국경을 넘어 지중해 지역으로 확장하여 에너지 개발 및 공급처 확보에 주력하고 있다. 특히 지중해 지역은 최근 10년 간 대규모 천연가스가 발견되면서 이를 개발하여 생산하면 유럽연합의 에너지 수입다변화에 크게 기여할 수 있을 것으로 기대하고 있다.

그러나 지중해지역 천연가스 개발에 있어서 중요 문제는 이 지역에서 석유 및 천연가스전 개발에 대한 경험이 전혀 없는 실정이어서 자원개발에 필수적인 기본적인 인프라가 구축되어 있지 않다는 점이다. 특히 해상파이프라인 건설 및 수송부문이 절대적으로 부족하기 때문에 유럽연합은 지중해지역 동쪽에 파이프라인 인프라 건설을 위한 동지중해 파이프라인 프로젝트(EastMed Pipeline Project)를 지원하고 있다. 유럽연합은 이 프로젝트를 2015년에 남부천연가스회랑프로젝트(Southern Gas Corridor Project)의 일환으로 승인하였다. 이외에도 이 프로젝트는 유럽가스사업자수송체제네트워크(European Network Transportation System Operators of Gas: ENTSOG)와 연계된 10년 개발계획(Ten Years Development Plan: TYNDP)에 등록되어 있으며 유럽연합의 현재 및 미래의 천연가스 수요를 충족시키기 위하여 안정적인 천연가스시장 구축과 적정 수송네트워크 창출을 주요 목적으로 설정하고 있다(IGI Poseidon, 2018).

유럽연합은 2010년대 후반 발견된 이집트 조르(Zhor)와 이스라엘 레비아탄(Leviathan) 천연가스전 개발에도 많은 관심을 보이고 있다. 특히 역내 에너지기업인 영국의 영국석유(British Petroleum)와 이탈리아의 에니(Eni) 사가 조르 천연가스전이 동지중해지역에서 최대의 천연가스 매장량을 보유하고 있기 때문에 천연가스 개발에 막대한 투자를 단행하고 있다. 또한 유럽연합은 에너지 안보를 강화하기 위하여 러시아에도 조르 천연가스전과 이스라엘의 레비아탄 개발에 대한 지분참여도 요구하고 있다. 러시아에 대한 지분참여 요구는 동지중해지역에서 막대한 양의 천연가스가 생산되면 러시아로부터 에너지 수입 의존도가 감소하게 되며 러시아의 국경 이외의 지역에 대한 지분참여로 인하여 유럽연합이 러시아로부터 수입하는 천연가스 공급에도 안정성을 강화하고 유럽연합 에너지안보 통제를 향상시킬 수 있기 때문이다(Politi & Farchy, 2016).

이외에도 유럽연합은 미국으로부터 에너지 수입을 증가시켜 러시아의 높은 에너지 수입의존도를 줄이려하고 있다. 미국에서는 특히 액화천연가스(LNG) 수입을 증가시키고 있으며 미국으로부터 액화천연가스 수입량이 2019년 약 5배 증가하여 한국과 멕시코를 제치고 미국의 최대 액화천연가스 수입지역이 되었다. 유럽연합이 미국으로부터 액화천연가스 수입비중을 빠르게 높이고 있는 이유는 에너지 안보를 강화하는 것뿐만이 아니라 2017년 트럼프 행정부가 시작되면서 격화되기 시작한 유럽연합과 미국 간 무역 분쟁을 해소시키기 위한 목적도 있다(Kabouche, 2018; Kravtsova & Zawadzki, 2019).

미국으로부터 액화천연가스 수입증대로 인하여 유럽연합 에너지안보는 상대적으로 강화되었다. 특히 미국이라는 정치, 경제, 군사 및 에너지 초강대국의 유럽연합 시장 개입으로 인하여 러시아의 일방적인 에너지 공급에 대한 위협요소도 상대적으로 감소되었다. 이로서 유럽연합은 국제무대에서 러시아의 위협에 단호하게 대처할 수 있는 발판을 마련할 수 있었고 이는 미국의 이해관계와도 긴밀하게 연계되어 있다.

그럼에도 불구하고 러시아는 여전히 유럽연합 내 최대의 에너지 공급원이기 때문에 유럽연합은 러시아로부터 현재의 안정적인 에너지 공급을 유지시킬 필요가 있다. 특히 동지중해지역의 천연가스전 개발과 유럽연합 내 수송과 미국의 지속적이며 안정적인 액화천연가스 공급이 완전하게 정착될 때까지는 적정수준의 러시아의 에너지 공급이 매우 중요하다. 따라서 유럽연합은 러시아 에너지 의존도를 지속적으로 감소시키기 위하여 다양한 노력을 하고 있으나 이는 단기적으로 해결할 수 있는 문제는 아니다.

유럽연합의 에너지 안보에 대한 도전을 극복하기 위한 세 번째 전략은 에너지 공급차단 가능성에 대비하기 위한 역내 에너지 저장능력 강화이다. 이를 위하여 유럽연합 집행위원회는 2009년 9월 우크라이나에서 발생한 러시아의 천연가스 공급차단으로 인한 정치 및 경제적 문제를 극복하기 위하여 유럽연합석유저장지침(EU's Oil Stocks Directive)을 채택하였다. 이 지침에 따르면 유럽연합 회원국은 에너지 수급 불안정에 대비하기 위하여 국내 수입량의 최소 90일분 혹은 소비량의 61일분을 저장하도록 규정하고 있다. 동시에 모든 회원국은 매월 말에 석유저장 통계상황을 유럽연합 집행위원회에 보고하도록 하고 있다.

이후 2018년 10월 유럽연합 집행위원회는 이 지침을 개정하여 석유저장에 대한 명확한 의미 규명과 통일된 통계작성 방법 등을 채택하였다. 그 결과 유럽연합 회원국은 석유저장지침이 규정하는 저장일수를 충족시키거나 더욱 많은 양의 석유를 비축할 수 있었다. 에너지 공급 불안정에 대비하기 위하여 석유비축일수를 가장 많이 확보하고 있는 회원국은 핀란드로 2018년 160일 간 소비할 수 있는 양을 비축하고 있고 그 다음으로 그리스 134일, 말타 123일 간 석유소비량을 비축하고 있다. 영국의 경우 최저치인 가장 낮은 60일 분의 석유 소비량을 비축하고 있으나 석유생산국으로서 비축의 필요성이 상대적으로 매우 낮기 때문에 타 회원국과는 상황이 다르다(European Commission, 2018c; Eurostat, 2019).

유럽연합의 네 번째 전략은 역내 탈탄소화를 추진하여 에너지 안보를 강화하는 방법이다. 이를 위해서 유럽연합 집행위원회는 더욱 강력한 온실가스 감축을 요구하는 새로운 탈탄소화 의제를 제시하고 있다. 역내 탈탄소화가 유럽연합의 에너지 안보를 강화시키기 위해서는 모든 회원국이 탄소배출 감축을 통한 에너지 안보정책을 최우선적으로 선정하여 추진해야만 가능하다. 따라서 이를 제도적으로 운영하기 위해서 유럽연합 집행위원회는 2019년 말 모든 회원국이 2030년까지 이산화탄소를 40% 감축하는 목표를 설정한 청정에너지패키지(2030 Clean Energy Package)를 얼마나 달성할 수 있는지에 대한 자체계획과 전략을 제출할 것을 요구하였다. 이러한 목표치를 달성하기 위한 회원국 자체 감축전략과 청정에너지패키지 규정을 준수하려는 회원국이 역내 기존 및 신규청정에너지 기술을 선도하게 될 것이다. 따라서 결과적으로 유럽연합 에너지 안보는 각 회원국이 어떠한 전략을 추진하는지에 따라서 커다란 영향을 받을 것으로 예상된다(Morningstar, et al., 2020).

각 회원국의 탄소배출 감축 계획과 전략은 유럽연합이 추진하는 탄소중립 목표를 달성하는 데 기여할 수 있도록 추진된다. 이를 위해서 유럽연합은 회원국의 계획과 전략을 정기적으로 점검하며 추가적인 조치가 필요하다고 판단할 때는 이를 회원국에 통보한다. 유럽연합 집행위원회가 각 회원국의 계획 및 전략을 검토할 시 가장 핵심적으로 점검하는 사항은 탈탄소화, 에너지 안보, 그리고 경쟁력 강화 부문이다. 이러한 과정을 통하여 국가, 지역, 그리고 대서양 사이에 존재하는 관련 국가의 에너지 안보를 강화시킬 수 있는 기회로 삼는 것이다.

그러나 모든 회원국이 기후변화의 심각성에는 모두 동의를 하지만 온실가스 배출 감축 목표를 달성하기 위한 자체적인 계획과 전략에는 상당한 차이를 보이고 있다. 우선 폴란드는 유럽연합의 2050년 탄소중립 목표달성에 대해서 반대의사를 표시하였고 몇몇 회원국은 이 목표를 달성하기 위한 준비, 능력, 의지 등이 부족한 것으로 판명되었다. 유럽연합 내 구회원국인 서유럽 국가들은 탈탄소화에 매우 앞서 있는 반면에 신회원국이 동유럽 국가들은 에너지믹스에서 아직도 높은 비율의 화석연료를 사용하고 에너지 공급원도 매우 독점적인 구조를 갖고 있기 때문에 장기 탄소중립 목표를 달성하는 것이 현실적으로 매우 큰 도전이다 (European Commission, 2019b).

이러한 도전을 극복하기 위해서는 유럽연합이 자체적으로 에너지 기술을 탈 탄소화 과정에 도입하여야 한다. 즉 기존 및 신규에너지 기술이 화석연료 중심의 에너지 소비 구조를 갖고 있는 동유럽 회원국의 화석연료 의존도를 낮출 수 있 으며 중앙 집중화된 에너지 공급구조를 완화시켜서 에너지 안보를 강화할 수 있 다. 이외에도 유럽연합은 장기 탄소중립이라는 유럽연합 차원의 전반적인 목표 를 달성하기 위해서 기술중립(Technology Neutral)과 자원중립(Source Neutral)의 접 근방법을 도입하여 운영할 필요가 있다(Morningstar, et al., 2020).

유럽연합 에너지전환정책

1 배경

유럽연합은 2050년까지 기후중립을 달성할 것을 2018년 공식적으로 선언하였다. 따라서 장기 기후 및 에너지정책을 추진하여 이 목표를 달성하는 것을 법제화하여 의무화하였다. 유럽연합이 추진하는 기후중립 및 탄소중립이라는 장기 목표를 달성하기 위해서는 에너지전환이 필수적이며 이를 실현하는 데 가장 중요한 전략 중 하나가 에너지 체제의 전기화(Electrification of Energy System)이다. 이는 탄소중립을 실현하는 데 환경 친화적 에너지를 생산하기 위한 전력생산 체제가 2050년까지 완전히 탈탄소화 하여야 한다는 의미이다(Brouwer & Bergkamp, 2021).

유럽연합이 기후중립을 달성하는 데 에너지전환이 필수적인 이유는 화석연료 중심의 에너지 생산은 온실가스를 지속적으로 배출하고 청정기술개발을 달성한다고 해도 배출량이 잔존하기 때문에 탄소중립을 달성할 수 없다. 그러나 재생에너지 및 원자력발전은 온실가스 배출을 최소화하고 동시에 지속적인 기술개발을 통해서 에너지 생산에서 발생하는 온실가스 배출을 완전히 제거할 수 있다. 따라서 화석연료 중심의 에너지 생산에서 환경 친화적 에너지자원인 재생에너지 생산으로 에너지 생산 및 소비구조를 전환하여야 한다. 이러한 에너지 소비 및 생산의 방향전환이 에너지전환의 핵심이다.

유럽연합 회원국은 에너지전환을 위해서 자국의 전력생산 방식의 전환을 위한 에너지정책에 초점을 맞추고 있다. 그 이유는 전력생산이 유럽연합의 온실가스 배출에서 차지하는 비중의 약 1/3에 달할 정도로 가장 많은 온실가스를 배출하는 부문 중 하나이다. 따라서 발전부문에서 에너지전환을 성공하면 유럽연합의 장기목표인 기후중립 및 탄소중립을 달성하는 데 유리한 고지를 점령할 수 있기 때문이다.

이외에도 발전부문은 산업, 운송 및 농업부문과 달리 에너지전환을 통하여 온실가스 배출을 전혀 하지 않는 탈탄소화를 달성할 수 있는 유일한 분야이다. 즉, 에너지전환을 통하여 온실가스 배출을 실질적이며 가시적으로 감소시킬 수 있는 부문이기 때문에 각 회원국이 정책적 관심을 갖고 추진하고 있다. 따라서 화석연료 중심에서 재생에너지 중심의 전력생산으로 에너지전환이 이루어진다면 유럽연합은 2050년 계획한대로 세계에서 최초로 탄소중립을 달성한 대륙이 될 것이다.

2 에너지전환정책

유럽연합이 2050년 기후중립이라는 장기 목표를 달성하기 위해서는 2030년까지 에너지전환을 위한 획기적인 진전을 이루어야 한다. 이러한 이유로 제1차 목표로 설정한 2020년 이후 제2차 목표연도인 2030년까지 에너지전환을 위한 막대한 자본투자와 청정기술개발을 계획하고 있는 것이다. 이처럼 2030년까지 유럽연합이 추구하고 있는 에너지전환은 에너지 효율성 향상과 저탄소배출 및 탄소중립을 가능하게 하는 에너지자원 개발을 통한 화석연료 소비의 점진적인 퇴출을 기초로 달성될 수 있도록 노력하는 것이다.

이러한 기본 목적을 달성하는데 전 회원국이 동일한 방법을 추진하는 것이 아니라 각 회원국이 처한 상황과 능력에 적합한 전략을 선택하여 에너지전환을 달성하는 것이 핵심이다. 이는 유럽연합기능조약(Treaty on the Functioning of the EU: TFEU)에 역내 발전부문은 에너지정책과 연관되어 있다고 명시되어 있다. 따라서 발전부문은 각 회원국이 보유하고 있는 전력자원을 최대한 활용하여 에너지 공급구조를 형성하며 이는 유럽연합 법률로 보호받고 있다. 단 모든 회원국이 만장일치로 채택한 방법론은 제외로 한다고 규정하고 있다. 이는 유럽연합 회원국의 에너지 자원 선택과 에너지체제 구조변화와 관련된 사항은 전 회원국이 만장일치로 채택되어야하기 때문에 각 회원국의 에너지 정책의 자율권이 인정받고 있다(Brouwer & Bergkamp, 2021).

이러한 유럽연합의 특수성을 기초로 판단할 때 에너지전환 목표를 달성하는 것은 쉽지 않은 선택이며 이를 위해서는 다양한 도전을 극복하여야 한다. 따라서 유럽연합은 기후 및 에너지 목표를 달성하기 위한 네 가지의 기본원칙을 설정하

그림 6-1 유럽연합 에너지전환 추진 원칙

출처: Buck et al., 2019 재인용

였다. 이는 회원국 간 연대(Solidarity), 에너지 공급 및 체제유지를 위한 안보 (Security), 산업경쟁력 강화(Competitiveness), 기술혁신 (Innovation)이다. 이 기본원 칙은 유럽연합기능조약 제194조 1항에 명시되어 있는 내용을 채택한 것이며 에너 지관련 정책과 환경을 개선시키기 위한 목적을 갖고 있다. 유럽연합은 기후 및 에 너지목표를 달성하는 과정에서 이러한 네 가지 원칙을 기초로 공공정책의 가치를 준수하여야 한다(Buck et al., 2019; Brouwer & Bergkamp, 2021)(그림 6-1 참조).

유럽연합은 각 회원국의 에너지정책 자율권을 보장하기 때문에 통일된 에너 지정책을 일률적으로 추진하는 것이 구조적으로 불가능하다. 따라서 이러한 단 점을 보완하기 위해서 에너지동맹전략(Energy Union Strategy)을 추진하고 있다. 이 전략은 융커위원회(Junker Commission)의 핵심추진 사항으로 에너지동맹이 유 럽연합 소비자에게 안정적이며 지속가능하고 가격경쟁력을 갖춘 에너지를 공급 하는 것을 목적으로 하고 있다. 따라서 에너지동맹전략을 기초로 유럽연합은 역 내 에너지시장 통합, 에너지 안보 강화, 에너지 효율성 향상 및 저탄소 경제체제 구축 등을 추구하고 있다. 이러한 목적을 달성하기 위해서 유럽연합은 에너지동맹 프로그램을 구성하여 모든 정책부문에서 신뢰할 수 있고 소비 및 지속가능한 에너지 체제를 강화시킬 수 있도록 노력하고 있다(European Union, 2021).

에너지동맹은 다음과 같은 다섯 가지의 구체적인 목표를 갖고 있다.

첫째: 유럽연합 역내 에너지시장 통합

역내 에너지시장이 통합되면 유럽연합 모든 지역에 기술 및 법률적 장벽 없이 전력수송이 가능하며 동시에 에너지 관련 인프라를 통한 완벽한 수송이 가능하다.

둘째: 에너지자원 다변화를 통한 에너지 안보 강화

화석연료 중심의 에너지 소비를 환경 친화적인 재생에너지 중심으로 전환하여 화석연료 에너지 수입의존도를 낮추어 에너지 안보를 강화한다.

셋째: 에너지 효율성 향상

에너지 효율성을 향상시켜 총 에너지 소비를 감소시키며 이를 통하여 탄소 배출 감축을 실현한다.

넷째: 에너지 체제의 탈탄소화 추진

역내 회원국의 에너지 체제를 환경 친화적 체제로 전환하여 탈탄소화를 추진하며 이를 통하여 탄소중립 경제체제를 구축한다.

다섯째: 에너지전환을 위한 연구개발(R&D) 재정지원

에너지전환을 실현하기 위해서는 청정기술부문의 연구개발이 지속되어야 가능하며 이를 통해서 탄소배출을 획기적으로 감축할 수 있다. 따라서 연구개발 (R&D) 활동을 강화하기 위하여 유럽연합 차원의 지속적인 재정지원이 필수적이다(European Commission, 2021b).

이러한 에너지동맹의 구체적인 목표를 효율적으로 달성하기 위하여 유럽연합의 2019년 전력규정(2019 EU Electricity Regulation)이 기초가 되었다. 또한 이 규정은 에너지 효율성 향상, 재생에너지 소비 비중 확대, 에너지공급 안보확립, 유연성, 지속가능성, 탈탄소화, 기술혁신 등을 창출할 수 있는 역내 에너지 통합시장을 가능하게 하는 2030년 기후 및 에너지 체제를 구축하는 데도 중요한 역할을 수행한다.

유럽연합은 정책의 일관성을 유지하기 위하여 에너지정책을 타 정책과 조정하여 추진하고 있다. 특히 기후정책과는 매우 밀접하게 연계되어 있으며 에너지 체제의 탈탄소화는 그 대표적인 사례이다. 이외에도 유럽연합 전력시장법률은 에너지 체제의 심화된 전기화(Electrification of Energy System)를 추구하는 유럽 그린 딜 전략의 목표를 가능하게 하는 것을 목적으로 하고 있다. 이외에도 기후정책이 추진하는 유럽 그린 딜 커뮤니케이션 에서는 에너지 안보와 산업경쟁력의 중요성을 인정하고 있다(Brouwer & Bergkamp, 2021).

유럽연합 에너지정책의 결과 역내 에너지시장의 통합은 가속화되었고 상당한 진전을 이룩하였다. 그 결과 거의 모든 회원국이 최소 2개 이상의 천연가스 네트워크에 연결되어 있으며 17개 회원국은 전력생산 능력에서 최소 10%는 타 회원국과 전력수송을 위하여 그리드가 상호 연결되어 있다. 이처럼 회원국 간 전력망 연결은 전력시장의 통합을 가속화 시키고 있으며 전력 도매가격으로 수렴되고 있다. 이처럼 역내 에너지시장의 통합으로 유럽연합의 전력 및 천연가스 공급 충격이 발생할 경우 이를 극복할 수 있는 강력한 회복력을 보유하게 되었고 에너지 공급 주체 간 건전한 경쟁으로 인하여 소비자에게 더욱 다양한 선택권을 제공할 수 있게 되었다(그림 6-2 참조).

그럼에도 불구하고 더 높은 수준으로 역내 에너지시장의 통합을 위해서는 회원국 간 상호 에너지 의존성에 대한 합리적인 관리가 요구된다. 그 이유는 역내 에너지시장의 통합으로 이미 회원국 간 상당한 수준으로 상호 의존성이 존재하고 있기 때문에 개별 회원국의 에너지정책이 특히 이웃국가인 타 회원국에 직접적인 영향을 미치게 되기 때문이다. 유럽연합의 최대 경제국인 독일과 프랑스

그림 6-2 유럽 전력망 및 전력수송 구도(2018년, Twh)

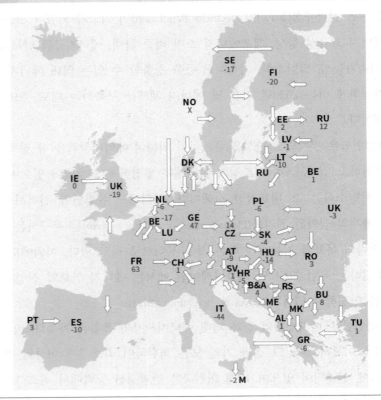

출처: Buck et al., 2019 재인용
비고: 플러스는 전력수출량, 마이너스는 전력수입량

의 석탄 및 원자력발전 폐쇄에 관한 토론과 국가별 자동차세가 대표적인 예이다. 따라서 유럽연합의 에너지전환을 성공적으로 추진하기 위해서는 회원국 간 합리적으로 조정된 에너지정책을 추진하는 것이 매우 중요하다(Buck et al., 2019).

유럽연합 내 에너지 소비는 1990년 이후 지속적이며 안정적으로 유지되고 있다. 그러나 에너지 소비 자원에 대한 변화는 획기적이다. 지난 30여 년 간 석탄소비는 약 50%가 감소하였으며 재생에너지 소비는 300% 증가하였다. 또한 천연가스 및 원자력 에너지 소비도 증가하였다. 특히 재생에너지 부문에서 수력발전 소비는 거의 변화가 없이 안정적인 반면에 바이오매스 소비는 3배가 증가하였다. 또한 풍력 및 태양광/열 발전 소비는 1990년대에는 매우 적은 비중을 차지하였으나 2010년대에는 재생에너지 소비부문에서 가장 중요한 위치를 차지하고 있다.

2015년 유럽연합은 약 16억 3,000만 톤의 에너지를 소비하였다. 이 중 94%는 에너지 소비제품이고 나머지 6%는 에너지 소비제품과 관련이 있는 화학부문의 소비 비중이다. 총 에너지 소비 중 화석연료 비중은 약 3/4을 차지하였고 나머지는 원자력 에너지가 14% 그리고 재생에너지가 13%를 차지하였다. 화석연료 중 석탄은 전력생산의 약 1/4을 차지하고 있지만 탄소배출량은 총 배출량의 약 3/4을 차지하고 있다.

이러한 유럽연합의 에너지 소비구조에서 2050년 에너지전환을 위한 장기전략에서 2030년까지 에너지 부문에서 경제적 비용을 최적화하는 것이 매우 중요하다. 이를 위해서 유럽연합 집행위원회는 다음과 같은 네 가지의 접근방법을 제시하고 있다.

첫째: 에너지 효율성 향상

에너지 효율성 향상은 전력, 난방, 운송부문에서 탄소배출을 감축하는 탈탄소화 과정에서 가장 중요한 요소 중 하나이다. 에너지 생산 및 소비에서 효율성을 향상시키지 못하면 유럽연합이 추구하는 기후정책 및 에너지정책의 목표치를 달성하는 과정에서 막대한 경제적 비용이 발생하게 된다. 이외에도 지속적으로 청정에너지 소비를 요구하는 소비자의 요구를 충족시키지 못하면 기후정책 및 에너지정책에 대한 소비자의 호응이 반대로 돌아서는 도전이 발생할 가능성도 있다.

따라서 유럽연합은 에너지 효율성 향상을 통하여 에너지 소비를 2005년 대비 2030년까지 26% 감소시킬 것을 목표로 하고 있다. 이는 2015년 대비 약 17% 감소하는 수치이다. 특히 2030년 이후 에너지 효율향상의 역할은 더욱 중요해진다. 유럽연합은 2050년까지 에너지 효율성 향상을 통한 에너지 소비감소를 2005년 대비 최소 33%까지 낮추려 하고 있으며 2050년 탄소중립을 실현하기 위해서는 이를 50% 감소시켜야 한다(European Commission, 2018a).

둘째: 재생에너지 개발 확대

재생에너지 개발 확대는 유럽연합이 에너지전환을 달성하는데 필수적이다. 이를 통하여 화석연료 수입을 감소시킬 수 있기 때문에 에너지 안보를 확립하는 데도 매우 중요하다. 따라서 유럽연합은 2015년 총 에너지 소비에서 재생에너지가 차지하는 비중이 약 12.4%에서 2030년 25%로 두 배 이상 증가시킬 것을 목표로 하고 있다. 특히 풍력 및 태양광/열 발전은 3배 증가하여 재생에너지 생산에서 약 50%를 차지하게 하는 목표를 설정하였다. 이외에도 유럽연합 집행위원회의 시나리오에 의하면 재생에너지 중 바이오매스는 약 50% 증가하고 수력발전과 지열발전(Geothermal)은 약간 증가하는 것이다(그림 6-3 참조).

유럽연합 에너지 소비 중 재생에너지는 특히 발전부문에서 매우 우월적 역할을 수행할 것이며 동시에 난방 및 운송부문에서도 그 수요가 증가할 것으로 예상하고 있다. 재생에너지 자원 중 바이오매스 전력생산 증가는 2018년 총 전력생산의 6%에서 2030년 11%로 증가할 것으로 예상하고 있으며 이는 태양광/열 및 풍력발전 증가보다는 상대적으로 낮은 증가이다. 그 이유는 안정적인 바이오

그림 6-3 유럽연합 집행위원회 재생에너지 개발 장기 목표(2030년)

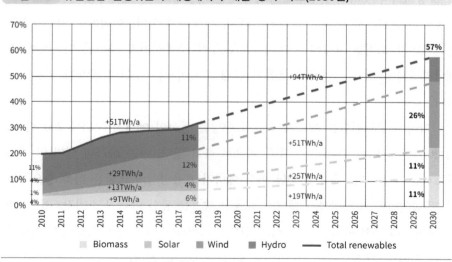

출처: European Commission, 2018a 재인용

매스 공급이 지속가능하지 않고 에너지 생산과 관련이 없는 산업부문의 수요와 경쟁관계에 있기 때문이다. 따라서 바이오매스보다는 재생에너지 자원으로 발전된 전력을 통하여 생산된 바이오가스(Biogas), 바이오매탄(Biomethane), 탄소중립연료(Electro-fuels) 등이 에너지 소비부문에서 중요한 역할을 수행할 것으로 예상하고 있다. 특히 2030년 이후에는 재생에너지로 생산된 대체에너지 자원이 2050년 탄소중립을 실현하는데 핵심적인 역할을 수행할 것이다(Buck et al., 2019).

셋째: 전 부문 전력사용 극대화 추진

전력이 경제적으로 가장 저렴한 탈탄소화 에너지 매개체로 작용하고 있기 때문에 발전부문의 에너지전환이 타 부문의 탈탄소화를 추진하는 데도 가장 중요한 기회를 제공하고 있다. 발전 이외의 부문에 탈탄소화를 실현하기 위해서는 전력부터 난방, 전기 자동차, 전철 등 직접적인 전력사용을 통한 전기화(Electrification)를 달성하는 것이 필수적이다. 또한 간접적인 전력사용은 특히 환경 친화적 수소(Green Hydrogen)를 사용하는 탄소중립연료(Electro-fuels) 생산을 통하여 달성할 수 있다. 이러한 방식을 추진하면 대규모 재생에너지 개발이 가능하며 이를 통하여 역내 경제체제도 전기화를 실현할 수 있다.

2050년 탄소중립을 달성하기 위하여 유럽연합 역내 경제체제를 전기화로 추진하고 있다. 따라서 최종에너지 소비에서 전력소비 비중이 2015년 21%에서 2030년 28%로 증가할 것으로 예상하고 있으며 2050년에는 2030년 전력소비의 최소 두 배 이상이 될 것으로 예상하고 있다. 이외에도 발전, 주택 및 상업용 건축물, 운송, 산업부문 간 상호연계가 강화되어 각 부분별로 분리되어 있던 전력망의 차이가 궁극적으로 사라지게 될 것이다(European Commission, 2018a).

넷째: 화석연료 사용 중지

유럽연합은 에너지 소비가 필요한 모든 부문에서 화석연료 소비를 지속적으로 감소시켜 이를 2050년에는 최종적으로 사용을 중지하려는 목표를 설정하였다. 이처럼 유럽연합이 화석연료 사용을 완전히 폐지하려는 가장 중요한 이유는 화석연료 소비가 탄소배출의 가장 중요한 원인이기 때문이다. 화석연료 소비에 대한 유럽연합의 장기 전략은 2030년까지 2015년 대비 50% 감소시키고 2050년 에는 화석연료 소비를 완전히 폐지시키는 것이다. 이 전략 중 석탄소비와 관련해 서는 유럽연합 개별 회원국의 전략과 대비된다. 특히 독일은 유럽연합의 목표보 다 석탄소비를 2030년까지 약 2/3를 감축하고 2040년에는 완전히 폐지할 것을 목표로 설정하여 유럽연합 목표연도보다 이른 시기에 석탄사용을 중지할 것을 목표로 하고 있다. 석유 및 천연가스 소비는 2030년까지 2015년 대비 약 1/4를 감소시키고 나머지는 2050년까지 재생에너지 개발 확대와 바이오가스 등과 같은 저탄소 가스연료로 충족시킬 것을 목표로 하고 있다.

이와 같은 네 가지 전략을 추진하여 유럽연합은 2015년 총 에너지 소비량 16억 6,600만 톤을 2030년 13억 7,000만 톤으로 약 17.8% 감소시키려하고 있다. 동시에 탄소배출량도 같은 기간 35억 2,400만 톤에서 21억 8,000만 톤으로 약 38.2% 감축시키는 목표를 설정하였다. 이 목표는 2021년부터 추진되는 2050년 탄소중립 실현을 위한 제2기에 달성하여야 한다. 유럽연합 집행위원회는 탄소중 립 제2기 목표 달성이 2050년 최종 목표를 달성하는 데 중요한 전환점이 될 것 으로 예상하고 있다(Buck et al., 2019).

2050년 탄소중립과 탈탄소화 경제체제를 달성하기 위해서는 위에서 언급한 네 가지 전략을 가능한 이른 시기에 달성하여야 한다. 이 전략을 통해서 목표를 완전히 달성한다고 해도 기후중립을 달성하는 데는 한계가 있다. 그 이유는 에너 지 부문에서 탈탄소화를 달성한다고 해도 농업부문, 운송부문 등에서는 탄소배 출이 2050년에도 지속되거나 증가할 것으로 예상하고 있기 때문이다. 이러한 잔 여부문의 탄소배출을 중립화시키기 위해서는 지속적인 연구개발과 기술혁신을 통한 새로운 첨단기술의 배치가 필수적이다.

이처럼 잔여부문의 탄소배출 등과 같은 완전한 온실가스 배출 감축을 위해 서는 삼림확대 등과 같은 조림사업, 토지경영 향상 등과 같은 자연적으로 온실가 스 배출을 감축할 수 있는 수단이 필요하다. 이외에도 탄소배출을 억제하는 기술 인 탄소포집 및 저장(CCS)과 바이오 에너지 소비 등과 같은 탄소억제기술

(Negative Emission Technology) 배치 등이 추가적으로 필요하다. 이러한 기술과 필수 인프라가 효율적으로 작동하기 위해서는 경제적으로 지속가능한 체제가 구축되어야 한다(ASSET, 2020).

유럽연합이 2050년 탄소중립을 실현하기 위한 장기목표를 추진하는 것은 다양한 이유가 있기 때문이다. 특히 이를 실현하는 데 에너지전환이 필수적이며 이를 달성하는 과정에서 유럽연합은 다양한 도전을 극복하면서 경제, 사회, 노동, 환경 등의 부문에서 새로운 기회를 창출할 수 있을 것으로 예상하고 있다. 유럽연합의 에너지전환을 위한 공공부문의 다양한 사업추진을 실질적으로 재정지원하고 있는 유럽투자은행(European Investment Bank: EIB)은 에너지전환의 이유를 다음과 같은 일곱 가지로 분석하여 설명하고 있다.

첫째: 신규 고용창출

유럽연합은 2019년까지 청정 에너지부문에서 약 400만 명의 고용을 창출하였다. 유럽연합이 2050년 탄소중립을 실현하기 위한 기후 및 에너지정책을 지속하면 492,000명의 신규 고용이 더 창출될 것으로 유럽연합 집행위원회는 예상하고 있다. 이외에도 에너지전환을 추진하는 과정에서 2050년까지 0.3%의 신규 고용이 부수적으로 창출될 수 있으며 현재 추진하는 더욱 야심찬 온실가스 감축 시나리오를 적용하면 부수적 신규 고용창출이 0.9%까지 가능하다.

둘째: 신규 산업부문 성장

재생에너지 부문은 산업 초기단계를 넘어서 유럽연합 차원의 보조금 지급이 없이 성장하는 단계로 접어들었다. 2010년에서 2018년까지 태양광/열 발전비용은 75% 감소하였고 풍력발전은 35%가 감소하였다. 이처럼 빠른 속도로 경제성을 증가시키는 재생에너지 부문 경쟁력이 화석연료 발전과 동일한 경제성을 나타내는 시기가 늦어도 2020년 대 중반부터는 시작될 것으로 예상하고 있다.

셋째: 에너지 의존도 감소

유럽연합 집행위원회의 장기 탄소전략 심층 분석에 의하면 탄소중립을 실현하기 위한 기후 및 에너지 정책을 추진하고 에너지 전환을 이루면 유럽연합은 2019년 약 55%의 에너지 수입의존도를 2050년 20%로 낮출 수 있다. 이처럼 에너지 수입의존도를 획기적으로 낮출 수 있는 것은 재생에너지 개발 확대로 가능하며 2030년 이후에는 재생에너지 생산비용이 화석연료와 비교할 때 충분한 경쟁력을 확보할 수 있을 것으로 예상하고 있다.

넷째: 산업경쟁력 향상

유럽연합은 상품생산에 필요한 에너지 소비를 감소시키기 위하여 산업의 에너지 집중도를 낮추도록 노력하고 있다. 그 결과 2017년에는 전 산업의 평균 에너지 집중도가 20%로 감소하였다. 물론 산업의 특성상 에너지를 과다하게 소비하는 철강, 시멘트, 화학, 유리산업부문에서는 에너지 집중도가 평균보다 높다. 이러한 산업부문의 에너지 효율성을 향상시키기 위하여 공정과정을 디지털 및 자동화를 진행하고 있으며 자원의 재활용 비율을 높이려고 노력하고 있다. 이로서 유럽연합 전 산업의 에너지 효율성이 향상되고 산업경쟁력도 한층 강화되리라 예상하고 있다.

다섯째: 소비자 권한 강화

에너지전환 과정에서 소비자는 전력의 소비 방식 및 공급에 대한 전력망 건설 등에 관해서 적극적인 역할을 수행할 것으로 예상하고 있다. 따라서 이 과정에서 전력소비자는 단순히 전력을 소비하는 소비자의 입장에 그치는 것이 아니라 재생에너지를 생산하여 잔여 전력을 공급하는 전력 공급자의 역할도 수행한다. 대다수의 유럽연합 회원국은 이러한 상황변화를 위해서 법적인 체제를 구성하였다.

여섯째: 탈탄소화 글로벌 리더

유럽연합은 탈탄소화 과정을 미국과 중국 등 타 경제대국보다 역사적으로 훨씬 이른 시기에 시작하였고 그 성과도 이들 국가와 비교할 때 독보적으로 높다. 유럽연합은 이미 20년 전부터 탈탄소화 과정을 추진하여 경제성장과 탄소배출 간의 비례적 관계를 탈피하였다. 그 결과 2000년 대비 탄소배출을 20% 감축하였고 2018년 유럽연합 경제는 에너지 집중도가 미국보다는 20% 그리고 중국보다는 70% 낮은 수준을 유지하고 있다.

일곱째: 기후변화 위기 증명

지난 20여 년 간 재생에너지 부문에 대한 투자는 지속적으로 증가하였다. 또한 이 부문에 대한 투자는 2008년 글로벌 경제위기, 2010/2011년 유럽연합 재정위기 하에서도 타 투자부문과 비교할 때 가장 적은 영향을 받았다. 이는 기후변화의 심각성을 인식하고 있는 반증이다.

이처럼 에너지전환을 위하여 유럽투자은행(EIB)은 2019년 11월 신규 에너지 대출정책을 추진하였다. 동시에 환경의 지속성과 기후변화 대응 행동을 장려하기 위한 노력을 지원하는 방향을 강조하고 있다(EIB, 2019).

3 유럽연합 에너지전환정책 우수사례

2050년 유럽연합 탄소중립 실현을 위한 장기목표를 달성하기 위하여 각 회원국은 자국의 경제적 상황에 적합한 에너지전환정책을 추진하고 있다. 따라서 각 회원국의 정책추진 결과는 상이하다. 특히 경제발전 단계의 차이로 인하여 서유럽 회원국과 동유럽 회원국 간의 격차는 상대적으로 큰 편이다.

이러한 현실적인 격차가 존재함에도 불구하고 회원국 중 에너지전환정책을 추진하면서 괄목할 만한 성과를 나타내고 있는 사례를 주목할 필요가 있다. 이를 기초로 유럽연합의 장기목표 달성에 대한 가능성을 판단할 수 있으며 이들 성공적인 사례가 타 회원국에게 에너지전환정책의 롤 모델로 작용할 수 있기 때문이다. 이외에도 이들의 우수사례는 한국의 에너지전환정책에도 많은 시사점을 제공해 줄 수 있다.

유럽연합 내 에너지전환정책 우수사례 회원국으로 세 개의 국가를 심층 분석한다. 첫째는 역내 최대 경제국이며 유럽연합 기후 및 에너지정책을 주도하고 있는 독일의 사례이다. 두 번째는 영국의 사례로 2021년 1월 1일부터 유럽연합을 공식적으로 탈퇴하였으나 2020년 말까지 서유럽 회원국 중 화석연료 사용비중이 가장 높은 국가에서 에너지전환정책을 통하여 재생에너지 비율을 빠르게 증가시켜 탄소배출 감축을 크게 감축시킨 사례이다. 마지막으로 세 번째는 역내 기후 및 에너지정책의 모범국가인 스웨덴의 사례이다. 역내 탄소배출 감축 비중이 가장 높고 유럽연합의 2050년 탄소중립 목표를 훨씬 이른 시기인 2045년에 조기에 달성하려는 전략을 심층 분석한다.

(1) 독일 사례
1) 에너지전환정책

한 국가가 운영하는 에너지체제라는 것은 소속된 사회 및 정치체제가 구성하는 정치적 선택의 결과이다. 따라서 에너지 체제를 변화시키는 주요 요소는 에너지자원과 기술혁신 간의 상쇄, 변화에 대한 절박감 등과 절대적으로 깊은 관계를 지니고 있다. 따라서 에너지 체제의 변화가 결정이 되면 한 국가 내 사회, 경제, 기술구조가 근본적으로 변화하게 된다(Pellerin-Carlin & Serkine, 2016; Strunz, 2013).

에너지전환은 특별한 사전적인 의미 이외의 것을 나타내고 있지 않으며 시기별로 매우 다양한 개념을 포함하고 있다. 최초의 에너지전환 개념이 사용된 것은 1930년대 분자분열 이후 에너지 상태가 변화하는 자연과학 내 순수한 분자변화의 과정을 의미하였다. 그러나 1970년대 두 번에 걸친 세계석유위기로 인하여 에너지 자원의 급격한 가격 변동성으로 인한 에너지 대체재 사용이라는 개념으

로 사용되었다. 그러나 엄밀하게 분석하면 1970년대의 에너지 대체재라는 개념
도 화석연료를 시기별로 상이하게 사용하여 왔기 때문에 에너지전환이 아닌 에
너지 소비증가의 개념이 더욱 강하였다(Fressoz, 2013; Smil, 2010).

그러나 1990년대 이후 에너지전환이라는 개념은 지구환경에 유해한 오염물
질을 감소시키는 방향으로 에너지 체제를 변화시켜 국가경제를 운영하는 의미로
사용되고 있다. 따라서 21세기 에너지전환의 핵심적인 의미는 석탄, 석유, 천연
가스 등 화석연료 사용으로 발생하는 고 탄소체제(High Carbon System)의 에너지
체제에서 풍력, 태양광 등과 같은 재생에너지를 사용하는 저탄소체제(Low Carbon
System)와 에너지 효율성을 극대화시키는 에너지 체제로 전환하는 것을 의미하고
있다(IEA, 2015; Pellerin-Carlin & Serkine, 2016).

따라서 고 탄소체제에서 저탄소체제로 이전하는 에너지전환은 지역별 그리
고 국가별 차이와 정도는 상이하게 존재하지만 세계적으로 이미 시작되고 있다.
특히 한 국가 내 지구환경 유해물질인 탄소를 제거하는 경제체제를 구축하는 것
은 글로벌 기후변화를 억제하는 청정기술개발을 통하여 가능한 것으로 이해하고
있다(Unruh, 2000: Gjonca, 2017).

1970년대 두 번에 걸친 세계석유위기 및 1979년 미국 트리마일 섬(Three
Mile Island)에서 발생한 최초 원자력발전소 폭발사고로 인하여 환경문제에 관한
관심이 서유럽과 특히 독일에서 높아지게 되었다. 그 결과 에너지 효율 증진을 통
해서 경제성장을 달성할 수 있으며 경제성장과 에너지수요 증가의 관계를 분리시
킬 수 있다는 과학적 연구 결과가 1980년대에 발표되면서 화석연료 및 원자력에
너지 사용을 점진적으로 금지할 수 있는 주장이 제기되었다(Öko Institut e. V.,
2016).

이러한 환경문제에 대한 독일국민의 커다란 인식변화와 지속적인 환경의식
향상은 에너지전환 목표를 위한 정부의 공식적인 대응을 지속적으로 요구하였
다. 그 결과 독일정부는 1980년대 중반부터 환경보호를 위한 제도 및 법률체계
를 정비하기 시작하였다. 그 시발점이 1986년 보수당인 기독교민주당(CDU)과 자
유민주당(FDP) 연합정부 하에서 실시한 환경 친화적 생산방식에 대한 인증제도

및 전력생산을 위한 청정에너지 자원 지원 등을 실시한 것이었다.

이후 독일정부는 1991년에 재생에너지 생산을 지원하기 위한 발전차액지원법(Feed in Tariff Act: Stromeinspeisungsgesetz)을 제정하였다. 발전차액지원법 제정은 독일 내 재생에너지 보급이 확산되는 데 크게 기여하였다. 이외에도 보수연합정부는 환경오염 억제를 위한 체제를 정비하기 위하여 2005년까지 온실가스 배출을 20% 감축하기 위한 목표로 독일 산업계가 자발적으로 참여하는 산업계 자발적 참여법안(Industry Self Committment Act)을 1995년에 제정하였다(Agora Energiewende, 2016).

보수연합정부 이후에도 1998년부터 시작된 사회민주당과(SPD) 녹색당(Die Grünen)이 구성한 진보연합정부 하에서 재생에너지 보급 및 확산을 위한 정책이 강력하게 활성화 되었다. 이를 위하여 자동차 연료, 천연가스, 난방유, 전력 등에 환경세를 부과하였으며 재생에너지 사용이 가능한 난방시스템 확산을 위한 시장친화적 인센티브제도 도입, 재생에너지 보급 및 확산을 위한 재정지원에 관한 제도로 재생에너지법(Renewable Energy Act: EEG) 등을 도입하였다. 또한 2000년에는 진보연합정부와 원자력발전소 대표 간에 향후 22년 이내에 독일 내 원자력발전소를 단계적으로 폐쇄하는 것에 합의하였다. 그 결과 신규 원자력발전소 설립을 금지한 원자력법(Atomgesetz)이 2002년에 개정되었다(Appun, 2018; Gjonca, 2017).[3]

이로서 독일은 21세기에 들어서면서 친환경 에너지정책을 추진하면서 경제체제를 저탄소 경제체제로 전환시키도록 정책방향을 확고하게 하였다. 이를 위한 조치로 1990년 대비 2012년까지 탄소배출을 23% 감축하고 2020년까지 40% 그리고 2050년까지 최소 80%에서 최고 95%까지 감축하기로 결정하였다. 이는 유럽연합 내에서도 가장 많은 탄소배출 감출 목표량 중 하나이다. 이처럼 높은 수준의 탄소배출 감축 목표량을 설정한 이유는 독일의 산업구조가 제조업 중심이기 때문에 탄소배출 집중도가 높은 경제구조를 구성하고 있기 때문이다(Veith, 2010; IEA, 2015).

이후 2000년대 후반인 2007년에는 보수당인 기독교민주당(CDU)과 진보당인

---

3) 독일의 원자력법은 1960년에 최초로 제정되었다.

사회민주당(SPD)의 거대 연합정부 하에서 에너지 및 기후변화 연계프로그램(Integrated Energy and Climate Programme)을 제안하였다. 이 프로그램은 2020년까지 총 전력생산 중 재생에너지로 생산하는 비율을 25~30%까지 증가시키는 것을 목표로 선정하였다. 이외에도 글로벌 기후변화를 억제하기 위한 조치로서 2008년에 일반기후변화적응전략(Deutsche Anpassungsstrategie)과 기후변화연계프로그램을 위한 법률안을 소개하였다. 그러나 이는 글로벌 기후변화를 억제하는 장기시나리오에는 참고사항으로 실질적인 역할을 수행하지는 못했다(BMU, 2007; IEA, 2016).

거대 연합정부 기간에 보수 및 진보정당 간 정책협의가 원만하게 진행되지 않은 관계로 2009년에는 기독교민주당(CDU)과 자유민주당(FDP)이 연합정부를 구성하였다. 보수연합정부는 진보연합정부가 추진한 원자력발전소 폐기에 대해서 호의적이지 않았다. 따라서 보수연합정부는 원자력발전소 폐기를 가능한 지연시키고 경제적 비용을 최소화하면서 온실가스 감축을 추진하기 위하여 점진적 폐기일정을 8~14년 간 연장하도록 결정하였다. 그럼에도 불구하고 보수연합정부는 2010년 저탄소 경제체제를 구축하기 위한 장기시나리오 및 로드맵을 최초로 정립하고 전반적인 에너지정책 계획을 담은 에너지구상[4](Energy Concept: Energiekonzept)을 2010년 승인하였다(Jarass & Obermair, 2012).

에너지전환을 효과적으로 추진하기 위하여 독일정부는 에너지구상이라는 장기 에너지정책 추진계획을 수립하였다. 즉, 에너지구상은 독일의 에너지 미래를 개척하고 발전시키는 장기적 차원의 저탄소 경제체제를 구축하는 것이 핵심이다. 이를 달성하기 위해서는 환경 친화적이며 안정적이고 지속적인 에너지 공급이 가능하여야 한다. 이를 통해서 독일은 2050년까지 온실가스배출을 1990년 대비 최저 80%에서 최고 95%까지 감축하여 탄소중립을 달성할 것을 약속하였다(Federal Ministry of Economics and Technology & Federal Ministry of Environment, Nature Conservation and Nuclear Safety, 2010; IEA, 2015).

이러한 장기 에너지정책을 수립한 근본적인 이유는 세계에서 가장 에너지

---

4) Energy Concept는 다양한 번역이 가능하나 에너지정책 및 국가별 에너지정책분석에서는 일반적으로 에너지구상으로 표현하고 있음.

효율성이 높고 환경 친화적인 경제체제를 구축하기 위한 것이다. 동시에 경쟁력 있는 에너지 가격을 확보하면서 지속적인 경제적 번영을 창출하기 위한 정책목표를 달성하는 것이다. 따라서 에너지구상은 에너지 수요 및 공급에 관한 에너지 정책을 총망라하며 에너지 과잉생산을 방지하기 위해서 에너지 생산을 중앙 집중적인 방식에서 지방 분산화 방식으로 변경하였다. 이로서 에너지절약 및 에너지 효율 향상을 위한 다양한 방법을 제시하였다.

에너지전환을 위한 구체적인 정책수행 수단인 에너지구상에서는 세부적인 목표를 설정하여 접근하고 있다. 구체적으로 첫째는 온실가스배출 감축을 위하여 1990년도 대비 2020년까지는 40% 감축, 2030년에는 55% 감축, 2040년에는 70% 감축, 2050년에는 80~95%를 감축한다. 둘째는 총에너지 소비에서 재생에너지 소비 비중을 획기적으로 증가시키기 위하여 최종에너지 소비에서 재생에너

표 6-1   에너지전환과 부문별 2050 목표

		현상유지	2020	2025	2030	2035	2040	2050
온실가스배출	1990년 대비 감축	-27% (2016)	-40%		-55%		-70%	-80~95%
원자력폐쇄	점진적 폐쇄 (2022년)	11발전소 폐쇄 (2015)	8개 원자로 유지					
재생에너지	최종에너지소비 비율	14.9% (2015)	18%		30%		45%	최소 60%
	전력소비 비중	32.3% (2016)		40-45%		55-60%		최소 80%
에너지효율성	일차에너지소비 감소 (2008년)	-7.6% (2015)	-20%					-50%
	총전력소비 감소 (2008년)	-4% (2015)	-10%					-25%

출처: Agora Energiewende, 2017 재인용

지 비중을 2020년까지 18%로 설정하고 이를 2030년 30%, 2040년 45%, 2050년 60%까지 지속적으로 증가시킨다. 셋째는 총에너지 소비를 낮추기 위하여 2008년 기준보다 2020년 20% 감소시키고 2050년에는 50% 감소시킨다. 넷째는 전력 소비 감소를 위하여 2008년 기준보다 2020년 10% 그리고 2050년에는 25% 감소시킨다. 마지막으로 다섯째는 운송부문의 최종에너지 소비를 획기적으로 낮추기 위하여 2005년 대비 2020년에는 10% 그리고 2050년에는 40% 감소시킨다(Agora Energiewende, 2017)(표 6-1 참조).

이러한 구체적인 목표치 이외에도 에너지구상은 기존 화석연료 에너지원에 제공하였던 정부보조금을 폐지하고 온실가스배출 감축을 위한 청정기술인 이산화탄소포집 및 저장기술(Carbon Capture and Storage: CCS) 개발을 세계적인 수준에 도달 할 때까지 지원하기로 하였다(Federal Ministry of Economics and Technology & Federal Ministry of Environment, Nature Conservation and Nuclear Safety, 2010; Bössner, 2016).

에너지구상에서는 원자력에너지를 에너지전환을 위한 일종의 징검다리 에너지 자원으로 간주하고 원자력 발전이 완전하게 폐쇄되는 기간 동안 유럽연합 국가와 긴밀한 연구개발을 위한 협력관계를 지속할 것을 명시하고 있다. 그러나 2011년 발생한 일본 후쿠시마 원자력발전소 폭발사고로 인하여 독일 내 원자력발전소 폐쇄를 2022년 초까지 완결 짓기로 의회에서 합의를 도출하였다(Agora Energiewende, 2016).

이처럼 원자력에너지와 관련된 각 정당 간 이해관계를 의회에서 합리적으로 합의에 도달한 방식은 국민으로부터 강력한 지지를 받았으며 정부가 추진하는 에너지전환정책도 높은 지지를 받게 되었다. 즉 에너지전환정책은 의회에서 의원 중 85%가 지지를 하였고 국민은 90%가 지지의사를 표시하였다. 이처럼 절대다수가 지지한 에너지전환 정책은 2010년과 2011년 법률제정을 통하여 실시되었다(Wettengel, 2017).

에너지전환정책은 혁신적이며 통합적인 정책 틀로서 역할을 정립하였으며 네 가지 정책목표를 제시하고 있다. 이는 기후변화에 능동적으로 대처하고 원자력에너지원으로부터 발생할 수 있는 위험을 극소화하고 에너지안보를 강화시키는 것이다. 이외에도 이를 기초로 국가경제의 경쟁력을 향상하고 지속적인 경제성장을 달성하는 것이다. 이를 위하여 정부는 에너지전환을 위한 모든 문제를 해결할 수 있는 개척자의 역할을 수행하고 있다(Federal Ministry of Economics and Technology, 2015).

2) 에너지정책과 지속가능 성장정책

21세기 에너지정책은 화석연료 사용 중심의 20세기 에너지정책과는 근본적으로 상이한 형태로 진행되고 있다. 즉, 화석연료 사용중심의 20세기 에너지정책은 공급자 위주 및 중앙 집중적인 에너지정책이었으나 친환경 중심의 21세기 에너지정책은 수요자 중심 및 지방 분산형 에너지정책으로 전환되었다(Bössner, 2016).

일반적으로 에너지정책과 지속성장은 매우 상이한 부문으로 이해할 수도 있으나 글로벌 경제제체에서는 매우 긴밀하게 연계되어 있는 것이 현실이다. 1970년대 두 차례 발생한 세계석유위기와 2014년 중반 이후 글로벌 수요와 공급 격차에서 발생했던 석유가격 하락이 글로벌 경제에 절대적인 영향을 미쳤다. 따라서 에너지 자원이 글로벌 경제에 미치는 영향은 매우 크다. 이는 결과적으로 에너지 의존도에 관계없이 합리적이며 효율적인 에너지정책을 추진하는 국가가 경제적으로 지속성장을 달성할 수 있는 가능성이 높아지게 된다.

독일 에너지정책의 기본방향은 주요 에너지 자원의 절대적인 부족으로 인하여 주요 에너지 수입의존도가 매우 높은 상태를 장기적인 차원에서 지속적으로 감소시켜 나가면서 대외 의존도를 최소화시키는 것이다. 이는 단순히 에너지 공급안정에 정책적 초점을 맞추는 것이 아니라 장기적인 차원에서 주요 에너지 자원의 수입의존도를 감소시키고 주요 에너지 소비구성을 변화시켜서 환경 친화적인 에너지 소비구조를 정착시키는 것이다.

이러한 에너지정책의 기본방향을 추진하기 위하여 독일정부는 2010년 에너지전환을 실현하기 위한 구체적인 장기 에너지정책인 에너지구상(Energy Concept)을 발표하여 환경 친화적이며 지속가능하고 안정적인 에너지 공급을 위한 가이드라인을 제시하였다. 이로서 독일은 재생에너지 시대를 위한 로드맵(Road Map)을 최초로 작성하였다. 독일정부가 발표한 에너지구상은 2050년까지 장기적 전략을 디자인하고 이를 시행하는 것이다(Federal Ministry of Economics and Technology & Federal Ministry for the Environment, Nature Conservation and Nuclear Safety, 2010).

독일의 에너지정책은 독립국가로서 독자적으로 수행하는 부분도 존재하지만 독일이 유럽연합(EU)의 회원국으로서 유럽연합에서 28개 회원국가가 전체적으로 합의한 에너지정책 가이드라인을 준수하여야 할 의무도 있다.[5] 유럽연합의 에너지정책 목표 및 방향성을 기초로 독일 에너지정책은 지속적이며 안정적인 에너지 공급을 경제적으로 적정수준의 가격을 확보하는 것에 초점을 맞추고 있다. 동시에 에너지 소비가 환경 및 기후변화에 최소한의 영향을 미칠 수 있도록 하고 있다. 따라서 에너지정책은 외교정책, 무역 및 경제정책, 환경정책 등 상이한 정책부문과 긴밀한 협력 체제를 구축하여 전반적인 정책목표를 달성하기 위하여 노력하여야 한다(박상철, 2015).

이는 독일 내 에너지관련 사항을 전담하는 독자적인 에너지부는 존재하지 않지만 에너지정책을 주관하는 부서인 경제기술부(Federal Ministry for Economy and Technology)가 에너지 정책방향을 설정하면 재무부(Federal Ministry of Finance), 환경, 자연보존 및 원자력안전부(Federal Ministry for the Environment, Nature Conservation and Nuclear Safety) 이외 총 14개 에너지관련 부서와 긴밀한 협력 체제를 구축하여 에너지정책을 시행하고 있다. 이러한 정책적 협력을 기초로 독일 에너지정책 방향은 유럽연합 20/20 전략적 종합계획을 채택하여 적극적인 이산화탄소 배출 감소, 에너지효율 향상, 재생에너지 사용비율 증대 등의 방향으로 운영되고 있다(Eissel & Park, 2010).

독일은 에너지정책 및 기후정책 간 정책적 통합을 강화시키고 있으며 국제에너지 관계에서도 유럽연합의 에너지정책 목표를 공유하고 있다. 이를 위하여 다자간 협력체제 구축에 적극적으로 동참하고 있으며 국가 간 에너지 교역에서

---

5) 유럽연합 회원국은 28개 국가이었으나 2016년 영국의 유럽연합 탈퇴결정으로 2021년 1월 1일부터는 27개 국가로 감소하였다.

세계무역기구(World Trade Organization: WTO) 규칙을 적용시키는 핵심적인 역할을 수행하고 있다. 또한 유럽연합의 에너지시장연합체를 구축하기 위하여 독일은 국내 에너지시장 자유화 및 규제완화를 단행하여 에너지 시장에서 경쟁체제를 유도하였다. 이로서 석유, 가스, 전력 등 주요 에너지 자원 공급이 과거에는 국가, 지방정부, 국가기관 소유에서 민영화 과정을 거치게 되었다. 독일은 국내 에너지 시장구조 개혁을 1990년대 중반부터 추진하여 에너지 시장에서 경쟁체제를 도입하였다. 특히 에너지 시장의 자유화 및 규제완화를 단행하면서 기존의 지역적 에너지 시장 영토가 소멸되고 소유권이 재구성되었다. 또한 전력시장에 전력을 공급할 때 재생에너지 사용에 우선권을 부여하는 전략을 추진하여 재생에너지 사용 비율을 획기적으로 향상시킬 수 있었다(Westphal & de Graaf, 2011).

친환경 에너지정책을 수행하기 위하여 독일정부는 수요자 중심 및 지방 분산형 에너지 자원인 태양광 및 태양열, 풍력, 바이오 등과 같은 재생에너지 자원개발에 1980년대부터 정책적인 관심과 시행, 자본투자 및 기술축적 등을 이룩하여 국가경쟁력을 강화하고 있다. 또한 이를 통하여 새로운 성장산업의 진입을 가능하게 하여 국가의 신 성장 동력의 역할수행과 환경 친화적인 국가 이미지 향상에 크게 기여하고 있다(박상철, 2015; Bössner, 2016).

친환경 에너지정책 추진을 위하여 생태적 에너지세 시행 및 이산화탄소 배출권시장을 설립하여 운영하고 있다.[6] 이는 재생에너지 자원개발에 박차를 가하는 결과로 작용하게 되어서 재생에너지 자원의 핵심 부문인 태양광 및 태양열, 풍력, 바이오 산업부문에서 2016년까지 334,000명의 신규노동인력을 창출하여 국가경제에 크게 기여하고 있다. 이는 전 세계 재생에너지 생산과 관련된 총 노동인력 830만 명 중 약 4%에 달한다. 또한 독일은 유럽연합 내 재생에너지관련 고용을 가장 많이 창출한 회원국이다. 유럽연합 내 재생에너지 생산과 관련된 총 노동인력은 1,163,000명이다. 따라서 독일의 재생에너지 생산 노동인력은 28.7%

---

6) 독일에서는 생태적 에너지세(Ecological Energy Tax)라고 명칭이 사용되고 있으나 북구인 스웨덴, 핀란드, 덴마크, 노르웨이, 네덜란드 5개 구가에서는 탄소세(Carbon Tax)라는 명칭을 사용하고 있다.

표 6-2 세계 주요국가 재생에너지 고용창출(2016년)

국가	고용창출 수(1,000명)
중국	3,643
유럽연합	1,163
독일	334
프랑스	162
기타회원국	667
브라질	876
미국	777
인디아	385
일본	313
방글라데시	162
남아프리카	30
북아프리카	16
기타 아프리카	15
합계	8,300

출처: IRENA, 2017

에 달하여 유럽연합 전체에서 가장 높은 비율을 차지하고 있다(International Renewable Energy Agency, 2017)(표 6-2 참조).

재생에너지 보급 및 확산을 통하여 이산화탄소 배출량 감축에도 핵심적인 역할을 수행하고 있다. 따라서 독일은 제조업 중심의 산업 국가이며 세계 제4위의 경제국가임에도 불구하고 이산화탄소 배출 감축을 성실하게 수행하여 1990년 이후 2016년까지 지속적으로 이산화탄소 배출량을 감축하고 있다. 2017년에는 경제 활성화와 극심한 추위로 인하여 이산화탄소 배출이 약 2% 상승하였으나 2016년까지 1990년 대비 이산화탄소 배출 감축을 32% 하였다. 그럼에도 불구하고 2020년 목표치인 40%에 도달하는 것이 어려울 수 있다는 우려가 대두되고 있다. 독일이 2020년 이산화탄소 배출감축 목표를 달성하지 못할 경우 글로벌 기후변화에 대처하는 글로벌 선도국가로서의 지위를 상실할 수 있다는 경고도 존재한다(Amelang et al., 2017)(그림 6-4 참조).

그러나 이러한 우려에도 불구하고 독일은 2018년부터 2020년까지 3년 연속 이산화탄소 배출을 지속적으로 감소시키는 데 성공하였다. 특히 2020년에는 이

그림 6-4 독일 부문별 온실가스배출 감축 추이 및 목표(1990년-2030년)

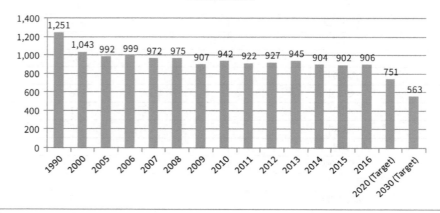

■ Million tons

출처: UBA, 2017, BMUB, 2017

산화탄소 배출량을 획기적으로 8.7% 감소시켰다. 이는 2019년 말에 발생한 세계적인 코로나 대유행의 영향으로 2020년 중반 이후 전국적으로 시행된 국경 및 지역폐쇄로 인한 산업생산 감소, 운송 및 물류 감소 등으로 발생된 것으로 분석되었다. 그 결과 독일은 2020년 총 이산화탄소 배출량이 7억 3,900만 톤에 불과하여 동년 감축목표인 7억 5,100만 톤보다 훨씬 낮은 이산화탄소를 배출하였다. 이로서 독일은 1990년 대비 2020년 이산화탄소 배출을 41% 감축하였다. 그 결과 독일환경부는 2020년 이산화탄소 배출감축 목표를 달성하였다고 공식적으로 발표하였다(Franke, 2021).

친환경 에너지정책은 지속가능한 성장정책뿐만이 아니라 기후정책과도 매우 밀접하게 연관되어 있다. 에너지정책이 에너지 수요와 공급에 관한 전반적인 사항을 취급하는 반면에 기후정책은 지구 온난화 현상에 대비하여 이를 유발시키는 주요원인인 이산화탄소, 메탄, 이산화질소 등의 배출을 감축하는 사항에 정책적인 초점이 맞추어져 있다.7) 따라서 배출권 거래제도 실시에 따른 사회경제

─────────────

7) 지구온난화현상을 발생시키는 온실가스 (Green House Gas: GHG)는 이산화탄소, 메탄, 이산화질소 등으로 이루어 졌다. 이 중 메탄의 위험성이 가장 높으나 배출량은 대량이 아니다. 이산화탄소가 전체의 약 90% 이상을 차지하고 있기 때문에 편의상 이산화탄소 배출 감축을 가장 중요

적 부작용을 선제적으로 대응하기 위해서는 유럽연합(EU)에서 이미 실시하고 있으며 대표적인 성공사례로 인정받고 있는 독일의 에너지정책 및 지속가능 성장 정책을 이해할 필요가 있다. 특히 이 정책의 근간을 이루고 있는 생태적 에너지세 도입, 재생에너지 보급 및 확산 그리고 이산화탄소 배출권거래 시장제도에 정책적인 관심과 지속적인 추진이 필요하다.

이러한 환경 친화적 에너지정책을 수행한 결과 배출권 거래제도 도입 이후에도 독일 기업의 고용, 총매출, 수출 등에 미치는 영향은 매우 적은 것으로 나타나고 있다. 그 이유는 배출권 거래제도 도입 후 기업은 생산성 향상과 생산품의 가격탄력성을 강화시켰으며 글로벌 시장에서 지속적인 비교우위를 확보하고 있기 때문이다. 이외에도 정부의 환경 친화적 에너지정책에 부응하여 기업이 기술혁신을 통한 신제품 개발 및 가격경쟁력을 향상시킨 것도 중요한 이유로 설명될 수 있다(Muûls, et al., 2016; Joltreau & Sommerfeld, 2017).

지속가능하고 안정적인 에너지 공급 및 재생에너지 개발을 위하여 독일은 2010년 9월 정치적 결정을 단행하였다. 독일 연방정부는 장기적 관점 및 상호 연계된 에너지자원 경로를 구축하여 2050년까지 지속가능한 에너지정책을 위한 종합적 에너지 수급전략인 에너지전환(Energiewende)을 확정하였다. 이 전략은 재생에너지를 미래 에너지 공급에 핵심적인 역할을 수행하도록 하는 것이 주요 내용이다(OECD & IEA, 2013).

독일 에너지정책은 거시적 차원에서 지속가능 성장과 밀접한 관계를 갖고 있으며 에너지정책의 전반적인 접근방법, 정책수행의 목적, 정책수단의 변화 등과 긴밀하게 연계되어 있다. 따라서 에너지정책이 국가 전략산업인 에너지 및 환경산업에 미치는 영향정도를 파악하여 실질적인 지속가능 성장과의 연관관계를 파악할 수 있다. 이외에도 독일 에너지정책에서 재생에너지 자원을 개발하기 위하여 중요한 정책수단으로 활용되었던 발전차액지원제도(Feed−in−Tariff System: FIT), 생태적 에너지세 도입과 이산화탄소 배출권 거래시장 실시 등이 재생에너지 개발전략에 핵심적인 역할을 수행하였다.

하게 간주하고 있다.

독일의 에너지정책 및 지속가능 성장정책의 핵심적인 양대 축은 에너지사용 효율화 및 재생에너지 개발전략이다. 이 중 재생에너지 개발전략을 추진하기 위하여 실시한 생태적 에너지세 및 배출권시장 거래제도는 이산화탄소 배출 감축과 함께 에너지 및 환경산업 부문의 비교우위를 확보하여 지속가능 성장에 크게 기여하였다(박상철, 2015).

에너지정책을 수립하고 목표를 설정하여 이를 수행하기 위하여 다양한 접근 방법이 활용되고 있다. 특히 21세기는 주요 에너지 자원의 지속적이며 안정적인 확보뿐만이 아니라 이를 통한 경제활동의 활성화에도 충분히 기여하여야 하며 동시에 환경에 부정적인 영향을 미치지 않아야 하는 복잡한 전제조건을 충족시켜야 한다. 따라서 이러한 조건을 충족시키기 위해서는 특정 중앙부서가 단독으로 에너지정책을 수립하고 목표를 설정하여 이를 수행하는 것은 적절하지 않다. 그 이유는 에너지와 관련된 이슈가 단순히 개인소비 혹은 산업계에만 영향을 미치는 것이 아니라 국가 경제활동에 전반적으로 영향을 미치고 있기 때문이다.

따라서 독일에서는 이미 설명한 바처럼 에너지정책을 수립하는 경제기술부와 기후변화에 대응하고 환경보호를 주관하는 환경, 자연보존 및 원자력안전부 등 총 14개 정부기관이 협력하여 수행하는 공동 수행방식을 채택하고 있다. 이처럼 환경 친화적이며 산업계의 경쟁력을 지속적으로 유지하기 위한 에너지정책을 수행하기 위하여 가장 중요한 요소는 미래 에너지 수급체계를 위한 중추적 정책목표를 설정하는 것이다. 이를 위하여 독일정부는 에너지구상(Energy Concept)을 수립하여 시행하기로 결정하였다(Federal Ministry for Economy and Technology, 2010; Federal Ministry for the Environment, Nature Conservation and Nuclear Safety, 2010).

에너지정책 수행 기본방법은 에너지시장의 경쟁력 강화와 시장 중심의 접근 방법을 통하여 지속적인 경제성장 달성뿐만이 아니라 신규 직장창출, 에너지 기술혁신 창출 등을 유도한다. 독일은 에너지 수입의존도가 유럽연합 회원국 중 가장 높은 국가 중 하나이며 전체 에너지 소비량의 80%가 기후변화의 주범인 지구온난화를 유발시키는 이산화탄소를 배출하고 있다. 따라서 현재의 에너지 공급

구조를 중장기 차원에서 획기적으로 변화시켜 에너지 안정을 달성하기 위해서는 기후정책(Climate Policy)과도 긴밀하게 협력하여 운영하여야 한다.

이를 위하여 에너지 관련 장기 로드맵을 작성하여 각 주요 과정마다 에너지 기술혁신 창출, 신규 고용창출 등을 달성하려하고 있다. 에너지정책을 수행하기 위하여 독일정부가 작성한 에너지 구상(Energy Concept)은 친환경적 에너지정책을 수행하기 위한 가이드라인으로서 지속적이며 안정적인 에너지 공급뿐만이 아니라 재생에너지 시대 진입에 관한 장기 로드맵을 담고 있다. 따라서 에너지구상은 2050년까지 에너지전환을 달성하기 위한 독일 에너지정책의 핵심이다.

즉, 에너지구상은 2050년까지 장기전망 하에서 에너지관련 이슈에 대한 전반적인 디자인을 설정하고 이를 실행하는 방안을 계획하고 있다. 우선 수행방법은 장기적 안목에서 에너지 이슈를 전반적으로 접근하면서 동시에 기술개발과 경제성장을 달성할 수 있도록 정책수행의 유연성을 도입하여 운영하도록 하고 있다.

독일 에너지정책의 장기목표는 재생에너지 사용비율을 획기적으로 향상시키는데 초점이 맞추어져 있다. 특히 에너지 믹스(Energy Mix) 부문에서 기존 에너지 자원과 비교할 때 재생에너지 비율을 가장 높게 하는 것이다. 이로서 화석연료인 기존 주요 에너지자원 사용을 점진적으로 감소시켜 나가면서 그 부족분을 2022년까지 사용할 수 있는 원자력 에너지로 대체하는 방법을 채택하고 있는 에너지구상을 수립하여 시행하기로 결정하였다(Federal Ministry for Economy and Technology, 2010; Federal Ministry for the Environment, Nature Conservation and Nuclear Safety, 2010).

이를 수행하는 방법론은 설명한 것처럼 시장중심의 에너지정책을 채택하는 것이며 이는 전력, 운송, 난방 등 에너지 사용 전 분야의 과정에 현존하는 모든 기술부문에 개방되어 있는 에너지 자유경쟁 시장을 의미한다. 또한 독일 에너지 정책 수행은 연방정부와 지방정부와의 분명한 역할분담이 설정되어 있다. 우선 관련 연방정부 부서는 에너지정책을 기획하여 이를 수립하고 지방정부는 이를 전반적으로 수행한다. 그리고 연방정부기관은 연방정부부서가 에너지정책을 수립하는 데 중요한 싱크탱크(Think Tank)의 기능을 수행하며 동시에 지방정부와 협력하여 에너지정책이 충실하게 수행될 수 있도록 지원하는 역할을 수행하고 있다(Eissel & Park, 2010).

에너지정책을 수립하는 주요 연방정부 부서로는 전반적인 에너지정책을 수립하는 경제기술부(Federal Ministry for Economics and Technology), 재생에너지 부문의 시장진입 및 연구개발 부문의 정책을 수립하는 환경, 자연보존 및 원자력안전부(Federal Ministry for the Environment, Nature Conservation and Nuclear Safety), 주택 및 건물 등의 에너지 사용 효율화에 관한 정책을 수립하는 운송주택도시부(Federal Ministry for Transportation, Building and Urban Affairs), 바이오연료와 관련된 모든 정책을 담당하는 산림농업문화부(Federal Ministry of Forest, Agriculture and Culture), 에너지관련 세금정책을 담당하는 재무부(Federal Ministry of Finance) 등이다(Dickel, 2014).

에너지정책을 지역차원에서 직접적으로 수행하는 지방정부기관으로는 독일 연방정부 상원(Bundesrat)에서 에너지정책과 관련하여 결정되는 최종 에너지 정책을 직접 수행하는 각 지방정부, 지방정부 위원회, 정책수행 실무그룹, 에너지 산업의 사업수행을 감시하는 연방 카르텔국(Federal Cartel Office) 등이 있다. 이외에도 연방정부의 에너지정책 수립을 기획하고 지방정부의 에너지정책 수행을 지원하는 연방정부기관으로는 독자적인 규정을 확보하고 있는 연방네트워크청(Federal Network Agency), 오염규제를 담당하는 연방환경청(Federal Environment Agency), 에너지사용 효율성을 담당하는 연방에너지청(Federal Energy Agency) 등이 있다.

재생에너지 사용비율을 증대시키기 위하여 독일정부는 2000년 재생에너지 자원법(Renewable Energy Resources Act: EEG)을 제정하였으며 이를 2004년 1차 개정하였다. 이 법률제정으로 2007년 유럽연합위원회가 결정한 2020년 주요 총에너지자원 공급에서 재생에너지 사용이 차지하는 비율을 10%로 목표를 확정할 수 있었으며 가장 중요한 정책수단으로 활용되고 있다. 재생에너지자원법은 2014년과 2017년에 재개정 되었다. 2014년 2차 개정에는 재생에너지부문에서 가격경매제도(Tariff Auction) 참여를 태양광 발전에만 의무화시켰으나 2017년 3차 개정에는 이를 풍력발전도 포함시켰다. 따라서 신규 재생에너지지원법에서는 전력시장 프리미움을 확보하기 위해서는 기술부문 가격경매제도에 입찰하여야 한다(http://www.nortonrosefulbright.com/knowledge/publications/147727/german-renewable-energy-act-2017-eeg-2017-what-you-should-know, 2021년 7월 4일 검색).

이외에도 정책수단으로 활용되는 것은 난방 및 교통부문에 적용되고 있는 재정적 인센티브가 있다. 특히 교통부문에 바이오연료 사용을 증대시키기 위하여 이를 적극적으로 장려하고 있다. 그 결과 2000년도 바이오연료 사용비율이 0.5%에서 2005년 4.5%로 증가되었다. 독일정부는 유럽연합이 제정한 2020년 바이오연료 사용비율 10%를 달성하기 위하여 2007년 바이오연료 일정비율 의무사용제도(A Bio Fuels Quota)를 도입하였다.

또한 전력부문에는 1990년에 제정된 법령에 의하여 적용되는 발전차액 보조금제도(Feed in Tariff System: FIT)가 있다. 발전차액보조금지원법에 의하면 재생에너지 자원으로 생산한 전력 공급자에게 의무적으로 재정지원을 하는 것으로서 전력회사는 이들에게 전력소매가격의 65~85%를 지불하도록 규정하였다. 이후 10년 후인 2000년 재생에너지지원법(EEG)이 채택되면서 재생에너지 자원별, 지역, 자원기술 설치규모 등에 따라서 전력생산량에 대한 보장을 발전차액으로 지원해 주고 있다.

재생에너지지원법은 세 단계를 거치면서 발전하여 왔다. 제1단계인 2000~2009년까지 독일정부는 재생에너지로 국내 전력 생산량을 증가시키는데 정책적 초점을 맞추었다. 특히 첨단기술 부문과 밀접한 연관이 있는 태양광 전력생산 단가가 기존의 화석연료 사용 전력생산 비용보다는 월등하게 높은 관계로 발전차액지원정책을 투자자들에게 투명성, 지속성, 확실성 등을 제공하는 데 치중하였다. 제2단계인 2009~2011년에는 지속적인 연구개발의 결과 태양광 전력생산 비용이 급격하게 낮아지게 되어 발전차액지원정책을 태양광 전력생산을 극대화시키는 데 초점을 맞추었다. 제3단계인 2012년 이후에는 태양광, 풍력, 바이오매스 등 재생에너지 전력생산 비용이 지속적으로 감소되어 화석연료 사용 전력생산 비용과의 격차가 현격하게 줄어들어 발전차액지원 비율을 낮추는데 정책적 초점을 맞추고 있다(Fulton & Capalino, 2012).

에너지 소비감소를 위한 에너지 효율성 향상은 재생에너지 자원개발과 함께 에너지전환을 위한 중요한 정책수단이다. 따라서 에너지전환과 저탄소 경제체제를 구축하기 위한 최초의 정책이며 장기정책 로드맵인 에너지구상은 에너지 효율성 향상을 강조하고 있다. 이를 위하여 2008년 기준연도 대비 2020년에는 일차에너지 소비를 20% 감소시키고 2050년까지 50%를 감소시킬 것을 목표로 하고 있다. 이외에도 전력소비 감소를 위하여 2008년 대비 2020년에는 10%, 2050년에는 25%를 감소시키도록 장기계획을 수립하였다. 또한 에너지소비 효율성 향상을 위하여 국내 총 건축물 수리 비율을 1%에서 2%로 향상시키도록 상향 조정하였다. 이외에도 운송부문 에너지 효율성 향상을 위하여 2005년 대비 최종에너지 소비를 2020년에는 10%, 2050년에는 40%까지 감소시킬 것을 목표로 하고 있다(BMWi & BMU, 2010).

이처럼 야심찬 에너지 효율성 향상을 통한 에너지 수요 감축 목표는 2013년 일차에너지소비를 기준으로 볼 때 2020년 목표치를 달성하는 것이 간단한 사항은 아니다. 2020년 일차에너지 수요를 20% 감소시키기 위해서는 2013년 일차에너지 총 수요량에서 최소 3,440만 톤(34.4 Mtoe)에서 최대 4,470만 톤(44.7 Mtoe)의 에너지 수요를 감소시켜야 한다. 독일정부는 장기 에너지수요 감소목표를 달성하기 위하여 국가에너지효율성행동계획(National Energy Efficiency Action Plan: NEEAP)을 2011년 제정하여 공공부문, 건축물부문, 산업부문, 운송부문 등에서 에너지수요 감소를 위하여 노력해 왔다.

그럼에도 불구하고 2000년부터 2013년까지 에너지 효율성 증가는 연평균 1.2%에 불과 하였으며 이마저도 기준연도인 2008년 이후에는 에너지 효율성 증가가 연 0.7%로 더욱 낮아지게 되었다. 특히 산업부문과 운송부문의 에너지 효율성 증가가 미미하였으며 건축물 부문도 2009년 이후에는 효율성 증가가 상대적으로 낮았다. 따라서 2013년 에너지 효율성 증가에 대한 정부 예측보고서는

그림 6-5 시나리오별 2020년 일차에너지 소비 감축 예상

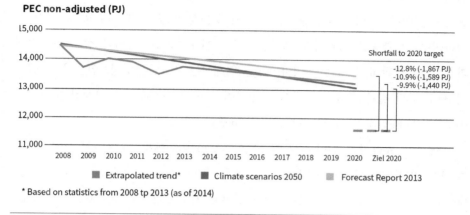

PEC non-adjusted (PJ)

Shortfall to 2020 target
-12.8% (-1,867 PJ)
-10.9% (-1,589 PJ)
-9.9% (-1,440 PJ)

2008 2009 2010 2011 2012 2013 2014 2015 2016 2017 2018 2019 2020 Ziel 2020

■ Extrapolated trend*   ■ Climate scenarios 2050   ■ Forecast Report 2013

* Based on statistics from 2008 tp 2013 (as of 2014)

출처: Federal Ministry for Economic Affairs and Energy, 2014, 재인용

2020년 일차에너지 수요 목표보다 12.8% 낮을 것으로 예상하였다(Schlomann et al., 2016; Federal Ministry for Economic Affairs and Energy, 2014)(그림 6-5 참조).

또한 2011년 및 2012년 유럽연합(EU) 차원에서 실시한 27개 회원국의 장기 에너지 효율성 향상 및 에너지수요 감소 목표 실현가능성 조사에서 목표를 달성할 수 있는 가능성이 43%에 불과하다는 부정적인 평가를 받게 되었다. 따라서 독일정부는 2020년 에너지수요 감축목표를 달성하기 위하여 2014년 장기목표 추진을 위한 단기적 실행방안을 마련하기 위하여 에너지 효율성을 위한 국가행 동계획(National Action Plan on Energy Efficiency: NAPE)을 수립하였다(Schüle, et al., 2013; Schlomann, et al., 2015).

에너지 효율성을 위한 국가행동계획(NAPE)은 건축물 부문, 개인 및 가정 부문, 산업, 무역, 서비스 등과 같은 제3섹터 부문에서 에너지수요 효율성을 향상 시키기 위해서 신규정책 및 기존의 정책 중 더욱 발전된 정책을 선정하는 정책 방법 등을 포함시켰다. 이로서 에너지수요 감축과 이산화탄소 배출 감축에 중요 한 영향을 미칠 수 있다. 이러한 긍정적인 기여는 새롭게 수행되는 경쟁적인 에 너지 효율성 향상을 위한 제도와 산업계에 구축된 최대 500개의 에너지 효율 네 트워크를 통해서 달성될 수 있을 것으로 믿고 있다(Schlomann, et al., 2015).

에너지 효율성 향상의 핵심은 기업과 일반 소비자가 자신의 에너지 수요를 인식하게 하고 이를 통해서 스스로 에너지 소비를 감소시킬 수 있도록 행동을 취하는 것이다. 따라서 독일정부의 에너지 효율성 향상 전략은 주요부문에서 수행하여야 할 행동을 명확하게 제공하고 동시에 단기 수행방법과 장기 업무수행 과정 등을 명확하게 하는 것이다. 이를 위해서는 정보, 투명성, 인센티브, 법률 및 제도 등과 같은 주요 요소들을 혼합하여 최적의 지적배합을 달성하는 것이다 (Federal Ministry of Economic Affairs and Energy, 2014).

에너지 효율성을 위한 국가행동계획(NAPE) 이외에도 환경, 자연보호, 건축물 및 원자력안전부(Federal Ministry for the Environment, Nature Conservation, Buildings and Nuclear Safety)는 기후행동프로그램 2020(Climate Action Program 2020)을 가동하였으며 이는 운송부문에 에너지수요 감소를 위한 정책을 수행하는 것이다. 에너지 효율성을 위한 국가행동계획(NAPE)과 기후행동프로그램 2020을 동시에 운영하면 2020년까지 일차에너지수요를 최소 1,190만 톤(11.9 Mtoe)에서 최대 1,480만 톤(14.8 Mtoe)을 감축할 것으로 추정하고 있다.

그럼에도 불구하고 두 정책 수단은 대부분이 2015년에 시행할 수 있는 것이기 때문에 기존의 2020년 일차에너지 수요 감축 목표를 달성하는 것은 불가능하다. 특히 기후행동프로그램 2020이 중점적으로 시행하는 운송부문에서 2005년 기준년도보다 2014년에는 일차에너지수요가 감축되지 않고 1.7%가 증하였다. 이는 2020년까지 운송부문에서 일차에너지 수요를 10% 감소시키려는 목표치를 달성하는 것을 더욱 어렵게 하는 요소로 작용하고 있다. 또한 운송부문 일차에너지 수요를 감소시키기 위하여 전기자동차 보급을 2020년까지 100만 대까지 증가시키려는 목표를 수립하였으나 2014년 전기자동차 보급은 28,264대에 불과하였다 (Schlomann, et al., 2015)(표 6-3 참조).

독일정부는 에너지 효율성 향상을 위한 정책으로 2000년 이후 건축물 부호 및 최종소비 생산물 등에 부여하는 규제, 저금리 은행융자, 건축물 수리지원 등과 같은 재정적 인센티브 운영을 시행하였다. 이외에도 국가 및 지방에너지기관이 지원하는 에너지관련 정보제공 및 에너지검사 등을 수행하였으며 에너지절약

표 6-3 2020년 국가 에너지 및 기후변화 목표달성 현황

온실가스 배출	2014	2020
1990년 기준 온실가스 배출	-27.0%	최소 -40%
재생에너지 자원	2014	2020
총 전력소비 비중	27.4%	최소 35%
총 에너지소비 비중	13.5%	18%
에너지 효율성	**2014**	**2020**
일차에너지소비(2008년 기준) 기온변화 제외 기온변화 포함	-8.7% -7.0%	-20%
총 전력소비(2008년 기준)	-4.6%	-10%
전력생산 비중	17.3%	25%
에너지 생산성 최종 에너지 생산성 일차 에너지 생산성(기온변화 제외) 일차 에너지 생산성(기온변화 포함)	1.6%/년 2.2%/년 1.8%/년	2.1%/년
건축물	**2014**	**2020**
난방수요(2008년 기준)	-12.4%	-20%
운송부문	**2014**	**2020**
최종 에너지 소비(2005년 기준)	+1.7%	-10%
전기자동차 보급 수	28,264	1,000,000

출처: AGEB, 2015, BMWi, 2015

법령(Energy Saving Ordinance) 등 관련 법률을 제정하였다.

재정적 인센티브 프로그램 중 대표적인 것으로는 이산화탄소 건축물 수리프로그램(Co2 Building Renovation Program)이 있다. 이외에도 재생에너지시장 인센티브 프로그램(Market Incentive Program for Renewable Energy)은 재생에너지를 기존의 건축물, 난방설비, 저장시설 등에 재생에너지를 사용하도록 지원하고 있다. 에너지 효율성 향상을 위한 법률제정으로 대표적인 에너지절약법령은 에너지 소비의 질적 향상을 위하여 최소한의 요구사항을 규정하고 신규 건축물에 대한 기술적 시설설치 및 기존 건축물에 대한 대규모 수리 등에 대해서도 최소한의 요구사항을 규정하고 있다.

이외에도 에너지관련 정보 및 자문제공 프로그램으로는 각 가정에 에너지소비 정보 및 자문제공 프로그램인 전기절약 체크플러스(Stromspar-Check Plus) 프

로그램이 있다. 이 프로그램은 저소득 가정에 전기소비를 절약할 수 있는 기기를 무료로 제공하고 있다. 이외에도 연방정부 및 독일 상공회의소로부터 지원을 받는 중소기업 에너지자문(Energy Consulting for SME) 프로그램, 에너지전환 및 기후변화 보호를 위한 중소기업 주도권(SME Initiative for the Energy Transition and Climate Protection) 프로그램을 운영하고 있다(Schlomann et al., 2016; Federal Ministry for Economic Affairs and Energy, 2014).

3) 에너지전환 비용 및 효용분석

에너지전환정책은 장기 에너지정책으로 2050년까지 기존의 에너지 수요체제를 재생에너지 수요체제로 전환시키는 것이다. 따라서 이는 경제적인 측면에서 막대한 비용이 수반되기 때문에 비용대비 경제적 효과에 대한 분석이 매우 중요하다. 이에 대한 다양한 의견, 조사 및 분석 등이 발표되었으나 2018년 1월 의회의 대정부 공식질문에서 독일연방정부의 공식입장은 정확한 총비용에 대한 계산은 불확실하며 매우 가변적이라고 답변하였다. 그 이유는 환경오염, 공공위생에 대한 피해, 기후변화로 인한 장기적 영향 등에 따라서 추가비용이 발생하기 때문이라고 설명하였다. 동시에 에너지전환정책을 수행하기 위하여 재생에너지 수요를 증가시키기 위한 비용은 연간 평균 약 190억 유로라고 추정하고 있다(https://www.cleanenergywire.org/news/breakthrough−german−coalition−talks−energiewende−costs−unknown/energiewende−costs−unknown−german−government, 2021년 7월 5일 검색).

2015년 12월 파리기후협정(Paris Climate Agreement)이 체결된 이후 독일은 글로벌 기후변화 억제에 적극적으로 참여하는 선도국가로 이 협정을 준수하여야 하는 입장이다. 이를 위하여 에너지전환정책의 중요성이 강화되고 있으며 이를 추진하는데 경제적 효율성에 대한 관심이 집중되고 있다. 에너지전환정책에 비판적인 집단의 주요 관점은 원자력발전소 단계적 폐지와 화석연료 수요 감축이 고비용을 유발하여 독일 산업계의 국제경쟁력을 저하시킬 수 있다는 것이다. 그러나 에너지전환정책을 지지하는 집단의 주요 관점은 총투자비용이 과도하지 않고 장기적인 차원에서 투자비용보다 효용이 더욱 크다고 주장하고 있다. 이처럼 양 진영의 견해가 첨예하게 충돌하는 현실에서 에너지전환정책 추진을 위한 경제적 비용과 효용에 대한 정확한 예측은 사실상 불가능하다. 동시에 경제적 효과의 의미보다 더욱 중요한 사실은 파리기후협정 이후 에너지전환정책을 반드시 실행하여야 하는 글로벌 기후변화 상황이라는 것이다(Arnelang, 2018).

2015년 독일 총에너지 소비비용은 약 1,930 억 유로이다.[8] 총에너지 소비비용 중 연료소비 비중이 약 720억 유로, 전력비용이 690억 유로, 난방비용이 약 520억 유로로 구성되었다. 총에너지 소비비용은 2011년 이후 상대적으로 커다란 변동성을 보이지 않고 있으나 연료 및 난방비용은 감소하고 있는 추세이나 전력비용은 증가하고 있다. 총에너지 소비비중은 가정이 약 60%이고 산업계와 상업 부문이 약 40%이다(Agora Energiewende, 2018; BMWi, 2016).

에너지전환 비용과 관련하여 독일 및 스위스 에너지연구기관인 EWI, Prognos AG, GWS, Fraunhofer ISE, Fraunhofer IWES, Öko-Institut 등에서 2017년까지 단독연구 혹은 공동연구를 통하여 총 5개의 보고서가 발간되었다. 각 보고서의 접근방식은 에너지 소비를 현재와 같이 진행하는 기존시나리오 (Business As Usual: BAU)와 이산화탄소 배출감축 목표치를 기초로 에너지전환을 수행하는 시나리오(Reference Case) 간 비용차이를 비교분석하는 방식이다. 이 방식을 적용하면 각 비용분석이 에너지전환 추가비용 혹은 효용을 발생시키는 데 상이한 결론에 도달하게 된다. 이처럼 상이한 결론에 도달하는 가장 커다란 이유는 에너지 소비가격, 기술투자 비용, 자본투자 비용, 이산화탄소 감축비용을 상이하게 책정하기 때문이다.

이를 기초로 예측한 에너지전환 비용은 연간 최소 150억 유로에서 최대 400억 유로로 2017년 독일 국내총생산액 3조 2,000억 유로의 약 0.47%에서 1.25%에 해당한다. 2015년까지 독일은 에너지전환을 위한 국내총고정자본형성을 6,000억 유로로 증가시켰다. 2050년까지 에너지전환정책을 지속적으로 추진하고 목표를 달성하기 위해서는 기존의 투자비용보다는 연간 평균 약 5%의 추가비용

---

8) 총에너지 소비비용은 부가가치세를 제외한 세금, 추가부담금, 할증료를 포함한 금액임.

이 예상되고 있다(Agora Energiewende, 2018).

독일의 에너지전환 비용이 국가경제 발전에 부담이 되는 것인지 아니면 에너지전환정책을 추진하는 데 무리 없이 진행이 가능한 것인지에 대한 논란은 각 진영의 입장차에 따라서 지속되고 있다. 따라서 글로벌 에너지전환에 대한 총비용을 분석하기 위하여 국제에너지기구(IEA)의 세계에너지모델(World Energy Model: WEM)과 국제재생에너지기구(IRENA)의 재생에너지로드맵모델(Road Map Approach: RMA)을 활용한 공동보고서에서 제시한 글로벌 에너지전환 비용과 비교하는 것도 하나의 방법이다. 이 보고서에 의하면 2015년에서 2050년까지 글로벌 에너지전환을 위한 총비용은 116조 달러에 달하며 연간 평균비용은 3조 3,000억 달러에 달할 것으로 예측하고 있다. 또한 재생에너지 소비비중 확대를 위한 추가 투자비용은 같은 기간 내 29조 달러가 소요되어 연평균 8,300억 달러 추가비용이 발생할 것으로 추정하고 있다(IRENA, 2018).

이를 비교하면 독일의 에너지전환 비용은 2015년에서 2050년까지 최소 5,250억 유로(약 6,038억 달러)에서 최대 1조 4,000억 유로(1조 6,100억 달러)에 달한다. 이는 세계 총 에너지전환 비용인 글로벌 에너지전환 총비용의 최소 0.52%에서 최대 1.4%에 불과하다. 2017년 세계총생산은 80조 6,840억 달러이며 독일의 국내총생산은 3조 6,770억 달러이다. 즉, 독일의 경제규모는 세계경제의 약 4.6%를 차지하고 있다. 세계 제4위의 경제규모를 보유하고 있음에도 에너지전환 비용이 글로벌 에너지전환 총비용의 최소 0.52%에서 최대 1.4%에 불과하다는 것은 비용적인 측면에서 타 국가와 비교할 때 상대적인 비교우위를 확보하고 있다고 할 수 있다. 이는 추가비용 발생을 고려할 경우에는 추가비용 대비 최소 0.34%에서 최대 0.44%에 달하여 총 추가비용도 비교우위를 확보하고 있다(Agora Energiewende, 2018; OECD et al., 2017; https://data.worldbank.org/indicator/ NY.GDP.MKTP.CD?locations=1W)(표 6-4 참조).

에너지전환 효과분석도 비용분석과 동일하게 독일의 에너지전환과 글로벌 에너지전환 효용을 비교분석할 수 있다. 우선 에너지전환정책을 추진하면서 재생에너지소비 및 에너지 효율성 증가를 위한 자본투자로 인하여 발생하는 2015

표 6-4 독일 에너지전환비용과 글로벌 에너지전환비용 비교분석(2015~2050년)

	독일	글로벌	전환비용비율 (독일/글로벌)	경제규모비율 (독일/글로벌)
에너지전환 비용	최소(6,038억 달러) 최대(1조 6,100억 달러)	116조 달러 (연평균 3조 3,000억 달러)	최소(0.52%) 최대(1.4%)	4.6%
추가비용	최소(989억 달러) 최대(1,265억 달러)	29조 달러 (연평균 8,300억 달러)	최소(0.34%) 최대(0.44%)	4.6%

출처: Agora Energiewende, 2018; OECD et al., 2017; World Bank, 2018
비고: 딜러대비 유로환율은 2017년 평균 환율 1.15로 계산하였음.

년에서 2050년까지 장기 국내총생산 증가를 비교분석하여 독일의 에너지전환이 글로벌 에너지전환보다 효율적인지 비효율적인지를 분석할 수 있다.

독일의 경우 에너지 연구기관인 EWI, Prognos & GWS의 보고서는 화석연료 가격이 불변일 경우 2030년 독일 국내총생산(GDP)이 0.1% 증가하고 2050년에는 1% 증가할 것으로 예측하였다. 이외에도 Öko-Institut과 Fraunhofer ISI는 공동연구에서 화석연료 가격을 가변적으로 가정할 때 2030년 독일 국내총생산이 2.5% 증가하고 2050년에는 4.4% 증가할 것으로 추정하였다. 고용창출은 2030년까지 감소하다 2050년에는 118,000명에 이를 것으로 추정하고 있다. 글로벌 에너지전환을 분석한 국제에너지기구(IEA)와 국제재생에너지기구(IRENA)의 공동연구는 화석연료 가격변동과 관계없이 세계총생산이 2050년 0.8% 증가하고 고용창출은 600만 명에 달할 것으로 추정하고 있다. 이는 독일 에너지전환 효용성이 글로벌 에너지전환 효용성보다 높다는 것을 나타낸다(EWI, Prognos & GWS, 2014; Öko-Institut & Fraunhofer ISI, 2015; Agora Energiewende, 2018; OECD et al., 2017)(표 6-5 참조).

에너지전환이 독일경제에 미치는 경제적 효과는 특히 에너지 가격이 불변일 경우에는 매우 미미하다. 이는 모든 비교연구에서 약간의 편차는 존재하지만 공통적으로 나타나는 결론이다. 그 이유는 에너지전환 투자비율이 국내총고정자본형성 규모에서 낮은 수준으로 책정되고 있기 때문이다. 그럼에도 불구하고 에너지전환을 추진하면서 재생에너지 소비증가와 에너지 효율성 향상을 통하여 화석연료 수입을 지속적으로 감소시킬 수 있으며 기술혁신을 통하여 신산업부문에

표 6-5　독일 에너지전환과 글로벌 에너지전환 효과 비교분석(2015년~2050년)

	독일 에너지전환	글로벌 에너지전환	비율 (독일/글로벌)
총생산 증가 (GDP)	화석연료가격 불변 0.1%(2030) 1.0%(2050)	0.8%(2050)	최소: 12.5% 최대: 125%
	화석연료가격 변동 2.5%(2030) 4.4%(2050)	0.8%(2050)	최소: 313% 최대: 550%
고용창출	118,000명	6000,000명	1.97%

출처: EWI, Prognos & GWS, 2014; Öko—Institut & Fraunhofer ISI, 2015; Agora Energiewende, 2018; OECD et al., 2017

진입하여 글로벌 경쟁력을 확보하는 등 긍정적인 측면이 존재한다. 따라서 에너지전환 추진은 화석연료 가격이 장기적으로 급상승할 경우를 대비한 국가 발전전략으로 이해할 수 있다(Agora Energiewende, 2018).

4) 독일 에너지전환정책 소결론

독일 에너지전환은 1980년대 이후 사회전반적인 부분에서 환경보호에 대한 의식이 확산되면서 그 기초가 형성되었다. 정치적으로는 환경보호를 당론으로 채택한 녹색당이 1980년대 중반 의회에 진출하게 되었고 1986년에 발생한 구소련의 체르노빌 원자력발전소 폭발사고로 인하여 에너지안보 및 안전을 위하여 재생에너지 보급 및 확산이 사회적 차원에서 공론화 되었다.

특히 독일은 에너지수입 의존도가 유럽연합 내에서도 상대적으로 높은 국가이기 때문에 에너지안보를 확립하기 위해서는 지속적으로 에너지 자원을 개발하여야 한다. 그러나 국내에 보유하고 있는 유일한 에너지 자원인 석탄은 온실가스 배출을 가장 많이 하는 화석연료로 글로벌 기후변화를 억제하기 위해서는 소비를 절대적으로 감소시켜야 한다. 따라서 그 대안으로 에너지 생산이 지속적으로 가능한 재생에너지 자원을 개발하여야 할 에너지정책의 전략적 논리가 형성되었다.

이러한 배경에서 에너지전환을 위한 노력이 국가적 차원에서 정권의 변화와 관계없이 지속적으로 진행되어 에너지전환을 추진하는 핵심 에너지정책인 에너지구상이 2010년 보수정권 하에서 시작되었다. 독일의 에너지전환정책은 저탄소 경제체제를 구축하기 위하여 재생에너지 생산과 소비를 획기적으로 증대시키고 동시에 에너지 효율화를 극대화하여 에너지 소비를 장기적으로 감소시키면서 경제성장을 달성시키는 것이다. 동시에 이를 통하여 온실가스 배출을 감축하면서 글로벌 기후변화에 적극적으로 대처하여 지속가능한 발전을 달성하는 것이 핵심 목표이다. 이를 위해서 2050년에는 1990년 대비 온실가스 배출을 80~95% 감축하고 재생에너지 사용을 총 에너지소비에서 60%까지 증가시키고 에너지 효율 향상을 위하여 에너지 소비를 25% 감소시키는 것이 주요 목표이다.

그러나 에너지전환의 중간점검단계인 2020년 목표달성을 예측하면 2014년 기준으로 재생에너지 발전비율 35% 달성은 무난한 것으로 예상된다. 그러나 온실가스배출 감축과 에너지 효율성 향상에서는 목표치를 달성하는 것이 어려울 것으로 예상되나 근접한 수준에 이를 것으로 판단하고 있다. 이러한 예상에도 불구하고 2019년 말에 발생한 세계적인 코로나 대유행으로 인하여 2020년 에너지 소비가 큰 폭으로 감소하면서 온실가스 배출감축 목표도 예정대로 달성하게 되었다. 또한 2050년까지 에너지전환을 추진하는 데 소요되는 총 비용적인 측면에서도 다양한 미래 시나리오 분석에 의하면 에너지전환을 추진하는 정책이 기준 시나리오와 비교할 때 사회경제적 가치를 증가시키는 것으로 나타나고 있다.

이처럼 2050년 에너지전환이라는 장기목표를 설정하여 정권의 변화와 관련없이 국가적 차원에서 지속적이며 일관적인 에너지정책을 추진하는 근본적인 이유가 있다. 이는 에너지전환정책이 기후정책, 산업정책, 경제정책 등과 긴밀하게 연계되어 지속가능 발전전략에 중요한 역할을 수행하기 때문이다. 즉, 이는 지속가능한 장기 국가발전 전략이며 경제적 비용 및 효용적인 측면에서도 글로벌 에너지전환 시 발생하는 비용보다 월등한 글로벌 경쟁력을 확보하고 있다.

이외에도 독일은 타 경제권 보다 안정적인 에너지 공급측면에서 상대적으로 장점을 보유하고 있다. 유럽연합(EU) 차원에서 실시되고 있는 에너지정책에 의하여 필요시 독일은 이웃 회원국인 프랑스, 벨기에, 스웨덴 등에서 전력수급이 가능하기 때문에 에너지전환정책을 적극적으로 수행할 수 있는 에너지 환경을 확보하고 있다.

(2) 영국 사례

1) 배경

영국은 북해유전의 생산량 감소로 인하여 2004년부터 천연가스를 수입하고 석유는 2005년부터 수입하고 있다. 또한 국제에너지기구(IEA)의 타 회원국과 비교할 때 에너지믹스 중 화석연료 공급 비중이 매우 높고 재생에너지 공급 비중은 상대적으로 낮은 특징을 나타내고 있다. 특히 2017년 총 1차 에너지공급(Total Primary Energy Supply) 중 천연가스 비중이 39%에 달하고 석유는 35.9%, 석탄은 5.3%를 차지하고 있다(Department for Business, Energy & Industrial Strategy, 2018a).

2007년 발행된 에너지백서에서 영국이 직면한 장기에너지 공급에 관한 도전을 극복할 전략을 제시하였고 2014년 의회에 제출한 2014년 연간의회성명서(The 2014 Annual Energy Statement to Parliament)에 에너지정책이 안정적인 에너지 공급과 저탄소 경제체제 구축에 에너지정책의 초점을 맞추게 되었다. 이를 위해서 전력시장 개편이 주요사항으로 채택되었으며 각 정당이 이에 동의하였다. 이러한 정책방향은 2016년 브랙시트(Brexit) 국민투표로 새롭게 시작된 보수당 정권인 매이정부(May Government)에서도 지속되었다. 즉, 각 정당은 영국 에너지정책의 주요 도전으로 에너지 구매력 확보, 기후변화, 에너지안보를 확보하는 것에 합의를 이루었다(Liu & Ybema, 2016).

2) 에너지전환 및 정책 시나리오

영국은 세계 주요국 중 탄소배출 감축을 법률로 규정하여 이를 실시하고 있는 선도국가 중 하나이다. 이는 2008년에 제정된 기후변화법(Climate Change Act: CCA)으로 2020년까지 1990년 기준 온실가스 배출량의 34%를 감축하고 2050년까지 최소 80%를 감축하는 것으로 의무화하고 있다. 기후변화법은 이산화탄소 감축이 합법적으로 가능하다면 국내 전 사회 및 경제 부문에서 인정되고 있는

표 6-6 장기기간별 탄소예측 달성현황(백만 톤)

탄소예측			2008-2012	2013-2017	2018-2022	2023-2027	2028-2032
			달성	달성	예상	예상	예상
탄소예측 수준(누적배출)			3,018	2,782	2,544	1,950	1,725
1990년 기준 감축비율(%)			-25	-31	-37	-51	-57
2017	기존 정책	예상 감축	2,982	2,657	2,401	2,044	1,921
	기존 정책/ 신규 정책/ 제안	예상 감축	2,982	2,657	2,401	2,014	1,841
		결과 대비 예상 감축량	-36	-125	-143	64	116
		결과 대비 예상 감축 비율 (%)	-1.2	-4.5	-5.6	3.3	6.7

출처: Department for Business, Energy & Industrial Strategy, 2019

에너지헌법과 동일한 역할을 수행하고 있다(McHarg, 2011; Thomas & Ellis, 2017).

2050년 장기 목표치를 달성하기 위하여 영국정부는 2032년까지 매 5년 간 목표상한선을 제정한 탄소예측을 설정하여 운영하고 있다. 또한 각 시점에서 제정한 탄소예측 목표치를 달성하기 위한 정책 및 제안을 상세하게 기록한 기간별 보고서를 작성할 것을 의무화하고 있다. 이외에도 기후변화법은 법적으로 독립된 기후변화위원회(Committee on Climate Change: CCC)를 설립하여 영국정부 및 각 자치행정부(Devolved Administrations)[9]에 탄소예측 목표치 책정 및 달성과 이와 관련된 사항들을 자문하도록 하고 있다(Department for Business, Energy & Industrial Strategy, 2019)(표 6-6 참조).

자치정부 중 스코틀랜드정부는 기후변화법을 2009년 제정하여 2050년 이산화탄소 감축목표를 달성하기 위한 자체적인 연간 목표치를 책정하고 실행하는

---

9) 영국에서 자치행정부는 웨일즈(Wales), 스코틀랜드(Scotland), 북아일랜드(Northern Island)로 구성되어 있다.

정책 틀을 구성하였다. 또한 2018년 5월에는 파리기후협정(UN Paris Agreement)에 적극적으로 대응하기 위하여 탄소배출 감축량을 증가하여 2050년에 1990년 기준 90%를 감축할 것을 목표로 하는 신 기후변화법안(New Climate Change Bill)을 제출하였다. 이로서 스코틀랜드정부는 2050년에 이산화탄소 배출이 전혀 없는 탄소중립 경제체제를 구축할 것을 공표하였다. 이는 중앙정부의 정책목표보다 더 강력한 정책으로 인식되고 있다(Department for Business, Energy & Industrial Strategy, 2019).

기후변화법 이후 2013년 영국정부는 에너지법(Energy Act: EA)을 개정하여 전력시장개혁(Electricity Market Reform: EMR)을 추진하였다. 이 개혁은 전력생산에서 저탄소배출 에너지자원 사용을 의무화하고 동시에 소비자에게 전력생산 가격을 최소화시키는 것을 주요 내용으로 하고 있다. 에너지법 개정 이후 가장 중요한 변화는 시장능력 창출이 상대적으로 취약한 재생에너지발전을 위한 계약을 실현시킨 것이다. 이로서 영국은 유럽연합 에너지정책의 공동 목표인 2020년까지 전력생산에서 재생에너지 전력생산 비율을 20% 달성한다는 정책방향에 부응하여 영국 내 총 발전량 중 재생에너지 발전비율을 15% 달성하는 것을 법제화하였다. 이는 재생에너지 발전비율을 의무적으로 달성하여야 한다는 의미이다(Reid, 2017).

영국정부의 에너지 및 기후변화정책을 전담하는 정부부서는 에너지기후변화부(Department of Energy and Climate Change: DECC)이다.[10] 이 부서는 기후변화법이 채택된 2008년에 구성되었으며 에너지정책, 기후변화 완화정책 부문을 전담하고 있다. 영국정부는 에너지정책 추진 3대 목표인 에너지 구매력 확보, 기후변화, 에너지 안보를 확보하기 위하여 세 가지 전략적 우선권을 부여하고 있다. 이는 소비자 지원 및 저렴한 에너지가격 유지, 영국 내 에너지 기반시설 투자지원, 유럽연합 및 글로벌 시장에서 에너지 안보 및 기후변화 위험을 완화시키는 활동을 촉진시키는 것이다(Liu & Ybema, 2016).

---

10) 영국정부기관 명칭은 우리나라 중앙정부기관과 상이하므로 영국정부기관 명칭을 한글로 번역하여 사용하는 것을 원칙으로 한다.

에너지기후변화부는 브랙시트 국민투표가 결정된 이후 매이정부의 중앙정부 부서 개편으로 인하여 2016년 사업혁신기술부(Department of Business, Innovation and Skills)와 통합되어 사업에너지 및 산업전략부(Department of Business, Energy and Industrial Strategy: DBEIS)로 개편되었다. 동일한 보수당정권 하에서 급작스런 중앙부서 조직개편에도 불구하고 정책방향은 동일하게 진행되고 있으며 에너지 안보를 최우선 정책방향으로 정하고 이를 기초로 국내 에너지 소비자의 니즈를 충족시키고 동시에 경제성장과 기술혁신을 창출하는 경제적 환경을 구축하는 것이 핵심이다(Reid, 2017).

영국정부는 에너지전환 목표를 달성하기 위하여 국내 이산화탄소 배출감축 활동뿐만이 아니라 에너지정책 목표를 달성하기 위하여 국제연계활동도 적극적으로 수행하고 있다. 이를 위한 방법론으로 다국 및 양국 간 협력적 파트너십(Collaborative Partnership)을 구축하여 실행하고 있다. 특히 양자 간 파트너십

그림 6-6 1990년 기준 부문별 이산화탄소 배출 90% 감축목표치

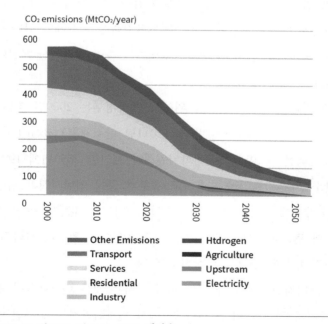

출처: Committee on Climate Change, 2010 재인용

(Bilateral Partnership), 지역별 접근(Regional Approach), 다양한 국가 및 프로젝트 지원을 위한 양자 간 재정지원(Bilateral Funding for Different Countries and Projects) 등과 같은 방법을 활용하고 있다.

즉, 영국의 에너지전환정책은 단순히 국내 온실가스 배출을 감축하여 저탄소 경제체제를 구축하는 것이 아니다. 에너지전환정책을 통하여 저탄소경제제체를 구축하기 위하여 영국정부는 3대 에너지정책 목표인 에너지 구매력 확보, 능동적인 기후변화 대처, 에너지 안보 확립을 국내적으로 추진하고 국외 주요 지역 국가들과 정책연계 활동을 동시에 수행하고 있는 특징을 보이고 있다(Liu & Ybema, 2016).

에너지전환을 위한 정책 시나리오는 기후변화법에 의거하여 구성되어 있다. 기후변화법에 따라서 구성된 기후변화위원회는 첫 보고서에서 2050년까지 1990년 수준의 온실가스 배출량 중 80%를 감축할 것을 정부에 권고하고 있다. 그러나 이를 달성하기 위해 이산화탄소 이외의 온실가스를 감축하려면 더욱 많은 경제적 비용이 수반된다. 따라서 경제적 비용 최적화를 위해서는 이산화탄소 배출량 중 90%를 감축하여야 한다. 이 시나리오는 2020년 이산화탄소 배출을 1990년 기준 37% 감축하고 2050년에는 90%를 감축하는 것이다. 이를 위해 2020년 이후 2050년까지 연간 6%의 이산화탄소 배출감축을 달성해야 한다. 특히 전 에너지소비 부문의 이산화탄소 감축이 진행되어야 하며 전력생산 부문에서의 감축량이 가장 크다(그림 6-6 참조).

이 정책 시나리오를 추진하기 위해서 영국정부는 2009년 저탄소전환계획(Low Carbon Transition Plan)을 수립하고 2011년 탄소계획(Carbon Plan)으로 수정하였다. 탄소계획은 2010년 기후변화위원회가 제안한 2050년에 1990년 기준으로 이산화탄소 90% 감축안을 수용하고 정부의 공식 에너지전환 시나리오로 채택하였다. 이 계획에 의하면 이산화탄소 배출량이 가장 많은 부문인 전력생산 부문은 2035년에 탄소배출이 거의 사라지고 2050년에는 완전히 사라지는 환경 친화적 에너지전환이 될 것으로 예상하고 있다.

이처럼 에너지전환에서 가장 큰 역할을 하는 것은 탄소배출이 전무한 원자력 발전의 증가로 인한 것이다. 전력생산에서 원자력발전은 2025년 이후 빠르게

그림 6-7   이산화탄소배출 90% 감축을 위한 전력생산부문 목표

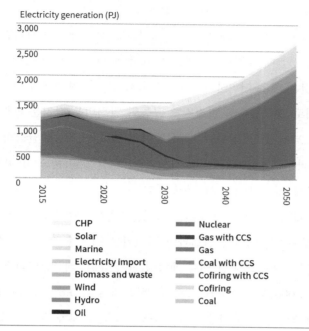

Electricity generation (PJ)

CHP	Nuclear
Solar	Gas with CCS
Marine	Gas
Electricity import	Coal with CCS
Biomass and waste	Cofiring with CCS
Wind	Cofiring
Hydro	Coal
Oil	

출처: Ekins et al., 2013 재인용

증가하여 2030년 중반 이후 최대 전력생산을 차지하게 될 것으로 예상된다. 그결과 천연가스 및 풍력비중을 감소시키게 될 것이다. 천연가스 발전은 2017년 전력생산 중 최대치를 차지하고 2020년 이후에서는 지속적으로 감소하면서 2030년대에는 매우 낮은 비율을 차지하게 된다. 풍력발전은 2030년대 중반까지 지속적으로 증가하다 이후 그 비율이 감소하게 된다(Ekins et al., 2013)(그림 6-7 참조).

   이러한 추세는 전력생산 투자비율에서 명확하게 나타나고 있다. 2020년까지 풍력발전에 대한 투자는 지속적으로 증가하지만 이후에는 감소세를 나타나게 되고 2015년부터 2030년대 중반까지 원자력발전 부문 투자가 지속적으로 증가하고 이후 안정적으로 유지된다. 이처럼 풍력발전 부문에 투자가 2020년까지 지속하는 이유는 재생에너지 발전비율을 달성하기 위한 것이다. 또한 원자력발전에 지속적인 투자가 이루어지는 것은 상대적으로 저렴한 생산원가로 소비자에게 낮은 비용의 전력공급과 이산화탄소 배출감축을 추진하기 위함이다. 이외에도 발

전부문에 지속적인 탄소배출 감축을 위하여 석탄발전은 2030년 이후에는 폐쇄될 예정이다(Ekins et al., 2013; Pye et al., 2015).

원자력발전을 위한 지속적인 투자계획에도 불구하고 원자력발전이 재생에너지발전과 비교할 때 발전비용적인 측면에서 2025년 이후 지속적인 가격경쟁력을 확보하는 것은 매우 어려울 것으로 분석되고 있다. 재생에너지의 지속적인 기술개발을 전제로 영국정부의 발전원별 균등화 발전비용 장기분석에 따르면 원자력발전, 대형 태양광, 육상풍력, 해상풍력의 2025년 기준 균등화 발전비용은 2016년 영국 파운드(£/MWh) 불변가격으로 각 평균 95파운드, 63파운드, 61파운드, 100파운드가 될 것으로 예측되고 있다.

그러나 2025년 이후 원자력발전도 기술개발을 통한 발전비용 감소를 지속하여 2030년에는 재생에너지 발전과의 발전비용 격차를 감소시킬 수 있을 것으로 예측되고 있다. 즉, 2030년 대형 태양광, 육상풍력, 해상풍력의 발전비용은 각 평균 60파운드, 60파운드, 96파운드로 2025년 대비 각 4.8%, 1.6%, 4.0% 소폭 감소하는 반면에 원자력발전 비용은 78파운드로 17.9% 대폭 감소할 것으로 예측하고 있다. 이러한 장기전망 예측을 기초로 영국정부는 에너지전환정책에 원자력발전과 재생에너지 발전을 동시에 전략적으로 추진하고 있는 것이다(Department for Business, Energy & Industrial Strategy, 2016)(표 6-7 참조).

원자력발전 기술개발을 통한 발전비용 감소에도 불구하고 2030년 재생에너지발전 중 대형 태양광과 육상 풍력발전이 원자력발전보다 발전비용에서 우월한 경쟁력을 확보할 수 있는 것으로 예측된다. 따라서 영국 에너지전환정책은 총 전력생산 중 재생에너지발전 목표치를 2020년 21%, 2030년 28%로 설정하고 있다.

표 6-7 기술개발을 통한 원자력발전 및 재생에너지 발전비용 장기예측(£/MWh)

발전별	2025년	2030년
원자력발전	95	78
대형 태양광	63	60
육상풍력	61	60
해상풍력	100	96

출처: Department for Business, Energy & Industrial Strategy, 2016

이를 달성하기 위하여 재생에너지 중 육상풍력 20%, 해상풍력 30%, 바이오매스 30%를 최소한으로 구성하고 있다. 그러나 이 목표치는 독일 에너지전환정책이 설정한 비율보다 매우 낮은 목표치이다. 독일은 2016년 이미 재생에너지 발전비율이 32.3%에 달하였고 2025년에는 40~45%, 2035년에는 55~60%를 달성할 것을 목표로 하고 있다(Ekins et al., 2013; Department for Business, Energy & Industrial Strategy, 2016: Agora Energiewende, 2017b).

이처럼 영국 재생에너지 발전비율 목표치가 상대적으로 낮고 재생에너지 중 풍력비중이 높은 이유는 독일과 비교할 때 태양광 발전환경이 상대적으로 열악하고 육상풍력은 한계점에 달하고 있기 때문이다. 따라서 풍력발전 중 해상풍력에 투자를 지속적으로 증가시킬 계획을 갖고 있으나 이는 상대적으로 원자력 발전단가보다 높은 문제점을 나타내고 있다. 원자력발전에 대한 비용 상승에 대한 우려도 동시에 존재하고 있다. 2019년 영국 감사원(the National Audit Office) 조사에 의하면 영국이 원자력발전 개발계획을 추진하면 발전비용이 메가와트당 92.5 파운드로 증가하게 될 것으로 경고하고 있다. 이는 기술개발을 통한 2030년 발전비용 예측치인 78파운드를 크게 상회하는 비용이다. 그럼에도 불구하고 장기적 차원에서 원자력발전은 발전비용적인 측면만이 아닌 이산화탄소 감축 및 에너지안보를 확립하는 데 그 역할이 존재하고 있는 것으로 판단되어 추진되고 있다(Ambrose, 2019).

온실가스배출 감축을 시작하는 시기에 따라서 2050년 온실가스 감축목표 시나리오가 달라질 수 있다. 2050년 탄소배출 감축목표를 달성하기 위한 장기 경로에 대한 시나리오는 세 가지로 구성되어 있다. 첫째는 이산화탄소배출 감축목표 설정 없이 현재와 같이 에너지 소비를 지속하는 경우(DECC-0A-1AB-1A), 둘째는 2050년까지 1990년 기준 이산화탄소 비율을 90% 감축하고 이를 2020년부터 매년 일정비율 감소시키는 경우(DECC-1A-1AB-1A), 마지막으로 셋째는 둘째의 경우와 동시에 사회적 할인비율(Social Discount Rate) 3.5%를 적용하여 사회적 갈등에 대한 제약 및 충돌을 기술적으로 흡수하는 경우(DECC-1A-1AB-2A)이다.

그림 6-8 영국 이산화탄소배출 감축 시나리오

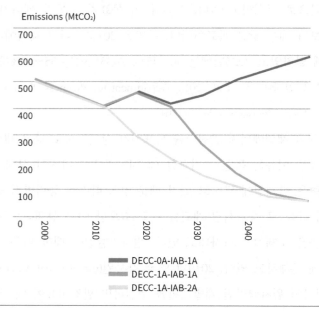

Emissions (MtCO₂)

출처: AEA, 2011

이러한 세 가지 시나리오의 장기경로를 가정하면 첫째의 경우에는 2020년대 중반 이후에 이산화탄소 배출이 증가하기 시작하고 둘째의 경우에는 2020년대 말까지 완만하게 감소하다가 이후 빠르게 감소하게 된다. 셋째의 경우에는 2010년대 초까지 둘째의 경우와 유사하게 감소하다가 이후 빠르게 감소하는 패턴을 보이게 된다. 즉, 세 가지 상이한 정책시나리오 중 영국정부는 사회적 합의를 통하여 선택하여야 한다(AEA, 2011; Ekins et al., 2013)(그림 6-8 참조).

3) 에너지전환정책 수행을 위한 부문별 방법

에너지전환정책을 효율적으로 수행하기 위한 다양한 부문이 존재한다. 그 중 가장 핵심적인 부문으로 탈 탄소 부문, 에너지 효율화 부문, 에너지 시장부문으로 축약할 수 있다. 이 세 부문이 에너지전환정책의 성패를 가름하는 부문으로 영국정부는 판단하고 있다. 그 이유는 세 부문에서 이산화탄소 배출감축을 가장 효율적으로 극대화 시킬 수 있기 때문이다.

탈 탄소(Decarbonization) 부문은 온실가스배출 감축목표를 달성하는 데 매우 중요한 역할을 수행한다. 이를 위한 정책 및 방법은 유럽연합에서 합의한 규제방식(EU2018/842)에 의해서 진행되며 정책수행 방법은 유럽연합 정책수행규제(EU22018/841)를 준수하도록 되어 있다. 이 방식은 온실가스를 배출하는 모든 영역에 해당되며 온실가스 배출감축을 위하여 장기비전 및 목표를 설정하고 저탄소경제체제를 구축하여 파리협정을 준수하여 온실가스 배출 및 감축에 대한 균형을 달성하는 것이다.

이를 위하여 영국정부는 온실가스배출 감축목표를 달성하기 위하여 다양한 정책 및 방법들을 실행하고 있다. 이 과정에서 다수의 정책들이 다양한 분야에서 여러 방법과 연계되어 있다. 대표적인 정책은 기후변화세금정책(Climate Change Levy: CCL), 재생에너지의무(Renewable Obligation: RO), 유럽연합 탄소배출거래제도(EU Emission Trading System: ETS), 대규모 소각로 건설규정(Large Combustion Plant Directive), 재생에너지전략(Renewable Energy Strategy), 발전차액지원제도(Feed in Tariffs: FITS), 최저탄소가격(Carbon Price Floor), 차액계약(Contract for Difference: CfD), 탄소신뢰방법(Carbon Trust Measures: CTM) 정책 등이다 (Department for Business, Energy & Industrial Strategy, 2019).

이러한 정책실행은 영국정부가 국가차원에서 전국에서 수행하는 것도 있지만 자치정부인 스코틀랜드 및 웨일즈는 독자적으로 수행하는 정책 및 방법 등도 존재한다. 이를 위해서 스코틀랜드 자치정부는 2018년 독자적인 온실가스 배출 감축목표를 달성하기 위하여 스코틀랜드 자치정부 기후변화계획(Climate Change Plan)을 그리고 2017년에는 에너지전략(Energy Strategy)을 수립하여 실행하고 있다. 웨일즈 자치정부도 2019년 제1차 웨일즈 탄소비용(1st Wales Carbon Budget) 목표를 달성하기 위하여 저탄소 수행계획(Low Carbon Delivery Plan 2016-2020)을 수립하여 실행하고 있다. 즉, 영국정부는 자치정부의 독자적인 에너지전환정책 수행을 유도하고 이를 지원하는 역할도 수행하는 특징을 갖고 있다. 이는 영국이 갖고 있는 특수한 자치정부 체제이기 때문이다.

저탄소 경제체제를 구축하기 위하여 영국은 중앙정부 차원에서 재생에너지 개발에 적극적으로 참여하고 있다. 재생에너지 개발은 2030년 유럽연합이 설정한 재생에너지 전력생산 목표치를 달성하고 이를 초과달성 하는 경우 유휴전력을 유럽연합 내 회원국에 수출하는 것에 초점을 맞추고 있다. 이를 위하여 영국 정부는 인접국가인 북해지역(the North Sea Region) 국가들과 전력공급과 관련된 경매제도, 시기 및 방법 등에 관하여 긴밀하게 논의하고 있다. 이외에도 특정분야에 기금을 통한 재정지원 등도 주요 이슈이다.

재생에너지 의무는 중앙정부 및 자치정부에 시차를 두고 도입되었으며 2002년 이후 영국에서 재생에너지 전력생산에 인센티브 제도를 적용하기 위한 재정지원을 실행하는 제도이다. 이 제도는 현재 진행되고 있는 다양한 프로젝트를 20년 간 지원하는 것으로 2017년 3월 31일 신규지원을 마감하여 최장 2037년 3월 31일까지 재정 지원하는 장기 지원제도이다. 2017년 3월말까지 25,156재생에너지 발전소가 재정지원을 받아 재생에너지 발전용량이 29.2기가와트(GW)에 달하게 되었다. 2016년에서 2017년까지 65.2테라와트 아우어(TWh) 전력이 재생에너지에서 생산되었으며 이를 위한 재정지원은 45억 파운드(약 6조 3,000억 원)에 달하였다. 2017년 4월 이후에는 재생에너지 의무는 차액계약제도로 대체되었다 (Ofgem, 2019a; 2019b).

발전차액지원제도는 잉글랜드, 스코틀랜드, 웨일즈에 2010년 4월 2008년 제정된 에너지법에 의하여 시행되었다. 이 제도를 시행하게 된 목적은 5매가와트(MW) 이하 소규모 전력생산자에게 저탄소 전력생산을 독려하기 위함이다. 소규모 전력생산자는 특정조직, 사업자, 소규모 자치단체, 개인 등이며 전통적으로 전력시장에 참여하고 있지 않는 전력생산자이다. 이 제도가 시행된 이후 2014년까지 800,000 재생에너지 발전설비가 지원되었으며 발전용량도 6기가와트에 달하였다. 신규 재생에너지 발전설비 중 99%가 태양광 발전이고 총 발전용량의 80%에 달하였다. 2015년 이후 발전차액지원제도를 효율화하기 위하여 재생에너지 발전세(Generation Tariff) 지원을 2019년부터 중단하기로 결정하였다(National Statistics, 2019).

차액계약제도는 2014년 시행되었으며 영국정부가 저탄소 전력생산을 지원하는 핵심적인 제도이다. 이 제도는 시행 이후 재생에너지 발전부문에 많은 투자를 유치하였고 재생에너지 기술개발부문의 비용감축에도 커다란 기여를 하였다. 이 제도는 15년 간 민법에 의하여 영국정부 소유의 저탄소계약회사(Low Carbon Contract Company: LCCC)와 저탄소 전력생산자(Low Carbon Electricity Generator)에 의해서 진행되는 것이다. 전력생산자는 생산가격과 시장가격의 차액을 지급받으며 계약자는 최저 가격에 낙찰을 받게 된다. 이 방식에 의하여 전력생산의 효율화와 비용 감소를 동시에 이룰 수 있게 된다. 이 제도로 인하여 풍력발전 전력가격이 2015년 전력시장 경매에서 매가와트당 114파운드에서 2017년 57.5파운드로 하락하였다. 차액계약제도는 2018년 말 42개 재생에너지 전력생산 프로젝트를 지원하고 있으며 10기가와트의 전력생산 용량을 보유하게 되었다. 이 제도를 지원하는 재정지원 총액은 4억 9,100만 파운드에 달한다(Department for Business, Energy & Industrial Strategy, 2017a).

에너지 효율화(Energy Efficiency) 부문은 에너지 효율화를 달성하기 위한 정책, 수행방법 및 프로그램 등으로 구성되어 2030년 온실가스 배출감축 목표와 연결되어 있다. 이를 달성하기 위하여 유럽연합 지침(Directive2012/27EU)을 준수하여 수행된다. 즉 에너지기업의무화(the Energy Company Obligation: ECO)가 기본 가이드라인으로 에너지 공급자에게 에너지효율 향상을 위한 영국 내 각 주택에 단열재 설치 등과 같은 다양한 조치를 의무화하는 방식이다.

에너지기업의무화 제도는 2013년 4월부터 실행되고 있으며 2018년 영국 내 약 180만 가정에 240만개의 의무화 조치를 단행하였다. 에너지 효율화를 달성하기 위하여 2015년 재정지원 검토위원회는 2017년부터 2022년까지 연간 6억 4,000만 파운드를 지원할 것을 의무화 하였다. 이외에도 영국정부는 국내 에너지 효율화 작업을 추진하기 위한 재정지원이 최소 동일한 수준으로 2028년까지 지속될 것이라고 공표하였다(Department for Business, Energy & Industrial Strategy, 2019).

이외에도 영국정부는 에너지 효율성을 증가시키기 위하여 에너지 소비자가 주택 및 자산에 에너지 효율화를 위한 투자를 원활하게 하기 위하여 전기요금을 통한 보상 제도를 강화하고 있다. 이는 환경 친화적 거래형태(Green Deal Framework)로

2013년부터 운영되고 있으며 영국정부는 이 제도를 더욱 발전시키려고 하고 있다. 즉 이 제도는 에너지 소비를 통한 비용 절감이라는 간단한 형태로 운영되고 있기 때문에 소비자로부터 긍정적인 반응을 얻고 있다.

가정 이외에 상업부문의 에너지 효율화에도 많은 정책적 관심을 추진하고 있다. 이를 위해 영국정부는 2030년까지 상업부문의 에너지 효율화를 20% 향상시키는 목표를 설정하였다. 또한 에너지 효율화 시장을 위한 표준화를 구축하는 것이 매우 중요한 정책적 방향이다. 공공부문 에너지 효율화를 위하여 2050년 장기 온실가스 배출 감축목표를 설정하고 중간 과정으로 2032년에 2017년 기준 50%를 감축할 것으로 목표로 채택하였다. 이를 달성하기 위해서는 공공부문 모든 분야에서 장기 온실가스 배출 감축목표를 설정하여야 하고 에너지 효율화를 위한 장애요소 발굴, 저탄소 배출을 위한 투자증대 등의 활동을 지속하여야 한다. 이를 위하여 영국정부는 공공부문에 무이자회전대출제도(Free Interest Revolving Loan Scheme)를 운영하고 있다(Department for Business, Energy & Industrial Strategy, 2019a; https://www.gov.uk/government/publications/ energy-performance-contract-epc, 2021)

이외에도 영국정부는 에너지 효율화 목표를 달성하기 위해서는 에너지 소비에 대한 결정을 지역에 이전하는 것이 매우 중요하다는 사실을 인정하고 있다. 따라서 지역에너지 프로그램(Local Energy Program)에 800만 파운드의 예산을 배정하고 있으며 지역에너지 전략을 발전시키기 위하여 잉글랜드 내 전 지역기업 파트너십(Local Enterprise Partnership)을 지원하고 있다. 또한 영국정부는 2016년에 제정된 도시 및 지방정부 권력 이양법(Cities and Local Government Devolution Act)에 의하여 지역리더십을 지원할 의무를 갖고 있으며 실질적인 권한과 책임을 이전하였다. 이로서 도시 및 지방정부는 가정 에너지 효율화, 저층 지열에너지, 조력발전, 지역 에너지개발 주도 등에 대한 의무를 지게 된다.

국내 에너지시장(Dimension Internal Energy Market) 부문은 전력인프라(Electricity Infrastructure), 송전망 인프라(Electricity Transmission Infrastructure), 시장통합(Market Integration) 등으로 구성되어 있다. 전력인프라는 생산된 전력의 상

호연결 목표를 달성하기 위한 정책 및 방법 등으로 구성되어 지역협력을 강조하고 있다. 영국이 속한 북해에너지협력(The North Seas Energy Cooperation)은 북해지역 국가들이 지속가능하고, 안정적이며 적정가격에 에너지공급을 제공하기 위하여 해양에 재생에너지를 적정가격에 생산하여 공급하는 것을 목적으로 하고 있다.

이를 통해 역내 국가 전력연결, 통합 및 전력시장 도매가격의 효율성 증가를 장기적으로 구축할 수 있다. 이를 위해 영국은 역내 국가들과 공동으로 해상 풍력발전 프로젝트에 적극적으로 참여하고 있으며 이는 모든 역내 국가들 간 전력생산이 연결되고 통합되는 기능을 하게 된다. 이외에도 각 역내 국가를 연결하는 전력망 케이블을 연결하여 해상 풍력발전에서 생산된 전력을 상호 공급하고 전력생산 능력을 공유하고 시장조정 등을 실현한다(Department for Business, Energy & Industrial Strategy, 2019a).

송전망 인프라는 공동이해 프로젝트(Projects of Common Interests: PCIs) 및 기타 주요 인프라 프로젝트를 통해서 수행되는 정책 및 수행방식 등을 의미한다. 영국 내 에너지 네트워크 기업들은 독립적인 에너지 규제기관인 오브젬(Ofgem)에 가격규제 과정을 통하여 통제받고 있다. 이러한 과정을 통하여 에너지 네트워크 기업들은 안정적이며 보장된 네트워크를 유지할 수 있고 필요 시 신규 투자도 단행할 수 있다. 이 제도를 통하여 최종 에너지 소비자는 투자비용의 경제적 가치를 향유할 수 있게 된다.

오브젬은 2014년 전력생산 연결을 위한 투자를 강화하기 위하여 최저 및 최고 규제제도(Cap and Floor Regime)를 실시하였다. 이 제도는 자본비용, 운영비용, 폐쇄비용, 세금, 수익 등 5개 부문으로 구성되어 매 5년간 비용을 측정하여 25년간 비용과 이익을 측정하는 방식이다. 이 제도는 수익이 최저 수준에 미치지 못하면 보전 해주고 최고를 초과하면 초과분을 국가전력망에 반납한다. 이러한 방식을 통하여 투자 자본에 대한 투자자와 소비자 간 위험을 분산시키는 방식이다(Ofgem, 2016)(그림 6-9 참조).

마지막으로 시장통합 부문은 에너지 시스템의 유연성을 증가시키는 것이 핵

그림 6-9 전력생산 연결을 위한 최저 및 최대 규제제도

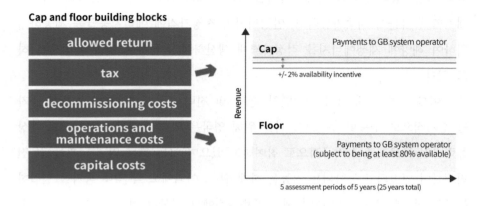

출처: Ofgem, 2016 재인용

심이다. 즉, 재생에너지 생산, 스마트 그리드 구축, 에너지수요 대응, 저장, 공급, 배합, 가격조정 등 다양한 부문을 통합하여 시장에서 그 기능을 활성화시킬 수 있는 방법을 강구하여야 한다. 영국 내 에너지 소매시장에 약 70개의 에너지 공급자가 존재한다. 다수의 에너지 공급자가 시장에서 경쟁하기 때문에 일반가정 소비자에게 적정 가격에 에너지를 공급할 수 있으리라 예상하지만 소비시장 내 경쟁은 원활하게 이루어지지 않는다. 그 결과 총 소비자 중 약 60%는 가장 저렴한 고정 가격보다 연간 약 320파운드를 더 지불하고 있는 것이 현실이다(Ofgem, 2018).

이러한 시장상황을 개선하기 위하여 영국정부와 오브젬은 에너지 공급자가 각 가정 및 소규모 상업시설에 2020년 말까지 스마트 미터를 설치할 것과 에너지 최종 소비자에게 신속하게 대응할 수 있는 체제를 구축할 것을 의무화하였다. 이외에도 가장 저렴한 에너지 소비가격을 제공 받지 못하고 있는 소비자에게는 오브젬이 직접 연락을 취하여 정확한 정보를 제공해 주도록 하고 있다(Department for Business, Energy & Industrial Strategy, 2019).

4) 영국 에너지전환정책 분석

① 탈 탄소(Decarbonization) 부문 정책분석

탈 탄소 에너지정책을 지속적으로 추진한 결과 영국 내 온실가스 배출은 1990년 대비 2016년에 약 40%가 감축되었다. 이처럼 온실가스 배출 감축을 실현시킬 수 있었던 구체적인 이유는 에너지 공급에 있어서 산업 구조조정의 핵심인 석탄 및 석유발전을 천연가스 및 재생에너지 발전으로 전환하였기 때문이다. 또한 에너지 효율성을 향상시켰으며 동시에 산업 내 생산과정에서 발생하는 오염물질 억제강화 등을 실행하였기 때문이다(Department for Business, Energy & Industrial Strategy, 2019b)(그림 6-10 참조).

이외에도 영국 내 온실가스 배출 감축에 기여한 제도는 유럽연합 차원에서 실시하고 있는 탄소배출권 거래시장제도(EU Emission Trading System: EU ETS)이다. 탄소배출권 거래시장에서 거래할 수 있는 부문은 에너지공급 및 사업부문으로 주로 전력생산 및 중공업 부문이 이에 해당한다. 2015년 영국 내 온실가스 배

그림 6-10 영국 내 온실가스배출 총 감축량(1990년-2016년, MtCO2e)

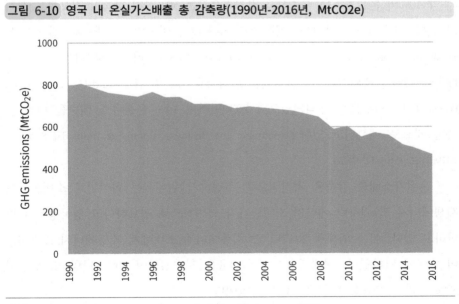

출처: Department for Business, Energy & Industrial Strategy, 2019a

그림 6-11	거래시장 및 거래시장 이외 온실가스배출 감축장기목표치 (2008년-2035년, MtCO2e)

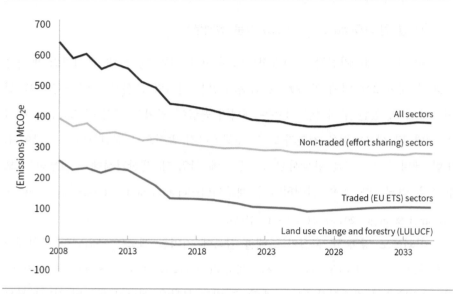

출처: Department for Business, Energy & Industrial Strategy, 2019a

출량 중 전력 및 중공업 부문이 36%에 달하였으며 이중 거래시장에서 2030년까지 약 40%의 온실가스를 감축하고 장기적으로는 50%까지 감축할 것으로 예상하고 있다. 탄소배출권 거래시장에서 거래되지 않는 이외의 부문은 배출감축 공유 규제(Effort Sharing Regulation) 방식에 의하여 2008년부터 2015년까지 온실가스 배출이 17% 감축되었다. 이 방식에는 토지사용변화 및 삼림(Land Use Change and Forest: LULUCF)부문은 제외되었으나 2030년까지 14% 온실가스 배출을 더욱 감축할 것으로 예상되고 있다(Department for Business, Energy & Industrial Strategy, 2019a)(그림 6-11 참조).

온실가스배출 감축을 획기적으로 추진하기 위해서는 화석연료 소비보다는 재생에너지 및 원자력 에너지 소비증가가 절대적으로 필요하다고 영국정부는 판단하고 있다. 이를 위해서 2017년 말 최종에너지 소비에서 재생에너지 소비비중이 10%에 달하였다. 재생에너지 소비비율은 전력생산이 60%, 난방 및 냉방이 30% 그리고 운송용 바이오연료가 10%이다.

2017년 영국정부 에너지 및 온실가스배출 예측(Energy and Emissions Projections: EEP)에 의하면 온실가스 배출 감축목표를 달성하기 위하여 2030년 재생에너지 발전량이 63기가와트에 달할 예정이며 이는 총 전력생산의 50%에 달한다. 이 계획에 의하면 2030년에 재생에너지 전력생산이 산업계가 필요한 에너지 수요의 10%를 공급하는 것이며 이는 2016년에 계획한 6%보다 거의 두 배나 높은 목표를 달성하는 것이다. 또한 서비스 부문이 필요한 전력수요도 2035년까지 59%로 증가할 것으로 예측하고 있다. 이는 2016년에 계획한 47%보다 높은 목표치이다.

2017년 영국 내 전력생산 장기 예측에 의하면 2035년까지 재생에너지 및 원자력발전은 증가하고 가스발전 및 석탄발전은 감소하며 전력 수입도 2020년대 중반까지 증가하다 이후 감소할 것으로 예측되고 있다. 따라서 영국 내 온실가스배출 감축목표를 달성하기 위해서는 재생에너지 발전과 원자력발전의 역할이 동시에 중요함을 나타내고 있다. 이러한 이유로 인하여 영국정부는 독일과는 상이하게 에너지전환정책에서 위 두 개의 에너지 자원을 동일하게 전략적으로 채택하고 있으며 탈 탄소정책의 핵심으로 활용하고 있다. 이는 영국 에너지정책

그림 6-12 부문별 영국 전력생산 및 수입예측(2017년-2035년, TWh)

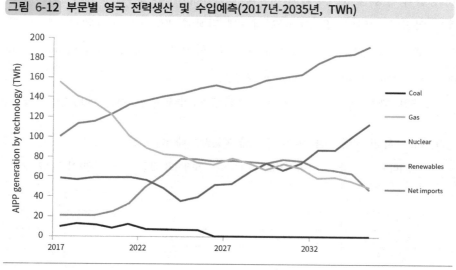

출처: Department for Business, Energy & Industrial Strategy, 2019c

의 특성이라 할 수 있다(Department for Business, Energy & Industrial Strategy, 2019c)(그림 6-12 참조).

② 에너지 효율화(Energy Efficiency) 부문 정책분석

2016년 영국정부는 열병합발전(Combined Heat and Power: CHP)과 각 지역 냉난방에 대한 종합적 평가를 단행하였다. 이 평가에는 2030년까지 난방 및 전력총합에 대한 기술적 및 사회적 비용 효율화와 난방 및 냉방에 대한 효율성 향상에 대한 방안을 제시하고 있다. 이 방안은 세 가지의 시나리오로 구성되어 있으며 이는 열 손실에 대한 재정지원, 재정지원 전무, 1톤당 500파운드에 달하는 높은 탄소가격 등이다. 이 세 가지 시나리오를 기초로 비용 및 효용분석에 대한 결과가 사회적 비용 효율성을 결정하고 있다. 세 가지 시나리오를 통한 분석은 재정지원을 하여 에너지 효율성 향상을 위한 인프라 투자를 지속하는 정부정책을 일관성 있게 추진하는 경우 이외의 시나리오보다 더욱 효율적인 것으로 분석되고 있다(Richardo Energy & Environment, 2016)(표 6-8 참조).

영국정부의 열병합발전부문 에너지 효율성 증가방식은 유럽연합 에너지효율성지침(2012/27/EU)을 준수하여 실행하고 있다. 이 방식에 의하여 2017년 고효율 양질의 난방 및 전력통합 설비능력이 전년대비 209메가와트 증가하였으며 고효율 양질의 전력생산은 21.6테라와트에 달하여 2016년보다 6.1% 증가하였다. 이는 2017년 영국 내에서 생산된 총 전력량의 6.4%에 달한다(Department for Business, Energy & Industrial Strategy, 2018b).

2032년까지 영국정부가 에너지 효율성 향상을 위한 기존 에너지정책을 일

표 6-8 시나리오별 비용 효과적 고효율 해결방안(테라와트 열손실)

시나리오	재정지원	재정지원 전무	고비용 탄소가격
고효율 (전체)	131	314	358
개인	116	128	200
지역난방	15	186	158
전통방식 (전체)	334	168	120
총 열 배출	465	481	477

출처: Richardo Energy & Environment, 2016

표 6-9 연간 최종에너지 소비변화(2032년)

에너지 부문	에너지소비(테라와트/년)	기존정책대비 증감비율(%)
전력	+14	+4
천연가스	-124	-23
석탄	-6	-38
석유	-126	-25
바이오 에너지	+28	+29
합계	-215	-14

출처: Department for Business, Energy & Industrial Strategy, 2017

그림 6-13 국내총생산(GDP) 대비 최종에너지소비 집중도(1990년-2032년)

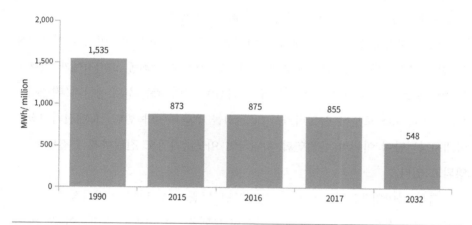

출처: Department for Business, Energy & Industrial Strategy, 2018c

관성 있게 추진하고 연료 효율성을 지속적으로 달성하면 연료소비를 14% 감소
시킬 수 있다. 이처럼 화석연료 소비감소는 에너지 안보를 증가시키고 이는 화석
연료 소비중심에서 재생에너지 발전 증가로 전환되는 분기점이 될 것이다. 이로
서 에너지 원단위는 2032년에 2017년 대비 35.9% 감소하고 1990년 대비 64.4%
감소하는 성과를 나타내게 된다(Department for Business, Energy & Industrial
Strategy, 2017, 2018c)(표 6-9, 그림 6-13 참조).

③ 국내 에너지시장 부문(Dimension Internal Energy Market) 정책분석

영국의 전력체제는 전력연결 부문에서 서유럽국가와 5기가와트 상당의 발전용량이 상호 연결되어 있다. 프랑스와 2기가와트 그리고 네덜란드와 1기가와트가 연결되어 있다. 이외에도 북아일랜드와 이웃 섬나라인 아일랜드와 단일전력시장(Single Electricity Market: SEM)을 통해 1기가와트가 연결되어 있으며 벨기에와 네모링크(Nemo Link)라는 명칭으로 2019년 1기가와트가 연결되어 있다. 전력연결은 유럽국가 간 상호 필요성에 의하여 2030년까지 지속적으로 확대될 것으로 예상되고 있다. 영국정부는 전력 연결을 최소 9.5에서 최대 11.7기가와트까지 2020년대 초반까지 증가시킬 계획이다(Ofgem, 2019c).

영국 전력시장은 도매시장과 소매시장으로 구성되어 있으며 도매전력시장은 전력 생산자와 공급자가 시장에서 전력을 거래하여 최종 소비자에게 판매하는 방식으로 이루어진다. 전력시장에서 기업이 사업 활동을 수행하기 위해서는 오브젬(Ofgem)으로부터 사업허가서(Licence)를 취득하여야 한다. 도매전력시장은 국내시장뿐만이 아니라 유럽연합 회원국인 이웃국가와도 긴밀하게 연결되어 운영되고 있다.

특히 북아일랜드와 아일랜드는 2007년 11월 이후 단일 전력시장으로 운영되고 있으며 유럽연합 회원국 간 전력거래 모델을 준수하면서 발전되어 왔다. 이후 2018년 10월 유럽연합 차원에서 통합된 단일 전력시장 프로그램을 운영하면서 전력거래의 효율성을 증가시켰다. 이 프로그램은 전력연결 및 송신의 효율성 증대, 시장 내 신규투자 촉진, 당일 및 이전, 이후 전력매매 등을 통하여 다양한 선택권을 보장해주고 있다. 최초 경매는 2017년 말에 이루어졌으며 2019년 이후에도 경매가 예정되어 있다.

전력소매시장은 64개의 공급자로 구성되어 있으며 천연가스와 전력을 공급하고 있다. 이 중 6개의 대규모 공급자가 소매시장의 약 3/4에 달하는 천연가스 75%, 전력 76%를 공급하고 있다. 따라서 전력소매시장은 집중도가 매우 높은 것이 현실이다. 따라서 2013년 개정된 전력법은 전력시장을 개혁하기 위하여 용량

시장제도(Capacity Market: CM)와 차액계약제도를 도입하였다.

용량시장제도는 전력공급안정을 향상시키기 위하여 도입되었으나 유럽연합 사법부의 최근 판단은 정부지원 취소 효과와 상충되기 때문에 영국정부는 이를 빠른 시간 내에 개정하여야 한다. 차액계약제도는 저탄소 전력생산시설에 투자를 유도하기 위하여 도입되었다. 영국정부는 2016년 유럽연합이 제정한 탄소가격보다 높은 가격을 책정하여 발전소가 배출하는 탄소배출량 1톤당 22파운드를 지불하도록 결정하였다. 이로서 높은 탄소배출 가격을 책정하여 석탄발전소가 천연가스 발전소보다 수익률이 낮아지도록 정책적으로 유도하고 있다. 즉, 영국 전력시장은 에너지전환정책의 목표를 달성하기 위한 중요한 역할을 수행하고 있다고 분석된다(Department for Business, Energy & Industrial Strategy 2019a).

4) 영국 에너지전환정책 소결론

2015년 파리기후변화협정이 체결되면서 글로벌 기후변화 및 온실가스 배출 감축문제가 각 국가에 현실적인 문제로 인식되었다. 그러나 2017년 미국의 일방적인 파리기후변화협정 탈퇴로 이 협정의 목표달성이 현실적으로 가능하냐는 의문도 제기되었으나 중국의 적극적인 참여로 글로벌 기후변화 및 온실가스배출 감축은 세계 모든 국가가 적극적으로 참여하지 않으면 향후 세계경제에 더욱 커다란 부담으로 작용할 것이라는 공감대가 형성되었다.

주요국의 이러한 글로벌 기후정책 변화에도 불구하고 영국은 1989년 에너지법과 2008년 기후변화법을 제정하여 온실가스 배출 감축을 의무화하여 이를 적극적으로 실천하고 있는 국가 중 하나이다. 이로서 2050년까지 장기 에너지 전환정책을 수립하여 1990년 대비 온실가스를 80% 감축할 정책목표를 설정하였다. 따라서 에너지 전환정책이 보수당 및 노동당의 핵심적 에너지정책으로 자리잡게 되었으며 정부의 에너지정책 목표를 지속가능하며 안정적인 에너지공급, 저렴한 에너지가격 유지, 저탄소경제체제 구축으로 설정하였다.

영국은 국제에너지기구(IEA)의 타 회원국과 비교할 때 에너지믹스 중 화석연료 공급비중이 매우 높고 재생에너지 공급비중은 상대적으로 낮은 특징을 나타내고 있다. 따라서 재생에너지 발전을 위하여 법률로 2020년 재생에너지 발전 비율을 명시하고 2030년 중기, 그리고 2050년 장기목표를 설정하였다. 동시에 독일과 달리 원자력발전을 재생에너지 발전과 동일하게 저탄소경제구축 및 온실 가스 배출 감축목표를 달성할 수 있는 주요 전력생산 발전 자원으로 간주하였다. 이로서 타 유럽국가 발전 비중보다 매우 높고 고비용의 천연가스 발전비중을 장 기적으로 감소시켜 안정적이며 지속적인 에너지 공급과 저렴한 에너지 가격 유 지라는 정부의 에너지정책 목표를 달성하려고 노력하고 있다.

이외에도 전력시장 개혁, 유럽연합 회원국 간 전력연결, 에너지소비 효율성 향상 등 다양한 방식의 정책을 수행하여 지리적으로 고립된 섬이라는 약점을 극 복하고 실질적으로 유럽연합과 에너지 부문에 통합될 수 있도록 노력하고 있다. 즉, 에너지전환 정책을 자국의 현실적 상황에 최적화 시킬 수 있는 정책적 노력 을 심화시켜 지리적 약점을 극복하고 정부가 설정한 에너지정책 목표를 달성할 수 있도록 합리적이며 효율적인 노력을 기울이고 있는 것으로 판단된다.

(3) 스웨덴 사례
1) 배경

스웨덴은 국제에너지기구(IEA) 전 회원국 중 1차 에너지공급(Total Primary Energy Supply: TPES)에서 화석연료 공급 비중이 가장 낮고 국가 경제구조에서 이 산화탄소 집중도가 전 회원국 중 두 번째로 낮은 국가로서 세계에서 저탄소 경 제체제를 선도하는 국가이다. 따라서 IEA는 저탄소 경제체제를 구축하고 환경 친화적인 재생에너지 개발을 지속하고 있는 스웨덴의 에너지전환정책을 세계적 인 정책 우수사례로 선정하고 있다(IEA, 2019a).

이외에도 스웨덴은 에너지전환정책을 수행하는 방법으로 에너지 효율성 향 상, 재생에너지 개발, 탄소세 제정 등과 같은 방법을 집중하여 시장원칙에 기초 하여 저탄소경제체제를 구축한 국가로 인정받고 있다. 스웨덴 에너지정책은 글 로벌 기후변화를 억제하기 위한 기후변화정책 목표와 연계되어 진행되고 있으며 유럽연합(EU) 에너지전환정책의 목표 시점보다 5년이 빠른 2045년에 완전한 탄소중립 경제체제를 구축하는 것이 장기목표이다. 이는 매우 야심찬 계획이며 2016년 제정된 에너지협정(the Energy Agreement)과 2017년 정부가 결정한 기후 기본계획(the Climate Framework)에 정책목표치가 설정되었다. 이처럼 선진국경제 개발기구(OECD) 회원국 중에서도 가장 야심찬 계획을 실현하기 위해서는 더욱 다양하고 적극적인 정책이 추진되어야 한다. 그 이유는 2013년 이후 이산화탄소 총 배출량 감축이 거의 변화가 없기 때문이다(IEA, 2019b).

탄소중립 경제체제를 구축하기 위하여 전력부문에 있어 에너지전환을 추진 하는 것이 중요하다. 탄소배출 감축에 가장 중요한 역할을 수행하는 전력발전원 은 원자력, 수력, 기타 재생에너지인 풍력 및 태양열/광이다. 따라서 스웨덴 정부 는 원자력 발전을 제외하고 수력, 풍력, 태양광/열 등 재생에너지 발전원에 대한 투자를 지속적으로 단행하고 있다. 원자력발전에 관한 스웨덴 정부의 공식입장 은 신규 원자력 발전소를 건설하는 것을 공식적으로 반대하고 있지는 않다. 동시 에 현재 가동 중인 원자력발전의 수명이 다할 때까지 운영하고 신규투자는 적극 적이지 않은 것이 공식 입장이다. 신규 원자력발전소 건설 없이도 스웨덴 정부는 2040년에 전력생산 100%를 재생에너지 발전으로 달성할 계획이다. 원자력 발전 이 중단되고 재생에너지 발전으로 전력생산이 완전히 대체되면 스웨덴의 전력수 출은 감소할 것으로 예상되고 있다(Unger et al., 2019).

스웨덴의 에너지전환정책은 담대한 계획뿐만이 아니라 실제 적용되고 있는 모범적인 사례로 인정받고 있다. 세계경제포럼(WEF)에서 2015년부터 발표되는 에너지전환지수(Energy Transition Index: ETI)는 청정에너지 소비를 위하여 에너지 원 접근성 및 안보, 환경지속성, 경제개발 및 성장 등 세 부문으로 구성되어 있 다. 총 115개 국가를 선정하여 조사하며 2015년 이후 94개 국가의 에너지전환지 수가 향상된 것으로 분석되고 있다. 이 중 스웨덴의 에너지 전환정책은 2020년 115개 국가 중 1위를 기록하여 에너지 전환정책 모델국가로 선정되었다. 이로서 국제사회에서 에너지전환정책의 가장 모범적인 사례 중 하나로 인정받고 있다 (Wood, 2020; IEA, 2019a: IEA, 2019b)(그림 6-14 참조).

따라서 2040년까지 재생에너지 발전을 통하여 전력생산 100% 공급을 목표

그림 6-14 에너지전환 수행 10대 최상위 국가(2020년)

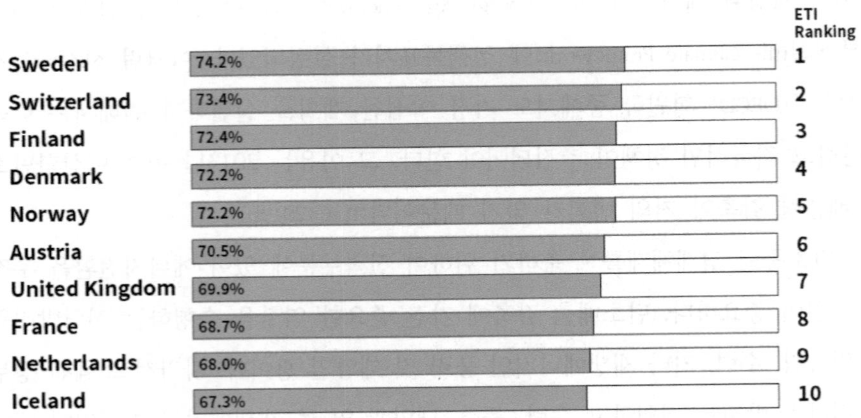

출처: https://www.weforum.org/agenda/2020/05/energy−transition−index−2020−eti−clean−
sustainable−power/, 2021

로 에너지정책을 추진하는 스웨덴 에너지전환정책에서 원자력발전의 역할을 조사 및 분석하는 것은 큰 의미가 있다. IEA가 선정한 에너지 전환정책의 모범국가로 총 전력생산에서 2019년 약 40%를 차지하고 있는 원자력 발전을 현실적으로 2040년까지 단계적으로 감소시키고 재생에너지 발전의 가격경쟁력을 향상시킬 수 있는지에 대한 조사 및 분석이 필요하다.

이는 원자력 발전을 2022년 초에 완전 폐쇄하는 독일과는 다른 경로 및 전략이며 원자력 발전을 지속적으로 발전시키는 영국의 에너지전환정책과도 상이한 경로이다. 스웨덴의 에너지 전환정책 사례분석을 통해서 원자력 발전과 재생에너지 개발의 일정한 수준의 공존이 기후변화정책 수행에 긍정적인 효과를 제공할 수 있는지가 매우 중요한 핵심 사항이다. 동시에 이를 심층 분석하여 재생에너지 발전의 열악한 환경을 보유하고 있는 한국의 에너지정책에 제공할 수 있는 시사점을 도출할 수 있다.

2) 스웨덴 에너지정책

① 에너지정책 개요 및 방향

스웨덴 에너지정책은 지난 수십 년 간 에너지 효율성 향상과 화석연료에서 재생에너지로 에너지자원을 이전 시키는 것에 정책적 초점을 맞추면서 지속가능한 에너지체제를 구축하는 것을 목표로 추진되어 왔다. 실질적으로 이러한 에너지정책의 방향은 매우 성공적인 것으로 평가받고 있다. 그 결과 최종에너지공급 (Total Primary Energy Supply: TPES) 및 최종에너지소비(Total Final Consumption: TFC)가 1990년대 최대치를 달성한 이후 지속적인 인구증가 및 경제성장에도 불구하고 안정적으로 유지되고 있다. 동시에 총 전력소비 증가는 상대적으로 낮은 수준으로 지속되고 있다.

이러한 에너지정책 기조 하에서 스웨덴 정부는 에너지 효율성 향상과 재생에너지 소비 증가를 기본방향으로 설정하여 정책을 지속적으로 추진하고 있다. 동시에 에너지시장 정책을 통하여 에너지 효율성을 향상시키고 안정적인 에너지 공급 및 가격 경쟁력을 확보하기 위한 경쟁력 있는 시장을 확보하기 위하여 노력하고 있다.

전통적으로 스웨덴 에너지정책의 세 가지 기본 원칙은 에너지 효율 향상, 화석연료에서 재생에너지 발전 개발, 비교우위 시장경쟁력 확보 등이다. 이를 추진하기 위해서 에너지세(Energy Tax)와 탄소세(Carbon Dioxide Tax: CDT)를 동시에 운영하고 있다. 이처럼 두 가지 종류의 세금을 동시에 운영하는 이유는 에너지소비 효율성을 증진시키고 저탄소 에너지 공급을 증가시키기 위함이다. 에너지세는 놀랍게도 이미 1924년에 휘발유세와 1937년에 디젤세가 제정되어 시행되었다. 이후 1950년대에서 난방에 사용되는 중유 및 전기세가 에너지세의 정책중심으로 이동하였다. 에너지세의 추진 목적은 재정적인 측면이 강하였고 교통 혼잡, 도로건설, 소음 등과 같은 비용의 외부효과를 내부화 시키는 것이었다(Ministry of Environment and Energy, 2018).

이후 탄소세는 1991년에 유럽에서 최초로 시행되었으며 국민에게도 위의 세 가지 목적인 에너지 효율향상, 재생에너지로의 전환, 시장경쟁력 확보를 달성하기 위하여 긍정적인 호응을 받고 있다. 그 결과 탈 탄소 경제체제(Decarbonized

그림 6-15 1990년 및 2016년 부문별 온실가스 배출 감축 비교

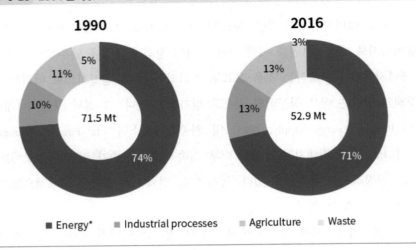

출처: Swedish Environmental Protection Agency, 2019

그림 6-16 부문별 이산화탄소 배출감축 추이(1990-2017년)

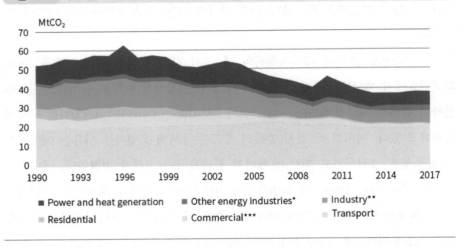

출처: IEA, 2019b

Economic System: DES)를 구축하기 위한 지속 가능한 에너지전환을 점진적으로 향상시키고 있다(IEA, 2019b; Swedish Energy Agency, 2020).

이러한 세 가지 목표를 달성하기 위한 에너지정책 방향은 1990년대 이후 지속되어 왔다. 그 결과 스웨덴은 1990년부터 2016년까지 온실가스 배출을 1,860

만 톤 감축하였다. 이는 1990년 대비 26%를 감축하여 세계에서 온실가스 배출 감축을 가장 많이 한 국가 중 하나가 되었다. 그러나 2013년 이후에는 글로벌 기후변화와 직접적으로 연관되어 있는 이산화탄소 배출 감축량의 변화가 매우 미미한 것으로 판단되어 이를 강화하기 위하여 새로운 정책수단의 도입이 필요하게 되었다. 이를 위하여 스웨덴 정부는 2015년 3월 에너지정책위원회(Energy Policy Commission)를 의회위원회로 지정하여 기존의 에너지정책을 점검하고 2025년 이후의 전력공급을 위한 조건들에 초점을 맞춘 에너지정책과 관련된 광범위한 합의에 도달할 수 있을 것을 제안하였다. 그럼에도 불구하고 1990년부터 2017년까지 특히 수송부문에서 이산화탄소 배출감축이 획기적으로 발생하지 않았다는 점은 에너지전환정책 목표달성에 커다란 도전이 되고 있다(Swedish Environmental Protection Agency, 2019)(그림 6-15, 그림 6-16 참조).

그 결과 2016년 6월 에너지 합의라 불리는 에너지정책에 관한 체제 합의(the Framework Agreement on Energy Policy)가 의회에서 절대 다수 의석을 차지하는 집권 여당과 4개 야당 연합체 간 채택되었다. 이 합의에 의하여 의회는 2018년 4월 에너지 합의에 관한 정부예산을 승인하였다. 에너지 합의 주요 내용으로 에너지정책은 생태계의 지속가능성, 비교우위 경쟁력 확보, 에너지공급 안보 등을 상호 유기적으로 결합하는 것이다. 이러한 에너지정책의 기본 목표는 IEA와 유럽연합(EU)의 에너지정책 기본목표와 동일한 연장선에 있다(Government Offices of Sweden, 2020).

이외에도 에너지 합의는 전력생산 부문에 관하여 높은 전력공급 안전 확보, 최소한의 환경에 대한 영향 고려, 전력시장에서 비교우위의 경쟁력 있는 가격 확보 등을 유지 및 발전시킬 수 있는 강력한 전력 네트워크를 구축할 것을 명시하고 있다. 이러한 기본적인 방향설정 및 에너지정책의 출발점이 미래지향적인 측면과 전략적인 측면에서 진행되고 있기 때문에 전력시장 참여자들이 정부정책을 신뢰하고 시장에 장기적인 차원에서 자본투자를 유인하고 신규고용을 창출하는데 동력으로 작용하고 있다. 또한 에너지정책을 구성하고 있는 주요 핵심은 스웨덴이 이웃국가인 북유럽 국가들과 긴밀하게 연계되어 있고 단일 전력시장에서 발생하는 모든 문제점들을 공동으로 대처할 수 있는 해결방안을 마련하는 데 주 안점을 두고 있다는 것이다(IEA, 2019b).

이를 위하여 에너지 합의는 다음과 같은 신규 목표를 설정하였다.

첫째: 2045년까지 온실가스 배출을 전혀 없게 하고 이후에는 지속적으로 온 실가스 배출을 마이너스로 감축하는 적극적인 온실가스 감축을 수행한다.

둘째: 2040년에 전력생산을 재생에너지 전력생산으로 100% 전환한다. 이는 목표치이며 정치적 결정으로 인하여 원자력 발전을 완전히 폐쇄시키는 시점을 의미하지 않는다. 따라서 원자력 발전에 대한 투자는 원자력 발전 안정성 확보를 위하여 지속적으로 단행된다.

셋째: 2030년에 2005년의 국내총생산(GDP) 대비 주요에너지소비 효율성을 50% 향상시킨다.

이러한 에너지 합의 신규목표를 달성하기 위하여 정부는 매 4년마다 목표치 달성 진행과정을 상세하게 점검하는 보고서를 작성하기로 결정하였다. 이 보고 서는 각 4년 간 진행과정 및 목표치 달성 등을 점검하여 최종 목표치를 달성하기 위한 필요한 조치들을 건의하는 역할을 수행하게 된다. 또한 에너지 합의의 일환 으로 전력생산 증명제도(Electricity Certificate System)가 2020년에서 2030년까지 연 장되었다. 이로서 이 연장기간 내 18테라와트(TWh) 전력생산이 재생에너지 발전 을 통하여 증가하는 효과를 나타낼 것으로 예상하고 있다. 전력생산 증명제도는 2003년에 시작되었으며 전력생산 및 공급에서 재생에너지 발전비율을 증가시키 는 데 크게 기여한 것으로 평가받고 있다.

전력생산을 주요 내용으로 하는 에너지 합의에 이어서 2017년 6월에는 에 너지정책의 일환으로 기후정책체계(Climate Policy Framework)가 의회에서 승인되 었다. 이는 에너지 합의가 채택한 주요 목표 중 하나인 2045년 온실가스 배출을 전혀 없게 하는 기후정책 목표를 달성하는 것이 핵심사항이다. 이외에도 기후정 책 체계는 유럽연합 탄소배출거래제도(EU-ETS) 이외의 부문에서 1990년 대비 온실가스를 2030년까지 63%, 2040년까지 75% 감축하는 것을 목표로 설정하고 있다.

　동시에 운송부문에서 2010년에서 2030년까지 온실가스 배출을 70% 감축하는 목표를 새롭게 설정하였다. 운송부문에서 새롭게 설정된 목표치는 2030년까지 운송부문에서 화석연료 사용량을 제로로 설정한 기존의 목표치보다는 목표달성 가능성이 상대적으로 높은 현실적인 정책결정으로 평가 받고 있다. 이처럼 정책목표 달성을 위한 현실적 접근방법을 실행하면 2020년까지 1990년 대비 온실가스 배출량을 30% 감축할 수 있고 2030년까지는 36%를 감축할 수 있다. 이는 충분히 실현가능한 목표치이다. 그럼에도 불구하고 이는 장기적 차원의 정책목표인 2045년 탄소중립 경제체제를 달성하는 데 한계점을 노출시키고 있다. 이는 장기적 목표달성이 가능한 로드맵 재설정과 목표달성 중간단계의 지속적인 점검 및 신규 정책설정의 필요성을 의미한다.

　탄소중립 경제체제 실현을 위한 장기 에너지정책 목표를 달성하기 위하여 연합정부인 사회민주당(Social Democratic Party)과 녹색당(Green Party)의 주도로 주요 4개 정당은 2019년 1월 의회에서 합의를 결정하였으며 이는 2019년 1월 합의(2019 January Agreement)로 명칭 되고 있다. 이 합의는 다양한 분야의 73개 정책 리스트를 포함하고 있으며 2019년 재집권한 연합정부는 이를 시행할 것에 합의하였다. 주요 정책은 2030년까지 화석연료 사용 자동차 판매를 금지하고 운송부문에서 바이오디젤 소비를 증가시키며 이를 위하여 생산증가 및 인프라 구축을 확대하기 위한 투자 증가를 시행하는 것이다. 이외에도 2019년 1월 합의는 2016년에 제정된 에너지합의 및 2017년 의회에서 승인된 기후정책 체계를 준수할 것을 약속하고 있다(IEA, 2019b).

② 에너지정책 주요쟁점 및 추진방식

　스웨덴이 보유한 에너지 자원으로 석탄, 석유 및 천연가스가 존재하지만 국내 에너지 수요를 충족시키기 위해서는 매우 부족한 상태이다. 그러나 스웨덴은 상대적으로 풍부한 에너지자원으로 지역적 특성을 기반으로 하는 수력발전을 갖고 있다. 2차 세계대전 이후 전력수요가 급격하게 증가하면서 이를 충족시키기 위해서 다수의 수력발전용 댐을 건설하였으나 1960년대 이후에는 발전용 석유소비가 빠르게 증가하였다. 그 결과 1973년 에너지 소비에서 석유가 차지하는 비중이 가장 높게 되었다.

그러나 1973/74년에 발생한 세계석유파동 사태로 인하여 원유가격이 급격하게 상승하여 안정적인 에너지 공급에 큰 충격이 발생하였다. 이를 해결하기 위하여 원자력발전을 지속적으로 증가시켜 1986년에는 전력생산에 가장 중요한 에너지원으로 자리 잡게 되었으며 그 역할은 현재까지도 유지되고 있다. 그 결과 1970년에서 1990년까지 최종에너지 소비부문에서 석유소비가 2,100만 톤에서 1,200만 톤으로 약 1/2 감소하였으며 전력소비는 두 배 증가하였다(Eurostat, 2016).

1980년대 말에 스웨덴 경제는 과도한 사회복지비용, 방만한 재정운용, 급격한 임금상승 등으로 큰 폭의 예산적자, 무역흑자 감소, 실업증가, 경제성장 저하 등 경제위기의 상황에 직면하였다. 그 결과 1991년에서 1993년까지 재정위기를 겪으면서 국가경제가 침체에 빠지게 되었다. 1930년대 초 발생한 대공황 이후 최대의 경제위기를 극복하기 위하여 각 정당, 기업인협회, 노조 등 각 정치 및 경제주체들은 스웨덴의 경제 체질을 개선하고 경쟁력을 회복하는 경제개혁안에 합의하였다. 이는 에너지 부문에도 직접적인 영향을 미치게 되었으며 당시 에너지정책의 주요 화두인 온실가스 배출감축이 스웨덴 경제에 미치는 영향을 재정립하여야 할 시기였다.

이러한 국가경제 위기극복 과정에서 에너지정책 재편을 위한 환경이 1990년대 초에 형성되었으며 이는 정책선택에 자연스럽게 영향을 미치게 되었다. 그 결과 에너지정책 추진 핵심사항이 다음 네 가지로 요약된다.

첫째: 국가경제의 타 부문과 동일하게 천연가스 및 전력부문에 시장자유화 정책이 추진된다.

둘째: 전반적 세제개혁에서 에너지세도 포함되어 이산화탄소 배출감축을 위한 탄소세를 부과한다.

셋째: 재생에너지개발과 에너지 효율성 향상을 강조하여 이 부문의 실질적 정책효과가 발생할 수 있도록 노력하고 이를 지속적으로 강화해 나간다.

넷째: 산업계에 가격 경쟁력 있는 전력공급을 지속화 시킬 수 있도록 하며 이는 원자력발전을 지속적으로 가동하며 이른 시기에 폐기하지 않기로 결정한다 (Cruciani, 2016).

위의 네 가지 핵심 에너지정책 추진 결과는 화석연료 소비감소로 이어졌다. 특히 최종에너지 소비에서 석유소비가 차지하는 비중이 1990년 37%에서 2015년 22.7%로 크게 감소하였다. 동시에 재생에너지인 바이오 에너지 소비가 최종 에너지 소비부분에 차지하는 비중이 지역난방부문에 보편적으로 보급되어 1990년 15%에서 2015년 25.5%로 증가하였다. 이로서 바이오 에너지가 난방네트워크 공급에 차지하는 비중이 같은 기간 내 13%에서 65%로 증가하였다. 이외에도 원자력발전을 포함하면 주요에너지 공급의 70.3%가 기후변화에 직접적인 영향을 미치는 이산화탄소 배출을 전혀 하지 않는 에너지 자원으로 구성되어 있다 (Energimyndigheten, 2017).

스웨덴의 에너지정책 추진 방식은 타 서유럽 국가와 비교할 때 매우 독특한 특성과 유사점이 동시에 존재한다. 우선 에너지정책의 특이성은 전담중앙부서인 환경에너지부(Ministry of Environment and Energy: MOEE)의 에너지정책 전담과 (Division of Energy)의 인력이 25명으로 최소화되어 있다. 그 이유는 에너지정책의 실질적인 전략수립, 추진 및 수행은 중앙정부 부서가 담당하는 것이 아니라 중앙정부 산하기관 및 국책연구기관이 수행하고 있는 체제이기 때문이다. 따라서 중앙정부 부서의 주요 기능은 에너지 및 기후정책을 결정하고 타 중앙정부 부서와 에너지 및 환경과 직접적으로 관련된 정책대상을 조정하는 기능을 수행한다.

에너지정책을 직접적으로 추진하는 기능을 수행하는 산하기관은 에너지청 (Swedish Energy Agency: SEA)으로 에너지 수요 및 공급에 관한 예측 및 계획, 정책분석, 에너지관련 통계작성 및 증명서 발급 등을 수행한다. 이외에도 에너지시장감독원(Swedish Energy Markets Inspectors), 국가전력공급망기구(Swedish National Grid) 등이 협력하고 있다. 동시에 전력시장에서 공정한 경쟁을 제공하고 감독하기 위하여 우리나라의 공정경쟁위원회에 해당하는 국가경쟁기구(Swedish

Competition Authority)가 참여하고 있다(IEA, 2019b).

　　타 서유럽 국가의 에너지정책과 유사점은 동일한 중앙정부 부서의 산하기관 이외에도 타 중앙정부 부서와도 에너지정책의 효율적인 추진을 위해서 긴밀하게 협력 체제를 구축하고 있다는 것이다. 따라서 에너지정책은 기후 및 환경 부문뿐만이 아니라 주택 및 상업용 건축물에도 직접적인 영향을 미치기 때문에 국립주택상업용건축물계획위원회(National Board of Housing, Building and Planning)와도 연계하여 토지, 수자원, 도시개발 등을 계획 및 관리하는 업무에 협력한다. 이외에도 기후정책을 담당하는 환경보호청(Swedish Environmental Protection Agency)과 협력하여 온실가스 배출 감축을 위한 정책수립 및 수행방법 등을 탐구한다.

　　이외에도 원자력발전과 관련된 안전을 위하여 국립방사선안전기구(Swedish Radiation Safety Authority)와 협력하여 국민과 환경을 보호하고 있으며 환경, 농학, 공간계획에 관한 기초연구를 진흥 및 지원하기 위하여 국립환경농학공간계획연구위원회(Swedish Research Council for Environment, Agricultural Sciences and Spatial Planning: FORMAS)와 협력관계를 유지하고 있다. 마지막으로 기술, 운송, 직장생활에 관한 연구 활동을 수행하여 지속가능한 경제성장 및 경쟁력 향상을 전담하는 혁신청(Swedish Governmental Agency for Innovation Systems)과도 협력하고 있다(IEA, 2019b).

　　타 중앙정부 부서 산하기관과 에너지정책 추진을 위하여 긴밀하게 협력하는 것은 타 서유럽 국가의 에너지정책 수행방식과 비교할 때 유사성을 갖고 있으면서 동시에 독특한 특징을 갖고 있다. 독일 및 영국의 경우 다수의 타 중앙정부 부서와도 긴밀하게 협력 및 조정기능을 갖고 있지만 스웨덴의 경우 중앙정부 부서가 환경에너지부로서 에너지정책, 기후정책, 환경정책을 포괄적으로 수행하기 때문에 타 중앙정부 부서와 협력 및 조정역할을 수행할 필요성이 상대적으로 낮다. 그럼에도 불구하고 타 중앙정부 부서 산하기관과는 광범위하게 협력관계를 유지하는 것은 산하기관이 실질적인 정책을 수립 및 수행하고 있기 때문이다.(Park & Eissel, 2010; 박상철, 2020).

3) 스웨덴 에너지전환정책

① 정책수행 계기 및 방법

에너지전환정책을 수행하기 시작한 전환점은 1990년대 초에 발생한 경제위기로 인하여 국가 경제체제의 비교우위 경쟁력을 확보하기 위한 규제완화 및 시장자유화를 강화하는 새로운 경제정책이 에너지정책 방향에도 직접적인 영향을 미친것이라 할 수 있다. 이러한 정책방향에 사회민주당(SDP)과 중도보수당(Moderates)의 절대 다수가 찬성하고 지지하였다.

시장자유화 정책이 에너지정책에 영향을 미친 결과 스웨덴 정부는 1990년대 초 장기적 차원에서 온실가스 배출을 감축하는 에너지전환을 추구하는 에너지정책을 추진하게 된다. 그 핵심은 에너지시장 자유화, 이산화탄소 배출을 감축하는 에너지세 부과, 에너지 효율성 향상 및 재생에너지 개발 등으로 요약된다. 에너지시장 자유화를 타 유럽국가보다 선제적으로 추진한 스웨덴은 1996년 이후 전력 및 천연가스 시장부문에서 유럽연합 에너지시장 자유화 지침(EU Directives)보다 훨씬 높은 수준의 경쟁력을 확보하고 있다. 에너지시장 자유화로의 전환과정은 정부, 기업, 노조 간 긴밀한 소통과 이해를 통해서 매우 순조롭게 진행된 것도 우수한 정책실행 사례로 인정받고 있다(Energimarknadsinspecktionen, 2014).

1996년에 독립기관으로 출범한 에너지감독청(Energimarknadsinspektionen)이 에너지시장 감독을 수행하는 전담기관이다. 이 기관의 주요 업무는 정부가 100% 소유하고 있는 전력망(Svenska Kraftnät: SvK) 관리 및 조직을 감독하는 것이다. 이외에도 162개 지역 전력공급 사업자의 수입 상한을 매 4년마다 계획된 투자비율과 관련하여 설정하는 작업을 수행한다. 에너지시장 자유화에도 불구하고 전력생산은 상대적으로 매우 집중되어 있는 상태다. 특히 전력생산은 수력발전과 원자력발전에 집중되어 있다. 2014년 기준 전력생산의 50%는 국영기업인 봐텐팔(Vattenfall)이 공급하고 있으며 외국기업인 독일의 이온(E.ON)과 핀란드의 국영기업인 포르툼(Fortum)이 25%를 공급하고 있다. 나머지 25%는 중소규모 전력생산자가 공급하고 있다. 따라서 에너지시장 자유화를 통하여 다양한 에너지생산 주체들이 에너지정책에 참여하게 되었으며 재생에너지 발전에도 긍정적인 인식전환을 추구할 수 있게 되었다(Magnusson & Palm, 2019).

　　노르웨이 및 스웨덴 전력수송 네트워크 운영자는 두 국가의 동서 및 남북을 연결하는 전력수송 네트워크를 기초로 1996년 노르드 풀(Nord Pool)이라는 공동시장을 창출하였으며 이후 인접국가인 덴마크와 핀란드가 합류하였다. 이로서 북구 전력공동시장이 창출되었으며 최근에는 발틱 3개 국가도 지하케이블에 전력선이 연결되면서 공동시장에 참여하게 되었다. 각 참여 국가는 북구 렉(North Reg.)이라는 전담기관을 설립하여 공동시장 내 전력시장 연결을 감시하는 기능을 수행하고 있다. 이로서 북구 4개 국가뿐만이 아니라 발틱 3개 국가까지 포함된 북구 전 지역이 공동 전력시장에 포함되어 운영되고 있다.

　　북구지역 공동 전력시장 운영으로 스웨덴의 주요 전력소비자는 2015년 스웨덴 내 총 전력생산 규모인 35.5 GW에서만 전력을 구매하는 것이 아니다. 국내 주요 전력소비자가 북구 4개 국가 노르웨이, 스웨덴, 핀란드, 덴마크가 보유한 총 전력생산 규모인 102 GW에서 도매가격으로 전력을 구매할 수 있는 공동 전력시장에 접근할 수 있게 되었다. 이로서 공동 전력시장 내 총 전력생산에서 약 45%가 현물시장에서 거래되고 있다. 이외에도 북구 공동 전력시장 체제인 노르드 풀은 유럽연합에서 사용되고 있는 단일 알고리즘을 정착시키기 위하여 주요 전력교환 체제에 의해서 작동되는 지역가격동조체제(Price Coupling of Regions: PCR)에 가입되어 있다(Cruciani, 2016).

　　스웨덴은 에너지전환정책을 효율적이고 실질적으로 수행하기 위하여 새로운 에너지세를 지속적으로 추진하고 있다. 스웨덴은 이미 1924년에 석유제품 소비에 대한 석유세를 부과하였다. 에너지세는 일률적으로 부과하는 방식이 아니라 산업계와 농업부문을 일정부분 보호하기 위하여 세율인하 및 세금면제 등의 방식을 택하고 있다.

　　1991년 경제위기를 극복하기 위하여 스웨덴 중도보수 연합정부는 세금인하 프로그램을 가동하여 노동 및 소득에 부과되는 세금을 인하하고 그 부족한 부분 중 일정부문을 에너지세 인상으로 해결하였다. 특히 에너지세 중 황산 및 질산

그림 6-17 이산화탄소세 변화 추이(1991년-2015년, 유로/톤)

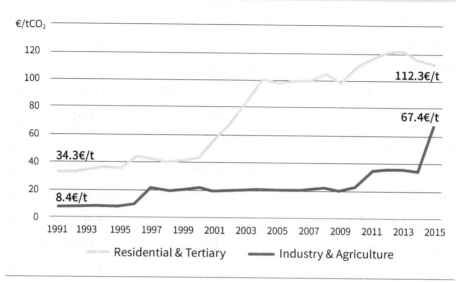

€/tCO$_2$

출처: Cruciani, 2016 재인용

배출 소비세를 인상하였다. 이외의 에너지세는 전반적으로 인하하였으나 신규 에너지세인 이산화탄소 배출에 대한 세금을 부과하였다. 이는 유럽에서 최초로 부과된 탄소세이다. 그 결과 몇몇 산업부문에서 전반적인 에너지세 부담이 낮아 지게 되었으며 에너지 집중도가 높은 산업부문이 가장 커다란 혜택을 보게 되었 다. 두 가지 신규 에너지세는 에너지 자원별 생산자, 수입자, 도매상의 판매액을 기준으로 부과되었다(IEEP, 2014).

탄소세는 1991년 최초로 실시할 당시 거주 및 제3섹터 부문에는 톤당 34.3 유로가 부과되었으며 산업 및 농업부문에는 톤당 8.4유로가 부과되어 약 4배의 격차가 있었다. 이후 탄소세는 지속적으로 증가하여 2015년에는 거주 및 제3섹 터 부문이 톤당 112.3유로에 달하였고 산업 및 농업부문에는 67.4유로로 증가하 였다. 1991년과 비교할 때 전자는 3.5배가 증가하였고 후자는 약 8배가 증가하여 증가폭은 산업 및 농업부문이 훨씬 더 높은 비율을 나타내고 있다(Cruciani, 2016) (그림 6-17 참조).

에너지전환정책을 수행하기 위한 두 번째 방법론은 에너지 효율성을 증가시키는 것이다. 이를 위해 공공정책을 통하여 에너지효율 증가 장려, 보조금 지급, 지방정부의 적극적 참여 유도, 세금제도를 통한 에너지가격 조정 등과 같은 다양한 방법을 혼합하여 적용하고 있다. 이처럼 실질적인 접근방법은 에너지관련 규제의 틀이 유연하게 작동하기 때문에 가능하다.

1990년대 초부터 지속적으로 추진되고 있는 에너지 효율성 향상은 에너지세 및 다양한 방법론의 철저한 점검을 통해서 진행되고 있으며 2009년까지는 정책적인 목표치를 설정하지 않았다. 에너지 효율성 향상에 대한 정책 목표치를 설정한 것은 2009년 중도보수 연합정권이 의회에서 전반적인 정책 목표치를 설정하여 정책을 추진하는 것이 정책 실효성을 높일 수 있다고 판단하여 1990년 대비 2020년까지 에너지 효율을 20% 증가시키는 정책목표를 채택하였다. 이는 유럽연합 에너지전략 2020에 도입되었다. 이후 2014년 진보연합정권인 사민당과 녹색당이 정부를 구성한 이후에도 정책 목표치를 동일하게 채택하여 시행하고 있다.

에너지 효율성 증가를 위한 주요 정책은 1970년대 시작된 에너지 보존 노력으로 1990년대 이후에도 지속되었다. 이러한 노력을 강화하기 위해서 1998년 에너지청(Swedish Energy Agency)을 설립하여 14개 지역사무소를 구성하고 국내 21개 지방정부 및 290개 지방자치단체에 에너지 효율성 전담 공무원에게 지역정보 제공, 정책제언, 보조금 지급 등의 권한을 부여하였다. 이는 지역 내 에너지 효율을 직접적으로 향상시키는 기업 및 개인에게 전달되어 정책실행이 원만하게 수행될 수 있는 제도를 확립할 수 있는 계기로 작용하였다(Ministry of Enterprise, Energy, and Communications, 2013).

2015년 진보연합 정부는 에너지 효율 향상을 위한 새로운 2030년 정책 목표치를 설정하였다. 2030년까지 2005년 기준 국내총생산(GDP)에서 소비되는 총 주요에너지소비를 2030년까지 지속적으로 감소시켜 에너지 효율성을 50% 증가시키는 것이 정책 목표이다. 이처럼 에너지 효율성을 증가시켜서 에너지 집중도를 감소시키는 것은 국내총생산(GDP) 및 총 주요에너지소비 변화에 달려 있으며 이는 에너지 효율성 향상 방법, 산업구조 개편, 원자력발전 추이, 경제발전 등과

그림 6-18 에너지 효율성 향상 2030년 정책 목표치 추이예상(2005년 기준)

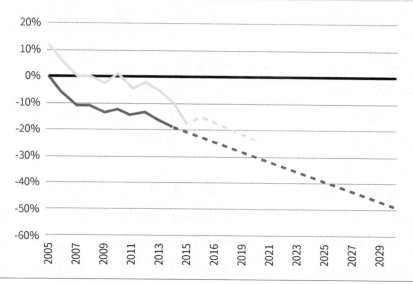

출처: Ministry of Environment and Energy, 2018

직접적으로 연계되어 있다(그림 6-18 참조).

　에너지 효율향상 2030 정책목표를 달성하기 위하여 정부는 에너지효율성위원회(Energy Efficiency Council)를 구성하여 운영하고 있다. 이 위원회는 에너지 효율성 지침(Energy Efficiency Directives)을 추진하기 위하여 전략적으로 중요한 이슈를 제기하고 정부의 협력 유도, 정부의 에너지관련 구매 시 에너지 효율성 향상을 위한 제안, 투명성 확보 등과 같은 업무를 수행한다. 에너지효율성위원회는 정책목표를 달성하기 위한 정부의 고문과 같은 역할을 수행하며 연간 4회 위원회를 개최한다. 이 외에도 정부는 모든 주택 및 상업용 건물의 에너지 효율을 향상시키기 위하여 2006년 에너지 소비증명법안(Energy Performance Certificate Act)을 제정하여 운영하고 있으며 2014년에는 에너지효율지침(Energy Efficiency Directives)의 정책목표를 달성하기 위하여 전력법(Electricity Law)을 개정하였다(Ministry of Environment and Energy, 2018).

　에너지전환정책을 수행하기 위한 세 번째 정책수단은 재생에너지 자원을 개발하는 것이다. 에너지 효율성 향상과 동일하게 중도보수연합 정부가 2009년 정책 목표치를 제정하여 운영하고 있다. 그 주요 내용은 2020년까지 재생에너지 자원 사용비율을 50%까지 증가시키고 운송부문에 재생에너지 사용을 10%로 증가시키며 2030년에는 화석연료 사용 자동차 소비를 금지할 것을 목표로 하고 있다. 이외에도 1990년 대비 온실가스 배출을 40% 감축하고 2050년에는 온실가스 배출이 전무한 상태를 달성하는 것이다. 온실가스 배출 제로에 도달하는 시기는 2016년 주요 정당 간 에너지 합의에 도달할 때 2045년으로 2050년보다 5년 더 일찍 달성할 것으로 정책목표를 상향하였다(Regeringskansliet, 2009; Cruciani, 2016; IEA, 2019b).

재생에너지 자원을 개발하고 장려하기 위하여 정부는 1990년대 초 탄소세를 제정하고 시행하였다. 또한 지방자치단체에 보조금을 지급하여 바이오 에너지를 사용하여 난방을 공급하는 네트워크에 각 가정이 접근할 수 있도록 하였다. 이를 위해 각 가정에 총 비용의 30%를 지원하였다. 그 결과 2008년 바이오 에너지 난방네트워크가 290개 지역자치단체 중 245개 지역자치단체에 네트워크가 연결되었으며 전국의 난방 수요 중 50%가 바이오 에너지로 공급되었다. 그 결과 난방에 공급되는 바이오 에너지는 총 소비의 71%까지 증가하였다.

이외에도 재생에너지 전력생산은 주로 풍력과 소규모 수력발전을 통하여 발전시켰으며 이를 위해서 정부는 2003년 친환경증명제도(Green Certificate System)를 도입하였다. 이 제도는 전력 생산자가 재생에너지 발전 MWh당 친환경증명서를 발부받으면 정부로부터 일정수준의 보조금을 받을 수 있는 제도이다. 매년 전력 생산자는 전력판매 중 일정수준의 친환경증명서를 공정경쟁기구에 제출하여 보조금을 수령하고 일정 수준의 재생에너지 발전비율을 보유하도록 유도하는 정책이다. 보조금의 수준은 전력시장에서 형성된 전력 시장가격과 친환경증명서의 가격 차이를 나타내고 있기 때문에 독일에서 시행하고 있는 발전차액지원제도(Feed in Tariff: FIT)와 유사하다. 전력생산자의 재생에너지 발전비율 의무는 2003년 7.5%에서 2010년 18%로 증가하였으며 2020년에는 20%로 증가시킬 것을 목표로 하고 있다(Cruciani, 2016; 박상철, 2016).

재생에너지 개발로 기후정책이 추진하는 목표를 달성하기 위하여 정부는 재

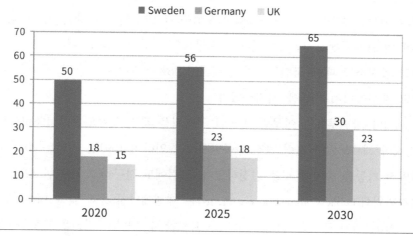

그림 6-19 스웨덴, 독일, 영국의 총 에너지소비에서 차지하는 재생에너지 비율 목표치 비교 (2020년-2030년)

출처: Ministry of Environment and Energy, 2018, Agora Energiewende, 2016, Department for Business, Energy & Industrial Strategy, 2017

생에너지 정책을 더욱 강화하였다. 특히 2016년 주요 정당 간 에너지합의를 기초로 하여 에너지청(SEA)은 2030년 총 에너지소비에서 재생에너지 비율을 65%로 설정하였다. 이는 유럽연합이 제시하는 권고치인 7%보다 매우 높은 수준이고 유럽연합 회원국 중 가장 높은 목표치이다. 특히 유럽연합 주요국 중 독일 및 영국과 비교할 때 매우 높은 목표치이다. 이는 현재 운영되는 재생에너지 정책을 수행하고 정책수단을 운영하면 2020년 총 에너지소비에서 재생에너지가 차지하는 비율 50%를 달성할 수 있고 2025년 56% 그리고 2030년까지 이를 65%까지 증가시킬 수 있다는 시나리오에 기초하고 있다(Ministry of Environment and Energy, 2018; Agora Energiewende, 2016, Department for Business, Energy & Industrial Strategy, 2017b)(그림 6-19 참조).

② 원자력발전 정책 및 역할

스웨덴은 원자력에너지 개발을 선도하는 국가 중 하나이다. 이미 1947년 원자력에너지 연구기구(Atomicenergi AB)가 설립되어 원자력에너지 개발프로그램을 진행하였고 1954년에 시험용 원자로를 완성하였다. 이후 1972년에 상업용 원자력 발전소를 시작하여 1985년 12개의 원자력 발전소를 가동하였다. 원자력 발전소에 대해서 우호적이던 국민의 의식은 1979년 미국의 스리마일 섬(Three Mile Island) 원자력 발전소 사고로 인하여 부정적으로 전환되었다. 이후 1980년 3월 원자력 발전소에 대한 국민투표가 실시되어 58%가 원자력 발전소 폐쇄를 찬성하였고 재생에너지 개발을 지지하였다.

그러나 국민투표는 아무런 법적인 구속력을 갖지 못하였으나 1986년 발생한 러시아 체르노빌 원자력 발전소 폭발사고로 인하여 1991년 의회는 2010년 원자력발전 가동을 중지할 것을 결정하였다. 그럼에도 불구하고 1995년 12월 공공에너지위원회(Public Commission on Energy)는 재생에너지 등과 같은 대체 에너지로는 2010년까지 충분한 에너지 수요를 확보할 수 없다고 결론을 내렸다. 이처럼 공공에너지위원회가 원자력 발전소의 필요성을 인식한 것은 1990년대 초 발생한 경제위기 하에서 대규모 전력소비를 필요로 하는 산업계가 존재하고 있었기 때문이다.

따라서 의회는 1997년 원자력 발전소 가동 동결기한을 철회하였으나 덴마크 정부의 강력한 반대로 인하여 덴마크 국경과 근접거리에 위치하고 있는 바세백(Barseback) 원자력 발전소에 대해서 1999년 및 2005년에 각 원자로를 폐쇄조치하였다. 원자력 발전소 손실부분인 대체 전력생산은 온실가스 배출감축을 감안하여 천연가스 발전소를 건설할 것을 계획하고 있었으나 천연가스 발전의 경제성 문제로 인하여 아직까지 결론을 내리고 있지 못하고 있다. 이후 오스카스함(Oskarshamn) 원자력 발전소 원자로 2기를 경제적 이유로 가동 중단하여 현재까지 원자력 발전소 8기의 원자로가 가동되고 있다.

1997년 이후 신규 원자력 발전소 건설에 대한 국민 선호도가 부정적인 측면이 강해서 원자력발전 사업자들은 정책적 대안으로 기존의 원자력 발전의 효율성 향상에 전념하였다. 따라서 원자력안전청(Nuclear Safety Authority: SSM) 감독하에 원자력 발전 설비교체를 통한 발전용량을 확대하여 2016년까지 1.6기가와트를 더 생산할 수 있게 되었다. 이는 2005년에 마지막으로 폐쇄한 바세백

(Barseback) 원자력 발전소 발전량에 근접하는 수치이며 원자력 발전의 효율성을 약 17% 증가시킨 수치이다(IEA, 2019b).

원자력발전 설비교체를 통한 발전용량 확대를 달성하고 2008년 글로벌 경제위기에 직면한 산업계에 안정적이고 경쟁력 있는 전력을 공급하기 위하여 정부는 2009년 중도보수정부 하에서 구형의 원자로를 신형의 원자로로 교체하는 정책을 추진하여 총 원자력발전 가동을 10기로 유지하기로 결정하였다. 이는 의회에서 주요 정당들로부터 심도 있는 토론을 거쳐서 승인을 받게 되었다. 또한 원자력 발전의 안전을 강화하기 위하여 원자력 발전 사고 시 원자력 발전 사업자가 12억 유로(약 16조 8,000억 원)를 배상하는 2004년 파리조약(Paris Convention of 2004)에 대한 비준을 요청하였으나 아직까지 의회에서 비준되지 않은 상태이다.

2014년 재집권에 성공한 사회민주당과 녹색당 진보연합정부는 원자력발전을 지속적으로 감소시키기 위해서 강력한 세제정책을 추진하였다. 원자력발전 폐기물에 대한 세금을 메가와트 당 4.3유로(약 6,020원)를 2015년에서 2017년까지 부과하였다. 또한 원자로에 대한 세금도 2015년 8월부터 17% 인상하여 메가와트당 7유로(약 9,800원)를 책정하였다. 이는 전력시장 가격에 과도한 부담을 주게 되는 수준이었다. 이외에도 원자력안전청은 원자력발전에 대한 안전을 더욱 강화하여 2014년 10월부터 2020년 말까지 실시하기로 결정하였다.

이러한 원자력발전 정책변화는 원자력발전 사업자에게 전력시장에서 이익을 창출할 수 있는 능력을 저하시키게 되었다. 그 결과 원자력발전 사업자들이 가동 중인 원자력 발전을 2017년부터 단계적으로 가동을 중단하기로 결정하였다. 2020년까지 원자력발전 가동 중단은 총 2.8 기가와트에 달하였고 이는 국내 전력생산 설비능력의 7%에 달하고 연간 전력생산의 12%에 달하는 수치이다(Cruciani, 2016).

안정적인 전력생산 수급에 차질이 생길 것을 예상한 진보연합정부는 2016년 의회에서 주요 정당과 협의를 거쳐서 2016년 에너지합의(Energy Agreement)에 도달하게 되었다. 주요 내용은 정부는 2045년까지 탄소중립 경제체제를 건설하고 재생에너지 발전 확대를 추진하나 원자력에너지 사용에 대한 시기적 제한은

표 6-10 전력 발전원별 이산화탄소 배출 추이(톤/GWh)

발전 원	평균 배출량	최소 배출량	최대 배출량
석탄	888	756	1,310
석유	733	547	935
천연가스	499	362	891
태양광	85	13	731
바이오매스	45	10	101
원자력	29	2	130
수력	26	2	237
풍력	26	6	124

출처: Kupitz et al., 2012, 재인용

설정하지 않기로 합의하였다. 이는 현실적으로 원자력발전 폐쇄를 통하여 장기 온실가스 감축목표를 달성할 없다는 것을 정부와 의회 모두 명확하게 인식한 것이다. 전력생산 시 온실가스 최대배출량의 경우 원자력발전은 태양광/열 발전 및 바이오매스 보다는 낮고 풍력발전보다는 약간 높은 편이다(Kupitz et al., 2012)(표 6-10 참조).

이로서 2009년에 합의된 사항으로 재정립되어 구형 원자로를 신형 원자로로 교체하고 원자로에 부과된 세금은 2년 내 철회할 것으로 결정하였다. 또한 이로서 부족해지는 세금은 일반 소비자가 부담하는 에너지세를 인상할 것을 결정하였다. 이 결정은 의회에 다섯 개 주요 정당의 지지로 결정되었으며 이는 의회 내 2/3 이상인 72%의 찬성으로 이루어졌다(Regeringskansliet, 2016; Cruciani, 2016).

원자력발전정책의 특징은 원자력 발전에 대한 국민의 수용성을 고려하여 신규 원자력발전을 건설하는 것은 지양하고 있다. 그러나 원자력발전이 현재에도 국내 전력생산의 약 40%를 차지하는 주요 전력생산 발전원이라는 사실을 인식하여 원자력발전 가동을 중지하거나 폐쇄하는 시기를 결정하지 않은 상태에서 정책적인 유연성을 확보하고 있다. 동시에 원자력발전에 대한 투자도 금지하지 않고 있다. 그 결과 전력생산에서 원자력발전이 차지하는 비중은 국제에너지기구 회원국 중 다섯 번째로 높다. 국내 산업구조가 대기업 중심의 수출주도형 경제구조를 갖고 있기 때문에 산업의 경쟁력을 확보하기 위해서는 경쟁력 있는 전

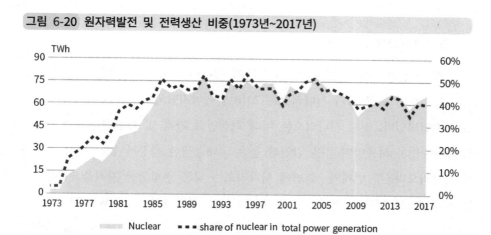

그림 6-20 원자력발전 및 전력생산 비중(1973년~2017년)

Nuclear ▪▪▪ share of nuclear in total power generation

출처: IEA, 2019 World Energy Balances 2019

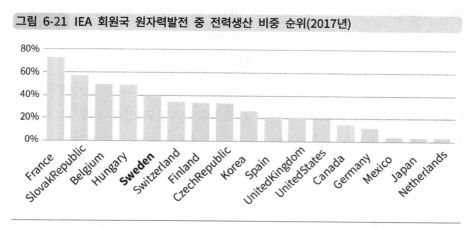

그림 6-21 IEA 회원국 원자력발전 중 전력생산 비중 순위(2017년)

출처: IEA, 2018, World Energy Balances 2018

력가격의 안정적인 공급에 있어 원자력 발전이 수행하는 역할이 매우 중요하기 때문이다(Kupitz et al., 2012; Unger et al., 2019)(그림 6-20, 그림 6-21 참조).

따라서 국내 경제위기 상황 때마다 원자력발전의 현실적 중요성을 정부 및 의회 내 주요 정당이 합의하여 합리적인 결정을 내리는 정책을 추진하고 있다. 그 결과 2018년 원자력 발전용량은 8.9 GW이며 이는 원자력 발전용량 최대에 달하였던 1999년 10.4 GW에서 크게 감소하지 않고 유지되고 있다(IEA, 2019b).

③ 에너지전환정책 시나리오

에너지전환정책을 수행하기 위한 장기 시나리오는 에너지청이 주관하여 수립하고 있으며 최근 장기 시나리오는 2016년 에너지합의(Energy Agreement)를 기초로 수립되었다. 첫째 시나리오는 미래 화석연료 가격 및 유럽연합 탄소배출권 시장(EU-ETS) 허용범위 등을 감안한 높은 국내총생산 성장과 높은 화석연료 가격 시나리오다. 두 번째와 세 번째 시나리오는 낮은 전력생산 가격을 기초로 하는 시나리오로 낮은 전력가격 시나리오와 낮은 전력가격 + 18TWh(재생에너지발전)로 구성되어 있다. 이중 셋째 시나리오는 2030년까지 진행되는 친환경 전력증명제도(Electricity Certificate System: ECS)가 연장 및 확대 될 것을 가정하고 구성되었다. 이외에도 두 개의 낮은 전력가격 시나리오는 석탄과 천연가스의 낮은 가격 뿐만이 아니라 유럽연합 집행위원회가 제시하고 있는 유럽연합 탄소배출권시장(EU-ETS) 허용가격보다 낮은 가격을 상정하고 있다(IEA, 2019b).

위의 세 가지 시나리오를 적용하여 총 에너지 수요는 2018년 550TWh에서 2050년까지 약 426~441TWh로 감소될 것으로 추정하고 있다. 이는 총 에너지 소비의 약 20%가 감소하는 것이며 2005년 총 에너지 소비가 최대였던 610TWh에서 약 30%가 감소하는 것이다. 이는 지속적으로 증가하는 인구와 경제성장을 기초로 볼 때 매우 경이적인 총 에너지수요 감소이다.

최고 에너지소비는 높은 국내총생산 성장 시나리오에서 발생할 것이고 최저 에너지소비는 높은 화석연료 시나리오에서 발생할 것으로 추정된다. 그 이유는 높은 화석연료 가격이 에너지 소비를 억제할 것으로 판단되기 때문이다. 그러나 시나리오별 총 에너지소비 감소의 차이는 매우 적은 것으로 예상하고 있다. 총 에너지수요 감소의 이유는 주로 원자력 발전가동 중단으로 기인하게 될 것으로 예상하고 있으며 이는 에너지 생산구조 개조에 따른 손실로 발생하는 것이다. 그 반면에 산업계, 주택 및 상업용 에너지소비는 지속적인 인구증가로 인하여 감소세가 거의 없을 것으로 예상하고 있다(그림 6-22 참조).

총 에너지공급 측면에서 보면 총 에너지수요와 유사하게 2050년까지

그림 6-22 1990년-2014년 및 2050년 시나리오 중 부문별 에너지 수요

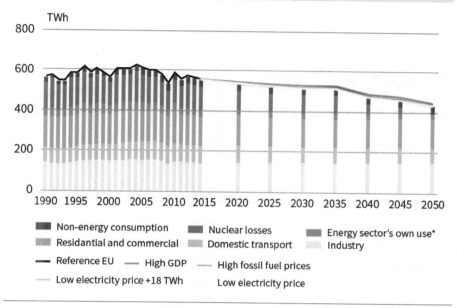

출처: Swedish Energy Agency, 2018

411~455TWh로 감소할 것으로 예상하고 있다. 최대 총 에너지공급은 높은 국내 총생산 성장 시나리오이며 최저 총 에너지 공급은 낮은 전력가격 + 18TWh 시나리오다. 전자의 경우에는 전력수출이 증가하고 후자의 경우에는 전력수입이 증가하게 된다. 총 에너지 공급은 총 에너지 수요가 감소한다는 시나리오를 기초로 수립된 것이다. 총 에너지 공급 감소를 통하여 기후정책이 제시하고 있는 정책 목표치를 달성하고 화석연료 에너지 자원을 재생에너지 자원으로 대체하여 궁극적으로 에너지전환정책을 성공적으로 추진하는 것이다(IEA, 2019b).

수력발전과 원자력 발전은 전 시나리오에서 동일하게 유지되다 총 에너지 공급 감소가 발생하는 이유는 2020년 노후 원자로 4기가 서비스를 중단하게 되며 나머지 6개 원자로는 2045년까지 지속적으로 가동하게 되기 때문이다. 그러나 2050년에는 원자력발전을 통한 에너지 공급은 사라지게 된다. 전 시나리오에서 총 에너지 공급이 지속적으로 증가하지만 증가 시기가 상이한 에너지 자원은 바이오 연료와 풍력발전이다. 동시에 화석연료 에너지 공급은 감소하게 된다. 이

그림 6-23 1990년-2014년 및 2050년 시나리오 중 부문별 에너지 공급

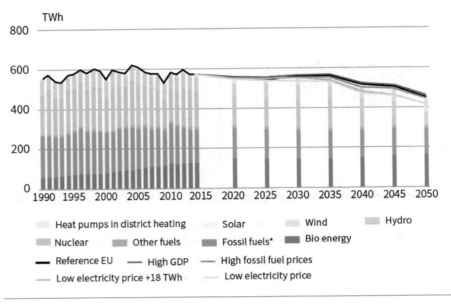

출처: Swedish Energy Agency, 2018

외에도 태양광/열을 통한 에너지 공급은 자연 환경적 비교열위로 인하여 매우 미미한 실정이다. 결과적으로 2050년 총 에너지 공급에서 가장 중요한 역할을 하는 에너지 자원은 재생에너지로 예측된다(Swedish Energy Agency, 2018; IEA, 2019b)(그림 6-23 참조).

4) 스웨덴 에너지전환정책 소결론

스웨덴 에너지전환정책은 IEA에서 최고의 모범적인 사례 중 하나로 인정받고 있다. 2020년 IEA 115개 회원국의 에너지전환 수행국가 중 가장 높은 평가를 받고 있는 것이 이를 증명하고 있다. 이러한 우호적인 평가를 받는 이유는 1920년대 에너지세인 석유세를 부과하면서 시작된 에너지정책이 지속적으로 이어지고 있으며 1960년대 말 유엔에서 지구환경 보호에 관한 의제를 최초로 제시하면서 에너지와 환경을 연계시키는 작업을 그 어느 국가보다 일찍 시작했기 때문이다. 이후 지구환경 보호는 기후정책으로 계승되어 에너지정책과 기후정책이 장

기적으로 에너지전환을 달성하게 되는 계기로 작용하게 되었다.

에너지정책을 수행하는 방식 또한 타 선진 국가와 비교할 때 특이성과 유사성을 동시에 나타내고 있다. 스웨덴 에너지정책의 특이성은 중앙정부부서는 에너지정책을 결정하는 소수의 집단으로 구성되어 있는 반면에 에너지정책을 수립하고 추진하는 기관은 중앙정부기관, 연구기관, 지방자치단체 등이 시행하고 있다. 유사성은 에너지, 환경, 기후변화 이슈와 연계된 다양한 중앙정부부서, 중앙정부기관, 연구기관과 긴밀하게 협력관계를 구축하여 시행하는 것이다.

이외에도 에너지정책을 수행하면서 외부환경 변화에 정부 및 의회 내 주요 정당 간 합리적인 합의를 도출하여 국가의 이익을 극대화시키는 협력관계를 지속적으로 발전시키는 것이다. 1990년 대 초 경제위기에 대응하면서 장기적 에너지전환을 위하여 원자력발전 가동을 중지하고 재생에너지 개발로 방향 전환을 결정하였다. 이후 원자력발전 가동 중단이 안정적인 전력생산에 차질을 발생하고 산업계의 경쟁력을 훼손시킬 수 있다는 현실을 인정하고 원자력발전 가동 중단 대신에 원자력발전의 설비 재정비 및 노후 원자로를 신규 원자로로 교체하여 효율성을 증가시켰다. 동시에 원자력발전의 수명을 연장하여 국민이 우려하는 신규 원자력발전 건설을 대신하는 유연한 정책적 결정을 시도했다는 것은 매우 모범적이다.

이러한 정책적 유연성과 외부 환경변화에 대한 정책적 대응능력은 2009년, 2016년 지속되고 있으며 그 결과 에너지정책을 정부 및 주요 정당 간 합의를 통하여 장기 에너지전환 목표를 달성하기 위하여 정권의 뒤바뀜과 관계없이 지속적으로 추진할 수 있는 계기로 작용하고 있다. 그 결과 스웨덴은 1990년대 초에 설정한 탄소중립 경제체제를 2050년에 달성할 목표를 5년 앞당겨 2045년에 달성할 것으로 2016년 에너지합의에서 공표하였다. 이는 전 세계에서 가장 앞선 시점이다. 또한 2050년까지 총 에너지 수요와 공급을 1990년 대비 약 30% 감소시킬 수 있을 것으로 예상하고 있다. 이는 지속적으로 증가하는 인구와 경제성장을 기초로 할 때 한국뿐만이 아니라 다수의 국가에 많은 시사점을 제공하고 있다.

4 한국 에너지진환정책과 유럽연합 주요국 에너지전환정책의 시사점

(1) 한국 에너지전환정책

2017년 문재인 정부가 출범하면서 추진하는 에너지정책은 이전 보수정부가 추진한 에너지정책과는 매우 상이한 방향성을 제시하고 있다. 이는 국정운영 5개년 계획에 명확하게 제시되어 있다. 새로운 에너지정책의 핵심은 원자력발전 비중 축소, 탈 석탄, 천연가스 및 재생에너지 개발 확대이다. 이를 위한 핵심과제 목표로 재생에너지 발전비중을 2030년까지 20%로 크게 증가시키고 에너지 신산업 선도국가로 도약하며 경제구조를 저탄소 고효율구조 정착으로 선정하였다(국정기획자문위원회, 2017).

저탄소 및 고효율 에너지정책을 추진하기 위하여 신규원전과 유연탄 발전소는 건설이 전면적으로 중단되고 건설공사를 아직 시작하지 않은 원자력발전소와 화력발전소는 건설계획을 취소할 것으로 방향을 정하였다. 또한 현재 건설 중인 화력발전소는 공정률이 10% 미만일 경우 이를 재검토할 것으로 결정하였다. 이러한 새로운 에너지정책 추진 영향으로 현재 건설 중인 신고리 원자력발전소 5호 및 6호기 건설여부를 국민이 참여하는 공론화 과정을 거쳐서 완공하기로 결정하였다.

한국이 추진하는 에너지전환정책의 핵심은 원자력발전소와 석탄화력발전소 건설을 점진적으로 폐쇄하고 저탄소 고효율 경제체제를 구축하고 친환경 에너지 시스템 구축을 위해서 정부는 재생에너지 발전과 액화천연가스 발전 비중을 정책적으로 증가시킬 것을 결정하였다. 따라서 재생에너지의무발전비율(Renewable Portfolio Standard: RPS)과 재생에너지 발전비중을 2015년 1.4%에서 2030년까지 20%로 증가시키기 위해서는 연간 3.5 기가와트(GW) 발전설비 확충이 필요하다. 이를 위해서는 2030년까지 약 9조원의 신규투자가 필요할 것으로 예측하고 있다(강병희, 2017; 현대경제연구원, 2017).

에너지전환정책을 추진하기 위해서 한국정부의 접근방법은 2017년 제8차 전력수급기본계획에 재생에너지를 2030년까지 20%로 확대하는 이행계획을 설정하였고 2018년 온실가스 감축 로드맵을 수정 및 보완하여 제3차 에너지기본계획을 설정하였다. 이 계획이 에너지전환정책의 기본방향이나 장기계획이 2030년까지 한정되는 한계를 보이고 있다. 즉, 재생에너지개발을 통한 에너지전환정책을 추진하여 저탄소경제체제 및 친환경 에너지시스템을 구축하는 것이 핵심전략이다.

이를 실현하기 위한 정책으로는 에너지수요, 공급, 거버넌스 부문에 집중되어 있다. 우선 수요관리정책으로 맞춤형 수요관리와 가격 및 세제 구조개선을 통한 합리적 에너지 소비를 유도하는 방향으로 설정되어 있다. 공급정책으로는 재생에너지 중심의 지능형 통합시스템을 통하여 재생에너지 공급확대로 에너지 공급을 최적화 시키는 것이다. 마지막으로 에너지 거버넌스 구현을 위하여 지역 및 계층 간 갈등 예방 및 해결을 위하여 시민과 지자체 역할을 강화하여 상호 공존할 수 있는 생태계를 구현하는 것이다(임재규, 2018).

따라서 에너지 자원이 절대적으로 부족한 우리의 현실을 감안하고 파리기후협약을 준수하기 위하여 저탄소 경제구조를 구축하여야 할 당위성이 존재한다. 이를 실현하기 위한 방법이 에너지전환정책이며 2017년 발표된 100대 국정과제로 채택하고 있다. 에너지전환정책과 관련된 과제는 국정과제 37(산자부), 58(산자부), 60(산자부 및 원자력위원회), 61(환경부)에서 설명하고 있다(국정기획자문위원회, 2017).

이 과제 중 첫째는 친환경 미래에너지 발굴 및 육성으로 재생에너지 발전비중을 2030년 20%로 증가시키고 에너지 신산업 선도국가 도약 및 저탄소, 고효율 구조로 전환하는 것이다. 둘째는 미세먼지 걱정 없는 쾌적한 대기환경 조성을 위하여 발전 및 산업부문을 감축하는 것이다. 이를 위해서 봄철 노후 석탄발전소(8기) 임시가동 중단, 신규 석탄발전소 건설 불허, 2022년까지 노후 화력발전소(10기) 전면폐쇄 등을 실현한다. 셋째는 탈 원전정책으로 안전하고 깨끗한 에너지로 전환하기 위해서 탈 원전 로드맵을 수립하여 단계적으로 원전 제로시대로 전환하는 것이다. 이를 위해서 에너지가격체제의 합리적인 개편과 분산형 전원 보급을 추진한다. 마지막으로 친환경 미래에너지를 발굴하고 육성하는 것이다. 이를 위해서 2021년까지 온실가스 배출가스 전망대비 상당한 수준을 감축하고 기후변화 리스크를 예측 및 관리하여 피해를 최소화하는 안전사회를 구현하는 것이다(대한민국정부, 2017).

(2) 한국의 에너지전환정책 분석

에너지전환은 경제 및 산업부문에 커다란 영향을 미치고 동시에 국민 삶의 질에도 미치는 영향이 매우 크기 때문에 국민적 공감대 형성이 절대적으로 필요하다. 서유럽 국가와 비교할 때 에너지전환이라는 세계적 에너지정책 흐름에 현실적으로 크게 뒤져 있는 우리나라의 경우 장기에너지정책 시나리오를 합리적으로 설정하여 후발주자로 적극적인 정책을 수행할 필요가 있다. 한국의 에너지정책은 국가가 주도하는 산업 및 경제정책을 간접적으로 지원하는 역할을 수행하여 왔다.

이외에도 에너지 자원이 절대적으로 열악한 국내 에너지 환경으로 인하여 에너지 수입의존도가 일본과 더불어 세계에서 가장 높은 것이 특징이다. 따라서 2010년 이후에도 에너지 총 공급량은 지속적으로 증가하고 있으며 외국에서 수입하는 주요 에너지 자원인 석유, 천연가스, 석탄, 우라늄 등 에너지 자원 수입의존도가 2010년 96.5%로 최고로 이른 후 이후 소규모로 감소하여 2015년에는 94.8%를 나타내고 있다(표 6-11 참조).

한국의 에너지전환정책 분석을 위해서는 우리나라 재생에너지 개발 환경을 인식할 필요가 있다. 재생에너지 개발 환경이 협소한 국토와 풍력의 질적 수준이 매우 낮기 때문에 태양광 및 태양열, 풍력발전 개발여건이 매우 열악한 것은 분

표 6-11 에너지수입 의존도와 총에너지 공급량 추이(2010-2015년)

연도	2010	2011	2012	2013	2014	2015
수입의존도(%)	96.5	96.4	96.0	95.7	95.2	94.8
총 공급량 (백만 톤)	263.8	276.6	278.7	280.3	282.9	287.5
연 증가율(%)	8.4	4.9	0.8	0.6	0.9	1.6

출처: 국가에너지통계종합정보시스템, www.kesis.net 2018
비고: 에너지수입 의존도는 IEA에서 국내 에너지로 포함하는 원자력 에너지를 제외한 통계임

명한 사실이다. 그 결과 선진국과 비교할 때 재생에너지 발전비율이 아직까지 매우 낮은 수준이다. 그럼에도 불구하고 한국의 에너지전환정책이 재생에너지 개발에 초점을 맞추고 있기 때문에 위의 네 가지 정책추진에 필요한 모든 비용을 분석하여 경제적 측면에서 최적의 정책적 선택인지를 증명하는 것이 중요하다. 동시에 에너지안보 측면에 대한 분석도 필요하다.

정부가 정책과제로 공표한 재생에너지 전력생산 목표치 20% 달성을 위한 투자비용과 이에 따른 전기료 인상비용 등을 비교분석할 필요가 있다. 그 이유는 에너지전환정책의 핵심은 재생에너지 소비 확대와 에너지 효율성 증가를 통하여 달성할 수 있기 때문이다. 즉 재생에너지 소비 확대는 탈 원전 및 탈 화석연료 소비를 감소시키기 위해서 추진되는 핵심정책이기 때문이다.

재생에너지 투자와 관련한 비용분석은 정부, 학계, 민간기업 등 다양한 방식의 추정으로 인하여 그 편차가 매우 크다. 산업통상자원부는 2018년부터 2030년까지 총투자비용을 92조원으로 추정하였으며 학계에서는 360조원 그리고 민간기업에서는 약 117조원으로 추정하였다. 이에 따른 전기료 인상은 산업통산자원부 10.9%, 에너지경제연구원 21%, 현대경제연구원 11.9%, 국회입법조사처 20%

표 6-12 재생에너지 투자비용 및 전기료 인상 추정(2017년)

예측 내용 및 주체	기간	전제조건
재생에너지 투자비용	2018-2030	
산업통상자원부	92조원	공공 51조원, 민간 41조원 풍력: 16.5GW, 태양광: 30.8GW
학계(정범진)	360조원	전력소비 연평균 2% 증가 시 88GW 설치
기업(딜로이트)	117조원	연평균 9조원 투자
전기료 인상	2017-2030	전제조건
산업통상자원부	10.9%	재생전력단가 최소 30% 감소, 전력소비량 연평균 1% 증가
에너지경제연구원	약 21% 24.2-30.8%	발전비용 연간 11.2조원 추가 시 유가 70-150달러/bbl 상승 시
현대경제연구원	11.9%	발전비용 6.6조원 추가 시
국회입법조사처	20% 이상	7차 전력수급기본계획 대비 발전비용 232조원 증가 시(연간 11조원)

출처: 산업통상자원부, 2017; 에너지경제연구원, 2017a; 현대경제연구원, 2017; 강병희, 2017; 정범진, 2017

이상 등으로 추정하였다(산업통상자원부, 2017; 에너지경제연구원, 2017a; 현대경제연구원, 2017; 강병희, 2017; 정범진, 2017)(표 6-12 참조).

이처럼 재생에너지 투자비용 및 전기료 인상 비용의 추정이 커다란 편차를 보이는 이유는 에너지전환정책 추진 및 제8차 전력수급기본계획의 전제조건이 장기 전력수요 전망치를 이전보다 낮게 설정하고 있기 때문이다. 따라서 예상만큼 전력수요가 감소하지 않을 경우에는 전력수급문제가 발생하게 될 것이다. 또한 기저발전이며 연료비용이 상대적으로 저렴한 원자력 및 석탄의 비중을 줄이고 발전비용이 상대적으로 높은 재생에너지 생산 비중을 증가시킬 경우 전기료 상승이 발생하게 된다. 이를 최소화하기 위해서 정부는 2030년까지 재생에너지 발전비용을 전통발전비용에 근접시키기 위한 기술개발을 위한 연구개발(R & D)에 지속적으로 투자를 하여야 한다. 2030년 재생에너지 발전비율을 20%까지 증가시키는 데 정부가 추정하고 있는 연간 약 7조원 투자를 통하여 달성하는 것은 현실적으로 매우 어려울 것이다. 따라서 한국의 경우 최저 투자액을 추정하고 있는 정부의 추정치보다는 높은 투자액이 필요할 가능성이 높다(에너지경제연구원, 2017b)(표 6-13 참조).

재생에너지 개발을 에너지전환정책의 기본방향으로 설정하였으나 우리나라의 경우 재생에너지 발전원 중 가장 경제성을 확보하고 있는 태양광 및 태양열은 국토면적이 협소하여 자연환경을 극복하는 데 어려움에 직면하고 있다. 또한 풍력발전도 전라남도 신안만 지역을 제외하고는 바람의 질적 수준이 낮아서 경제성을 확보하는 데 어려움이 있는 것이 현실이다. 제도적인 측면에서도 재생에너지 개발 및 확산에 필요한 발전차액제도를 2009년부터 2011년까지 운영하였으나 소규모 전력생산자의 과도한 참여로 인하여 예산부족 현상이 지속되어 이

표 6-13 2030년 발전자원별 균등화 발전비용(원/KWh)

원자력		태양광 (3MW 이상)	풍력	석탄	가스복합
하한	상한	약 80원	약 90원	약 100원	약 100원
약 65원	약 75원				

출처: 에너지경제연구원, 2017b

제도를 중단하게 되었다.

독일의 경우 이 제도를 20년 이상 지속적으로 운영하여 재생에너지 확산에 크게 기여하였다. 그러나 우리나라의 경우 단기간 운영 한 후 발전차액제도에서 재생에너지 의무발전비율 제도를 도입하여 전력생산에 비용 상승을 초래하여 경제성을 크게 저하시킨 경험을 갖고 있다. 독일이 재생에너지 개발에 전력추구 하여 에너지전환정책을 수행할 수 있는 이유는 유럽연합 최대 회원국으로 유럽연합 차원에서 공동 전력시장이 형성되어 있기 때문에 전력공급이 부족할 때 타 회원국에서 전력을 공급할 수 있는 조건을 갖추고 있기 때문이다(박상철, 2019).

그러나 우리나라의 경우 동북아시아 내 공동 전력시장이 형성되어 있지 않아서 자체적으로 전력의 수요와 공급을 충족시켜야 한다. 따라서 재생에너지는 자연환경 조건에 따라서 전력생산의 가변성이 매우 높기 때문에 원자력발전 및 화력발전과 같이 기저발전용으로 활용하는 데는 한계를 나타내고 있다. 따라서 한국의 경우 재생에너지 개발만을 통한 에너지전환정책 수행은 높은 위험을 수반하게 되며 원자력발전 및 석탄화력발전을 폐기하면서 이산화탄소 배출감축을 위하여 액화천연가스발전을 증가시키면 과도한 전력생산 비용문제를 야기하는 딜레마에 처하게 된다.

이외에도 에너지수입 의존도가 약 95%에 달하여 일본과 더불어 세계에서 가장 높은 국가 중 하나이다. 이는 우리나라 자체적으로 전력생산을 증가시키기 위해서는 재생에너지 개발과 원자력 발전을 동시에 개발하여야 재생에너지의 문제점인 전력생산 가변성을 극복하고 기저발전원 중 하나인 원자력 에너지 발전을 지속적으로 개발하여야 가능하다. 동시에 원자력발전을 통하여 전력생산의 경제성을 확보하고 탄소배출 감축을 실현하여 저탄소경제체제 및 친환경 에너지 시스템을 구축하는 데 재생에너지 발전과 동시에 추진하여야 에너지 자립도를 증가시킬 수 있다. 이는 곧 에너지 안보를 강화시킬 수 있는 현명한 선택이다.

즉, 이는 우리나라의 경우 유럽연합과 달리 주변국과 역내 공동 전력시장을 운영하고 있지 못하여 전력생산의 수요와 공급을 자체적으로 실행하여야 하는 환경에 처해있기 때문에 서유럽 국가의 일방적인 재생에너지 개발정책을 에너지

전환정책으로 인식하면 에너지 수요와 공급뿐만이 아니라 에너지 안보 확립에 커다란 위험에 처해질 가능성이 매우 높다. 따라서 원자력발전 개발을 영구적으로 지속하는 것이 아니라 영국의 사례처럼 재생에너지 개발의 경제성확보 및 원자력 핵융합 발전 기술 성공으로 원자력발전의 위험도가 원천적으로 해결 되는 시점까지 동시에 개발하여 에너지 안보를 확립하는 전략적 선택이 필요하다.

2022년 5월 새롭게 시작한 윤석열 정부는 이러한 문제점을 인식하여 에너지전환을 위한 5대 에너지정책 방향을 새롭게 설정하였다. 이는 동년 7월 5일 제30회 국무회의에서 기후변화 대응, 에너지안보 강화, 에너지 신산업창출을 통한 튼튼한 에너지 시스템 구현이라는 비전과 목표 하에서 5대 정책 방향을 심의 의결하였다. 새 정부의 5대 정책 방향은 실현가능하고 합리적인 에너지 믹스의 재정립, 튼튼한 자원 및 에너지안보 확립, 시장원리에 기반한 에너지수요 효율화 및 시장구조 확립, 에너지 신산업의 성장동력화 및 수출산업화, 에너지 복지 및 정책수용성 강화 등이다. 이를 통한 구체적인 정책목표는 원전비중을 2021년 27.4%에서 2030년 30% 이상으로 확대하고 화석연료 수입의존도를 동일한 기간 내에 81.8%에서 60%대로 감소시킨다. 또한 에너지혁신 벤처기업의 수를 같은 기간에 2,500개에서 5,000개로 두 배로 증가시킬 것을 목표로 설정하였다(대한민국정부 관계부처합동, 2022).

이러한 정책목표를 달성하게 되면 2030년 화석연료 수입이 2021년 대비 약 4,000만 석유환산톤(TOE) 감소하여 에너지 안보강화, 물가안정, 무역수지 개선 등 국민경제에 이익을 창출할 수 있을 것으로 예상하고 있다. 또한 규제혁신을 통한 에너지분야의 신산업 창출 및 수출산업화로 2030년까지 에너지혁신 벤처분야에 약 10만 명의 신규고용을 창출할 수 있을 것으로 기대하고 있다. 이러한 목표를 달성하기 위해서 신정부는 2023년 3월 국가 탄소중립 녹색성장 기본계획 등 관련 법정계획 수립을 통해서 정책방향을 구체화하고 실행할 계획이라고 발표하였다. 따라서 신정부의 에너지전환정책을 정확히 분석하는 것은 2023년 현재로서는 시기상조이다. 그럼에도 불구하고 신정부의 에너지전환정책 방향전환은 문재인 정부의 탈원전정책을 폐기하고 영국의 사례와 유사하게 재생에너지와 원자력에너지 개발을 동시에 추구하는 것이다. 또한 화석연료 중 탈석탄화를 가속화하여 기후변화에 적극적으로 대응하고 탄소중립 경제체제를 구축하는 것이다(대한민국정부 관계부처합동, 2022).

(3) 유럽연합 주요국 에너지전환정책 시사점

위에서 설명한 유럽연합 회원국 중 에너지전환정책을 합리적이며 선도적으로 수행하고 있는 주요국인 독일, 영국, 스웨덴의 사례는 에너지전환정책의 후발주자인 우리나라에게 많은 시사점을 제공해 주고 있다. 각 국가별 시사점은 다음과 같다.

1) 독일 에너지전환정책 시사점

독일 에너지전환정책은 유럽연합 에너지전환정책의 핵심 중 하나로 특히 원자력발전을 2022년부터 폐쇄하기로 공식화 하였고 재생에너지 개발 및 확산으로 인한 탄소배출 감축의 성공적인 사례이다. 따라서 독일의 시사점은 다음과 같다.

첫째: 유럽연합 최대 경제국으로 유럽연합 지속가능 성장에 가장 커다란 책임을 부여받은 독일은 2011년 일본의 후쿠시마 원자력발전소 폭발사건을 계기로 1980년대부터 지속적으로 논의되고 있던 원자력발전소를 2022년 1월 1일부터 완전 폐기하기로 결정하였다. 이러한 완전 폐기를 결정한 정부는 원자력발전의 경제적 효용가치를 인정하고 있는 보수연합정부인 기독교민주당(CDU)의 메르켈 수상이다.

독일이 이처럼 기저발전 부문에서 중요한 역할을 수행하고 있는 원자력발전의 완전 폐기를 결정할 수 있었던 계기는 역내 전력수출국의 지위를 유지하고 있어서 전력의 수요와 공급에 충분한 여력을 보유하고 있기 때문이다. 또한 역내 공동 전력시장의 원활한 작동으로 필요시 인접국가로부터 전력을 항시 공급받을 수 있기 때문이다.

둘째: 탄소중립을 달성하는 데 가장 중요한 에너지 자원인 재생에너지 자원 개발 및 보급 확산에 지속적이며 일관적인 정책추진을 통하여 성공적인 결과를 도출하였다. 독일은 재생에너지의 핵심인 풍력과 태양광/열 발전을 전국에서 치열한 경쟁을 유발하면서 개발하지 않고 재생에너지 자연환경을 고려하여 개발 및 확산을 추진하였다. 즉, 풍력발전에 유리한 환경을 보유하고 있는 북해지역 그리고 태양광/열 발전에 유리한 중부이남 지역을 분리하여 재생에너지를 개발하였다. 그 결과 재생에너지 보급비율뿐만이 아니라 효율성 향상에도 크게 기여하였다.

또한 재생에너지 개발과 생산을 지속적으로 증가시키기 위하여 발전차액지원제도(FIT)를 20년 이상 장기적으로 운영하고 있으며 동시에 재생에너지 발전사업자의 도덕적 해이를 방지하기 위해서 지원방식을 지원기간이 증가함에 따라서 지원 비율을 감소시키는 회귀모델(Regression Model)을 적용하고 있다. 이외에도 재생에너지 발전사업자의 지속적인 기술개발을 유도하기 위하여 전력의 시장가격에 일정부문에 미치지 못하는 재생에너지 생산자는 시장에서 자연적으로 도태되도록 운영하고 있다(Park & Eissel, 2020; 박상철, 2019).

셋째: 화석연료 중 탄소배출을 최소화 한 천연가스의 안정적인 공급을 위하여 러시아로부터 수입하는 노르드 스트림 I. II.(Nord Stream I, II)을 건설하여 에너지 수입 안정에 기여하였다. 이는 국내 소비뿐만이 아니라 유럽연합 회원국에도 파이프라인 네트워크를 통하여 제공될 수 있기 때문에 독일의 역내 천연가스 공급능력을 강화시켰다. 이처럼 천연가스의 안정적인 공급이 중요한 이유는 탄소배출을 최소화하는 화석연료로 2050년 에너지전환을 달성하기 위해서는 원자력 에너지만큼 중요하기 때문이다.

넷째: 에너지 효율성 향상을 위한 정책을 동시에 추진하여 총에너지 소비를 감소시키면서 경제성장을 달성하였다. 이로서 경제성장과 에너지 소비와의 일반적인 동조화 관계를 탈동조화시켰다. 동시에 에너지 효율성 향상을 기초로 지속적인 총에너지 소비감소를 달성하여 탄소배출 감축에도 기여하였다.

다섯째: 독일의 경우 에너지정책을 전담하여 추진하는 단일 중앙정부 부서

및 기관이 존재하는 것이 아니라 14개의 중앙정부부서, 중앙정부기관, 지방정부부서 및 기관, 국책연구기관 등이 긴밀한 협업체제를 통해서 효율적으로 운영되고 있다. 동시에 중앙정부부서 및 기관은 에너지정책의 방향 및 예산을 편성하고 실질적으로 지역에서 에너지정책을 실행하는 주체는 지방정부부서 및 기관이 주도하는 형태로 운영이 되고 있다. 따라서 업무분담이 명확하게 이루지기 때문에 책임소재도 명확하여 정책수행의 효율성을 높일 수 있다(Park & Eissel, 2010).

2) 영국 에너지전환정책 시사점

에너지 전환정책은 21세기 글로벌 기후변화에 능동적으로 대처하고 2015년 합의된 파리기후변화협정에 적극적으로 참여하는 중요한 정책수단으로 인식되고 있다. 따라서 세계 각 국가가 다양한 형태로 에너지전환정책을 수행하고 있는 것이 현실이다. 영국은 유럽연합 탈퇴 이후에도 유럽연합 기후변화정책 및 에너지정책지침에 의거하여 자국의 실정에 맞는 에너지 전환정책을 추진하고 있다.

영국 에너지 전환정책이 한국에 주는 시사점은 다음과 같다.

첫째: 영국 에너지정책은 1989년 에너지법에 의거하여 추진되고 있다. 에너지법은 영국이 최초로 제정하여 추진하고 있는 긍정적인 사례이다. 즉 국가정책이 법률적 근거를 기초로 실행되고 있기 때문에 강력한 법적 구속력을 갖고 있다. 동시에 에너지법을 2013년 개정하여 실시하고 있으며 이는 글로벌 및 국내 에너지 상황변화에 적극적으로 대처하는 정책실현 방식은 매우 중요하다.

둘째: 1990년 대비 2050년까지 장기 에너지전환정책을 추진하고 에너지관련 다양한 부문에서 실질적인 이산화탄소 배출 감축목표를 추구하고 있다. 각 부문 이산화탄소 배출 감축목표는 2050년까지 세 가지의 시나리오에 의해서 채택되고 있으며 정책목표의 중간점검을 위해서 2030~2032년 사이에 중기 감축목표를 확인하는 과정을 추진하는 것이 특이하다.

셋째: 에너지전환정책을 추진하면서 이산화탄소 배출 감축을 달성하기 위하여 2020년 재생에너지 발전을 위한 목표를 법률로 규정하여 실시하고 있다. 동시에 독일과 달리 재생에너지 발전과 원자력에너지 발전을 동시에 추구하는 것

이 영국의 특징이다. 이는 저탄소 경제체제를 구축하고 동시에 소비자에게 낮은 에너지 가격을 제공하기 위한 정부의 정책목표를 달성하기 위한 조치이다. 또한 이는 재생에너지 시장 선진화를 구축하고 원자력발전을 지속하여 에너지 믹스를 원활하게 할 수 있는 정책적인 동력을 제공한다. 이를 통해서 2030년까지 화석발전을 폐쇄하고 고가의 천연가스발전도 감소시킬 수 있는 경제성을 확보하기 위한 전략이다.

넷째: 에너지시장 개혁을 추진하고 이를 통해 에너지시장 내 자유경쟁을 통한 에너지 효율성을 향상시키는 접근방법을 취하고 있다. 동시에 정부는 에너지 효율성 향상을 위한 지속적인 에너지관련 인프라에 투자하고 온실가스 배출 감축목표를 달성하는 수단으로 활용하고 있다.

다섯째: 이웃국가와 전력 연결을 추구하여 지리적으로 고립된 섬의 한계를 극복하여 에너지 공급안정에 기여하고 전력의 원활한 수급을 가능하게 한다. 동시에 전력망 연결을 다양한 주변국가로 확대하여 전력의 자유로운 송전을 가능하게 하여 유럽연합 전력시장에 통합될 수 있는 단계로 발전시켰다.

여섯째: 노동당 및 보수당정부는 원자력발전 및 재생에너지 발전을 동시에 추진하는 정책적 연속성과 유연성을 확보하고 있다. 노동당정부인 블레어정부의 정책목표는 저렴하고 신뢰할 수 있고 지속가능한 에너지 공급원을 확보하는 것이며 브라운정부는 에너지 공급이 효율적이며 지속가능하고 저탄소경제체제를 구축하는 것이다. 보수당 정부 매이정부(May government)에서도 에너지 구매력 확보, 기후변화 대응, 에너지 안보를 확보하는 것에 합의를 이루었다. 이를 실현하기 위해서는 적대시 하던 원자력발전을 점진적으로 허용하는 방향으로 선회하여야 했으며 원자력발전을 위한 민간투자를 허용하게 되었다.

3) 스웨덴 에너지전환정책이 한국에 주는 시사점

글로벌 기후변화정책을 선도하고 온실가스배출 감축을 가장 야심차게 추진하고 있는 유럽연합은 유럽연합 차원에서 2050년 장기목표를 설정하여 에너지 전환정책을 실시하고 있다. 2021년 27개 유럽연합 회원국 중 하나인 스웨덴은 유럽연합 기후변화정책 및 에너지정책지침에 의거하여 자국의 실정에 맞는 에너지전환정책을 추진하고 있다. 동시에 스웨덴 에너지전환정책은 유럽연합 뿐만이 아니라 IEA 전 회원국 중 가장 모범적인 사례 중 하나로 인정받고 있다(IEA, 2019b).

한국도 에너지전환정책에 적극적으로 동참하고 2050년 탄소중립 경제체제를 구축하겠다는 계획을 정부가 2020년 공식적으로 발표하였다. 그러나 장기 에너지정책인 에너지전환정책을 서유럽 국가보다 늦게 시작하여 정책방향, 추진, 구성, 체계, 접근방법 등에 커다란 차이점을 보이고 있는 것이 현실이다. 한국판 그린뉴딜정책으로 명명된 한국정부의 정책은 코로나 사태로 인한 경기부양 및 장기적 구조전환을 목표로 사회간접자본의 녹색전환 및 산업생태계 구축이 주요 목적이다. 따라서 이는 탄소중립 경제체제 구축이 기후변화 위기를 극복하기 위한 장기적인 에너지시스템 전환이라는 에너지전환정책에 대한 명확한 비전과 세부적이며 통합적인 추진전략이 부족한 것이 현실이다(에너지경제연구원, 2020).

따라서 스웨덴 에너지전환정책이 한국에 주는 시사점은 다음과 같다.

첫째: 스웨덴 에너지전환정책은 새롭게 존재하는 것이 아니라 1990년대 초 원자력발전을 장기적으로 가동중지하고 재생에너지 자원을 발전시켜 기후정책에 부합하는 에너지정책을 추진하는 과정에서 그 결과가 자연스럽게 탄소중립 경제체제를 구축하는 에너지전환으로 연결되는 특성을 갖고 있다.

둘째: 에너지정책을 추진하면서 1990대 초, 2008년 등 경제위기 때마다 의회 내 주요 정당 간 합의를 거쳐서 원자력발전과 재생에너지 발전을 동시에 유지하는 현실적인 상황인식과 유연한 정책결정을 유도하고 있다. 이는 원자력발전이 수력발전과 함께 가장 중요한 전력생산 비율을 차지하고 있으며 국가 경제체제가 수출주도형 경제체제를 유지하고 있어서 글로벌 시장에서 산업경쟁력을 지속적으로 유지하기 위해서는 안정적이며 저렴한 전력공급이 필수적이기 때문이다.

셋째: 1990년대 초 이후 에너지전환을 위한 에너지정책을 외부환경에 적합하게 지속적으로 변화 및 발전시키고 있다. 이산화탄소 배출감축을 위하여 1991

년 유럽 최초로 탄소세를 제정하여 운영하고 있음에도 불구하고 2013년 이후 이산화탄소 배출감축이 예상보다 더디게 진행되자 정부 및 의회는 주요 정당 간 에너지합의(Energy Agreement)를 2016년에 달성하였다. 이후 2017년 기후정책합의, 2019년 1월 합의 등을 통하여 탄소중립 경제체제를 2050년보다 5년 빠른 2045년에 세계 최초로 달성할 것을 합의하였다.

넷째: 정부 및 의회 내 주요 정당은 원자력발전의 현실적인 역할을 분명하게 인정하고 있다. 원자력발전은 1985년 이후 전력생산의 약 40%를 차지하고 있으며 지속적인 원자력발전 없이는 2045년 탄소중립 경제체제를 재생에너지 발전만으로는 달성할 수 없다는 사실을 분명하게 인식하고 있다. 따라서 2010년 원자력 발전가동 중단결정을 철회하고 2016년 에너지합의에서 원자력발전 동결에 대한 시기에 대하여 분명하게 규정하지 않고 있다.

다섯째: 에너지시장 개혁을 추진하고 이를 통해 에너지시장 내 자유경쟁을 통한 에너지 효율성을 향상시키는 접근방법을 취하고 있다. 동시에 정부는 에너지 효율성 향상을 위한 지속적인 에너지관련 사회간접자본에 투자하고 온실가스 배출 감축목표를 달성하는 수단으로 활용하고 있다.

여섯째: 이웃국가인 북구 4개 국가뿐만이 아니라 발틱 3개국까지 총 7개 국가의 전력 연결 및 전력시장 통합을 추구하여 국내 기업 및 가정에게 폭넓은 에너지 공급을 창출하여 에너지 공급안정에 기여하고 전력의 원활한 수급을 가능하게 한다. 동시에 전력연결을 다양한 주변국가로 확대하여 전력의 자유로운 송전을 가능하게 하여 유럽연합 전력시장에 통합될 수 있는 단계로 발전시켰다.

기후중립 및 탄소중립 파급효과

1 배경

기후변화는 21세기 인류가 당면한 가장 심각한 문제이며 유럽연합은 이 문제를 해결하기 위한 실행노력을 정책의 최우선순위로 책정하였다. 세계에서 지구환경 및 기후문제를 연구하는 수천 명의 과학자가 진행한 연구결과를 기초로 유엔기후변화정부간협의회(IPCC)의 공식발표에 의하면 이미 2012년 지표면의 온도는 1880년보다 섭씨 0.85도 상승하였다. 또한 지난 30년 간 기온상승은 1850년 지상관측이 시작된 이후 가장 높은 상승을 기록하였다.

이러한 기온상승은 우리 인류의 경제활동을 통하여 발생된 과도한 온실가스 배출과 특히 이산화탄소 배출로 인하여 형성된 것으로 과학계는 주장하고 있다. 실제로 21세기 초에 발생한 온실가스의 양은 지구에서 지난 80만 년 간 발생한 온실가스 량 중 최대치라고 과학계는 주장하고 있다. 그 결과는 유럽연합 내에서도 심각하게 발생하고 있다. 2016년 유럽환경청(EEA)이 조사 및 분석한 기후변화가 유럽연합에 미치는 효과 및 취약성(Climate Change, Impacts and Vulnerability 2016)에 관한 보고서에 의하면 기후변화는 유럽연합 내 생태시스템, 경제부문, 시민건강 및 복지에 커다란 영향을 미쳤다고 주장하고 있다(European Union, 2017).

특히 기후변화로 인하여 유럽연합 내 평균기온 및 해수면 상승이 발생하였고 북극지역의 빙하는 지속적으로 해빙되어 그 높이가 상당히 낮아졌다. 또한 지역의 기후특성도 빠르게 변하여 습지지역은 더욱 습해지고 건조지역은 더욱 건조해졌다. 이외에도 기후변화와 관련하여 극단적인 열기현상, 폭우, 가뭄 등이 더욱 빈번하고 강력하게 다양한 지역에서 발생하였다. 이러한 기후변화를 지구적 차원에서 억제하기 위하여 2015년 파리에서 2050년까지 지구온도 상승을 섭씨 2도 이내로 제한 할 것을 195개국이 결의하여 파리협정을 채택하였다.

유럽연합은 타 국가 및 지역보다 더욱 야심찬 실행계획을 추진하기 위하여 2020년 목표 이후에 채택한 2030년 온실가스 감축 목표를 설정하여 2050년 기후 및 탄소중립을 달성하려고 한다. 이를 위해서 유럽연합은 세 가지의 목표치를 설정하였다. 첫째, 1990년 대비 2030년 온실가스 배출량을 40% 감축한다. 둘째, 재생에너지 소비비중을 27%까지 상향한다. 셋째, 에너지 효율성을 27% 향상시키고 이를 30%까지 상승이 가능하도록 노력한다. 이를 달성하기 위해서 유럽연합 집행위원회는 2050년까지 기후 및 탄소중립을 위한 로드맵을 설정하였다(COM, 2011).

유럽연합은 기후변화를 궁극적으로 해결하기 위하여 기후 및 탄소중립을 실현하기 위하여 실행계획을 수립하고 이를 추진하고 있다. 동시에 이는 지구환경 보전 및 기후변화를 억제하는 것 이외의 다양한 파급효과도 동시에 추구하고 있다.

2 기후중립 및 탄소중립 실현을 통한 기후난민 억제

글로벌 기후변화는 일반적으로 경제 선진국보다는 개발도상국에 더욱 커다란 피해를 초래하고 있다. 그 이유는 매우 다양하겠지만 경제 선진국은 기후변화가 야기하는 자연재해의 피해를 예측하고 이에 대비할 수 있는 사회간접자본이 충분히 구축되어 있는 반면에 개방도상국은 이에 대비할 수 있는 사회적 능력이 매우 낮기 때문인 것으로 추정된다. 이처럼 기후변화가 야기한 자연재해를 극복하지 못한 개발도상국은 자국에서 삶의 터전을 빼앗긴 국민의 일부는 자의 및 타의에 의해서 기후변화의 피해가 상대적으로 낮은 경제선진국으로 이주를 하게 되는 현상을 발생시키고 있다. 즉, 기후난민이 되는 것이다.

기후변화로 현재 전 세계에서 진행되고 있는 사막화현상, 삼림파괴, 범람 및 침수현상 등이 지속되면서 홍수, 가뭄, 빈번한 태풍발생 등 자연재해가 지속되고 있으며 이로 인한 개발도상국에서 삶의 터전이 지속적으로 파괴되고 있다. 이러한 기후변화가 초래한 자연재해로 인하여 사하라 사막 이남지역 국가, 남아메리카 국가, 서남아시아 국가, 및 키리바티(Kiribati), 몰디브(the Maldives), 투발루(Tuvalu) 등과 같은 도서 국가가 겪고 있는 기후변화 피해는 상상을 초월할 정도로 심각하다(Satgar, 2018; Heslin et al., 2019; Wallace-Wells, 2019).

세계기상기구(World Meterological Organization: WMO)의 최근 기후변화에 대한 공식의견은 기후변화의 속도가 가속화되고 있으며 2019년 발생한 전 세계적인 혹서현상은 1980년 이후 약 40여 년 중 가장 높은 기온을 나타내고 있다. 이러한 기후변화로 인한 이상기온 현상의 원인으로 2018년까지 지구 대기 상에 이산화탄소 누적양이 최대치를 이루고 이는 2019년에도 지속적으로 증가하였다. 이처럼 과도한 탄소배출량과 누적양이 생태계에 부정적으로 작용하고 있는 것이다. 특히 과도한 기온상승으로 인한 해수면 상승이 1993년 관측 이후 2019년에 최고치를 기록하였다. 그러나 불행하게도 기후변화는 전 세계적인 현상이지만 지구환경에 미치는 부정적인 영향은 경제선진국보다는 개발도상국에 더욱 강력하게 미친다는 점이다(WMO, 2020; Jefry et al., 2019).

이러한 기후변화로 인한 이상기온 현상은 세계적인 대유행병인 COVID−19가 지속되고 있는 2021년 6월에도 캐나나 및 미국에서도 발생하고 있으며 러시아 시베리아 지역도 혹서를 경험하고 있다. 다수의 기상학자들은 북미 및 시베리아 등 극지방에서 발생하고 있는 혹서현상은 탄소배출 증가로 인한 기후변화로 발생하는 현상이라고 주장하고 있다. 또한 코로나 대유행 이후에는 기후변화로 인한 자연재해가 우리 인류의 생명에 가장 위협적인 요인이 될 가능성이 매우 높다고 주장하고 있다(Shiermeier, 2021).

이처럼 기후변화로 발생하는 파급효과는 시간이 지남에 따라서 더욱 심각해지고 있다. 세계은행 및 유엔 등 국제기구가 추정하는 2050년 기후변화로 인하여 자신의 주거지를 불가항력적으로 떠나야 하는 인구수는 최소 2,500만에서 최대 10억 명이다. 세계은행은 2050년에 1억 4,000만 명의 기후난민이 발생할 것으로 예상하고 있으며 유엔은 2억 명으로 추산하고 있다. 자연재해 및 정치적 충돌로 인한 난민발생 이동을 중점적으로 감시하는 국제이동감시센터(International Displacement Monitoring Center: IDMC)의 조사에 의하면 세계에서 자연재해 및 전쟁 등 난민발생으로 자국에서 삶의 터전을 잃고 거주지를 이동하여야만 했던 총 인구는 2008년 4,280 명에서 2010년 4,730만 명으로 증가하였다가 2019년에는 3,340만 명을 기록하였다(IDMC, 2020)(그림 7−1 참조).

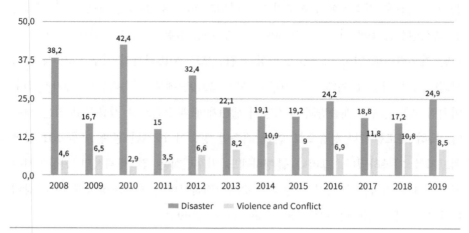

그림 7-1 세계 자연재해 및 전쟁 등으로 인한 국내 이주민 수(2008-2019년, 100만 명)

출처: IDMC, 2020

　　이처럼 세계적으로 기후변화로 인한 자연재해 및 정치적 충돌로 발생한 전쟁을 통한 난민 발생 등 삶의 터전을 자의 및 타의에 의해서 버리고 타 지역으로 이동하여야만 했던 인구는 지속적으로 높은 수준을 유지하고 있다. 그럼에도 불구하고 이들을 위한 인간적 구호활동에 필요한 물자는 충분하지 않은 상태다. 특히 사하라 이남지역의 아프리카 국가 중에서 소말리아(Somalia), 케냐(Kenya), 이디오피아(Ethiopia), 나이지리아(Nigeria) 등은 사막화 확대로 발생하는 기후난민의 상황이 매우 심각하다. 이들 국가의 지역은 사막화 진행 이전에 경작지로 농업생산이 가능하였으나 사막화로 인하여 인간의 정주가 불가능하게 되었다. 이로 인하여 정치 및 경제적 문제가 발생하였고 국가는 이를 해결할 수 있는 능력을 상실하였다(Heslin et al., 2019; Klee, 2020).

　　특히 나이지리아의 경우 사막화 현상이 지속되면서 북부지역을 황폐화시킨 결과 지역경제의 붕괴가 무장테러단체인 보코하람(Boko Haram)의 출현을 야기하였다. 이외에도 사하라이남 건조지역은 삼림 및 수자원 부족으로 인하여 우기에는 대지가 수분을 충분히 흡수하지 못하여 토지를 재차 황폐화시키는 악순환을 반복하고 있다. 동시에 기후변화로 인한 기온상승은 폭우를 동반한 자연환경 파괴를 더욱 빈번하게 발생시키고 있으며 이는 경작이 가능한 토지까지도 침식시키고 있다. 이처럼 반복되는 자연환경의 악순환은 아프리카 내 건조지역에 거주하는 10억 명 이상의 인구에게 직접적인 영향을 미치게 된다. 기후변화가 초래한 사하라이남 건조지역의 자연환경 파괴는 이 지역에 거주하는 국민에게 삶의 터전을 빼앗고 이들을 기후난민으로 만들고 있다(Anderson et al., 2012; Heslin et al., 2019).

기후변화로 인한 자연재해는 아프리카에서 기후난민을 증가시킬 가능성이 매우 높다. 따라서 아프리카에서 삶의 터전을 잃고 기후변화의 피해가 상대적으로 적은 유럽연합으로 이주를 희망하는 기후난민의 수도 증가할 것이다. 이러한 기후난민의 유럽이주가 현실화되면 그 규모는 2015년 유럽연합이 경험한 정치난민사태와는 비교할 수 없을 정도로 대규모로 발생할 것이다. 2015년 유럽연합에 정치난민을 신청한 수는 1,321,560명으로 이처럼 대규모 정치난민의 유입으로 유럽연합은 국경을 봉쇄했다. 유럽연합은 대규모로 유입되는 정치난민을 유럽연합 국경 밖에서 차단하기 위하여 터키정부를 설득하여 정치난민을 유럽연합 역내로 유입되는 것을 금지할 것을 요청하였고 터키정부는 이에 대한 반대급부로 재정지원을 요청하였다(BBC, 2015; Klee, 2020).

그 결과 유럽연합 전 회원국에서 급격한 정치난민의 증가로 인하여 발생하는 사회경제적 문제로 시민의 부정적인 인식을 이용한 극우정치단체 및 인기영합주의 정당이 크게 득세하여 정치 및 사회적 혼란을 가중하였다. 이는 유럽연합 내 회원국의 정치난민 할당제라는 유럽연합 차원의 책임분담을 거부하는 형태를 초래하였고 극단적으로 유럽연합을 탈퇴하는 브렉시트까지 초래하였다(Klee, 2020; 박상철, 2020).

이처럼 대규모 난민유입은 다양한 정치, 경제, 사회적 문제를 야기 시킨다는 점을 경험한 유럽연합은 이를 구조적으로 방지하기 위하여 기후정책을 안보 및 국방정책과 연계하여 추진하고 있다. 이를 위해서 유럽연합 회원국이 이미 아프리카 말리(Mali), 아프리카의 뿔(Horn of Africa)이라고 불리는 소말리아 반도에 군 병력을 주둔시키기고 있다.

유럽연합이 기후 및 탄소중립을 실현하기 위하여 야심차게 추진하는 유럽 그린 딜(EGD) 정책은 생태적 전환(Ecological Transition)은 지정학뿐만이 아니라 글로벌 경제, 무역, 안보에 대한 이해관계를 증가시키기 위하여 중요한 역할을 수행한다. 이를 위하여 유럽연합은 가까운 미래에 발생할 수 있는 다양한 충돌의 근원인 식량공급 불안정, 인구이동, 강제이주 등으로 발생하는 모든 도전을 해결하기 위하여 기후변화 억제 및 환경복원을 위하여 모든 파트너 국가들과 협력을 강화해 가기로 결정하였다. 동시에 기후정책은 역내 및 역외문제를 해결하기 위한 수단으로 사용되어야 하며 이를 위하여 일반적으로 안보 및 국방정책과 긴밀하게 연계되어 추진되어야 한다고 유럽연합은 유럽 그린 딜 정책에서 주장하고 있다(European Commission, 2021a).

글로벌 차원에서도 기후난민에 대한 제도적인 보호는 파리협정에서 논의하고 있다. 2015년 결정되고 2016년 197개국의 의회에서 의결된 파리협정은 기후변화로 인하여 발생한 자연재해로 삶의 터전을 잃은 기후난민을 인정하고 이들이 더 나은 지역으로 이동하여 새로운 삶을 영위할 수 있는 인간적 권리를 존중하여야 한다고 국제사회는 합의하였다. 기후난민 문제에 적극적으로 대응하기 위하여 파리협정을 체결한 COP21 주민이동에 관한 전담팀(Task Force on Displacement: TFD)을 구성하였으며 이 전담팀의 의무는 기후변화와 관련한 기후난민 이동에 대응하기 위한 전략 및 조정 작업 등을 추천하는 것이다(UNFCCC, 2019b; Kraler et al., 2020).

이러한 글로벌 차원의 기후난민을 해결하기 위한 방안으로 유럽연합은 다양한 법률, 정책, 프로그램 등을 운영하고 있다. 기후변화로 발생한 자연재해로 인한 불가피한 난민을 지원하기 위하여 유럽연합은 이민 및 정치난민정책의 연장선에서 인도주의적 지원(Humanitarian Aid) 차원에서 해당 법률, 정책, 프로그램 등을 발전시켜 왔다. 물론 이와 관련된 법률, 정책, 프로그램 등은 순수하게 기후난민을 위해서 발전된 것은 아니지만 유럽연합은 최소한 이들의 심각한 이주문제를 정기적으로 제기해 오고 있다.

2005년 이후 유럽연합은 전반적인 정치 및 기후난민 문제를 효율적으로 대응하기 위하여 이주 및 이동에 관한 일반의제(Common Agenda on Migrattion and Mobility: CAMM)를 설정하여 유럽연합의 이주 및 정치난민정책을 포괄적으로 추진하고 있다. 이는 합법적인 이민을 보호하고 불법이민을 제도적으로 방지하고 인신매매 등과 같은 불법행위를 근절하고 합법적 이주 및 이동에 대한 국제사회의 보호를 증진시키기 위한 것이다. 따라서 유럽연합은 이주 및 이동에 관한 일반의제(CAMM)를 개발협력을 포함한 모든 외부활동에 우선적으로 적용하고 있다.

이러한 목적을 달성하기 위하여 2015년 이주에 관한 유럽연합과 아프리카 정상회담이 말타의 발레타(Valletta)에서 개최되어 발레타 정상행동계획(Valletta Summit Action Plan)을 합의하였다. 이 계획에서 양측은 유럽과 아프리카 대륙에서 발생하는 이주는 다양한 현상의 결과이며 양측은 불법이민이 발생하는 근원적인 이유 및 기후변화로 야기된 현지주민의 강제이동 등에 대해서 책임감을 갖고 공동대응 할 것을 발표하였다. 이를 실행하기 위해서 발레타 정상회담은 아프리카를 위한 유럽연합 긴급신탁자금(EU Emergency Trust Fund for Africa)을 설정하였다. 이 자금운영에 관한 보고서가 2019년 발표한 내용은 극한 기온상승 및 가뭄, 사헬지역(Sahel Zone)의 폭우 등은 급격하게 증가하는 인구와 함께 지역에 지속적인 위협요소로 누적되고 있으며 이는 이주 및 지역 간 충돌로 발생할 가능성이 증가하고 있다고 주장하였다(Valletta Summit on Migration, 2015; European Commission, 2019b).

기후변화로 인하여 발생하는 기후난민을 구조적으로 억제하고 이를 인도주의적 차원에서 지원하기 위하여 유럽연합은 2016년 이후 강제이주에 관한 체계적인 정책 틀을 구축하여 추진하고 있다. 이러한 정책을 추진하는 목적은 기후난민이 이주하는 경우 새롭게 생활하는 지역에서 이들이 인간의 존엄성을 유지하기 위한 제도적인 보호를 보장하고 이들이 추후 고향으로 무사히 귀국 및 귀향을 할 수 있도록 지원하는 것이다. 이러한 지원제도는 유럽연합 집행위원회가 추구하는 지원의존에서 자립까지 존엄을 갖춘 삶(Lives in Dignity: From Aid-Dependence to Self Reliance)과 유럽연합 정상회의의 강제이주 및 발전에 관한 결의(Council Conclusions on Forced Displacement and Development)를 기초로 한 것이다(COM, 2016).

유럽연합의 인도주의적 지원은 리스본협약(Lisbon Treaty) 196조 및 214조에 의거하여 국제사회의 연대의식을 표현한 것이다. 이를 기초로 유럽연합은 자연재해 및 인도주의적 지원이 절실하게 필요한 국가 및 국민에게 인도적 지원을 포괄적으로 시행하고 있다. 유럽연합 내 인도주의적 지원 및 민간보호 정책은 다양한 기관에서 관여하고 상이한 법률적 규범을 따르고 있지만 일반적으로 유럽연합 민간보호 및 인도주의적 지원활동 지침(Directorate General, DG ECHO: European Civil Protection and Humanitarian Aid Operations)을 기본으로 구호활동을 실행하고 있다. 구호활동을 주관하는 핵심기관은 유럽연합 민간보호 및 인도주의적 지원활동 부서(EU Civil Protection and Humanitarian Aid Operations Department)로서 1992년부터 지원업무를 수행하고 있으며 연간 예산은 약 10억 유로에 달한다(Perching et al., 2017; Kraler et al., 2020; https://ec.europa.eu/echo/who/about-echo_en, 2021).

유럽연합의 민간보호 및 인도주의적 지원활동을 수행하는 법적 근거는 1996년에 제정된 인도주의적 지원 법률(Humanitarian Aid Regulation: EC No 1257/1996)로 인도주의적 지원제공에 관한 규정뿐만이 아니라 재정지원의 방법 등도 제시하고 있다. 이 법률은 인도주의적 지원을 일반지원, 구호물자 제공, 보호활동 등으로 규명하고 있으며 비 차별주의를 원칙으로 하고 있다. 이에 의거하여 제3국, 특히 개발도상국에서 발생한 자연재해 및 전쟁 등과 같은 충돌로 인하여 고통 받는 희생자들을 최우선적으로 지원하는 것을 원칙으로 유럽연합 민간보호 및 인도주의적 지원활동 부서는 활동하고 있다.

자연재해 및 전쟁 등으로 발생한 난민을 지원하는 인도주의적 활동을 하며 이에 대한 연간 예산을 배정한 유럽연합은 타 국가 및 지역보다 상대적으로 관대한 정책을 수행하고 있지만 이에 대한 비판도 동시에 존재한다. 즉, 유럽연합의 인도주의 지원활동 이외에도 유럽연합이 추진하는 유럽 그린 딜(EGD) 전략은 안보 및 국방정책과 연계하여 아프리카 국가 내에서 회원국 군대를 주둔시키고 다양한 군사 활동을 수행하고 있으며 이는 유럽연합의 무역루트를 보호하기 위한 것이다.

이러한 활동이 구체적으로 소말리아에서 무역루트 보호, 중앙아프리카공화국(Central African Republic)에서 군사적 조언 제공, 리비아와 말리에서 경찰 및 안보요원 훈련 등이 실시되고 있다. 이는 유럽연합이 아프리카 국가에서 발생하는 자연재해 및 전쟁 등으로 인한 난민을 유럽으로 이동하는 것을 사전에 방지하기 위한 목적으로 시행되고 있음을 의미한다. 이러한 정책방향은 유럽연합의 민간 보호 및 인도주의적 지원활동 예산이 2019년 16억 유로에서 2020년 9억 유로로 약 44% 급격하게 감소하였으나 국방비는 2019년 1,860억 유로로 2018년 대비 5% 증가하였다. 이후 코로나 대유행 임에도 불구하고 2020년에는 1,897억 유로로 약 2% 증가한 것으로도 유럽연합의 아프리카 국가에 대한 지원이 유럽연합의 정치, 경제, 안보 및 국방의 이해관계를 우선시 하는 점을 이해할 수 있다. (European Defence Agency, 2021; https://ec.europa.eu/echo/news/eu−adopts−re−cord−budget−humanitarian−aid−2019_en, 2021)

3 순환경제체제(Circular Economy System) 구축

유럽연합이 2050년 기후 및 탄소중립을 실현하기 위하여 추진하고 있는 유럽 그린 딜 전략은 유럽연합을 더욱 기후환경으로부터 안전하고 글로벌 경쟁력을 향상시킨 경제체제인 순환경제체제를 구축하기 위한 것이다. 이를 위해서 유럽연합 집행위원회는 순환경제실행계획(Circular Economy Actin Plan)을 구상하였다.

물론 순환경제실행계획은 유럽 그린 딜 전략이나 투자계획처럼 구체적으로 설정된 것은 아니지만 기본방향과 목표는 경제성장을 달성하는 데 자원소비 증가와 탈동조화하고 동시에 장기적 차원에서 글로벌 산업경쟁력을 증가시키고 유럽연합 내 모든 회원국이 낙오자 없이 동참할 수 있는 경제체제를 구축하는 것이다. 이 계획은 유럽연합 경제체제를 전환시키는 기초로 작용하며 이를 달성하기 위해서는 장기목표인 2050년 기후 및 탄소중립을 실현하여야만 가능하다 (European Commission, 2021c).

이처럼 순환경제체제를 실현하기 위해서는 유럽연합이 경제성장을 달성하기 위하여 자원소비를 하는 것보다 더 많은 장점과 가치를 지구환경에 제공할 수 있는 경제성장 재생모델(Regenerative Economic Growth Model)로 전환할 필요가 있으며 동시에 이를 달성하기 위한 속도를 더욱 가속화하여야 한다. 이를 위해서 지구행성 내 제한된 자원소비의 효율성을 더욱 발전시키고 소비자체를 감소시키 도록 노력하여야 한다. 동시에 소비패턴도 순환재료를 기초로 생산되는 제품소비를 향후 10년 간 배로 증가시켜야 한다. 이러한 환경 친화적인 소비패턴으로의 전환은 산업계에 지속가능한 제품을 생산할 수 있는 새로운 생산체제를 구축하 도록 요구하고 있기 때문에 기업에게는 새로운 사업기회를 유럽연합 내 뿐만이 아니라 글로벌 시장에 제공할 수 있다.

유럽연합이 순환경제체제를 구축하는 것은 미래지향적이며 이전 화석연료 경제체제와는 완전히 결별하는 새로운 지속가능한 경제체제를 구축하는 산업 전략의 일환이다. 순환경제체제 구축과 관련하여 유럽연합 집행위원회의 의뢰로 대학 및 민간경제연구소가 수행한 경제성장과 노동시장 관련 분석에 의하면 유럽연합이 순환경제체제로 경제체제를 전환하는 과정에서 2030년경에 국내총생산(GDP)의 0.5% 추가성장과 약 700,000개의 신규고용을 창출할 것으로 전망하였다. 신규고용 창출은 대부분 폐기물 관리, 수리 및 설치, 서비스 부문에서 발생하며 건설, 전자, 금속 이외의 부문에서는 기존 고용이 감소할 것으로 예측되고 있다(Cambridge Economics et al., 2018)(그림 7−2 참조).

이는 산업계에 새로운 성장의 기회를 제공할 뿐만이 아니라 개별기업에게도 다양한 장점을 제공하게 된다. 유럽연합 내 제조업 기업은 제품생산 비용에서 평균 원자재 소비비율이 약 40%를 차지한다. 순환경제체제를 구축하게 되면 원자재 재사용으로 인하여 생산비용을 크게 감소시킬 수 있다. 이로서 제조업 기업은 수익을 증가시킬 수 있고 동시에 원자재 공급과 수요의 불균형으로 원자재 시장에서 발생하는 원자재 가격변동에도 대비할 수 있다(European Commission, 2021c).

이외에도 유럽연합은 단일시장을 구성한 경험을 기초로 디지털 기술을 활용하여 전 산업에 디지털 전환을 추진하여 순환경제체제를 구축하려고 한다. 이를 통해서 유럽연합 전 산업의 기초는 더욱 강력한 경쟁력을 확보할 수 있게 되며 신규 산업부문 창출 및 중소기업의 기업가정신을 강화할 수 있는 계기로 활용할 수 있다. 이는 소비자와 생산자, 대규모 맞춤형 주문생산화(Mass Customization),

그림 7-2 유럽연합 28개 산업부문 중 순환경제 실현으로 창출되는 신규고용 추이
(2030년, 천명)

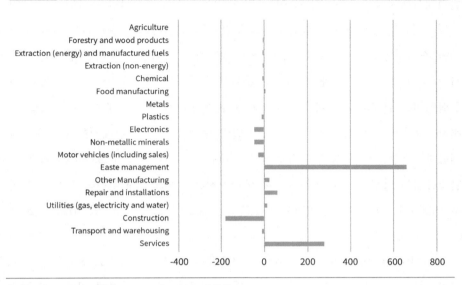

출처: Cambridge Economics et al., 2018 재인용

공유 및 협력경제체제를 기초로 하는 혁신모델을 창출하는 것이다. 또한 이는 제
4차 산업혁명의 핵심기술인 사물인터넷(IoT), 빅 데이터(Big Data), 인공지능
(Artificial Intelligent: AI), 블록체인(Blockchain) 등과 같은 디지털 기술의 지원을 통
하여 경제체제의 순환성을 더욱 가속화시킬 수 있다. 이외에도 유럽연합이 추구
하는 혁신모델은 산업생산 및 소비에서 원자재 비중을 대폭 감소시킬 수 있기
때문에 유럽연합 경제체제의 주요 원자재 수입의존도를 획기적으로 줄일 수 있
게 된다.

　　순환경제체제는 소비자에게도 높은 수준뿐만이 아니라 기능 및 안전부문에
서도 양질의 제품을 소비할 수 있는 기회를 제공해 준다. 이러한 환경 친화적이
며 소비자 중심의 제품은 내구성이 더욱 강하고 재활용 및 재사용이 가능하도록
디자인되어 있다. 이외에도 지속가능한 서비스를 제공하기 위한 제품 및 서비스
모델(Product As Service Model) 창출과 디지털 기술을 활용한 문제해결 제공 등을
통하여 소비자에게 더 나은 삶의 수준을 제공하고 창의적인 직장창출, 더욱 발전
된 지식 및 기술을 소개할 수 있다(European Commission, 2021c).

순환경제체제를 구축하기 위해서 유럽연합 집행위원회는 2015년 제1차 순환경제실행계획을 실시하였고 이는 최근 지속적으로 체계적인 관찰이 업그레이드되고 있다. 동시에 순환경제체제로의 전환을 성공적으로 추진하기 위한 보고서를 작성하였고 이는 유럽연합 경제의 경쟁력을 강화하고 동시에 환경을 보호하는 것이 주요 목적이다. 이외에도 순환경제 실행계획은 유럽연합이 더욱 환경친화적이고 글로벌 경쟁력을 강화시키기 위하여 모든 경제주체뿐만이 아니라 소비자, 일반시민, 비정부기구 등과도 긴밀한 협력을 통하여 미래지향적인 주제를 제공하고 있다. 이를 통하여 유럽연합은 유럽 그린 딜 전략이 요구하는 기후 및 탄소중립을 달성하는데 매우 중요한 에너지전환을 확고하게 추진하고 2015년 이후 진행하고 있는 순환경제체제를 구축하는 것을 목표로 하고 있다(Baran, 2019; COM, 2015).

이처럼 유럽연합이 순환경제체제 구축을 위하여 전략적으로 접근하는 근본적인 이유는 글로벌 경제가 원자재를 과도하게 소비하여 환경에 커다란 영향을 미치는 기후변화를 발생시키기 때문이다. 유럽연합의 조사 및 분석에 의하면 글로벌 경제는 향후 약 40여 년 간 원자재를 2010년 보다 두 배 소비하고 2050년까지 폐기물을 70% 증가시킬 것으로 예상하고 있다. 따라서 글로벌 경제체제를 경제성장 재생 모델로 전환하지 못하면 기후 및 탄소중립을 달성하지 못할 것으로 판단하고 있다. 따라서 유럽연합은 글로벌 경제를 선도하는 모델로 순환경제체제를 구축하려는 것이다(European Commission, 2021d).

유럽연합은 최초순환경제행동계획(First Circular Economy Action Plan)을 2019년 10월 10개 부문 생태디자인 실행 법령을 채택하면서 순환경제 구축을 현실화하였다. 이후 2019년 말에 최초순환경제행동계획이 54개 행동계획으로 구체화되면서 완성되었다. 이를 기초로 유럽연합 집행위원회는 동년 12월 유럽 그린 딜 전략을 채택하였으며 2020년 3월에는 한층 더 업그레이드된 신 순환경제행동계획(New Circular Economy Action Plan)을 발표하였다.

순환경제행동계획은 유럽 그린 딜 전략을 추진하는 구성요소 중 하나로 유럽연합이 추구하는 지속가능한 경제성장을 달성하는 데 필요한 새로운 의제이다. 이외에도 이 계획은 지속가능한 성장을 통하여 신규 고용을 창출하고 유럽연합의 장기 목표인 2050년 기후중립을 실현하고 생태계의 다양성을 확보하는 데 주안점을 두고 있다. 이를 위하여 전 생산품의 생명주기를 기초로 제품생산이 디자인 과정부터 소비까지 지속가능한 경제체제를 구축하여 폐기물 발생을 원천적으로 차단하고 원자재 재활용을 통한 순환경제체제를 구축하는 것을 목표로 하고 있다. 이를 위해 유럽연합은 순 부가가치를 창출할 수 있는 산업부문을 대상으로 법률과 그 이외의 방법을 적용할 수 있는 수단들을 소개하고 있다(European Commission, 2021e).

그 일환으로 2020년 12월 유럽연합 집행위원회는 지속가능한 배터리에 관한 새로운 규제에 관한 제안을 채택하였고 2021년 2월에는 순환경제 및 자원효율성에 관한 글로벌 연합체를 구성하였다. 2021년에는 순환경제행동계획하에 다양한 주도적 역할을 계획하고 있다.

팬데믹 및 우크라이나 전쟁과
유럽연합 탄소중립 및 에너지전환

1 배경

2022년 2월 24일 러시아는 약 16만 명의 대규모 군사력으로 우크라이나를 침공하였다. 20세기 말 냉전체제 붕괴 이후 러시아는 2008년 조지아 침공과 2014년 4월 우크라이나 영토인 크리미아 반도를 무력으로 병합하였다. 즉, 크리미아 반도 병합 이후 8년 만에 우크라이나 영토에서 발생한 두 번째 무력 침공이었다. 이후 전쟁은 1년이 지나면서 2023년 현재 우크라이나를 지원하는 민주주의 진영과 러시아를 직간접으로 지원하는 권위주의 체제 간 대리전 성격을 갖는 장기전의 양상을 갖게 되었다. 즉, 미국, 유럽연합, 한국 및 일본을 중심으로 하는 민주 진영과 러시아 및 중국을 중심으로 하는 권위주의 체제가 대립하는 신냉전 체제를 구축하는 형태의 세계 정치경제 신질서를 구성하는 시기로 진입하였다. 이는 2019년 12월 발생한 코비드-19(COVID-19)라는 전 세계적인 전염병(Pandemic)으로 신음하는 글로벌 경제에 직격탄으로 작용하여 에너지 및 식량위기를 발생시키면서 글로벌 경제에 높은 수준의 인플레이션을 장기화시키고 있다.

러시아는 2022년 9월 말 우크라이나 동남부 지역인 돈바스(Donbas) 지역의 일부를 점령한 후 러시아 주민이 거주하는 지역에 루한스키공화국(Luhank Republic)과 도넷츠크공화국(Donetsk Reublic)을 설립하여 러시아 국토로 병합하였다. 국제사회는 국제연합(UN)에서 러시아의 무력침략과 강제적인 영토병합을 국제법 위반으로 규정하였다. 2023년 초중반에 세계적 전염병 상황에 대해 세계보건기구(WHO)는 사회적으로 가장 위험한 1급 전염병에서 사회적 격리가 필요하지 않는 3~4급 전염병으로 위험수위를 조정할 것으로 예상하고 있다. 인간의 생명을 직접적으로 위협하는 코로나 팬데믹으로 인하여 지난 3년 간 기후변화에 대한 각 국가의 관심이 상대적으로 약화되었다. 또한 우크라이나 전쟁으로 인하여 각 국가 특히 러시아 군사력에 직접적인 위협을 받고 있는 유럽연합 회원국과 중국의 군사적 팽창과 타이완 침공 가능성으로 인해서 직간접적인 군사적 위협을 받고 있는 동아시아 국가들의 군비증강이 현실화되고 있다. 동시에 세계 군사, 정치, 경제 및 기술패권을 위한 러시아와 중국의 군사적 도전이 증가하고 있는 관계로 미국도 군사력 증강을 지속적으로 추진하고 있다.

이처럼 2019년 12월 시작된 코로나 팬데믹과 2022년 2월 발생한 우크라이나 전쟁은 전 세계적으로 강력한 파급효과를 창출하였다. 이는 글로벌 정치, 경제, 사회, 문화, 환경 등 거의 모든 영역에서 문제를 발생시키고 있는 중이다. 특히 21세기 초에 연속적으로 발생한 이 두 가지 글로벌 사건은 단기적으로 인류의 생존에 직접적인 영향을 미치고 있기 때문에 장기적 차원에서 발생하는 기후변화 등과 같은 글로벌 환경문제에 각 국가의 정책적 관심을 상대적으로 약화시키는 것으로 인식되고 있다. 이러한 이유로 인하여 코로나 팬데믹과 우크라이나 전쟁이 기후변화에 미치는 변화와 특히 유럽연합의 정책적 대응을 조사 및 분석하는 것이 중요하다고 판단한다.

2 팬데믹과 기후변화

2019년 12월 중국 우한에서 시작된 코로나 호흡기 전염병이 전 세계적으로 확산되기 시작한 후 세계보건기구(WHO)는 2020년 1월 말 코로나 팬데믹을 공식적으로 인정하여 세계적인 전염병을 국제사회가 긴밀하게 협력하여 대처해 나가야 한다고 주장하였다. 그러나 코로나 발병 진원지에 대한 국제사회의 상이한 의견이 대립 하였고 중국정부의 코로나 상황에 대한 정확한 정보 제공 부실로 중국과 서방의 대립이 지속되는 상황이 발생 하였다. 그 결과 코로나 전염병은 동아시아, 유럽, 남미 및 북미, 아프리카, 오세아니아 등 세계적으로 확산되면서 인류는 예상을 훨씬 뛰어넘는 인명피해와 경제적 손실을 경험하였다.

20세기 초 1918년 발생한 스페인 독감 이후 100여년 만에 발생한 코로나 팬데믹은 백신이 개발되지 않은 상태에서 전 세계적으로 확산되어 인류를 공포의 도가니로 몰아넣었다. 감염 후 초기에는 치료를 위하여 14일이라는 사회적 격리 기간을 도입하였고 2021년 백신이 개발된 이후 의무 격리기간은 점진적으로 감소하였다. 또한 2022년 중반 이후 북유럽 국가를 중심으로 자발적 격리로 전환되었다. 그러나 감염이 급속하게 확산된 2020년에는 중국, 유럽국가 등에서 인적 이동을 위한 국외 이동뿐만이 아니라 국내 도시 간 이동도 제한하는 도시 및 국가봉쇄 조치를 취하게 되었다. 그 결과 정상적인 경제활동이 제약받게 되었고 생산공장의 정상적인 작동이 불가능하여 글로벌 공급망에 큰 타격을 가하였다. 그 결과 글로벌 경제성장에 부정적인 영향을 미치었으며 글로벌 경제는 2008년 글로벌 금융위기 이후 가장 낮은 경제 성장률을 기록하였다(Allam, 2020).

글로벌 경제체제에서 생산활동 감소와 공급망 혼란은 역설적으로 탄소 배출을 감축시키는 역할을 하여 2020년에는 세계 총 탄소배출량이 전년 대비 약 2기가톤 감소하는 이상 현상도 발생하였다. 그러나 2021년 미국과 서유럽 국가의 코로나 백신개발과 함께 코로나 감염 상황이 호전되기 시작하면서 생산활동의 정상화와 글로벌 공급망이 점진적으로 회복하였다. 그 결과 2021년에는 총 탄소배출량도 전년대비 약 2기가톤 증가하는 패턴을 나타냈으며 글로벌 경제도 2020년 대비 약 5.9% 성장하였다. 이는 역설적으로 인간의 왕성한 경제활동이 탄소배출을 증가시키고 기후변화에 직접적인 영향을 미친다는 사실을 증명하게 되었다. 즉, 2014년 발표된 IPCC 제5차 보고서의 핵심인 현재 발생하고 있는 기후변화는 인류의 생산활동으로 인한 과도한 탄소배출이 직접적인 원인이라는 객관적

그림 8-1 세계 탄소배출량 증감 추이(1900~2021년, 기가톤)

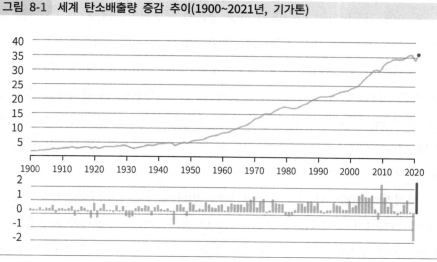

출처: IEA, 2022

이며 과학적인 사실이 증명되었다(IEA, 2022)(그림 8-1 참조).

　이처럼 코로나 팬데믹은 일시적인 생산활동 저하와 글로벌 공급망 부분적 붕괴 현상으로 인하여 기후변화 문제에 역설적인 결과를 초래하고 있다. 보건 및 생태학자의 견해는 코로나 팬데믹이 단순히 새로운 바이러스 출현으로 인류의 생존을 위협하고 있는 것이 아니라 이는 기후변화와 밀접한 연관성이 있는 것으로 추정하고 있다. 즉, 글로벌 경제성장을 위한 인간의 개발 활동은 필수적으로 자연 파괴를 수반하고 이는 생명체인 동식물의 서식지를 축소하여 특히 야생동물과 인간의 접촉을 빈번하게 만든다. 따라서 인간은 현재까지 발견되지 않은 새로운 바이러스에 노출되고 이에 대한 면역력과 백신이 없는 상황에서 새로운 질병과 전염병을 맞게 되는 것이다.

　또한 인간의 생산활동 강화 및 인구 증가는 필연적으로 탄소 배출을 증가시키고 이는 기후변화의 원인으로 작용한다. 특히 세계 인구는 2022년 말 이미 80억 명을 초과하였고 2050년 약 97억 명, 2100년까지 104억 명까지 증가할 것으로 국제연합 (UN)은 예상하고 있다. 지속적인 인구 증가는 주택건설을 위한 개발 활동 등으로 동식물의 서식지를 축소하게 되어 지구 생태계 변화를 발생시키고 이는 기후변화에 부정적인 영향을 미치게 된다(Department of Economic and Social Affiars, UN, 2022)(그림 8-2 참조).

　동시에 기후변화는 다수의 동식물 생존에 부정적인 영향을 미치기 때문에 다양한 동식물이 공존하고 있는 자연 생태계에 종의 다양성 저하를 초래하게 되어 생태계의 균형을 위협하게 된다. 즉, 우리 인류가 현재 경험하고 있는 코로나 팬데믹은 100년 만에 다시 발생한 단순한 우연히 아니라 기후변화를 초래한 결과로 받게 되는 결과물로 생태학자들은 주장하고 있다. 이러한 이유로 인하여 보건 및 생태학자들은 21세기에 코로나 팬데믹과 같은 유사한 전염병이 과거보다 자주 출현하게 될 것으로 예상하고 있다.

　세계적인 전염병인 코로나 팬데믹으로 인하여 각국 정부의 기후변화에 관한 정책적 관심사가 상대적으로 낮아졌고 2020년 전염병의 광범위한 확산과 국가 및 도시봉쇄 조치로 영국에서 개최될 예정이었던 COP26 연례회의도 2021년으

그림 8-2 국제연합 (UN) 장기 인구변동 예측 시나리오

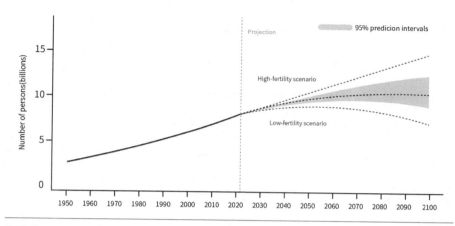

출처: Department of Economic and Social Affairs, UN, 2022

로 연기되었다. 이러한 상황에서도 유럽연합은 2019년 새로운 유럽연합 집행위원회(European Commission) 시작과 함께 기후변화 정책을 지속적으로 추진하였다. 유럽연합 집행위원회는 2020년 기후변화 정책의 핵심으로 2050년 탄소중립 경제체제 구축 목표를 설정하였고 이를 달성하기 위한 정책수단으로 유럽 그린딜(European Green Deal) 전략을 제시하였다.

설명한 것처럼 2020년 코로나 팬데믹 영향으로 생산활동 감소와 이로 인한 글로벌 공급망 혼란은 총 탄소배출 감축을 초래하는 단기적 이상 현상을 발생시켰다. 그러나 2021년 백신 개발로 경제활동이 정상화되면서 글로벌 공급망도 회복되고 총 탄소배출량도 전년대비 6% 증가되었다. 이처럼 총 탄소배출량이 증가하게 된 이유는 경제회복을 위한 화석연료 사용이 증가하였기 때문이다. 화석연료 소비 증가는 팬데믹으로 인한 경제위기를 극복하기 위하여 신속한 경제성장에 정책적 관심을 가졌기 때문이다. 즉, 세계 각 국가가 기후변화 문제를 최우선 과제로 선택하지 않은 결과 총 탄소배출량이 증가한 것이다(IEA, 2022)(그림 8-3 참조).

탄소배출량이 다시 증가하기 시작하자 선진국에서는 기후변화 위험성에 대한 인식이 강화되었다. 이러한 상황에서 2021년 및 2022년 유엔 IPCC 기후전문

그림 8-3 세계 화석연료 사용 탄소배출량 추이(2019년~2021년, 메가톤)

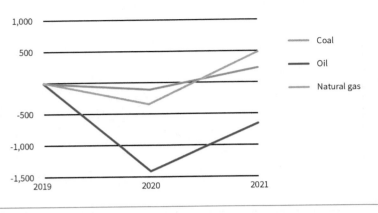

출처: IEA, 2022

가 실무그룹 III의 보고서에 의하면 2050년 도달할 것으로 예측한 지구기온 상승 억제 한계인 섭씨 1.5도 상승이 2040년에 도달할 수 있다고 경고하였다. 또한 기후변화 복잡성 증가는 예측 능력을 저하시키고 특히 해안지역 및 저지대는 자연 생태계 손상을 복원하는 것이 거의 불가능할 것으로 예상하고 있다. 이는 식량생산 감소 및 수자원 안전에 커다란 문제를 발생시킬 것으로 보고서는 분석하고 있다(IEA, 2022; IPCC, 2021; IPCC, 2022).

2023년 3월 20일 스위스 인터라켄에서 개최된 제58차 IPCC 총회에서 만장일치로 채택된 IPCC 6차 평가 종합보고서는 기후변화 원인 및 대책을 전반적으로 기술하면서 인간이 기후변화를 직접적으로 초래한 장본인이며 지구 인구의 절반인 약 40억 명의 인구가 기후변화에 매우 취약한 상태라고 주장하였다. 따라서 탄소배출 감축목표를 상향시키지 않으면 2040년에 이미 지구 온도가 산업혁명 이전 대비 섭씨 1.5℃ 상승하고 2100년에는 지구온도 상한선인 섭씨 2도를 훨씬 넘어 섭씨 2.8℃(최저 2.1℃~최고 3.4℃의 중간값) 상승할 것으로 예측하였다. 따라서 2023년 현재가 기후변화를 완화할 마지막 시기이며 195개 회원국의 긴급한 행동만이 인류의 미래를 보장할 수 있다고 주장하였다.

이 보고서에 의하면 IPCC가 지구 기온상승을 섭씨 1.5℃로 제한하기 위해서는 전례 없는 탄소배출 감축 과제들을 수행하여야 한다고 2018년 주장했음에도 불구하고 탄소배출량이 계속 증가했기 때문에 수행하여야 할 과제가 더욱 커지게 된 상황이라고 주장하였다. 따라서 지금까지의 추세와 계획은 기후변화를 해결하는 데 충분하지 않다고 주장하고 있다. 보고서는 각국이 2021년 영국 글라스고우에서 개최된 COP26 회의 때까지 제출한 2030 국가온실가스감축목표(Nationally Determined Contribution: NDC)를 기초로 한 2030년 탄소배출 총량을 기준으로 판단하면 지구 평균온도 상승이 섭씨 1.5℃를 넘을 가능성이 매우 크다고 예상하였다. 구체적으로 1850년부터 2019년까지 인류가 경제활동을 통해서 발생한 탄소배출량은 2,400+/−240기가톤(Gt)으로 추정하고 있다. 이 중 58%가 1850~1989년 사이에 배출되었고 나머지 42%는 1990~2019년에 배출된 것으로 추정된다. 따라서 기후변화는 인간의 과도한 경제활동이 주요 원인인 것이 명백하다고 주장하였다. 따라서 인류가 현재 경험하고 있는 기후변화의 손실과 피해는 미래에도 지속될 것이고 가장 취약한 개발도상국과 취약부문에 집중될 것으로 예상하였다(IPCC, 2023).

이외에도 보고서는 모든 시나리오에서 가까운 미래인 2021년~2040년 사이에 지구온난화가 심화될 것으로 예상하고 있으며 가장 희망적인 저탄소 시나리오를 적용해도 지구온도 상승폭이 섭씨 1.5℃를 넘을 가능성이 없지 않다고 예측하였다. 따라서 이러한 상태가 지속되면 2100년 지구온도 상승은 최저 및 최고 예측치의 중간값인 섭씨 2.8℃에 도달할 것으로 예상하고 있다. 그 결과 지구 총 인구의 약 50%가 기후변화 위험에 노출되고 이들은 개발도상국 국민들로서 기후변화에 소극적 원인을 제공한 그룹임에도 불구하고 기후변화의 영향을 가장 강력하게 받는다는 것은 기후정의(Climate Justice)라는 측면에서 문제점이 존재한다고 지적하고 있다.

부정적인 전망에도 불구하고 보고서는 탄소배출을 감축하고 인간이 초래한 기후변화에 적응하고 실현가능한 해결책으로 기후 탄력적 개발(Climate Resilient Development)을 제안하고 있다. 이는 탄소배출을 회피하거나 감축하는 방안과 기후변화에 적응하는 방안을 통합하는 것으로 인류 및 지구 생태계에 가장 광범위한 이득이 되는 방식으로 인식되고 있다. 따라서 효과적이고 공정한 기후행동을 주류화하고 이를 행동으로 실천하면 긍정적인 미래를 창조할 가능성도 동시에 존재한다고 주장한다(IPCC, 2023).

이러한 유엔 기후전문가 실무그룹의 경고에 대응하기 위하여 유럽연합 집행위원회는 2021년 7월 "Fit For 55" 제안을 발표하였다. 이 제안은 2030년까지 역내 탄소배출 감축량을 1990년 대비 기존 40~45%에서 55%까지 상향 조정하는 것이 핵심이다. 이처럼 2030년까지 유럽연합 내 탄소배출 감축 비중을 상향 조정하여 시기적으로 10년이 단축될 것으로 예측된 지구 기온상승에 대비하고 2050년 탄소중립에 최초로 도달하는 대륙이 될 것이라는 의지를 재확인하였다. 이로서 유럽연합의 에너지 전환도 2030년까지 가속화 되면서 화석연료 중심에서 재생 에너지 중심으로 전환할 것으로 수정하였다. 또한 재생에너지 자원만으로는 탄소중립 경제체제를 2050년까지 달성하는 데 현실적인 한계를 인식하여 탄소배출을 최소화 하는 원자력 에너지를 환경운동 그룹의 반대에도 불구하고 환경 친화적 에너지자원 분류체계인 탁소노미(Taxonomy)에 포함시키기로 결정하였다.

세계적인 코로나 팬데믹하에서도 기후변화에 적극적으로 대응한 유럽연합의 탄소중립 경제체제 구축 및 에너지전환정책은 세계 주요 국가에도 직접적인 영향을 미쳤다. 유럽연합이 강력하게 주장한 기후변화 정책에 호응하여 미국, 일본, 한국이 2050년까지 탄소중립을 달성할 것을 공식화 하였다. 또한 개발도상국을 대표하는 중국도 2060년까지 탄소중립을 추진하겠다고 국제사회에 약속하였다. 이러한 주요 국가의 정책적 방향과 함께 2021년 영국에서 개최된 COP 26 회의에서 각 국가의 탄소배출 감축 로드맵을 논의하였고 2022년 이집트에서 개최된 COP27 회의에서는 기후변화로 발생한 개발도상국의 경제적 피해에 대해서 선진국의 개발도상국 손실보상 및 지원문제에 대한 일반적인 합의에 도달하였다(UN Environment Programme, 2022a).

3 우크라이나 전쟁과 기후변화

　　2022년 2월 말 러시아의 우크라이나 무력 침공은 20세기 인류의 가장 커다란 비극으로 기록되고 있는 양차 세계대전이 발생한 유럽대륙에서 시작됐다. 1945년 제2차 세계대전 종전 이후 러시아의 조지아 침공 및 크리미아 반도 강제 합병 등 소규모의 국지전은 발생하였으나 유럽대륙뿐만이 아니라 전 세계적으로 전쟁의 영향을 직간접적으로 미치는 규모의 전쟁은 이번이 처음이다. 유럽연합은 종전 이후 약 75년 간 평화체제를 구축하여 대규모 전쟁이 발생한 것에 대해 가장 큰 영향을 받고 있는 지역이다.

　　우크라이나 전쟁은 단순히 러시아가 우크라이나를 무력으로 침공한 양 국가만의 전쟁이 아니라 1945년 이후 지속된 세계정치 및 경제체제를 구축한 국제질서에 대한 도전으로 인식되고 있다. 즉, 제국주의 시대에 통용 되었던 강대국의 약소국 침략 및 병합을 통한 강대국 간 무력 충돌로 세계 제1차 및 제2차 세계대전의 참화에서 인류는 역사적 반성을 기초로 현대국가의 영토 불가침성을 인정한 유엔헌장을 기초로 국제질서를 구축하였다. 국제사회는 이를 기반으로 평화시대를 열게 된 것이다. 따라서 러시아의 우크라이나 침공은 기존 질서를 파괴하는 것으로 인식하여 러시아와 중국을 중심으로 하는 권위주의 진영과 서구, 일본 및 한국을 중심으로 하는 민주주의 진영 간 대리전의 양상을 갖고 있다. 이처럼 상이한 진영의 이념 간 갈등을 기초로 시작된 전쟁으로 양측 모두 패배할 수 없는 진영 논리를 기초로 하기 때문에 전쟁이 장기화 가능성이 높다는 관측이 지배적이다.

　　우크라이나 전쟁이 유럽에서 발생한 단순한 지역 전쟁이 아니라 전 세계적으로 정치, 경제, 사회, 문화, 환경 등 모든 부문에 전방위적으로 영향을 미치는 가장 중요한 이유는 전쟁 당사국인 러시아와 우크라이나가 에너지 및 식량자원의 중요한 글로벌 공급 국가이기 때문이다. 인류의 생존에 필수적인 에너지 및 식량 자원의 공급 차질은 세계 모든 국가에 영향을 미치며 특히 경제력이 취약한 개발도상국에 더욱 커다란 고통을 발생시킨다. 그 결과 에너지 및 식품가격 상승으로 인하여 세계적으로 높은 수준의 인플레이션이 지속되고 있다. 특히 우

표 8-1   우크라이나 전쟁으로 인한 국내 탄소 배출량(2022년 2월 24일~9월 30일)

부문	탄소 배출량(1,000톤)	배출 비중(%)
전쟁 피난민 이동	1,397	1.4
전쟁 수행	8,855	9.1
화재	23,764	24.4
사회간접자본 재건	48,670	50.0
노르드 스트림 1 & 2 가스관 폭파	14,600	15.0
합계	97,286	100.0

출처: de Klerk, et al. 2022

크라이나 전쟁은 코로나 팬데믹 과정에 발생하였고 글로벌 경제가 2020년 세계적인 경기침체에서 2021년 경기 회복 과정 직후에 발생하였기 때문에 글로벌 경제에 미치는 부정적인 영향은 예상보다 매우 큰 것으로 분석되고 있다.

우크라이나 전쟁으로 가장 직접적인 피해를 보고 있는 전쟁 당사국인 우크라이나의 경우 전쟁 직후부터 2023년 2월 말까지 국내 사회간접자본의 약 50% 이상이 파괴된 것으로 조사되고 있다. 또한 러시아의 포격은 군사시설 및 사회간접자본시설 뿐만이 아니라 민간지역에도 발생하여 주택, 상업, 산업 시설도 대규모로 파괴됐다. 이처럼 대규모 시설 파괴는 공기, 수자원, 국토 등 지역환경 오염 문제뿐 아니라 막대한 량의 탄소배출을 무작위로 발생시켜 자연생태계를 파괴하였고 이는 기후변화에 부정적으로 작용하고 있다.

이처럼 전쟁시작 이후 2022년 9월 말까지 약 7개월 간 발생한 우크라이나 국내 및 전쟁으로 직접적으로 연관된 탄소 배출량은 약 1억톤으로 조사 분석되고 있으며 이는 유럽연합 회원국인 네덜란드의 연간 탄소 배출량과 동일하다. 즉, 우크라이나 전쟁이 장기화되면 될수록 우크라이나 국내에서 발생하는 탄소 배출량은 지속적으로 증가하게 되는 상황이다. 또한 전쟁 종전 후에 시작될 국가 재건사업 과정에서도 현재 전쟁 중인 상황에서 사회간접자본 재건 부문이 전체 탄소배출 부문에서 50%를 차지하기 때문에 막대한 량의 탄소배출이 예상된다(de Klerk, et al. 2022; Allam, et al. 2022)(표 8-1 참조).

우크라이나 전쟁 직전 2021년 말 유럽연합 에너지 수입 비중은 약 48%에 달하였다. 이는 2017년 수입비중 45%에서 증가한 상황이다. 유럽연합이 석유,

천연가스, 석탄 등 화석 에너지 자원을 가장 많이 수입하는 국가는 러시아다. 석유는 2021년 36.5%, 천연가스는 41.1%, 석탄은 19.3%를 러시아 에너지 자원에 의존하고 있다. 이처럼 러시아 에너지 자원 의존도가 매우 높은 상황에서 우크라이나 전쟁이 발생하였다. 러시아에 대한 에너지 의존도가 높은 상황에서 유럽연합은 미국과 함께 서방 진영을 대표하여 러시아에 대한 광범위한 경제제재를 전쟁 직후부터 2023년 2월 말 제10차 경제 제재까지 실시하였다. 서방의 경제 제재에 대항하기 위하여 러시아는 에너지 및 식량자원을 무기화하면서 화석에너지 가격과 식품가격이 2022년 3월 이후 급등하게 된다. 그 결과 유럽연합이 에너지 및 식량위기를 동시에 경험하게 되는 특수한 상황에 직면하게 되었다. 높은 수준의 에너지 위기와 낮은 수준의 식량위기가 유럽연합에 미친 직접적인 영향은 미국보다 높게 발생한 인플레이션이다. 2022년 10월 인플레이션이 11.1%로 정점에 도달하였고 2022년 유럽연합의 연 평균 인플레이션은 10.4%에 달하였다(Allam et al., 2022; Eurostat, 2022; Statista, 2023; Eurostat, 2023).

에너지 가격 급등으로 인하여 유럽연합은 2022년 3월 이후 약 183만 배럴의 비축류를 방출하였으나 석유수요 증가로 인하여 유가 안정을 달성하는 데는 역부족이었다. 그 결과 글로벌 시장에서 유가는 지속적으로 상승하여 배럴당 130달러까지 상승하였고 2022년 9월에는 약 95달러로 하락하여 2022년 말 약 70~80달러를 기록하였다. 천연가스 가격도 우크라이나 전쟁 이전 2021년 10월 1톤 큐빅미터당 1,000달러에서 전쟁 직후 인 2022년 3월 1톤 큐빅미터당 3,898달러로 약 4배 수직 상승한 후 2022년 8월에는 3,300달러로 하락하였다. 이후 2022년 겨울 기온 상승으로 인하여 천연가스 소비가 감소하며 2023년 1월 우크라이나 전쟁 이전 가격대인 1,000달러 이하로 하락하였다. 그러나 국제에너지기구(IEA) 및 주요국 에너지 연구기관은 2023년 중국의 경제활동 재개를 알리는 리오픈잉(Reopening) 정책으로 인한 에너지 수요 증가, 천연가스 공급 감소, 유럽의 겨울 천연가스 비축 등으로 천연가스 가격이 다시 상승할 수 있다고 예측하고 있다(U.S. Energy Information Administration, 2023; World Economic Forum, 2023).

에너지 가격이 우크라이나 전쟁 이후 급격한 상승을 나타내고 있는 것은 세계 에너지 시장에서 에너지 수요와 공급이 균형을 이루지 못하고 있는 근본적인 이유 이외에도 기후변화를 해소하기 위한 에너지 전환과도 밀접한 관련이 있다. 즉, 탄소배출을 감축시키기 위하여 재생에너지 자원 개발에 많은 투자가 이루어지고 있다. 그 결과 화석연료 생산에 대한 투자는 감소하고 있기 때문에 화석연료 중 특히 석유와 천연가스 가격 변동성이 확대 되었다. 이러한 상황에서 우크라이나 전쟁은 유럽연합에게 에너지 안보의 중요성에 에너지 정책 초점을 맞추도록 하였고 또한 재생에너지 자원개발과 에너지 수입 다변화에 주력하도록 하고 있다. 이외에도 유럽연합은 높은 에너지 수입 의존도로 인하여 에너지 소비 감소를 유도하는 에너지 소비 효율성을 강화하는 에너지 소비 정책에도 정책적 관심을 집중하고 있다(Baev, et al., 2022; Kuzemko, et al., 2022; World Economic Forum, 2023).

우크라이나 전쟁으로 인한 급격한 에너지 가격 상승과 러시아에 대한 에너지 수입 의존도가 매우 높은 유럽연합은 에너지 안보를 강화하고 매년 1,000억 유로에 달하는 러시아 산 에너지 수입액이 러시아의 전쟁 수행 자금으로 사용된다는 비난을 종식시키기 위해서 에너지정책을 공급정책 중심에서 수요정책으로 방향을 수정하였다. 위의 두 문제를 동시에 해결하기 위해서 재생에너지 자원개발, 에너지 효율성 증대, 에너지 공급 다변화 등에 집중 하였다. 이를 위해서 유럽연합 집행위원회는 2022년 5월 재생에너지 지침(Renewable Energy Directive)을 기초로 유럽연합 재생에너지전력계획(REPower EU Plan)을 수립하였다(European Commission, 2022: Kuzmeko et al., 2022).

이 계획은 유럽연합의 재생에너지 소비 비중을 2030년까지 총 에너지 소비에서 기존의 40%에서 45%로 증가시키고 이는 2021년 발표된 탄소배출 감축 상향 목표인 "Fit For 55"에 연동되어 있다. 유럽연합 재생에너지전력계획은 러시아로부터 수입되는 높은 화석연료 수입 의존도를 획기적으로 극복하기 위하여 이를 금지하여야 한다는 회원국 내 85%의 압도적인 국민적 지지를 얻은 상태에서 추진되었다. 또한 이는 에너지 위기라는 심각한 상황에서도 에너지 안보 확립 및 기후변화에 적극적으로 대처하여야 2050년 탄소중립 경제체제를 구축할 수 있고 유럽연합 에너지 안보 확립이라는 절박함의 의지를 내포하고 있다.

또한 이 계획의 핵심에는 환경친화적인 녹색 전환(Green Transformation)을 통해서 경제성장, 에너지 안보, 기후행동 등을 강화하는 회복 및 탄력기능(Recovery and Resilience Facility: RRF)이 존재하고 있다. 이 기능은 회복 및 탄력기능법령에서 규정하고 있으며 기존의 회복 및 탄력기능계획(Recovery and Resilience Plans: RRPs)과 연계되어 유럽연합 재생에너지전력계획을 지원하고 있다. 이 계획을 재정적으로 지원하기 위하여 유럽연합 집행위원회는 회복 및 탄력기능(RRF) 산하 2,250억 유로 대출금을 확보하고 있다(European Commission, 2022).

우크라이나 전쟁은 에너지 위기, 식량위기, 환경파괴 등으로 유럽 그린 딜(EGD) 전략에도 부정적인 영향을 미쳤다. 막대한 직간접 전쟁 피해가 발생함에 따라서 세계 주요 경제국가 및 지역 중 특히 유럽연합이 직면한 피해는 상대적으로 더욱 크다. 특히 전쟁의 부정적 결과를 우선적으로 해결하기 위하여 유럽연합 내 몇몇 회원국 내에서도 유럽 그린 딜 전략과 목표를 수정할 필요가 있다는 의견도 대두 되었다. 그러나 유럽 그린 딜 전략은 2050년 유럽연합의 탄소중립 경제체제를 구축하는 핵심 실행 수단으로 2022년 2월 이후 진행되는 우크라이나 전쟁으로 그 경로를 수정하게 되면 기후변화 대응이 지연되어 더욱 커다란 부정적 영향이 발생할 수 있다고 유럽연합 집행위원회는 판단하였다.

따라서 유럽연합 집행위원회가 선택한 방식은 유럽 그린 딜 전략을 지속적으로 추진하고 우크라이나 전쟁으로 발생한 에너지 위기에 적극적으로 대처하기 위하여 재생에너지 전환에 자본과 기술을 집중하고 유럽 그린 딜이 설정한 목표치를 더욱 상향시켜 이를 기한 내에 달성하는 데 정책적인 초점을 맞추고 있다. 이러한 목표를 달성하기 위해서는 유럽 그린 딜 전략에 대한 유럽연합 27개 회원국의 더욱 강력한 의무가 요구되고 환경에 대한 장기 영향평가, 탄소배출 상쇄 및 모니터링, 회원국 간 불평등 해소 등이 요구되고 있다. 이러한 정책방향이 장기적으로 우크라이나 전쟁의 부정적 영향이 원만하게 상쇄될 수 있을 것으로 추정된다(Lacobuta & Onbargi, 2022).

Chapter

09

결론

21세기 환경 및 에너지문제가 글로벌 이슈로 부각되면서 기후변화로 인한 지구온난화현상, 탄소배출 감축 등은 우리 인류 최대의 글로벌 관심사로 자리 잡게 되었다. 따라서 에너지와 지구환경, 이산화탄소(CO_2) 배출 문제는 에너지, 경제, 환경부문에 종사하는 모든 전문가를 막론하여 지구의 지속가능한 성장과 미래의 지구환경보존, 인류의 생존을 위하여 반드시 해결하여야 할 인류의 보편적이며 필수적인 관심사가 되었다.

그러나 불행하게도 전 인류적인 관심에도 불구하고 일정기간 내에 온실가스 배출감축 대책을 강구할 수 있는 가능성은 비교적 적고 동시에 에너지 부문의 획기적인 전환을 의미하는 화석연료 중심에서 재생에너지 부문으로의 이전에 필요한 경제적 비용은 증가하게 되었다. 즉, 지구기온 상승을 섭씨 2도로 제한하는 탄소 배출량으로 이행하는 조치가 1년 지연될 때마다 전 세계가 필요한 투자액은 매년 약 5,000억 달러가 증가하여 2010~2030년의 누적된 합계로 10조 5,000억 달러에 달하게 된다. 이는 세계경제 성장률을 약 20% 감소시키는 결과를 초래하게 될 것으로 스턴보고서(Stern Report)는 예측하고 있다(Stern, 2006).

이러한 최악의 시나리오에 도달하기 이전에 지구온난화 문제를 해결하기 위하여 유럽연합(EU)은 유럽연합 차원에서 글로벌 대책 중의 하나로 이산화탄소 배출권시장을 2005년부터 운영 중에 있다. 이외에도 유럽연합은 2050년 기후 및 탄소중립을 달성하기 위하여 2019년 유럽 그린 딜 전략을 추진하고 있다. 그러나 이산화탄소 배출권시장에 대하여 비판적인 시각을 갖고 있는 단체는 이러한 조치는 이산화탄소 배출량 절감에는 실질적으로 기여하지 못하고 현실적으로 이산화탄소 배출권이 국경이나 지역을 이동하는 결과만을 가져온다고 주장하고 있다.

이는 현실적으로 매우 설득력이 있는 주장으로 이해되고 있으며 이를 해결하기 위해서는 보다 근본적인 조치가 뒤따라야 한다는 주장이 대두되고 있다. 이러한 대안을 제시하기 위하여 궁극적으로 탄소배출량을 감소시키기 위해서는 탄소세(Carbon Tax)를 도입하여야만 한다고 주장하고 있다. 그러나 현실적으로 탄소세를 부과하는 국가는 북유럽 5개 국가에 한정되어 있다. 이처럼 이산화탄소 배출권제도 및 탄소세 시행은 해당 국가에 재생에너지 개발 및 사용을 촉진시키는 역할을 수행하고 있다. 탄소시장에 대한 비판적인 시각에도 불구하고 탄소시장을 통한 탄소배출권거래를 운영하면서 유럽연합은 경제성장과 탄소배출 감축을 동시에 달성하는 혁신적인 기후정책 및 에너지정책을 추진하였다. 그 결과는 1990년에서 2017년까지 약 27년 간 유럽연합의 국내총생산(GDP)은 약 58% 성장하였으며 같은 기간 탄소배출 감축량은 1990년 대비 22%가 감소하여 유럽연합의 2020년 감축 목표치인 20%를 조기에 달성하였다. 이로서 국내총생산에서 차지하는 탄소배출 집중도를 동 기간에 50% 감소시킬 수 있었으며 경제성장과 탄소배출과의 관계를 일반적으로 동조화 관계에서 탈 동조화 관계로 전환시키는 데 성공하였다(Delbeke, 2019; EEA, 2019; Eurostat, 2019; World Bank, 2021).

또한 탄소배출권 시장과 더불어 유럽연합은 유럽 그린 딜 전략을 2019년 발표하였다. 이후 지속적인 수정 및 보완을 거쳐서 추진하기 시작한 유럽 그린 딜 전략은 2050년까지 약 1조 유로의 예산을 투자하여 유럽연합 산업의 디지털 전환, 지속가능 성장 창출 등과 같은 업그레이드를 통하여 글로벌 경쟁력을 강화하는 것을 목표로 하고 있다. 즉 이 전략은 2050년까지 기후 및 탄소중립을 달성하여 기후변화를 야기하는 온실가스를 전혀 배출하지 않는 환경 친화적인 지구상에서 최초의 대륙이 되려는 목표를 설정하고 있다.

지구 온난화 현상을 효율적으로 억제하기 위하여 유럽연합(EU)은 기후정책을 다자주의적 원칙 하에서 발전시켰다. 따라서 유럽연합의 기후정책은 국제연합(United Nations: UN)에서 의결한 모든 의무사항을 반영하고 있다. 그 결과 유럽연합이 비준한 교토의정서(Kyoto Protocol)가 결정한 이산화탄소 배출 8%를 감축하는 방법을 유럽연합 내에서 논의한 것이 기후정책의 시발점이다. 이후 유럽연합이 탄소배출에 대한 경제적 비용을 부과하는 데 약 10년이 걸렸으며 회원국 정부지도자가 2020년 및 2030년 탄소배출 감축비율을 합의하는 데 성공하였다. 이를 기초로 유럽연합은 유럽연합 차원의 전반적인 기후정책을 추진할 수 있게 되었다.

기후변화로 인한 다방면의 부정적 충격은 유럽연합 내 경제적 측면뿐만이 아니라 각 개별적 시민과 사회전반에 미치고 있다. 실제로 다발적 홍수, 강우량

변화 및 산불피해 등과 같은 사례가 이전과는 매우 다른 형태로 발생하고 있으며 각 회원국 국민의 인명과 재산 및 사회간접자본에 대한 피해도 증가하고 있다. 특히 2021년 7월에 독일, 벨기에, 네덜란드 등에서 발생한 대규모 폭우는 수백 명의 사망자와 1,500명 이상의 실종자를 발생시켰으며 이러한 자연재해가 개발도상국뿐만이 아닌 선진국에서도 자주 발생할 수 있다는 경각심을 높이는 계기가 되었다.

이외에도 기후변화로 인한 지구 온난화 현상은 그린란드(Greenland)의 빙하를 빠른 속도로 해빙시키고 있으며 이는 해수면 상승으로 이어지고 있다. 과학자들의 예측에 의하면 그린란드의 빙하가 현재의 속도로 녹게 되면 2050년 해수면이 약 7미터 상승할 것으로 예측하고 있다. 이는 유럽대륙 대부분의 해안도시는 수중도시가 된다는 것을 의미한다. 해수면 상승 이외에도 지구 온난화 현상은 사막화 현상도 동시에 발생시켜 지중해 및 북아프리카 지역의 경제성장에 커다란 장애요소로 작용하게 되며 그 결과 다수의 경제적 기후난민이 발생하여 유럽연합 회원국으로 이주를 단행할 것으로 예상하고 있다.

기후정책과 함께 에너지정책은 탄소배출을 감축하기 위하여 매우 중요하다. 일반적으로 에너지정책과 지속가능 성장은 매우 상이한 부문으로 이해할 수도 있으나 글로벌 경제제체에서는 매우 긴밀하게 연계되어 있는 것이 현실이다. 1970년대 두 차례 발생한 석유위기와 2014년 중반 이후 글로벌 수요와 공급의 격차에서 발생하는 석유가격 하락이 글로벌 경제에 미치는 영향에서 이해할 수 있듯이 에너지 자원이 글로벌 경제에 미치는 영향은 매우 크다. 따라서 에너지 의존도에 관계없이 합리적이며 효율적인 에너지정책을 추진하는 국가가 경제적으로 지속가능한 성장을 달성할 수 있는 가능성이 높아지게 된다.

에너지정책과 지속가능 성장이 상호 밀접하게 연계되어 있으며 글로벌 환경문제와도 관련이 깊은 이유는 다음과 같다.

첫째: 과다한 온실가스 배출로 인한 지구온난화현상 해소

21세기는 환경 및 에너지에 관한 이슈가 인류의 최대 화두로 인식되고 있으며 이를 해결하기 위한 다양한 방법론 등이 글로벌 차원에서 제기되고 있는 실정이다. 또한 지난 20세기는 18세기 서유럽에서 시작된 지역적 산업화와는 달리 세계적으로 산업화가 실시된 세기로 모든 국가에서 경제 및 산업의 발전을 위하여 화석연료를 무차별적으로 사용하여 과다한 온실가스를 배출하여 결과적으로 지구온난화현상을 발생시켰다.

이로 인하여 1997년에 발효된 교토의정서(Kyoto Protocol)를 준수하기 위한 각 국가의 노력이 실행되고 있으며 이는 각 국가의 에너지 정책에 중요한 역할을 하기 시작하였다. 이후 오랜 준비 작업에도 불구하고 2009년 12월 덴마크 코펜하겐 기후변화정상회의에서 선진국 및 개발도상국 간 합의점을 찾지 못하였으나 2010년 11월 멕시코 칸쿤 기후변화정상회의에서는 당사국 간의 의견조율에 상당한 진전을 보게 되었다. 그 결과 2014년 12월 페루 리마에서 개최된 제20차 기후변화협약 당사국총회에서 2020년 이후 국가별 온실가스 감축목표 제출지침을 확정지었다. 따라서 2020년 이후 각 회원국은 스스로 결정하는 온실가스 감축목표를 설정하여 2015년 12월 프랑스 파리에서 개최되는 제21차 기후변화 당사국총회에 제출하였고 이는 채택되었다.

둘째: 에너지정책이 신 성장 동력의 핵심 중 하나

21세기 에너지정책은 화석연료 사용 중심의 20세기 에너지정책과는 근본적으로 상이한 형태로 진행되고 있다. 즉, 화석연료 사용중심의 20세기 에너지정책은 공급자 위주의 에너지정책이었으나 친환경 중심의 21세기 에너지정책은 수요자 중심으로 정책의 핵심이 전환되었다.

친환경 에너지정책을 수행하기 위하여 유럽연합은 수요자 중심 에너지자원인 태양광 및 태양열, 풍력, 바이오 등과 같은 재생에너지 자원개발에 1980년대부터 정책적인 관심과 시행, 자본 및 기술축적 등을 이룩할 수 있도록 노력하였다. 따라서 에너지정책과 기후정책이 지속가능 성장을 견인하는 가장 중요한 정책요소로 자리 매김하기 시작하였다. 이는 새로운 성장산업의 진입을 가능하게 하여 유럽연합의 신 성장 동력의 역할수행과 환경 친화적인 이미지 향상에 크게 기여하고 있다.

셋째: 지속가능한 경제발전 전략

에너지정책을 기초로 지속적인 경제성장을 달성하기 위한 방안으로 핀란드, 스웨덴, 덴마크, 노르웨이, 네덜란드 등 5개국 북유럽국가와 독일, 영국 등 유럽연합(EU) 회원국을 중심으로 이미 1990년대 초와 중후반에 탄소세를 도입하였다. 탄소세 도입 및 운영을 약 10년 이상 실시한 후 이를 기초로 효율적인 이산화탄소 배출 감소를 극대화하기 위하여 이산화탄소 배출권시장을 2005년부터 유럽연합 차원에서 운영하고 있다. 따라서 탄소세 도입과 이산화탄소 배출권시장은 환경 친화적인 에너지정책을 수행하는 데 가장 중요한 정책수단 중 하나로 인식되고 있으며 이 정책의 수행을 통하여 에너지 및 환경부문의 첨단기술혁신 창출과 고용창출의 성과를 나타내고 있다.

유럽연합 에너지정책의 핵심은 기후정책과 함께 온실가스배출을 획기적으로 감축하여 2050년 기후 및 탄소중립에 도달하는 에너지전환정책이다. 이 정책의 핵심은 유럽연합의 에너지원을 20세기 화석연료 중심에서 21세기 환경 친화적이며 지속 사용이 가능한 재생에너지 중심으로 재편하는 것이다. 이로서 2050년 온실가스를 전혀 배출하지 않는 기후 및 탄소중립을 달성하여 유럽연합의 근본적인 문제인 에너지 수입의존도를 최소화하여 에너지자립을 달성하는 것이다.

이 과정에서 주의 깊게 살펴보아야 할 점은 2050년 기후 및 탄소중립을 달성하기 위하여 원자력 에너지의 역할이 존재한다는 점이다. 따라서 온실가스를 전혀 배출하지 않는 원자력 발전 비율을 2050년까지 유럽연합 내 약 15~20% 유지하면서 재생에너지 개발을 추진하고 재생에너지가 갖고 있는 최대 약점인 기저발전의 역할을 수행하는 점이다. 이는 유럽연합 내 에너지전환정책 수행에서 우수한 사례를 보이고 있는 독일, 영국, 스웨덴의 경우 자국의 산업경쟁력 유지 및 향상을 토대로 각각의 상이한 에너지전환정책을 수행하면서 성과를 창출하고 있는 것이 우리나라의 에너지전환정책에 많은 시사점을 제공해 주고 있다.

기후 및 탄소중립 실현은 탄소중립경제체제를 구축할 수 있다는 것이다. 탄소중립경제체제는 유럽연합에서 공식적으로 순환경제체제로 사용하고 있다. 이 의미는 유럽연합의 경제활동에서 2050년 이후 탄소배출을 전혀 하지 않을 뿐 아니라 생산 활동에 필요한 원자재 소비를 지속적으로 감소하여 원자재 소비 의존도를 점진적으로 줄여 나가는 것이다. 이를 위해서는 사용된 원자재를 재사용(Reusing), 재활용(Recycling), 자원소비 감소(Reducing)를 통하여 소비자가 자원소비에 필수적으로 발생하는 환경파괴보다 더 많은 혜택을 자연에 환원시키는 역할을 하며 소비자는 내구성이 강화된 제품을 소비함으로 인하여 삶의 질적 향상을 향유할 수 있다. 이처럼 인간과 자연이 공존하면서 삶의 질적 수준을 향상시킬 수 있는 경제체제가 순환경제체제인 것이다.

이처럼 기후 및 탄소중립 실현을 통하여 순환경제체제를 구축하기 위한 전략이 유럽 그린 딜 전략이다. 이 전략을 통하여 유럽연합은 2050년 기후 및 탄소중립을 달성할 뿐만이 아니라 기후부문에서 세계적으로 선도하는 지역으로 자리매김하고 에너지부문에서는 에너지 의존도를 획기적으로 낮추어 글로벌 초강대국인 미국과 경쟁하려는 것이다. 이 전략을 계획대로 달성하기 위하여 유럽연합은 유럽 그린 딜 행동계획을 수립하여 추진 중에 있으며 세부적인 로드맵을 기초로 활동하고 있다.

유럽 그린 딜 전략을 차질 없이 추진하기 위해서 유럽연합은 2021년 7월 중순 업데이트 되고 "EU Fit for 55"라 명명된 유럽연합 기후 및 에너지제안(Climate and Energy Package)을 발표하였다. 이 제안에서 유럽연합은 2030년까지 탄소배출량을 1990년 대비 55% 감축하고 재생에너지 사용 비율을 40%로 상향 조정할 것을 결정하였다. 이처럼 탄소배출 감축 및 재생에너지 소비비중 목표를 상향조정한 것은 2050년 지구의 기온상승을 섭씨 1.5도로 제한하기 위한 조치이다. 이는 기존의 40~45%보다 훨씬 강화된 감축 목표량이며 이를 달성하기 위하여 외국에서 수입되는 제품이 역내 제품보다 더 많은 탄소를 배출 할 경우 이에 상응하는 탄소국경세(Carbon Border Tax)를 부과하기로 결정하였다. 탄소국경세는 2023년에서 2025년까지는 역외기업이 신고만 하는 유예기간을 거쳐서 2026년 1월 1일부터는 탄소세를 지불하여야 한다. 이로서 유럽연합에 철강, 시멘트, 비료,

그림 9-1　세계 주요국가 무역을 통한 순탄소수입국 및 순탄소수출국(2015년)

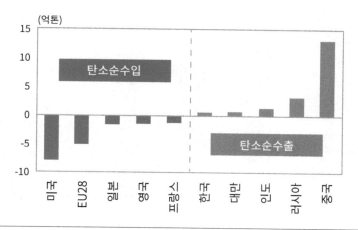

출처: Yamano & Guihoto, 2020 재인용

알루미늄, 전기 등 5개 분야에 수출을 가장 많이 하는 러시아, 중국, 터키, 인도 등의 경제적 타격이 예상된다.

　　OECD가 국제산업연관표를 이용하여 2015년 국가별 수출 및 수입으로 발생하는 탄소배출량을 측정한 결과 탄소배출 규제가 매우 강력한 유럽연합(EU), 미국, 일본 등 경제선진국은 탄소 순수입국이며 탄소배출 규제가 상대적으로 미약한 중국, 러시아, 인도 등 개발도상국은 탄소 순수출국으로 조사되었다. 우리나라의 경우 불행하게도 미약하지만 탄소 순수출국에 포함되었다(김선진 외, 2021) (그림 9-1 참조)

　　이러한 글로벌 교역 상황에서 2019년 기준 탄소국경조정제도(CBAM) 대상품목을 유럽연합(EU)에 가장 많이 수출하는 국가는 러시아, 중국, 영국, 터키, 인도 순이며 우리나라는 인도 다음으로 제 6위의 국가로 약 32억 3,000만 달러(약 30억 유로)를 수출하고 있다. 우리나라의 경우 철강과 알루미늄이 CBAM 대상품목이며 이중 철강제품의 수출비중이 약 29억 달러로 96.3%를 차지하여 매우 높은 수준을 나타내고 있다(이천기 외 2021)(그림 9-2 참조).

　　유럽연합(EU)의 탄소국경세 부과 시 우리나라의 대 유럽연합 수출이 최대 약 0.8%에서 최소 약 0.3% 감소하는 것으로 국내 주요 경제연구기관들은 분석하

그림 9-2　2019년 유럽연합 시장 CBAM 대상품목 주요 수출국(천 달러)

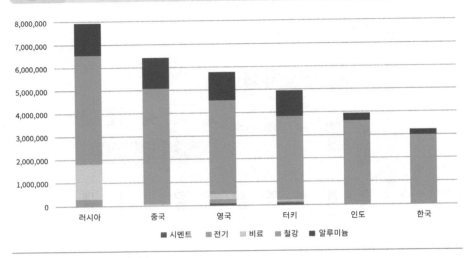

출처: 이천기 외, 2021 재인용

고 있다. 이로 인한 국내총생산(GDP) 감소폭은 최대 약 0.13%에서 최소 약 0.08%에 달할 것으로 예상하고 있다. 우리나라 국가경제에 직접적으로 미치는 영향은 상대적으로 적은 수준으로 이해할 수 있으나 탄소국경세가 경제선진국인 미국, 일본 및 영국 등에서 동시에 진행될 경우에 수출의존도가 매우 높은 우리 나라 경제가 부담하여야 할 비중은 더욱 증가하게 된다. 따라서 유럽연합의 탄소 국경세 부과를 전략적 차원에서 대응하여야 할 필요가 있다(김선진 외, 2021; 이천 기 외, 2021)

　　탄소국경세 부과는 또 다른 기술 장벽을 기초로 하는 보호무역주의라는 비 난도 존재하지만 탄소배출 누수현상을 방지하기 위해서는 필수적인 조치라고 유 럽연합 집행위원회는 주장하고 있다. 이외에도 유럽 그린 딜 전략에 참여하지 않 는 폴란드 등 동유럽 국가 회원국의 거부현상도 현실적으로 해결하여야 할 사항 이다. 그러나 장기 전략을 수립 한 후 지속적인 대화와 타협을 통하여 최종 목표 를 달성한 유럽연합의 전통과 접근방식을 기초로 분석하면 유럽연합 기후 및 에 너지제안에 동유럽 국가도 향후 적극적으로 참여할 가능성이 매우 높다.

　　이외에도 2021년 미국은 중국의 부상을 견제하기 위해서 자국 중심의 새로운 글로벌 공급망 구축을 시작하였다. 이를 위해서 2022년 반도체과학법(CSA)과 인플레이션감축법(IRA)을 제정하였다. 이에 적극적으로 대항하고 그린 딜 산업계획의 주요 정책을 원활하게 수행하기 위하여 유럽연합은 핵심원자재법(CRMA)과 탄소중립산업법(NZIA)을 제정하였다. 그러나 이러한 신규 법령제정은 역외국가에게 또 다른 녹색보호무역주의(Green Protectionism)를 강화시키는 위험도 동시에 존재하고 있다.

유럽연합이 탄소중립 경제제체 구축 목표 설정 및 그 주요 실행 수단인 유럽 그린 딜 전략을 발표 한 직후 2020년 1월 코로나 팬데믹이 발생하고 전 세계가 팬데믹의 위험을 극복하기 시작한 2022년 2월 우크라이나 전쟁이 발생하였다. 팬데믹과 전쟁은 2023년 현재에도 지속되고 있으며 전 세계는 특히 전쟁으로 인한 에너지 및 식량 위기를 경험하고 있다. 특히 러시아 에너지 수입 의존도가 상대적으로 높은 유럽연합의 정치, 경제, 안보 위협이 높은 편이다. 이외에도 팬데믹과 전쟁은 각 국가의 생존에 직접적인 영향을 미치기 때문에 장기적 차원에서 접근하는 기후변화에 대한 관심과 경각심도 상대적으로 약화된 것이 현실이다. 이러한 상황하에서도 유럽연합은 에너지 안보 확립 및 기후변화 대응을 강화하기 위하여 재생에너지 개발, 에너지 효율성 강화, 에너지 수입 다변화 등을 통하여 재생 에너지 소비 목표치를 상향시켜 환경 친화적 에너지 전환을 추구하고 있다. 이를 통해서 팬데믹 및 우크라이나 전쟁으로 발생한 부정적인 역내 정치, 경제, 안보 상황 하에서도 2050년 탄소경제체제 구축 및 에너지전환이라는 기존의 목표를 달성하기 위하여 최선을 다하고 있다.

이처럼 팬데믹 및 우크라이나 전쟁하에서도 유럽연합의 적극적인 기후변화 대응전략은 탄소중립을 선언한 타 주요국과 비교할 때 매우 상이하다. 2050년 탄소중립을 달성하겠다고 선언한 미국, 일본, 한국과 2060년 이를 달성하겠다는 중국은 2021년 유럽연합의 "Fit For 55" 제안 이후 구체적인 로드맵과 실행 방안을 2023년 현재까지 발표하고 있지 못하다. 이러한 상황하에서 2050년 탄소중립 달성은 정치적인 구호에 불과하다는 학문적 견해와 비판도 존재한다. 그러나 글로벌 정치, 경제, 군사, 문화적 환경 변화에도 지속적으로 탄소중립 경제체제 구축 및 에너지전환을 위해서 2050년까지 장기 목표를 달성하기 위해서 실질적으로 최선을 다하는 유럽연합의 노력은 긍정적으로 평가받을 가치가 매우 높다 (Smil, 2022).

찾아보기

참고문헌

외국문헌

Advanced System Studies for Energy Transition (ASSET) (2020) Sectoral Integration: Long—Term Perspectives in the EU Energy System, Final Report, Nov., https://ec.europa.eu/energy/studies_main/final_studies/sectorial—integration—long—term—perspective—eu—energy—system_en, 2021년 7월 1일 검색

AEA (2011) Pathways to 2050 — Key Results, A Report to the Department of Energy and Climate Change, May, London: AEA

Agora Energiewende (2016) Die Energiewende im Stromsektor: Stand der Dinge 2015: Rückblick auf die wesentlichen Entwicklungen sowie Ausblick auf 2016, Berlin: Agora Energiewende

Agora Energiewende (2017a) Energiewende 2030: The big Picture, Berlin: Agora Energiewende

Agora Energiewende (2017b) Die Energiewende im Stromsektor: Stand der Dinge 2015: Rückblick auf die wesentlichen Entwicklungen sowie Ausblick auf 2016, Berlin: AE

Agora Energiewende (2018) The European Power Sector in 2017: Analysis, https://www.agora—energiewende.de/fileadmin/Projekte/2018/EU_Jahresruec kblick_2017/Agora_EU—report—2017_WEB.pdf, 2021년 7월 5일 검색

Allam, Z (2020) Oil, Health Equipment, and Trade: Revisiting Political Economy and International Relations Duringthe COVID—19 Pandemic, In Surveying the Covid—19 Pandemic and Its Implications, Allam, Z. (Ed.), Elsevier: Amsterdam, TheNetherlands, pp. 119- 127

Allam, Z., Bibri, S. E. and Sharpe, S. A. (2022) The Rising Impact of the COVID—19 Pandemic and the Russian—Ukraine War: Energy Transition, Climate Justice, Global Inequality, and Supply Chain Disruption, Resourcdes, resources—11—00099 (2022).pdf, 2023년 2월 23일 검색

Ambrose, J. (2019) New UK Nuclear Funding Model Could Leave Taxpayers Liable, The Guardian, July 14, https://www.theguardian.com/environment/2019/jul/14/new−uk−nuclear−funding−model−could−leave−taxpayers−liable−edf−sizewell, 2021년 7월 6일 검색

Anderson, S., Morton, J. and Toulmin C. (2012) Climate Change for Agrarian Societies in Drylands: Implications and Future Pathways. In: R. Mearns and A. Norton (Eds.) Social Dimensions of Climate Change. Washington, D. C.: World Bank, pp.199−230

Appun, K. (2018) The History behind Germany's Nuclear Phase−Out: Clean Energy Wire Factsheets, 02 Jan. https://www.cleanenergywire.org/factsheets/history−behind−germanys−nuclear−phase−out, 2021년 7월 3일 검색

Argus (2020) Nord Stream 2 Construction Plans Unaffected by COVID−19, April 20, https://www.argusmedia.com/en/news/2097877−nord−stream−2−construction−plans−unaffected−by−covid19, 2021년 6월 11일 검색

Arnelang, S. (2018) How much Germany's Energy Transition Cost? Fact Sheet, 01. June, https://www.cleanenergywire.org/news/breakthrough−german−coalition−talks−energiewende−costs−unknown/energiewende−costs−unknown−german−government, 2021년 7월 5일 검색

Bacher, J. and Tamesberger, D. (2020) COVID−19 Crisis: How to Avoid a Lost Generation, Intereconomics, Vol. 55, No. 4, pp. 232−238

Baran, B. (2019) The Circular Economy in EU Policy as a Response to Contemporary Ecological Challenges, Gospodarka Narodowa, Vol. 4, No. 300, pp. 31−51

Blinken, A. J. (2021) The United States Officially Rejoins the Paris Agreement, Feb. 19. state.gov/the−united−states−officially−rejoins−the−paris−agreement/, 2021년 4월 8일 검색

BMU (Federal Ministry of Environment, Nature Conservation and Nuclear Safety) (2007) The Integrated Energy and Climate Programme of the German Government, December, Berlin: BMUBMU (Federal Ministry of Environment, Nature Conservation and Nuclear Safety) (2007) The Integrated Energy and Climate Programme of the German Government, December, Berlin: BMU

Böhringer, C. (2003) The Kyoto Protocol: A Review and Perspectives, Discussio n Paper No. 03−61, https://www.econstor.eu/bitstream/10419/23995/1/dp036 1.pdf, 2021년 4월 26일 검색 Böhringer, C. (2003) The Kyoto Protocol: A Review and Perspectives, Discussion Paper No. 03−61, https://www.econstor.eu/ bitstream/10419/23995/1/dp0361.pdf, 2021년 4월 26일 검색

Bössner, S. (2016) Turning Energy Around: Coal andd German Energiewende, Discussion Brief, Stockholm: Stockholm Environmental InstituteBössner, S. (2016) Turning Energy Around: Coal andd German Energiewende, Discussion Brief, Stockholm: Stockholm Environmental Institute

British Broadcasting Company (BBC) (2020) Climate Change: What is COP 26, and Why is It Happening in Glasgow in 2021? 18 Nov. https://www.bbc.co.uk/ newsround/51372486, 2021년 5월 7일 검색

British Broadcasting Company (BBC) (2016) Migrant Crisis: Migration to Europe Explains in Seven Charts, https://www.bbc.com/news/world−europe−34131 911, 2021년 7월 14일 검색

British Broadcasting Company (BBC) (2021a) EU Unveils Sweeping Climate Chnage Plan, https://www.bbc.com/news/world−europe−57833807, 2021년 7월 27일 검색

British Broadcasting Company (BBC) (2021b) Western Powers Voice Outrage As Belarus Accused of Hijacking Plane, May 24, https://www.bbc.com/news/ world−europe−57224452, 2021년 6월 11일 검색

Brondizio, E. S., Settele, J., Diaz, S. and Ngo, H. T. (2019) Global Assessment Report on Biodiversity and Ecosystem Services of the Intergovernmental Science Policy Platform on Biodiversity and Ecosystem Services, Bonn: IPBES Secretariat

Brooks, R. and Fortun, J. (2020) Eurozone Output Gaps and the COVID−19 Shock, Inter−economics, Vol. 55, No. 5, pp. 291−296

Brower, K. M. & Bergkamp, L. (2021) Road to EU Climate Neutrality by 2050, Brussels: ECR Group

Burns, J. (2017) Pulling the Plug on Europe's Energy Dependence, The American century project, www.americansecurityproject.org/pulling−the−plug−on−europes−energy−dependence/, 2021년 6월 17일 검색

Cambridge Economics, Trinomics, and ICF (2018) Impacts of Circular Economy

Policies on the Labour Market: Final Report, May, Brussels: EC

Campos, A. (2017) The Main Challenges to the EU's Security of Supply, March, Policy Brief, Brussels: EU

COM (2011) A Roadmap for Moving to a Competitive Low Carbon Econmy 2050, 112 Final, Brussels: European Commission

COM (2014) European Energy Security Strategy, 330 Final, Brussels: European Commission

COM (2015) Closing the Loop—An EU Action Plan for the Circular Economy, 641 Final, Brussels: European Commission

COM (2016) Lives in Dignity: From Aid—Dependence to Self Reliance, Forced Displacement and Development, 234 Final, Brussels: European Commission

COM (2019a) The European Green Deal, 640 Final, Brussels: European Commission

COM (2019b) Report from the Commission to the European Parliament and the Council: Preparing the Ground for Rising Long Term Ambition EU Climate Action Progress Report 2019, 559 Final, Brussels: European Commission

COM (2020a) Regulation of the European Parliament and of the Council, 80 Final, April 03, Brussels: European Commission

COM (2020b) Sustainable Europe Investment Plan, European Green Deal Investment Plan, 21, Final, Jan. 14, Brussels: European Commission

COM (2020c) Just Transition Fund, 22, https://www.eumonitor.eu/9353000/1/j9v vik7m1c3gyxp/vl5bgb7s1szs, 2021년 5월 21일 검색

COP—7 (2021) The Marrakech Accords & the Marrakech Declaration, https://unfccc.int/cop7/documents/accords_draft.pdf, 2021년 4월 24일 검색

Cruciani, M. (2016) The Energy Transition in Sweden, Paris: IFRI

de Klerk, L., Shmurak, A., Gassan—Zade, O., Shlapak, M., Tomliak, K., and Korthuis, A. (2022) Climate Damage Caused by Russia's War in Ukraine, Climate Damagein Ukraine (2022).pdf, 2023년 2월 22일 검색

Department of Economic and Social Affairs, United Nations (UN) (2022) World Population Prospects 2022, NYC: UN

Department for Business, Energy & Industrial Strategy (2016) Electricity Generat ion Costs, https://assets.publishing.service.gov.uk/government/uploads/system

/uploads/attachment_data/file/566567/BEIS_Electricity_Generation_Cost_Report. pdf, 2021년 7월 5일 검색

Department for Business, Energy & Industrial Strategy (2017a) Electricity Market Reform: contracts for Difference, https://www.gov.uk/government/collections/ electricity−market−reform−contracts−for−difference, 2021년 7월 5일 검색

Department for Business, Energy & Industrial Strategy (2017b) The Clean Growth Strategy: Leading the Way to A Low Carbon Future, Oct. https://assets.publis hing.service.gov.uk/government/uploads/system/uploads/attachment_data/file/ 700496/clean−growth−strategy−correction−april−2018.pdf, 2021년 7월 7일 검색

Department for Business, Energy & Industrial Strategy (2018a) UK Energy in Brief, https://assets.publishing.service.gov.uk/government/uploads/system/uploads/at tachment_data/file/728374/UK_Energy_in_Brief_2018.pdf, 2021년 7월 7일 검색

Department for Business, Energy & Industrial Strategy (2018b) Digest of UK Energy Statistics (DUKES)2018: Main Report, https://www.gov.uk/government /statistics/digest−of−uk−energy−statistics−dukes−2018−main−report, 20 21년 7월 6일 검색

Department for Business, Energy & Industrial Strategy (2018c) Delivering Clean Growth, https://assets.publishing.service.gov.uk/government/uploads/system/ uploads/attachment_data/file/748296/delivering−clean−growth.pdf, 2021년 7 월 7일 검색

Department for Business, Energy & Industrial Strategy (2019a) The UK's Draft Integrated National Energy and Climate Plan (NECP), London: Open Government Licence (OGL)

Department for Business, Energy & Industrial Strategy (2019b) Final UK Greenhouse Gas Emissions National Statistics, https://www.gov.uk/govern− ment/collections/final−uk−greenhouse−gas−emissions−national−statistics, 2021년 7월 7일 검색

Department for Business, Energy & Industrial Strategy (2019c) Updated Energy and Emissions Projections: 2017, London: DBEIS

Delbeke, J. (2019) Have 25 Years of EU Climate Policy Delivered? In Delbeke, J and Vis, P. (eds.) Towards Climate−Neutral Europe: Curbing the Trend,

London: Routledge, pp. 1−23

Ekins, P., Strachan, N., Keppo, I., Usher, W., Skea, J., and Anandarajah, G. (2013) The UK Energy System in 2050; Comparing Low Carbon, Resilient Scenarios, UKERC Research Report, London: UKERC Ekins, P., Strachan, N., Keppo, I., Usher, W., Skea, J., and Anandarajah, G. (2013) The UK Energy System in 2050; Comparing Low Carbon, Resilient Scenarios, UKERC Research Report, London: UKERC

Elbassousy, A. (2019) European Energy Security Dilemma: Major Challenges and Confrontation Strategies, Review of Economics and Political Science, Vol. 4, No. 4, pp.321−343

Emission Database for Global Atmospheric Research (EDGAR) (2016) Data for CO2 Emission of Major Countries, http://edgar.jrc.ec.europa.eu/, 2021년 4월 18일 검색

Energimarknadsinspecktionen (2014) The Swedish Electricity and Natural Gas Market, Stockholm: Energimarknadsinspektionen

Energimyndigheten (2017) Energiläget 2017, Stockholm: Energimyndigheten

European Central Bank (2020) Statistics Paper Series: PCCI – A Data Rich Measure of Underlying Inflation in the Euro Area, https://www.ecb.europa.eu/pub /pdf/scpsps/ecb.sps38~ce391a0cb5.en.pdf?e7dc79677a3d5660547693cd3da3646 3, 2021년 6월 1일 검색

European Central Bank (ECB) (2023) Economic, Financial, and Monetary Developments, Frankfurt: ECB

European Commission (2014) A Policy Framework for Climate and Energy in Period from 2020 to 2030, Brussels: EC

European Commission (2017a) Special Eurobarometer 459, Report on Climate Change, Sep., Brussels: EC

European Commission (2017b) Securing Europe's Gas Supply: New Regulation Comes into Force, Brussels: EC

European Commission (2018a) "In−depth Analysis in Support of the Commission Communication COM(2018)773 – A Clean Planet for All: A European Long−Term Strategic Vision for a Prosperous, Modern, Competitive and Climate Neutral Economy, https://ec.europa.eu/energy/en/topics/en−

ergy−strategy−and−energy−union/2050−long−term−strategy, 2021년 4월 17일 검색

European Commission Communication (2018b) A Clean Planet for All: Strategic Long Term Vision for A Prosperous, Modern, Competitive and Climate Neutral Economy by 2050, Brussels: EC

European Commission (2018c), Commission Implementing Directive (Eu) 2018/1581 of 19 October 2018 Amending Council Directive 2009/119/Ec as Regards the Methods for Calculating Stockholding

Obligations, https://eur−lex.europa.eu/legal−content/EN/TXT/PDF/?uri=CELE X:32018L1581&from=EN, 2021년 6월 21일 검색

European Commission (2019a) Europe 2020 indicators − Climate Change and Energy, European, https://ec.europa.eu/eurostat/statistics−explained/index.php /Europe_2020_indicators_−_climate_change_and_energy#General_overview. 2021년 6월 22일 검색

European Commission (2019b) Climate Change. Report. Special Eurobarometer 490.

https://ec.europa.eu/clima/sites/clima/files/support/docs/report_2019_en.pdf, 2021년 7월 16일 검색

European Commission (2020a) Going Climate Neutral by 2050, file:///C:/Users/user/Documents/PDF%20file/%EC%A0%80%EC%84%9C/2021/E U%20Erasmus%20Program/Carbon%20Neutrality/Going%20Climate%20Neutrait y%20(2020).pdf, 2021년 4월 19일 검색

European Commission (2020b), Winter 2021 (Interim), European Economic For ecast, https://ec.europa.eu/info/sites/default/files/economy−finance/ip144_en _1.pdf, 2021년 5월 27일 검색

European Commission (2020c) Winter 2021 (Interim), European Economic Forecast, https://ec.europa.eu/info/sites/info/files/economyfi nance/ip144_en_1.pdf, 2021 년 6월 1일 검색

European Commission (2020d) Identifying Europe's recovery needs, https://eur −lex.europa.eu/legal−content/EN/TXT/PDF/?uri=CELEX:52020SC0098&from =EN, 2021년 6월 3일 검색

European Commission (2020e), Financing the green transition: The European

Green Deal Investment Plan and Just Transition Mechanism, https://ec.europa.eu/commission/presscorner/detail/en/ip_20_17, 2021년 6월 3일 검색

European Commission (2020f) Communication from the Commission to the European Parliament, the Council, the European Economic and Social Committee and the Committee of Regions, Powering a Climate Neutral Economy: An EU Strategy for Energy System Integration COM (2020) 299 Final, CELEX_52020DC0299_EN_TXT (2020).pdf, 2023년 1월 19일 검색

European Commission (2020g) Communication from the Commission to the European Parliament, the Council, the European Economic and Social Committee and the Committee of Region, A Hydrogen Strategy for a Climate−Neutral Europe, COM (2020) 301, Final, CELEX_52020DC0301 _EN_TXT (2020).pdf, 2023년 1월 21일 검색

European Commission (2021a) A European Green Deal, https://ec.europa.eu/info /strategy/priorities−2019−2024/european−green−deal_en, 2021년 5월 19일 검색

European Commission (2021b) Energy Union, https://ec.europa.eu/energy/topics/ energy−strategy/energy−union_en?redir=1, 2021년 6월 24일 검색

European Commission (2021c) Circular Economy Action Plan: For a Cleaner an d More Competitive Europe, https://ec.europa.eu/environment/pdf/circular− economy/new_circular_economy_action_plan.pdf, 2021년 7월 18일 검색

European Commission (2021d) Environment: First Circular Economy Action Plan, https://ec.europa.eu/environment/topics/circular−economy/first−circular− economy−action−plan_en, 2021년 7월 21일 검색

European Commission (2021e) Environment: New Circular Economy Action Plan, https://ec.europa.eu/environment/strategy/circular−economy−action−plan_ en, 2021년 7월 22일 검색

European Investment Bank (EIB) (2019) 7 Reasons Why the Energy Transition works for Europe, Brussels: EIB

Euratom Supply Agency (ESA) (2018) Annual Report, Brussels: ESA

European Commission Communication (ECC) (2018) A Clean Planet for All−A European Strategic Long−Term Vision for a Prosperous, Modern, Competitive and Climate−Neutral Economy, 773 Nov. 28.

European Commission (2022) REPowerEU: A Plan to Rapidly Reduce Dependence on Russian Fosil Fuels and Fast Forward the Green Transition, https://ec.europa.eu/commission/presscorner/detail/en/ip_22_3131, 2023년 2월 28일 검색

European Commission (2023a) The Green Deal Industrial Plan: Putting Europe's Net−Zero Industry in the Lead, Bruessels, 1 Feb. https://ec.europa.eu/com−mission/presscorner/detail/en/ip_23_510, 2023년 3월 17일 검색

European Commission (2023b) Proposal for Regulation of the European Parliament and of the Council, Bruessels, March 16, COM (2023) 161 Final, https://single−market−economy.ec.europa.eu/system/files/2023−03/COM_2023_161_1_EN_ACT_part1_v9.pdf, 2023년 3월 18일 검색

European Commission (2023c) Critical Raw Materials: Ensuring Secure and Sustainable Supply Chains for EU's Green and Digital Future, https://ec.europa.eu/commission/presscorner/detail/en/IP_23_1661, 2023년 3월 18일 검색

European Defence Agency (EDA) (2021) European Defence Spending Hit New High 2019, Jan. 28., https://eda.europa.eu/news−and−events/news/2021/01/28/european−defence−spending−hit−new−high−in−2019, 2021년 7월 17일 검색

European Environmental Agency (EEA) (2018) Trends and Projections Report, Brussels: EEA

European Environment Agency (EEA) (2019) Annual European Union Greenhouse Gas Inventory 1990−2017 and Inventory Report 2019, Brussels: EEA

European Environment Agency (EEA) (2020) The European Environment - State and Outlook 2020, Brussels: EEA

Energy Information Administration (2020) U. S. Energy Facts Explained, April 27, https://www.eia.gov/energyexplained/us−energy−facts/imports−and−exports.php, 2021년 4월 19일 검색

European Investment Bank (2020) The European Fund for Strategic Investments: The Legacy, https://www.eib.org/en/publications/efsithe−leg−acy, 2021년 6월 2일 검색

European Parliament (2017) Sharing Gas to Ensure Gas for All, Brussels: EP

European Parliament (2018) Delivering on Europe: Citizen's Views on Current and Future EU Action, Brussels: EP

European Parliament (2019) Energy Supply and Security, Briefing, EU Policies – Delivering for Citizens, Brussels: EP

European Parliament (2020), Statement by European Parliament President David Sassoli to the World Economic Forum in Davos, https://multimedia.europarl.europa.eu/en/ec−davos−world−economic−forum−2020−address−by−david−sassoli−ep−president_I183548−V_v, accessed on 31 May 2021

European Parliamentary Research Service Blog, (2021) Energy Union, https://epthinktank.eu/2015/03/10/energy−union/, 2021년 6월 15일 검색

European Union (2020) Circular Economy Action Plan, Brussels: EU

European Union (2021) Energy, https://europa.eu/european−union/topics/energy _en, 2021년 6월 24일 검색

European Union Global Strategy (2016) Shared Vision, Common Action: A Stronger Europe, Brussels: EU

European Union Parliament (2021) A WTO Compatible EU Carbon Border Adjustment Mechanism, https://www.europarl.europa.eu/doceo/document/TA−9−2021−0071_EN.pdf, 2021년 6월 5일 검색

Eurostat (2016) Supply, Transformation and Consumption of Electricity: Annual Data, nrg_105a, Brussels: Eurostat

Eurostat (2017) Energy Overview, https://ec.europa.eu/eurostat/cache/infographs/energy/bloc−2c.html, 2021년 6월 17일 검색

Eurostat (2019) Oil Stocks−Emergency Stocks in Days Equivalent−Monthly Data, http://appsso.eurostat.ec.europa.eu/nui/show.do?dataset=nrg_143m&lang= en, 2021년 6월 21일 검색

Eurostat (2019a) Energy, Transport and Environment Statistics, Luxemburg: European Union

Eurostat (2019b) Energy Balance Sheets, Luxemburg: European Union

Eurostat (2020a), HICP−Inflation Rate, https://ec.europa.eu/eurostat/data−browser/view/tec00118/default/table?lang=en, 2021년 6월 1일 검색

Eurostat (2020b) Greenhouse gas emissions by source sector, https://ec.europa.

eu/eurostat/databrowser/view/ENV_AIR_GGE/default/table, 2021년 5월 27일 검색

Eurostat (2020c) EU Imports Energy Products—Recent Developments, https://ec.europa.eu/eurostat/statistics—explained/index.php?title=EU_imports_of_energy_products_—_recent_developments, 2021년 6월 8일 검색

Eurostat (2021a), Unemployment Rate—Annual Data, https://ec.europa.eu/eurostat/databrowser/view/tipsun20/default/table?lang=en, accessed on 31 May 2021

Eurostat (2021b) Energy Statistics—An Overview, https://ec.europa.eu/euro—stat/statistics—explained/index.php?title=Energy_statistics_—_an_overview, 2021년 6월 9일 검색

Eurostat (2021c) Renewable Energy Statistics, https://ec.europa.eu/euro—stat/statistics—explained/index.php?title=Renewable_energy_statistics, 2021년 6월 18일 검색

Eurostat (2022) EU Imports of Energy Products— Recent Developments, https://ec.europa.eu/eurostat/statisticsexplained/index.php?title=EU_imports_of_energy_products_—_recent_developments&oldid=558719#Overview, 2023년 2월 22일 검색

Eurostat (2023) Energy Statistics—An Overview, https://ec.europa.eu/euro—stat/statistics—explained/index.php?title=Energy_statistics_—_an_over—view#Energy_dependency, 2023년 2월 27일 검색

EWI, Prognos & GWS (2014) Gesamtwirtschaftliche Effekt der Energiwende, Projekt Nr. 31/13, Osnabrück/Köln/Basel: EWI, Prognos & GWS

Fraunhofer ISE (2015) What Will the energy transformation Cost? Pathways for Transforming the German Energy System by 2050, Freiburg: Fraunhofer Institute for Solar Energy System

Federal Ministry of Economics and Technology & Federal Ministry for the Environment, Nature Conservation and Nuclear Safety (2010) Energy Concept for an Environmentally Sound, Reliable and Affordable Energy Supply, https://cleanenergyaction.files.wordpress.com/2012/10/german—federal—governments—energy—concept1.pdf, 2021년 7월 3일 검색

Federal Ministry for Economic Affairs and Energy (2014) Making More Out of

Energy: National Action Plan on Energy Efficiency, Berlin: BMWi

Federal Ministry of Economics and Technology (2015) A Good Piece of Work. The Energy of the Future: Fourth "Energy Transition" Progress Report – Summary. Berlin: MOET

Financial Times (2020) Ford to pair with rivals to avoid EU fines over emis- sions, Oct. 15

Forrest, B. (2021) U.S. Reaches Deal with Germany Over Russian Nord Stream 2 Pipeline, Wall Street Journal, July. 21.

Franke, A. (2021) German CO2 Emissions Down 8.7% in 2020, Climate Target Met: Ministry, S&P Global Plats, March 16, https://www.spglobal.com/platts/en /market−insights/latest−news/coal/031621−german−co2−emissions−down −87−in−2020−climate−target−met−ministry, 2021년 7월 3일 검색

Frankfurt School of Finance and Management gGmbH (2018) Global Trends in Renewable Energy Investment 2018, www.iberglobal.com/files/2018/renew- able_trends.pdf, 2021년 6월 19일 검색

Frankfurt School of Finance and Management gGmbH (2020) Global Trends in Renewable Energy Investment 2020, https://wedocs.unep.org/bitstream/handle /20.500.11822/32700/GTR20.pdf?sequence=1&isAllowed=y, 2021년 6월 19일 검색

French Government (2019) Understanding the Rulebook of the Paris Agreement, https://www.tresor.economie.gouv.fr/Articles/ed92a1e7−6eb5−4518−8ac3− a54f1fe2a5fb/files/aecc8cc8−7bd5−4ef8−b25a−4fd87ac991f1, 2021년 5월 5 일 검색

Fressoz, J. B. (2013) Pour une histoire désorienté de l'érgie, Entropia Revue d'éude thérique et politique de la déroissance, n°5, automne, L'histoire dé- sorienté

Fulton, M. and Capalino, R. (2012) The German Feed in Tariff: Recent Policy Changes, New York: DB Research

Gardner, T. (2019) Bill Imposing Sanctions on Companies Building Russian Gas Pipeline Heads to White House, Reuters, Dec. 18.

Gates, B. (2021) How to Avoid a Climate Disaster, New York: Random House

Georgieva, K., Sosa, S., and Rother, B. (2022) Global Food Crisis Demands

Support for People, Open Trade, Bigger Local Harvests, IMF Blog, Sep. 30, https://www.imf.org/en/Blogs/Articles/2022/09/30/global−food−crisis−de−mands−support−for−people−open−trade−bigger−local−harvests, 2023년 3월 15일 검색

Gjonca, O. (2017) The German Energy Transition in European Perspective: An Analysis of Power Sector Decarbonization Process, Master thesis at University of Twente, the Netherlands & Westfälische Wilhelms Universität Münster

Government Offices of Sweden (2020) Agreement on Swedish Energy Policy 2020, https://www.government.se/articles/2016/06/agreement−on−swedish−energy−policy/, 2021년 7월 10일 검색

Green, F. and Stern, N. (2015) China's New Normal: Structural Change, Better Growth, and Peak Emissions, Policy Brief, June, https://www.lse.ac.uk/granthaminstitute/wp−content/uploads/2015/06/China_new_normal_web.pdf, 2021년 5월 8일 검색

Grieger, A. (2012) Only One Earth: Stockholm and the Beginning of Modern Environmental Diplomacy, Arcadia, No. 10, http://www.environmentandsociety.org/arcadia/only−one−earth−stockholm−and−beginning−modern−environmental−diplomacy, 2021년 4월 21일 검색

Heslin, A., Deckard, N. D. and Oarks, R. (2019) Displacement and Resettlement: Understand the Role of Climate Change in Contemporary Migration, London: Springer

L'Heude, W., Chailloux, M., and Jardi, X. (2021) A Carbon Border Adjustment Mechanism for European Union, Tresor Economics, No. 280, March, pp. 1−12

Huang, J. (2019) A Brief Guide to the Paris Agreement and Rulebook, https://www.c2es.org/site/assets/uploads/2019/06/paris−agreement−and−rulebook−guide.pdf, 2021년 5월 5일 검색

International Displacement Monitoring Center (IDMC) (2020). Global Report on Internal Displacement. Geneva: IDMC

Institute for European Environmental Policy (IEEP) (2014) Environmental Tax Reform in Europe: Opportunities for the Future, Final Report for the Netherlands Ministry of Infrastructure and the Environment − Final Report,

30 May, Brussels: IEEP

International Energy Agency (IEA) (2015) Energy Technology Perspectives 2015: Mobilising Innovation to Accelerate Climate Action, Paris: IEA

International Energy Agency (IEA) (2016) Energy and Climate Change; World Energy Outlook Special Report. Paris: IEA

International Energy Agency (IEA) (2018) World Energy Investment 2018, Paris: IEA

International energy Agency (IEA) (2019a) Sweden is a Leader in Energy Transition, According to the Latest IEA Country Review, 9 April, 2019a. https://www.iea.org/news/sweden−is−a−leader−in−the−energy−transition−according−to−latest−iea−country−review, 2021년 7월 10일 검색

International Energy Agency (IEA) (2019b) Sweden 2019 Review, Paris: IEA

International Energy Agency (IEA) (2020) European Union 2020: Energy Policy Review, Paris: IEA

International Energy Agency (IEA) (2022) Global Energy Review: CO2 Emissions in 2021, https://iea.blob.core.windows.net/assets/c3086240−732b−4f6a−89d7−db01be018f5e/GlobalEnergyReviewCO2Emissionsin2021.pdf, 2023년 2월 22일 검색

International Emission Trading Association (IETA) (2018) COP 24 Summary Report, Dec. https://www.ieta.org/resources/COP24/COP24SummaryReport_2018.pdf, 2021년 5월 3일 검색

International Renewable Energy Agency (IRENA) (2017) Renewable Energy and Jobs: Annual Review 2017, http://www.irena.org/documentdownloads/publications/irena_re_jobs_annual_review_2017.pdf , 2021년 7월 3일 검색

International Renewable Energy Agency (IRENA) (2018) Global Energy Transformation: A Roadmap to 2050, https://www.irena.org/−/media/Files/IRENA/Agency/Publication/2018/Apr/IRENA_Report_GET_2018.pdf, 2021년 7월 5일 검색

IGI Poseidon (2018) Eastmed: A Direct Link to New Sources for Europe, www.igi−poseidon.com/en/eastmed, 2021년 6월 20일 검색

IPCC (2014) Climate Change 2014: Synthesis Report, Contribution of Working Groups I, II and III to the Fifth Assessment Report of the Intergovernmental

Panel on Climate Change, Geneva: IPCC

IPCC (2018) Special Report "Global Warming of 1.5 °C" October, Geneva: IPCC

Janssens—Maenhout, G., Crippa, M., Guizzardi, D., Muntean, M., Schaaf, E., Olivier, J.G.J., Peters, J.A.H.W., and Schure, K.M. (2017)

IPCC (2021) AR6 Climate Change 2021: The Physical Science Basis, https://www.ipcc.ch/report/ar6/wg1/, 2021년 8월 18일 검색

IPCC (2022) Climate Change 2022: Impacts, Adaptation and Vulnerability; Intergovernmental Panel on Climate Change, https://www.ipcc.ch/re—port/ar6/wg2/, 2023년 2월 21일 검색

IPCC (2023) AR6 Synthesis Report: Climate Change 2023, https://www.ipcc.ch/report/ar6/syr/, 2023년 3월 22일 검색

Fossil CO2 and GHG Emissions of All World Countries, Luxembourg: Publications Office of the European Union

Jakob, M., Lamb, W., Steckel, J., Flachsland, C. and Edenhofer, O. (2020) Understanding Different Perspectives on Economic Growth and Climate Policy, WIREs Climate Change, https://onlinelibrary.wiley.com/doi/full/10.1002/wcc.677, accessed on 31 May 2021

Jarass, L. and Obermair, G. M. (2012) Welchen Netzumbau erfordert die Energiewende? unter Berücksichtigung des Netzentwicklungsplan, Münster: MV—Verlag

Jafry, T., Mikulewicz M. & Helwig, K. (2019) Introduction. Justice in the Era of Climate Change. In: Jafry, T. (ed.) Routledge Handbook of Climate Justice. London: Routledge, pp.1—9

Joltreau, E. and Sommerfeld, K. (2017) Why Does Emissions Trading under the EU ETS Not Affect Firms' Competitiveness? Empirical Findings from Literature, Discussion Paper Series, Dec. IZA Institute of Labor Economics, IZA DP No. 11253, http://ftp.iza.org/dp11253.pdf, 2021년 7월 4일 검색

Kabouche, L. (2018) The Energy Briefing: Will US Gas Exports to Europe Surge?, Global Risk Insights. Aug. 31, https://globalriskinsights.com/2018/08/surge—us—lng—europenatural—gas—gazprom/, 2021년 6월 21일 검색

Klee, T. J. (2020) The European Green Deal: An Analysis of How the European Commission Promises to Manage Climate Change, Barcelona: University of

Barcelona Press

Koizumi, S. (2021) Japan'a Transition to Become a Decentralized Society, World Economic Forum, 19 Jan. https://www.weforum.org/agenda/2021/01/ja—pan—climate—change—carbon—neutral—2050/, 2021년 5월 26일 검색

Kocaslan, G. (2014) International Energy Security Indicators and Turkey's Energy Security Risk Score, International Journal of Energy Economics and Policy, Vol. 4 No. 4, pp.

Kraler, A., Katsiaficas, C. and Wagner, M. (2020) Climate Change and Migration: Legal and Policy Challenges and Responses to Environmentally Induced Migration, Brussels: European Parliament

Kravtsova, E. and Zawadzki, S. (2019) Europe Tops Buyers for US LNG with Winter Cargo Influx, Reuters. Jan. 25, www.reuters.com/article/us—lng—usa—europe—exclusive/exclusiveeurope—tops—buyers—for—u—s—lng—with—winter—cargo—influx—idUSKCN1PJ0YH 2021년 6월 21일 검색

Kunzmin, A. (2019) Russia to Go Ahead with Gas Pipe Project despite U.S. Sanctions, Reuters, Dec. 21.

Kupitz, J., D'Haeseleer, W. and Herring, S., (2012) The Role of Nuclear Energy in a Low Carbon Energy Future, OECD Nuclear Energy Agency No. 6887, Paris: OECD

Kuzemko, C., Bloondeel, M., Dupont, C., and Brisbois, M. C. (2022) Russia's War in Ukraine, European Energy Policy Responses & Implications for Sustainable Transformations, Energy Research & Social Science, Vol. 93, 102842, 1—s2.0—S2214629622003450—main.pdf, 2023년 2월 27일 검색

Lacobuta, G. I. and Onbargi, A. F. (2022) The European Green Deal and the War in Ukraine, European Think Tank Group (ETTG), July, The—European—Green—Deal—and—the—war—in—Ukraine (2022).pdf, 2023년 2월 28일 검색

Larsen, K., Pitt, H., Grant, M. and Houser, T. (2021) Exceeded the Developed World for the First Time in 2019, May 6, https://rhg.com/research/chinas—emissions—surpass—developed—countries/, 2021년 5월 8일 검색

von der Leyen, U. (2019a) European Green Deal to make Europe first cli—mate—neutral continent by 2050, boosting economy and improving health and quality of life, https://ec.europa.eu/newsroom/ecfin/items/665463, 2021년 5월 25일 검색

von der Leyen, U. (2019b) A Union that Strives for More: My Agenda for Europe, Political Guidelines for the Next European Commission 2019－2024, https://ec.europa.eu/info/sites/default/files/political－guidelines－next－commission_en_0.pdf, 2021년 5월 27일 검색

Liu, J. and Ybema, R. (2016) Energy Transition and Foreign Energy Policy: Waht Can the Netherlands Learn from Other Countries?, https://www.energyacademy.org/wp－content/uploads/Report－Energy－transition－and－foreign－energy－policies－EAE.pdf, 2021년 7월 7일 검색

Magnusson, D. and Palm, J. (2019) Come Together－ The Development of Swedish Energy Communities, Sustainability, Vol. 11, No. 1056, pp. 1－19

Material Economics (2018) The Circular Economy, Cambridge: University of Cambridge

Material Economics (2019) Industrial Transformation 2050 － Pathways to Net－Zero Emissions from EU Heavy Industry, Cambridge: University of Cambridge

McHarg, A, (2011) Climate Change Constitutionalism? Lessons from the United Kingdom, Climate Law Vol. 2. No. 4, pp. 469－484McHarg, A, (2011) Climate Change Constitutionalism? Lessons from the United Kingdom, Climate Law Vol. 2. No. 4, pp. 469－484

McKinsey & Company (2020) How the European Union Could Achieve Net－Zero Emissions at Net Zero Cost, Dec. 3, https://www.mckinsey.com/business－functions/sustainability/our－insights/how－the－european－union－could－achieve－net－zero－emissions－at－net－zero－cost, 2021년 5월 14일 검색

Ministry of Enterprise, Energy, and Communications (2013) Memorandum to the European Commission, Plan for Implementation of Article 7 of the Energy Efficiency Directives, 5 Dec., Stockholm: MOEEC

Ministry of Environment and Energy (2018) Sweden's Draft Integrated National Energy and Climate Plan, Stockholm: MOEE

Morningstar, R. L., Simonyi, A., Khakova, O., and Markina, I. (2020) European Energy Diversification: How Alternative Sources, Routes and Clean

Technologies Can Bolster Energy Security and Decarbonization, Atlantic Council Global Energy Center, Issue Brief, Jan., Washington D. C.: Atlantic Council

Muûls, M., Colmer, J., Martin, R. and Wagner, U. J. (2016) Evaluating the EU Emissions Trading System: Take it or Leave it? An Assessment of Data After Ten Years, Grantham Institute Briefing Paper No. 21, https://www.imperial.ac. uk/media/imperial-college/grantham-institute/public/publications/briefing- papers/Evaluating-the-EU-emissions-trading-system_Grantham-BP-21 _web.pdf, 2021년 7월 4일 검색

NASA (2021) Climate Change: How Do We Know? https://climate.nasa.gov/ evidence/, 2021년 5월 9일 검색

National Statistics (2019) Monthly Feed in Tariff Commissioned Installations, https://www.gov.uk/government/statistics/monthly-small-scale-renew- able-deployment, 2021년 7월 6일 검색

North Atlantic Treaty Organization (NATO) (2018) Brussels Summit Declaration, Brussels: NATO

OECD and IEA (2013) Energy Policies of IEA Countries: Germany, Paris: OECD and IEA

OECD, IEA, and IRENA (2017) Perspectives for the Energy Transition, Paris: OECD

OECD (2018) Global Material Resources Outlook to 2060, Paris: OECD

Ofgem (2016) Cap and Floor Regime: Unlocking Investment in Electricity Inter -connectors, https://www.ofgem.gov.uk/system/files/docs/2016/05/cap_and_ floor_brochure.pdf, 2021년 7월 2일 검색

Ofgem (2018) State of the Energy Market 2018, https://www.ofgem.gov.uk/publi cations-and-updates/state-energy-market-2018, 2021년 7월 3일 검색

Ofgem (2019a) About the RO, https://www.ofgem.gov.uk/environmental- programmes/ro/about-ro, 2021년 7월 1일 검색

Ofgem (2019b) Renewable Obligation (RO) Annual Report 2016-17, https:// www.ofgem.gov.uk/publications-and-updates/renewables-obligation-ro -annual-report-2016-17, 2021년 7월 5일 검색

Ofgem (2019c) Electricity Inter-connectors, https://www.ofgem.gov.uk/electricity/transmission－networks/electricity－interconnectors, 2021년 7월 7일 검색

Öko－Institut e.V. & Fraunhofer ISI (2015) Klimaschutzzszenario 2050, Berlin: Öko－Institut e.V. & Fraunhofer ISI

Öko－Institut e.V. (2016) Institute for Applied Ecology, Halbzeit Energiewende Jahresbericht des Öko－Instituts 2015, Berlin: Öko－Institut e.V.

Park, S. C. (2021) The Regional Comprehensive Economic Partnership (RCEP) Without Indian Participation: Can It Work as a Mega FTA? International Organizations Research Journal, Vol. 16, No.2, pp.157－182

Park, S. C. (2022) Mega FTAs in East Asia and Their Strategies: Competition and Cooperation by Reshaping Global Supply and Value Chains, Journal of APEC Studies, Vol. 14, No. 2, pp. 23－38

Park, S. C. & Eissel, D. (2010) Alternative Energy Policy in Germany with Particular Reference in Solar Energy, Journal of Contemporary Studies, Vol. 18, No. 3, pp. 323－340

Patt, A. and J. Lilliestam (2018) The Case against Carbon Prices, Joule, Vol. 2, No. 12, pp. 2494－2498

Pellerin－Carlin, T. and Serkine, P. (2016) Energy Union Innovation strategy. 8 June Paris: Notre Europe Jacques Delors Institute

Perchinig, B., Rasche, L. and Schaur, K. (2017) Migrants in Countries in Crisis (MICIC) － Summary Paper: Humanitarian Aid and Civil Protection Policies in the European Union and the MICIC Agenda, https://micicinitiative.iom.int/sites /default/files/resource_pub/docs/micic_summarypaper_eu_responses.pdf, 2021 년 7월 17일 검색

Politi, J. and Farchy, J. (2016) Eni Sells 30% Stake in Egyptian Gas Field to Rosneft", The Financial Times, www.ft.com/content/257abfdc－c070－11e6－9bca－2b93a6856354, 2021년 6월 21일 검색

Poitiers, N., Sapir, A., Tagliapietra, S., Veugelers, R., and Zetelmeyer, J. (2023) The EU Net－Zero Industry Act and the Risk of Reviving Past Failures, 09 March, https://www.bruegel.org/first－glance/eu－net－zero－industry－act－and－risk－reviving－past－failures, 2023년 3월 19일 접속

Population Reference Bureau (PRB) (2021) 2020 World Population Data Sheet

Shows Older Populations Growing, total Fertility Rates Declining, https://www.prb.org/2020-world-population-data-sheet/, 2021년 5월 17일 검색

Regeringskansliet (2009), A Sustainable Energy and Climate Policy for the Environment, Competitiveness and Long Term Stability, 5 Feb., Stockholm: Regeringskansliet

Regeringskansliet (2016) Ramöverenskommelse mellan Socialdemokraterna, Moderaterna, Miljöpartiet de Gröna, Centerpartiet och Kristdemokraterna, Stockholm: Regerongskansliet

Reid, A. (2017) Energy Policy, 17/36, May 22, https://sp-bpr-en-prod-cdnep.azureedge.net/published/2017/5/22/Energy-Policy-1/SB%2017/36.pdf, 2021년 7월 7일 검색

Richardo Energy & Environment (2016) National Comprehensive Assessment of the Potential for Combined Heat and Power and District Heating and Cooling in the UK, London: REV

Ritchie, H. and Roser, M. (2020) China: CO2 Country Profile, https://ourworl-dindata.org/co2/country/china, 2021년 4월 28일 검색

Russell, M. (2020) Energy Security in the EU's External Policy, Brussels: European Parliamentary Research Service (EPRS)

Satgar, V. (2018) The Climate Crisis and Systemic Alternatives. In: V. Satgar (ed.) The Climate Crisis: South African and Global Democratic Eco-Socialist Alternatives. Johannesburg: Wits University Press, pp.1-27

Schiermeier, Q. (2021) Climate Change Made North America's Deadly Heatwave 150 Times More Likely, Nature, July 08., https://www.nature.com/ar-ticles/d41586-021-01869-0, 2021년 7월 13일 검색

Schüle, R., Madry, T., Aydin, V., Fischer, J., Kaselofsky, J., Koska, T., Schäfer-Sparenberg, K., Tholen, L., Becker, D., Bader, N., and Egger, C. (2013) Energy Efficiency in Europe: Assessment of Energy Efficiency Action Plans and Policies in EU Member States 2013, http://www.buildup.eu/sites/default/files/content/Germany_0.pdf, 2021년 7월 4일 검색

Schlomann, B., Eichhammer, W., Reuter, M., Frolich, C. and Tariq, S. (2015) Energy Efficiency Trends and Policies in Germany, Karlsruhe: Fraunhofer

Institute for Systems and Innovation Research ISI

Schlomann, B., Rohde, C. and Ringel, M. (2016) Energy Efficiency Policies in the German Energy Transition, 2016 ACEEE Summer Study on Energy Efficiency in Buildings, pp. 9−1~9−12

Schütze, F., Fürst, S., Mielke, J., Steudle, G. A., Wolf, S. and Jaeger, C. C. (2017) The Role of Sustainable Investment in Climate Policy, Sustainability, Vol. 9, No. 12, pp. 1−19

Schütze F., Stede, J., Blauert, M. and Erdmann, K. (2020) EU Taxonomy Increasing Transparency of Sustainable Investments, DIW Weekly Report, 51/2020

Shaton, K., Hervik, A. and Hjelle, H. M. (2019) The Environmental Footprint of Gas Transportation: LNG vs. Pipeline, https://www.iaee.org/eeep/eeepex−ec/eeep82_shaton_ExecSum.pdf, 2021년 6월 11일 검색

Shellenberger, M. (2020) Apocalypse Never: Why Environmental Alarmism Hurts Us All, New York: Harper Collins Publisher

Smil, V. (2010) Energy Transitions: History, Requirements, Prospects, Santa Barbara, California: Praeger

Smil, V. (2022) How the World Really Works, New York: Viking Publisher

Spak, B. (2010) The Sucess of the Copenhagen Accord and the Failure of the Copenhagen Accord, Substantial Research Paper, April 22, https://www.american.edu/sis/gep/upload/brian−spak−srp−copenhagen−success−and−failure.pdf, 2021년 4월 29일 검색

Statista (2023) Harmonized Index of Consumer Prices (HICP) INflation Rate of the European Union in December, by Country, https://www.statista.com/statistics/225698/monthly−inflation−rate−in−eu−countries/, 2023년 2월 26일 검색

Steinberg, D. A. and Tan, Y. (2023) Public Responses to Foreign Protectionism: Evicdence from the US−China Trade War, The Review of Internatiolnal Organizations, Vol. 18, pp. 145−167

Stern, N. (2006) The Stern Review on the Economics of Climate Change, London: the British Government

Stiglitz, J. Fitoussi, J. P. and Durand, M. (2018) Beyond GDP Measuring: What

Counts for Economic and Social Performance, Paris: OECD Library

Strunz, S. (2013) The German Energy Transition as a Regime Shift. UFZ Discussion Papers Department of Economics 10/2013, Leipzig: Helmholtz−Zentrum für Umweltforschung GmbH - UFZ

Swedish Environmental Protection Agency (2019) National Inventory Report Sweden, Stockholm: SEPA

The Government of the Republic of Korea (2020) 2050 Carbon Neutral Strategy of the Republic of Korea, Seoul; ROK

The International Resource Panel (2019) Global Resources Outlook 2019: Natural Resources for the Future We Want, New York: United Nations Environment Programme

The White House (2021) Fact Sheet: Biden−Harris Administration Announces S upply Chain Disruptions Task Force to Address Short−Term Supply Chain Di scontinuities, June 08, https://www.whitehouse.gov/briefing−room/statements −releases/2021/06/08/fact−sheet−biden−harris−administration−announces −supply−chain−disruptions−task−force−to−address−short−term−supply −chain−discontinuities/, 2023년 3월 17일 접속

The White House (2022a) Indo−Pacific Strategy on the United States, https://www.whitehouse.gov/wp−content/uploads/2022/02/U.S.−Indo−Pacific−Strategy.pdf, 2023년 3월 17일 접속

Thomas, M., & Ellis, G. (2017) Sub−national Governance for the Low Carbon Energy Transition: Mapping the UK's Energy Constitution, Environment and Planning C: Government and Policy, https://pure.qub.ac.uk/por−tal/files/124342975/Subnational_Governance_for_the_Low_Carbon_Energy_Transition_pre_print.pdf, 2021년 7월 2일 검색

Trading Economics (2019) European Union GDP Annual Growth Rate, https://tradingeconomics.com/european−union/gdp−annual−growthrate, ac−cessed on 31 May 2021

UN Environment Programme (2022a) What you need to know about the CKOP27 Loss and Damage Fund, https://www.unep.org/news−and−sto−ries/story/what−you−need−know−about−cop27−loss−and−dam−age−fund, 2023년 1월 4일 검색

UN Environment Programme (2022b) COP27 Reaches Breakthrough Agreement on New Loss and Damage Fund for Vulnerable Countries, https://unfccc.int/news/cop27 – reaches – breakthrough – agreement – on – new – loss – and – damage – fund – for – vulnerable – countries, 2023년 1월 4일 검색

Unger, T., Lofblad, E. and Manborg, V. (2019) Sustainability Aspects on Nuclear Power, Report 607, Stockholm: Energiforsk AB

United Nations (UN) (2018) Trade Wars and Protectionism Threaten Global Shipping, Warns UN Agency, Oct. 3, https://news.un.org/en/story/2018/10/1022112, 2023텰 3월 16일 검색

United Nations (UN) (2020) Enhance Solidarity to Fight COVID – 19, Chinese President Urges, also Pledges Carbon Neutrality by 2060, UN News, Oct. 1 https://news.un.org/en/story/2020/09/1073052, 2021년 5월 26일 검색

United Nations Environment Programme (UNDP) (2012) Energy and poverty in the context of climate change, Background papers Series, www.uncclearn.org/sites/default/files/inventory/undp305.pdf, 2021년 6월 17일 검색

United Nations Environment Programme (UNDP) (2000) Energy and Challenges of Sustainability, World Energy Assessment, New York: UN

United Nations Environment Programme (UNEP) (2014) The Adaptation Gap Report – A Preliminary Assessment, https://backend.orbit.dtu.dk/ws/files/103262442/Adaptation_Gap_Report.pdf, 2021년 5월 7일 검색

United Nations Framework Convention on Climate Change (UNFCCC) (2010) Cancun Agreements, https://unfccc.int/process/conferences/pastconferences/cancun – climate – change – conference – november – 2010/statements – and – resources/Agreements, 2021년 5월 1일 검색

United Nations Framework Convention on Climate Change (UNFCCC) (2011) Fact Sheet: The Kyoto Protocol, https://unfccc.int/files/press/backgrounders/application/pdf/fact_sheet_the_kyoto_protocol.pdf, 2021년 4월 26일 검색

United Nations Framework Convention on Climate Change (UNFCCC) (2012a) The Doha Amendment, https://unfccc.int/process/the – kyoto – protocol/the – doha – amendment, 2021년 5월 3일 검색

United Nations Framework Convention on Climate Change (UNFCCC) (2012b) Report of the Conference of the Parties Serving as the Meeting of the Parties to the Kyoto Protocol on Its Seventh Session, https://unfccc.int/resource/docs /2011/cmp7/eng/10a01.pdf, 2021년 5월 3일 검색

United Nations Framework Convention on Climate Change (UNFCCC) (2015) The Paris Agreement, https://unfccc.int/process−and−meetings/the−paris−agreement/the−paris−agreement, 2021년 5월 2일 검색

United Nations Framework Convention on Climate Change (UNFCCC) (2018) 2018 Talanoa Dialogue Platform, https://unfccc.int/process−and−meetings/the −paris−agreement/the−paris−agreement/2018−talanoa−dialogue−platform, 2021년 5월 4일 검색

United Nations Framework Convention on Climate Change (UNFCCC) (2019a) Key Outcomes of COP 25, https://home.kpmg/xx/en/home/insights/2019/12/ key−outcomes−of−cop25.html, 2021년 5월 7일 검색

UNFCCC. (2019b). Report of the Executive Committee of the Warsaw International Mechanism for Loss and Damage associated with Climate Change Impacts, New York: UN

Unruh, G. C. (2000) Understanding Carbon Lock, Energy Policy, Vol. 28, pp. 817−.830

U.S. Energy Information Administration (2023) Short−Term Energy Outlook, https://www.eia.gov/outlooks/steo/pdf/steo_full.pdf, 2023년 2월 26일 검색

Valletta Summit on Migration (2015) Valletta Summit Action Plan, https://www. consilium.europa.eu/media/21839/action_plan_en.pdf, 2021년 7월 16일 검색

Veith, S. (2010) The EU Emission Trading Scheme: Aspects of Statehood, Regulation and Accounting, European University Studies, Series V Economics and Management. Frankfurt am Main: Peter Lang

Watson, F. (2021) EU Carbon Border Mechanism to Require Surrender of Certificates: Draft Proposal, https://www.spglobal.com/platts/ko/market−in−sights/latest−news/electric−power/060421−eu−carbon−border−mecha−nism−to−require−surrender−of−certificates−draft−proposal, 2021년 6월 5일 검색

Wallace−Wells, D. (2019) The Uninhabitable Earth. New York: Tim Duggan Books

Westphal, K. and T−V. de Graaf (2011) The G8 and G−20 as Global Steering

Committee for Energy: Opportunities and Constraints, Global Policy, Vol. 2, No. 1, pp. 19－30

Wettengel, J. (2021) EU Fit for 55 Climate and Energy Package Must Be Imple mented Quickly － German State Secretary, Journalism for the Energy Transiti on, July 26, https://www.cleanenergywire.org/news/eu－fit－55－climate－and －energy－package－must－be－implemented－quickly－german－state－sec, 2021년 8월 20일 검색

Whitmee, S., A. Haines, C. Beyrer, F. Boltz, A. G. Capon, B. F. de Souza Dias, A. Ezeh, H. Frumkin, P. Gong, P. Head, R. Horton, G. M. Mace, R. Marten, S. S. Myers, S. Nishtar, S. A. Osofsky, S. K. Pattanayak, M. J. Pongsiri, C. Romanelli, A. Soucat, J. Vega and D. Yach (2015) Safeguarding human health in the Anthropocene epoch: report of The Rockefeller Foundation － Lancet Commission on planetary health, The Lancet, Vol. 386, pp. 1973－2928

Wilson, A. B. and Dobreva, A. (2019) Energy Supply and Security, PE 630.275, July, Brussels: EPRS

World Meteorological Organization (WMO) (2020). WMO Statement on the State of the Global Climate in 2019.Geneva: WMO

Wolf, S., Mielke, J., Schütze, F., Teitge, J. and Jaeger, C. C. (2020) About the European Green Deal, GCF Working Paper, 1/2020

Wolf, S., Teitge, J., Mielke, J., Schütze, F. and Jaeger, C. C. (2021) The European Green Deal － More Than Climate Neutrality, Environmental Policy, pp. 99－107

Wood, J. (2020) These Countries are Leading the Transition to Sustainable Energy, 13 May, https://www.weforum.org/agenda/2020/05/energy－transition－index －2020－eti－clean－sustainable－power/, 2021년 7월 10일 검색

World Bank (2018) What a Waste 2.0: A Global Snapshot of Solid Waste Management to 2050, Washington D. C.: World Bank

World Bank (2021a) GDP in the EU, Japan, and the USA, https://data.worldbank. org/indicator/NY.GDP.MKTP.CD?locations＝EU, 202년 4월 27일 검색

World Bank (2021b) GDP Growth － European Union, https://data.worldbank. org/indicator/NY.GDP.MKTP.KD.ZG?locations＝EU, 2021년 4월 17일 검색

World Economic Forum (2023) What's the Global Energy Outlook for 2023?,

Jan. 17, https://www.weforum.org/agenda/2023/01/global−energy−out−look−for−2023/, 2023년 2월 26일 검색

Wyns, T., Khandekar, G. and Robson, I. (2018) Industrial Value Chain: A Bridge Towards a Carbon Neutral Europe, Europe's Energy Intensive Industries contribution to the EU Strategy for long−term EU greenhouse gas emissions reductions, Brussels: Institute for European Studies

Wyns, T., Khandekar, G., Axelson, M., Sartor, O. and Neuhoff, K. (2019) Industrial Transformation 2050−Towards Industrial Strategy for a Climate Neutral Europe, Brussels: Institute for European Studies

Yamano N. and Guilhoto, J. (2020) CO2 Emissions Embodied in International Trade and Domestic Final Demand: Methodology and results using the OECD Inter−Country Input−Output Database, OECD Science, Technology and Industry Working Papers, Vol. 11, pp. 1−57

Zeniwski, P. (2019) A Long Term View of Natural Gas Security in the European Union, Paris: IEA

국내문헌

강병희 (2017) 신정부의 에너지정책과 제8차 전력수급 기본계획, 인더스트리 포커스 48호, 9월, 서울: 딜로이트 안진회계법인

김선진, 안희정, 이윤정 (2021) 주요국 기후변화 대응정책이 우리 수출에 미치는 영향−탄소국경세를 중심으로, 조사통계월보 제75권 제7호, pp. 1−30

국정기획자문위원회 (2017) 문재인정부 국정 5개년 계획, www.korea.kr/common/download.do?fileId=145050042, 2021년 4월 9일 검색

대한민국정부 (2017) 100대 국정과제, www.pmo.go.kr/_common/jsp/down−load.jsp?path=/_res/pmo/etc/&file...pdf, 2021년 4월 9일 검색

대한민국정부 관계부처합동 (2022) 새정부 에너지정책 방향(안), https://www.kier.re.kr/resources/download/tpp/policy_220705_data.pdf, 2023년 3월 23일 검색

박상철 (2015) 독일 재생에너지정책과 지속가능 발전전략, 파주: 한국학술정보

박상철 (2016) 재생에너지정책과 지속가능발전 전략에 관한 연구: 독일모델과 시사점, 자원환경정책연구, 제25권 제1호, pp. 61−87

박상철 (2018) 글로벌 에너지협력과 국제정치경제 및 전략, 서울: 사회평론아카데미

박상철 (2020) 영국 에너지전환정책 특성 및 전략에 관한 연구, EU학 연구, 제23권 제1호, pp. 39−77.

산업통상자원부 (2017) 재생에너지 3020 이행계획(안), 12월, 세종: 산업통산자원부

산업통상자원부 (2021) 제1차 수소경제 이행 기본계획, 세종: 산업통상자원부

외교부 (2015) 기후변화협약 (UNFCCC), https://www.mofa.go.kr/www/brd/m_ 20152/view.do?seq=357635&srchFr=&srchTo=&srchWord=&srchTp=&multi _itm_seq=0&itm_seq_1=0&itm_seq_2=0&company_cd=&company_nm=&p age=11, 2021년 4월 22일 검색

에너지경제연구원 (2017a) 2016 장기에너지전망, http://www.keei.re.kr/keei/down load/outlook/LEO16.pdf, 2021년 4월 9일 검색

에너지경제연구원 (2017b) 신정부 전원구성안 영향분석, 보도자료 6월 20일

에너지경제연구원 (2020) 한국판 그린뉴딜의 방향: 진단과 제언, http://www.keei. re.kr/keei/download/KEIB_201202.pdf, 2021년 6월 10일 검색

이승은 (2019) 글로벌 주요국 및 유틸리티 수소에너지정책 동향, 한전경영연구원 3월

이천기, 박지현, 박혜리 (2021) EU 탄소국경조정 메커니즘에 대한 통상법적 분석 및 우리산업에의 시사점, KIEP 오늘의 세계경제, Vol. 21, No. 15, pp. 1−31

임재규 (2018) 우리나라 에너지전환정책 현황과 향후과제, http://www.keei.re.kr/ keei/download/seminar/181019/II181019_b02.pdf,

2021년 4월 8일 검색

정범진 (2017) 급진적 탈 원전정책 바람직한가?, 여의도연구원 정책토론회, 7월 6일

현대경제연구원 (2017) 한반도 르네상스 구현을 위한 VIP 리포트: 에너지 전환정책에 대한 국민인식에 대한 조사, 서울: 현대경제연구원

웹사이트

www.statista.com, Carbon Emissions, March 1, https://www.statista.com/chart/2 4306/carbon−emissions−per−capita−by−country/, 2021년 5월 9일 검색

http://www.nortonrosefulbright.com/knowledge/publications/147727/german− renewable−energy−act−2017−eeg−2017−what−you−should−know/, 20 21년 7월 4일 검색

https://www.cleanenergywire.org/news/breakthrough−german−coalition−talks −energiewende−costs−unknown/energiewende−costs−unknown−german

−government, 2021년 7월 5일 검색

https://data.worldbank.org/indicator/NY.GDP.MKTP.CD?locations＝1W, 2021년 7월 5일 검색

https://www.gov.uk/government/publications/energy−perform−ance−contract−epc, 2021년 7월 6일 검색

https://ec.europa.eu/echo/who/about−echo_en, 2021년 7월 17일 검색

https://ec.europa.eu/echo/news/eu−adopts−record−budget−human−itarian−aid−2019_en, 2021년 7월 17일 검색

박상철

독일 기센대학교에서 정치학 석사 및 박사학위 그리고 유럽대학 정교수자격(Habilitation)을 취득했다. 스웨덴 고텐버그대학교에서 경제학 박사 및 종신교수 자격인 도센트(Docent)를 취득했다. 이후 스웨덴, 독일, 폴란드, 일본, 한국, 중국, 대만, 태국, 말레이시아, 오스트레일리아 등 유럽, 아시아, 오세아니아 등 9개국에서 교수 및 초빙교수를 역임했다. 한국에서는 KAIST, 서울대학교에서 초빙교수를 역임하고, 현재 한국공학대학교 융합기술에너지대학원 정교수 및 중견기업육성연구소 소장으로 재직 중이다. 주요 국내저서로 2만 달러 시대의 기술혁신전략, 세계혁신클러스터, 글로벌 에너지정책과 천연가스사업 개발전략, 독일 재생에너지정책과 지속발전전략, 글로벌 에너지협력과 국제정치경제 및 전략, 유럽연합 탄소중립 경제체제 및 에너지전환정책 등이 있다. 국외저서로는 Local Governance in the Global Context: Theory and Practice, Beyond Europe: Central Asia, the Middle East and Global Economy, Immigration Policy and Crisis in the Regional Context: Asian and European Experiences, The European Union: New Leadership and New Agendas, Cooperation Versus Rivalry in Times of Pandemic, Economic Integration in Asia and Europe: Lessons and Policies, Immigration Policy and Crisis in the Regional Context, The Belt and Road Initiative and the Association of Southeast Asian Nations: Interaction and Impact before and after COVID-19 등이 있다.

기후변화와 유럽연합 순환경제체제 및 에너지전환

초판발행	2023년 4월 30일
지은이	박상철
펴낸이	안종만·안상준
편 집	전채린
기획/마케팅	김한유
표지디자인	이영경
제 작	고철민·조영환
펴낸곳	(주) **박영사**
	서울특별시 금천구 가산디지털2로 53, 210호(가산동, 한라시그마밸리)
	등록 1959. 3. 11. 제300-1959-1호(倫)
전 화	02)733-6771
f a x	02)736-4818
e-mail	pys@pybook.co.kr
homepage	www.pybook.co.kr
ISBN	979-11-303-1763-2 93350

정 가   25,000원